창계집

한국고전번역원 한국문집번역총서

창계집 6

滄溪集

임영 지음
林泳

권헌준 옮김
이유찬
박미경

일러두기

1. 이 책의 번역 대본은 한국고전번역원에서 간행한 한국문집총간 159집 소재《창계집(滄溪集)》으로 하였다. 번역 대본의 원문 텍스트와 원문 이미지는 한국고전종합DB(http://db.itkc.or.kr)에서 확인할 수 있다.
2. 내용이 간단한 역주는 간주(間註)로, 긴 역주는 각주(脚註)로 처리하였다.
3. 한자는 필요한 경우 이해를 돕기 위하여 넣었으며, 운문(韻文)은 원문을 병기하였다.
4. 맞춤법과 띄어쓰기는 한글 맞춤법과 표준어 규정을 따랐다.
5. 이 책에서 사용한 부호는 다음과 같다.
   - : : 제시어와 내용 사이에, 각주에서 각주 표제어와 내용을 구분할 때 사용한다.
   - ( ) : 번역문과 음이 같은 한자, 이두, 외국어를 묶어서 보일 때 사용한다.
   - 〔 〕: 번역문과 뜻은 같으나 음이 다른 한자를 묶어서 보일 때 사용한다.
   - " " : 글 안에서 대화를 표시할 때, 남의 말이나 서책 또는 시문 등의 문장을 인용할 때 사용한다.
   - ' ' : " " 안의 재인용, 강조 부분을 나타낼 때 사용한다.
   - 「 」: ' ' 안의 재인용을 나타낼 때 사용한다.
   - 『 』: 「 」 안의 재인용을 나타낼 때 사용한다.
   - 《 》: 책명 및 각주의 전거(典據)를 나타낼 때 사용한다.
   - 〈 〉: 편명, 작품명, 논문 제목을 나타낼 때 사용한다.
   - ~ : 인명의 생년과 몰년 사이에 사용한다.
   - …… : 번역문에서 원문의 '云云'을 처리할 때, 각주에서 긴 인용문을 처리할 때, 각주 표제어가 네 어절 이상일 경우 생략되는 말을 처리할 때 사용한다.
   - - - : 본문에서 소자(小字) 원문 주(註)의 처음과 끝에 사용한다.

차례

창계집 제19권

독서차록 讀書箚錄

창계집 제20권

창계집 제21권

창계집 제22권

독서차록 讀書箚錄

창계집

제19권

독서차록
讀書箚錄

《시전》
詩傳

서 序

'사람이 태어나 정할 때에는 하늘의 성이고 사물에 감응하여 움직이는 것은 성의 욕이다〔人生而靜 天之性也 感於物而動 性之欲也〕'에 대하여 성은 동정(動靜)을 포함하고 있지만 오직 정할 때에는 기(氣)는 작용이 없고 이(理)의 체는 절로 완전하다. 그러므로 정할 때에는 천성(天性)이라고 말한 것이다. 정할 때에는 혼연히 천성이라고 말한 것이지 천성은 단지 정할 뿐임을 말한 것은 아니다.

성은 감정이나 생각이 없으니 '욕(欲)'이라고 말한 것은 성(性)의 용(用)을 말한 것과 같다. '욕' 자는 응당 의도가 있는지 없는지를 가지고 의미를 찾아야 한다.

'이미 욕이 있으면 생각이 없을 수 없다〔旣有欲矣 則不能無思〕'에 대하여 욕과 사는 본래 선후 차례로써 말할 수 없다. 다만 이 '욕' 자는 바로 위의 글을 이어서 말한 것이니, 성(性)이 이미 감응하여 움직이면 생각이 없을 수 없다고 말한 것과 같다.

'이미 말이 있으면 말로는 다 할 수 없어서 탄식하고 읊조리는 나머지에 발하는 것이 반드시 자연스러운 음향과 박자가 있으니 이것이 시를

짓게 된 이유이다〔旣有言矣 則言之所不能盡而發於咨嗟詠歎之餘者 必有自然之音響節族 此詩之所以作也〕'에 대하여

시는 단지 뜻을 말한 것이니 탄식하고 읊조림에 음향과 박자가 있다고 한다면 이는 말을 길게 하는 일인 듯하니, 이로써 시를 짓기 이전의 일로 삼는 것은 의심할 만하다. 다만 시는 본래 보통의 언어는 아니다. 실로 탄식하고 읊조리는 말에서 나와서 음향과 박자가 자연히 갖추어지는 것이니, 또한 노래하여 길게 부르기를 기다린 뒤에 있는 것은 아니다. 만약 '시', '가(歌)', '성(聲)', '율(律)'을 세분하여 말하면 '시'는 뜻을 말한 것이고, '가'는 말을 길게 한 것이고, '성'은 길게 읊음에 따라 이루어지는 것이니 실로 차례가 없지 않다. 지금 시가 지어진 이유를 통틀어 말한다면 탄식하고 읊조림에 음향과 박자가 있다는 것은 바로 시를 지을 때의 일이니 의심할 만한 것이 아니다.

'권징과 출척〔勸懲黜陟〕'에 대하여

구설(舊說)[1]에 "변풍(變風)은 또한 악관(樂官)에게 소속되어 있어 때로 익혀 성찰에 대비하고 경계를 드리운다."라고 하였으니 이는 바로 스스로 반성하여 권징하는 일이고, 권징을 시를 짓는 사람에게 반드시 행함을 말한 것은 아니다. 그렇다면 안성 유씨(安城劉氏)[2]가 권징을 시를 짓는 사람에게 행한다고 한 것은 또한 과연 옳은지 모르겠다.

1 구설(舊說) : 옛날의 해석이라는 뜻으로 주로 정현(鄭玄)의 전(箋)을 가리킨다.

2 안성 유씨(安城劉氏) : 원(元)나라 학자인 유근(劉瑾)으로, 자는 공근(公瑾), 호는 안성(安成)이다. 저서로 《시전통석(詩傳通釋)》이 있다. 《元史類編 卷36》

안성 유씨는 산삭하고 남겨 두는 것을 출척(黜陟)에 해당시켰다. 다만 산삭한 것은 반드시 모두 선하지 않은 것은 아니고, 남겨 둔 것도 반드시 모두 선한 것은 아니니 이것을 출척에 해당시키는 것은 견강부회인 듯하다. 나의 생각은 권징은 바로 시의 교화에 대해 통틀어 말한 것이고, 출척은 바로 선왕이 시를 채집한 정사이다. 공자께서 지위가 없어 비록 당세에 권징과 출척을 행하지는 못하셨지만 선한 것은 백대 뒤에도 칭찬하고 그리워하며 나쁜 것은 천년 뒤에도 비난을 받으니 출척의 도가 보존된 것이고, 후세의 학자로 하여금 선한 것을 본받고 나쁜 것을 고치게 하였으니 권징의 도가 행해진 것이다. 따라서 이른바 그 정사가 한때 시행되지 않았지만 교화가 만세에 미쳤다는 것이 이러한 것이다.

'후세에 문장을 잘 짓는 선비들이 미칠 수 있는 바가 더욱 아니다〔尤非後世能言之士所能及之〕'에 대하여

'우(尤)' 자는 잘못된 글자인 듯하다. 옛날에 '유(猶)' 자는 혹 '유(冘)' 자로 썼으니, 이는 '유(猶)' 자가 와전된 듯하다.

'이에 장구를 강으로 삼고〔於是乎章句以綱之〕'에 대하여

국풍(國風)과 아송(雅頌)의 본(本), 참(參), 정(正), 화(和)의 설[3]이

3 국풍(國風)과……설 : 《시경집전(詩經集傳)》 〈서(序)〉에 "이남(二南)에 근본하여 그 단서를 찾고, 열국의 풍을 참고하여 그 변을 다하고, 아에서 바루어 그 규모를 키우고, 송에 화하여 그 귀결을 요약해야 하니, 이것이 《시경》을 배우는 큰 뜻이다.〔本之二南, 以求其端; 參之列國, 以盡其變, 正之於雅, 以大其規; 和之於頌, 以要其止, 此學詩之大旨也.〕"라고 하였다.

구비되었음을 먼저 말하고 이에 장구(章句)를 강(綱)으로 삼고 훈고(訓詁)를 기(紀)로 삼는 공부에 대해 비로소 말하였으니, 〈주남(周南)〉과 〈소남(召南)〉을 근본으로 삼고 열국(列國)의 풍을 참고할 때에 마치 장구와 훈고 사이에 일삼을 것이 없는 듯한 것은 의심할 만하다. 그러나 위의 것은 요점을 말한 것이고 이는 세분하여 말한 것이니, 순서가 있는 것은 아니다.

〈주남〉 周南

주(周)는 희가(姬家)가 나라를 소유하고 천하를 소유한 명칭인데,[4] 소(召)와 상대하여 말한 것은 주공 단(周公旦)의 채읍(采邑) 때문이다.[5] 주공 단의 채읍은 바로 주나라의 옛 땅이고 공은 또 국중의 정사를 주관하였다. 그러므로 국인이 문왕(文王)과 후비(后妃)의 덕화(德化)에 대한 시를 노래하고 읊조려 모두 주공의 채읍인 주(周)에 소속시킨 것이다. 곧장 문왕에 소속시키지 않은 것은 감히 존귀한 분을 끌어다 열국에 견주지 않은 것이다. 토지는 비록 주공의 채읍을 따랐지만 실제는 바로 주나라 본국을 말한 것이므로 천자의 나라로 전하여 칭송한 것이다. 남국(南國)의 시를 뒤섞어 채집하여 〈주남〉이라 말한 것은 주로부터 남쪽에 이른 풍(風)을 말한 것이다. 〈소남(召南)〉과 대비하

4 주(周)는……명칭인데 : 주나라 왕실의 성이 희씨(姬氏)였기 때문에 이렇게 말하였다.

5 소(召)와……때문이다 : 주나라는 본래 기산(岐山)의 남쪽에 있었는데, 문왕 때 땅이 점점 넓어져 도읍을 풍(豐)으로 옮기고는 기주(岐周)의 옛 땅을 나누어 주공 단(周公旦)과 소공 석(召公奭)의 채읍으로 삼았기 때문에 이렇게 말한 것이다.

여 말하면 주의 남쪽 소의 남쪽이라고 말해도 또한 괜찮으니 〈주남〉의 명의(名義)는 이와 같을 뿐이다. 소주(小註)에 안성 유씨가 "남국의 시 두 편[6]을 섞어 놓은 것은 주공의 식읍의 명칭으로 하여금 풍(風)을 독차지하지 못하게 한 것이다."라고 하였으니, 이 설은 의심스럽다. 만약 풍을 독차지한다고 혐의하였다면 남국의 시는 또한 주공에게 소속되어 있는데, 〈주남〉이라고 하였으니, 도리어 더욱 독차지하는 것이 아니겠는가. 국중의 시로부터 모두 주공에게 소속시킨 것은 본래 감히 존귀한 분을 끌어다 대지 못하는 뜻에서 나온 것이니 독차지한다는 것은 혐의할 바가 아니다. 유씨의 설은 더욱더 끝내 의심할 만하다.

혹자가 말하기를 "가령 주공이 애당초 주에 채읍을 받지 않고 혹 다른 읍을 채읍으로 받았다면 또한 그 명칭을 따라 편명으로 삼았겠습니까?"라고 하니, 다음과 같이 말하였다. "이미 감히 존귀한 분을 끌어다 대지 못한다면 응당 정사를 주관하는 사람의 읍호(邑號)를 따라 편명으로 삼는 것은 어쩔 수 없는 듯하다. 다만 시는 바로 주나라 사람의 시인데, 다른 읍을 편명으로 삼는다면 명실이 상부하지 않으니 끝내 주로써 주를 말하는 것이-위의 '주' 자는 주공채읍의 '주'이고, 아래의 '주' 자는 주나라를 통틀어 말한 것이다.- 포괄적이고 합당한 것만 못하다. 성인이 여기에 이르러 반드시 이렇게 알맞게 구획하신 이유가 본래 있었을 것이

6 남국의 시 두 편 : 《시경》 〈국풍〉에 "모씨서(毛氏序)에 이르기를 '〈관저〉와 〈인지〉의 교화는 왕자의 풍이므로 이것을 주공에 소속시켰고, 남은 교화가 북에서 남으로 갔음을 말한 것이다. 〈작소〉와 〈추우〉의 덕은 제후의 풍이니, 선왕이 가르친 것이므로 이것을 소공에 달았다.'라고 하였으니, 이 말이 맞다.〔小序曰: 關雎麟趾之化, 王者之風, 故繫之周公, 南言化自北而南也. 鵲巢騶虞之德, 諸侯之風也, 先王之所以敎, 故繫之召公. 斯言得之矣.〕"라고 하였다. 여기서 두 편의 시는 〈작소〉와 〈추우〉를 가리킨다.

니 또 한 가지를 고집하여 억지로 추측하기는 어렵다. 이남(二南)의 편명은 대개 주공이 제작한 시기부터 이미 정해졌으니 이른바 성인은 공자를 가리키는 것은 아니다." 다시 유씨의 설을 자세히 살펴보니 국중의 시는 대부분 문왕과 후비를 위하여 지은 것이므로 남국의 시 한 편을 섞어 〈주남〉이라 하여 감히 주공의 식읍의 명칭으로 하여금 풍을 독차지하지 못하게 한 것이라는 말이다. 그렇다면 이는 국중의 시로부터 남국에 이르기까지 모두 감히 주공의 채읍의 명칭으로 하여금 독차지하지 못하게 했다는 것이니 이른바 독차지하지 못하게 했다는 것은 과연 무엇을 말하는 것인지 모르겠다. 아마도 시를 가지고 분류하여 소속시켜 어떤 시는 천자의 나라에 소속시키고 어떤 시는 주공의 채읍에 소속시키는 것을 독차지하지 않는다고 생각한 것인가. 또한 한 편의 시가 천자에게 속하기도 하고 혹 주공에게 속하기도 하여 주체가 겹치는 듯한 것을 독차지하지 않는다고 생각한 것인가. 두 가지는 모두 사리에 맞지 않으니 더욱 의심할 만하다. 이는 대개 주공의 채읍은 실제는 바로 천자의 나라이니, 문왕과 후비의 풍이 국중으로부터 남국에 이른 것은 모두 주공으로 하여금 독차지하게 하는 뜻에 혐의가 없다는 것을 살피지 못한 것이다. 이에 이러한 천착한 말이 있게 된 것이다.

〈**관저(關雎)**〉

《시경집전》에서는 오매반측(寤寐反側)하며 슬퍼하고 금슬종고(琴瑟鍾鼓)로 즐거워하여 슬픔과 즐거움을 지극히 하되 법도를 지나치지 않은 것을 시인의 성정(性情)이 바른 것으로 삼았다. 소주(小註)에 호씨(胡氏)는 또한 "궁중의 사람이 어진 배필을 구하여 문왕(文王)에게 짝을 지어 주려고 한 것인데, 한창 얻지 못하였을 때에는 우려함이 깊고 이미 얻고 나서는 화락함이 지극하다."라고 하였으니, 2장(章)의 슬픔과 3장의 즐거움은 모두 시를 지은 사람의 슬픔과 즐거움인 듯하다. 다만 집주(輯註)의 주자의 설은 또 "이 시를 보면 바로 첩잉(妾媵)이 지은 것이니 이 때문에 오매반측의 일을 형용할 수 있었던 것이다."라고 하였다. 이 하나의 설에 의거하면 바로 시를 지은 사람은 문왕의 근심과 즐거움을 형용하였을 뿐이니 두 설이 모순된다. 그런데 지금 미천한 나의 소견으로는 슬퍼하면서도 화(和)를 해치지 않고 즐거워하면서도 지나치지 않는 것을 귀하게 여기니 대개 군자의 부부 사이에 성정의 바름을 얻은 것이 이와 같음을 취한 것일 뿐이다. 만약 궁중 사람이 슬픔이 화를 해치고 즐거움이 지나친 데에 이르지 않았다면 어찌 귀하게 여겼겠는가. 슬퍼하면서 전전반측에 이른 것은 슬퍼함이 이미 지나친 것이니 또한 어찌 비통해하고 소리 내 슬피 우는 우려가 있겠는가. 그리고 즐거워하여 금슬로 벗하고 종고로 즐거워함에 이른 것은 즐거워함이 또한 이미 지극한데, 더구나 감히 깊이 빠져들고 지나치는 일이 있겠는가. 이와 같다면 슬픔과 즐거움은 모두 문왕의 슬픔과 즐거움으로 시를 지은 사람이 형용한 것일 뿐인 듯하다.

또한 우지(友之)와 낙지(樂之)가 궁중 사람의 입장에서 말한 것이라면 또 참람됨에 가깝다. 혹자가 말하기를 "문왕이 후비를 얻지 못한 것을 이와 같이 우려하니 또한 지나친 것이 아니겠는가."라고 하니, "이는 공자께서 애공이 너무 중하다고 질문한 것에 대해 표정을 바꾼 이유이다.[7] 성녀(聖女)를 얻어 내치(內治)를 완성할 것을 생각하였으

7 공자께서……이유이다 : 《예기》 〈애공문(哀公問)〉에 애공이 공자에게 정사에 대해 질문하다가 "'과인이 하고 싶은 말이 있습니다. 그런데 면복 차림으로 친영하는 것은

니 그 뜻은 갈증이 나듯 홀로 앉아 걱정하는 것과 다르게 보아서는 안 된다. 세상 사람들은 배우자의 의리가 지극히 존귀하고 중한 줄을 알지 못하고 또한 편애라고 혐의하였다. 그러므로 성인의 근심이 지나치다고 의심하였으니 성인께서 어찌 일찍이 여기에 대해 소홀하셨겠는가."라고 하였다. 혹자가 말하기를 "이와 같다면 《시경집전》에서 문왕의 성정의 바름을 말하지 않고 시인의 성정의 바름을 말한 것은 또 무엇 때문인가?"라고 하니 "문왕의 성정이 비록 이와 같지만 시를 짓는 사람의 성정이 차이 없이 딱 들어맞지 않았더라면 또한 형용한 것이 여기에 이르지는 못했을 것이니 이 어찌 시인의 성정이 바른 것이 아니겠는가. 다만 문왕을 언급하지 않은 것은 무슨 의미인지 모르겠으니, 아마도 문왕의 성정의 바름은 말할 필요가 없어서가 아니겠는가."라고 하였다. 다시 자세히 살펴보니, 《시경집전》은 처음부터 끝까지 모두 시인의 입장에서 해석하였는데, 전전반측(輾轉反側)을 언해하면서 유독 이 한 구의 구결(口訣)은 자기의 말을 따라서 아래 장의 우지, 낙지의 구결과는 같지 않은 것은 상세하지 않다.[8] 소주에 동래 여씨(東來呂氏 여조겸(呂祖謙))가 "흥(興)이 비(比)를 겸하고 있는 것을 한갓 비라고

좀 너무 중하지 않겠습니까?'라고 하니, 공자가 얼굴 표정을 바꾸면서 대답하기를 '두 성이 좋은 짝이 되어 선성의 뒤를 이어서 천지, 종묘, 사직의 주인이 되는 것인데, 임금께서는 어찌하여 너무 중하다고 하십니까.〔寡人願有言, 然冕而親迎, 不已重乎? 孔子愀然作色而對曰: 合二姓之好, 以繼先聖之後, 以爲天地宗廟社稷之主, 君何謂已重乎?〕"라고 하였다.

8 전전반측(輾轉反側)을……않다 : 현토에 전전반측 뒤에는 현대어로 '하노라'라는 의미의 'ᄒᆞ소라'라는 구결을 달아 전전반측하는 주체를 자신으로 본 반면, 금슬우지(琴瑟友之), 종고락지(鐘鼓樂之) 뒤에는 현대어로 '하는구나'라는 의미의 'ᄒᆞ놋다'라는 구결을 달아 주체를 자신으로 보지 않았기 때문에 이렇게 말한 것이다.

만 한다."라고 하였는데, 여기에서 '비' 자는 '홍' 자가 되어야 할 듯하다.

〈갈담(葛覃)〉

첫 장에는 단지 칡덩굴의 잎이 막 무성하고 꾀꼬리가 날며 노래하는 것만 서술하고, 다시 실제의 일은 이야기하지 않았다. 소주(小註)에 풍성 주씨(豐城朱氏)[9]는 "여공(女工)의 생각[10]에 감응하여 생각마다 잊지 않는 뜻이 있다."라고 하였으니 거의 옳은 듯하다. 다만 시어(詩語)를 음미해 보면 본 것을 곧장 서술한 말인 듯하지만 초여름은 칡덩굴의 잎이 무성하지 않을 시기이니 또한 일찍이 직접 골짜기 가운데에 이르러 이와 같은 경물을 본 것이라 어찌 할 수 있겠는가. 이는 또 부지런한 가운데 부지런한 것이니, 곧장 그 일만을 서술했지만 그 뜻은 알 수 있다. 다만 상고(上古) 시대라도 후비(后妃)가 골짜기 가운데에 직접 가는 일은 없을 듯한데, 다만 아래 장에 '이에 베며 이에 삶아서〔是刈是濩〕'라는 말이 있으니, 베는 일은 직접 가지 않으면 할 수 있는 것이 아니다. 또한 왕실의 원유(園囿)가 크니 또한 어찌 골짜기 가운데에 칡덩굴을 벨 만한 곳이 없겠는가. 만약 단지 주씨의 설과 같이 여공의 생각에 감응한 것이라고 말할 뿐이라면 칡덩굴이 뻗어 나간 것〔葛覃〕

9 풍성 주씨(豐城朱氏) : 주선(朱善, 1314~1385)이다. 원말 명초 때 중국 강서(江西) 풍성 사람으로 자는 비만(備萬), 호는 일재(一齋)이다.

10 여공(女工)의 생각 : 〈모서(毛序)〉에 "〈갈담〉은 후비의 근본을 읊은 것이다. 후비가 부모의 집에 있을 적에 뜻이 여공의 일에 있어 몸소 검소하고 절용하며 빤 옷을 입고 사부를 존경하면 돌아가 친정 부모에게 문안을 올려 부도로써 천하를 교화할 수 있는 것이다.〔葛覃, 后妃之本也. 后妃在父母家, 則志在於女功之事, 躬儉節用, 服澣濯之衣, 尊敬師傅, 則可以歸安父母, 化天下以婦道也.〕"라고 하였다.

과 꾀꼬리가 우는 것〔鳥鳴〕은 모두 상상한 경물이 되니 시의(詩意)가 아닌 듯하다.

〈권이(卷耳)〉

이 장은 대저 모두 탁언(託言)이다. 탁언이라는 것은 가탁한 말이니, 실제가 아닌 일에 가탁하여 실제의 뜻을 말한 것이다. 그 일은 비록 실제 있는 것은 아니지만 애달픈 성심을 실로 여기에 가탁해서 말한 것이다. 후세의 시어(詩語)도 또한 왕왕 이런 뜻이 있으니, 무릇 일은 없지만 말을 일으켜 뜻을 붙인 경우는 대개 여기에 근본한 것이다. 이 장이 탁언이라는 것을 아는 이유는 수삼풀〔卷耳〕은 애당초 캘 만한 물건이 아니고, 또한 진실로 오르려고 했다면 또한 마부와 말이 병들어 오를 수 없음을 어찌 근심하였겠는가.[11] 이를 미루어 보면 그 나머지는 모두 탁언이 된다는 것을 알 수 있다.

〈규목(樛木)〉

첫 장의 소주(小註)에 보씨(輔氏)[12]의 설에는 "이 시는 비록 흥체(興體)이지만 또한 비(比)의 뜻을 겸하고 있으니 〈관저(關雎)〉와 같다."라고 하고, 이어 정씨(鄭氏 정현(鄭玄))의 하수(下垂), 하체(下逮)의 설[13]을

11 진실로……근심하였겠는가 : 《시경》〈주남 권이〉 4장에 "저 석산을 오르려 하나 내 말이 병들었으며, 내 마부가 병들었으니 어찌 나로 하여금 한숨짓게 하는가.〔陟彼砠矣, 我馬瘏矣. 我僕痡矣, 云何吁矣?〕"라고 하였기 때문에 이렇게 말한 것이다.

12 보씨(輔氏) : 경원 보씨(慶源輔氏)인 보광(輔廣)이다.

13 정씨(鄭氏)의……설 : 소주(小註)에 "경원 보씨가 다음과 같이 말하였다. '이 시는 비록 흥체이지만 또한 비의 뜻을 겸하고 있으니 〈관저〉와 같다. 그러므로 정씨가 「나뭇

취하여 증거로 삼았다. 어리석은 나의 생각으로는 무릇 흥체를 가진 시가 비의 뜻을 겸한다는 것은 대개 모두 일으킨 사물이 아래에서 말한 일과 의사(意思)가 자연스레 부합하기 때문이다. 〈관저〉의 저구새가 정이 두터우면서도 분별이 있다는 것은 절로 아래 구의 "요조숙녀는 군자의 좋은 짝이 된다.〔窈窕淑女君子好逑〕"와 의사가 서로 부합한다. 그러므로 흥이면서 비를 겸하고 있다고 말한 것이다. 이 장이 만약 정씨의 설과 같이 규목과 갈류(葛纍)로 자애로움이 아래에 미치고〔下逮〕, 윗사람에게 귀부〔上附〕했다는 뜻으로 삼는다면 아래 구의 복리(福履)의 뜻[14]과는 절로 서로 이어지지 않아서 곧장 비가 되니, 이른바 비를 겸하였다는 것이 아니다. 시의 뜻을 자세히 완미해 보니, 실로 비의 뜻이 있다. 이른바 비라는 것은 나무가 아래로 굽어 있어 칡덩굴이 감고 있는 것과 군자가 덕스러워 복록으로 편안하다는 뜻이 절로 서로 비슷하다는 것이다. 대개 시 중에 흥체는 두 가지가 있으니, 단지 언구(言句)만 가지고 흥이라 하는 경우가 있고 의사를 겸하여 흥이라 하는 경우가 있다. 의사를 겸하는 흥이 바로 비에 가까우니, 곧 흥이면서 비를 겸하는 것이 〈관저〉와 비슷하다고 말한 것이 이것이다. 만약

가지가 아래로 드리워져 있기 때문에 칡덩굴이 감겨 덩굴질 수 있었으니, 후비는 자애로움으로 아래로 첩들에게 미치게 하였기 때문에 첩들이 위로 귀부하여 섬길 수 있었다.」라고 말한 것이다.'〔慶源輔氏曰: 此詩雖是興體, 然亦兼比意, 與關雎同. 故鄭氏以爲木枝以下垂之, 故葛藟得纍而蔓之, 喩后妃能以惠下逮衆妾, 故衆妾得上附而事之也.〕"라고 하였다.

14 정씨의……뜻 : 《시경》〈주남 규목〉 1장에 "남쪽에 규목이 있으니 칡덩굴이 감겨 있도다. 즐거운 군자여 복록(福祿)으로 편안히 하도다.〔南有樛木, 葛藟纍之. 樂只君子, 福履綏之.〕"라고 하였다. 정씨의 설은 20쪽 주13 참조.

아래 구와 뜻이 서로 이어지지 않으면 흥기한다 말할 수 없고 도리어 단지 비만 성립된다. 두 뜻이 병행될 수 없으니 이와 같은 것을 말할 때에 혹 비라고 한다면 괜찮지만 흥이면서 비를 겸한다고 해서는 안 된다. 또한 정씨의 설을 완미해 보면 끝내 너무 어렵게 서술하는 병통이 있으니, 《시경집전》에서 주자가 취하지 않은 것은 아마도 이 때문이 아니겠는가. 보씨가 증거로 취한 것은 의심할 만하다.

〈종사(螽斯)〉
첫 장의 소주에 주자가 "차시다불설파(此詩多不說破)"라고 하였는데, '차시(此詩)'의 '차' 자는 '비(比)' 자가 되어야 할 듯하다.

이 장은 《시경집전》에서 첩들의 말이라고 하였지만[15] 지금 익숙하게 완미해 보면, '선선(詵詵)', '훙훙(薨薨)', '집집(揖揖)'은 모두 많은 것들이 모여 있는 모습이니, 이로써 후비가 투기하지 않았음을 비유하는 것은 적절하지 않은 듯하다. 후비가 비록 투기하지 않았더라도 어찌 메뚜기가 군집한 것처럼 아래로 첩들과 함께 지내겠는가. 더구나 첩들이 이로써 말할 수 있겠는가. 생각건대 위 장의 〈규목(樛木)〉은 바로 후비가 투기하지 않아서 첩들이 축원한 말이고, 이 장은 첩들이 서로 투기하지 않아 후비가 찬탄한 말이니, 시의 뜻을 완미해 보고 시의

15 시경집전에서……하였지만 : 《시경집전》 〈주남 종사〉의 첫 장에 대한 주에 "후비가 투기하지 않아 자손이 많았으므로, 여러 첩들이 종사가 한곳에 떼 지어 살면서 화하게 모여 있어 자손이 많은 것을 비유한 것이니, 이러한 덕이 있으면 이러한 복을 누림이 당연함을 말한 것이다.〔后妃不妬忌而子孫衆多. 故衆妾以螽斯之群處和集而子孫衆多比之, 言其有是德而宜有是福也.〕"라고 하였다.

어세(語勢)를 살펴보면 매우 분명하다. 혹자가 말하기를 "당시에 후비는 실로 자손이 많았지만 첩들은 반드시 모두 그렇지는 않았을 것이니, 시 중에 '의이(宜爾)', '진진(振振)' 등의 말은 또한 적절하지 않은 것이 아니겠는가?"라고 하니, 말하기를 "'의이'라는 말을 익숙하게 완미해 보면 이미 그렇다는 것을 칭송하는 것일 뿐만 아니라 실로 장차 그렇게 되기를 송축하는 뜻이 있으니 참으로 적절하다."라고 하였다. 대개 후비가 투기하지 않았더라도 혹 교화를 따르지 않는 첩들이 있다면 오히려 지극히 성대한 덕화(德化)가 드러나지 않고, 오직 첩들이 스스로 화목하게 지내게 된 뒤라야 더욱 크나큰 교화가 드러나니, 의의가 더욱 클 것이다. 또한 위 장의 〈규목〉에서 축원한 말은 단지 '복록으로 편안히 한다.〔福履綏之〕', '복록이 도와준다.〔福履將之〕', '복록이 이루어 준다.〔福履成之〕'라고만 하였으니, 미천한 사람이 존귀한 이를 송축할 때에는 감히 한 가지 일만 단적으로 들어 축원하는 성심을 다할 수 없다. 그런데 여기에서 다만 많은 자손만 말한 것은 첩들의 상정(常情)은 오직 자식이 있는 것을 귀하게 여긴다. 그러므로 이와 같이 축원한 것이니 또한 절로 의미가 있다.

〈도요(桃夭)〉

첫 장의 소주에 경원 보씨(慶源輔氏)가 '이가지인(二家之人)'[16]이라고

16 이가지인(二家之人) : 《시경》 〈주남 도요〉 1장의 소주에 "경원 보씨가 말하기를 '부인의 어짊은 집안을 화순하게 하는 것보다 큰 것이 없으니, 두 집안의 사람으로 하여금 서로 함께 화순하게 하고 한 터럭만큼도 나쁜 마음이 없어야 비로소 의라고 할 수 있다.' 하였다.〔慶源輔氏曰: 婦人之賢, 莫大於宜家, 使二家之人相與和順, 而無一毫乖戾之心, 始可謂之宜矣.〕"라고 하였다.

말하였는데, '이' 자는 '일(一)'이 되어야 한다.

〈토저(兎罝)〉

장하(章下)의 경원 보씨의 주(註)에 '감려지후(戡黎之後)'[17]라고 하였는데, '후' 자는 응당 '역(役)'이 되어야 할 듯하다.

〈부이(芣苢)〉

혹자는 이 시가 무의미하다고 의심한다. 나의 생각은 다음과 같다. 퇴계(退溪)가 "별 의미가 없다고 보면 의미가 없고, 의미가 없는 것이 아니라고 보면 의미가 있다."라고 말한 것이 있다. 지금 이 시 또한 그러하니 의미가 없다고 보면 의미가 없고, 의미가 없는 것이 아니라고 보면 의미가 없는 것이 아니다. 대개 부인이 일이 없어서 함께 질경이를 캐며 즐거워하니, 시어는 여유롭고 반복되어 화평한 기가 있고, 시의는 일삼는 바에 전일하여 순박한 모습이 있다. 부인이 나가서 노니는 것을 읊은 변풍(變風)의 시는 반드시 이와 같을 수 없고, 아래 장 〈교목(喬木)〉의 말과 비교해 보더라도 더욱 정밀하고 순수하니, 학자가 잘 읽어 보면 물망(勿忘)과 물조(勿助)의 사이[18]에 무사(無事)를

17 감려지후(戡黎之後) : 《시경》 〈주남 토저〉의 장하주(章下註)에 "경원 보씨가 말하기를 '밀이 완을 치러 가는 것을 막고 숭과 여를 정벌한 뒤에 무사에 대해 대략 볼만하였다.' 하였다.〔慶源輔氏曰: 遏密侵阮伐崇戡黎之後, 其於武事大略可觀矣.〕"라고 하였다.

18 물망(勿忘)과 물조(勿助)의 사이 : 맹자가 사람이 의리를 쌓는 데 있어 급하게 서두르지 말고 하나하나 차근차근 쌓아 가라는 뜻에서 "반드시 하는 일이 있어야 하되 결과를 미리 기약하지 말아서, 마음에 잊지도 말고 빨리 자라도록 돕지도 말라.〔必有事焉而勿正, 心勿忘勿助長也.〕"라고 한 데서 온 말이다. 《孟子 公孫丑上》

행하는 뜻[19]이 절로 있을 것이다.

〈교목(喬木)〉

첫 장의 소주(小註)에 안성 유씨(安城劉氏)가 "《시경집전》에 이미 오씨(吳氏)의 설이 수록되어 있다."라고 하였는데, 어떤 설이 오씨의 설인지 모르겠다. 장하주(章下註)에 하씨(何氏)[20]가 말한 '습이성성(習以性成)'에서 '성성(性成)'은 글자 순서를 바꾸어야 한다.

〈여분(汝墳)〉

마지막 장은 첫 구만 비(比)이고 다음 세 구는 직설(直說)이다. 혹자가 묻기를 "왕실이 불타는 것이 아닌데도 불탄다고 하였고, 문왕(文王)이 부모가 아닌데도 부모라고 하였으니 비가 아니겠는가?" 하였다. 나는 다음과 같이 대답하였다. "왕실이 불탄다고 곧장 말하지 않고 '불타는 듯하다.〔如燬〕'라고 하였으니, 단지 하나의 '여' 자 때문에 직설이 된다. 그리고 문왕이 부모가 된다는 것에 이르러서는 백성들이 떠받들기를

19 무사(無事)를 행하는 뜻 : 《맹자》 〈이루 하(離婁下)〉에 "지를 미워하는 까닭은 천착(穿鑿)하기 때문이다. 만약 지혜로운 이가 우 임금이 물을 흘러가게 하는 것처럼 하면 지를 미워할 것이 없을 것이다. 우 임금이 물을 흘러가게 한 것은 그 무사한 바를 행하심이니, 만약 지혜로운 이가 또한 그 무사한 바를 행하면 그 지가 또한 크다 하겠다.〔所惡於智者, 爲其鑿也. 如智者若禹之行水也, 則無惡於智矣. 禹之行水也, 行其所無事也, 如智者亦行其所無事, 則智亦大矣.〕"라고 한 데서 온 말이다. 주자의 주에 무사한 바를 행한다는 것은 이치에 따르고 자신의 생각을 개입시키지 않음을 뜻하는 것이라고 하였다.

20 하씨(何氏) : 장하주에는 건안 하씨(建安何氏)로 되어 있는데, 명나라의 학자인 하사신(何士信)을 가리킨다.

진실로 부모와 같이 하였으니 비유를 취하였다고 한다면 뜻이 도리어 괴리되어 진실하고 간절하지 않게 된다." 그렇다면 "《시경집전》에서 단지 비라고만 말하고 비이면서 부(賦)라고 말하지 않은 것은 어째서인가?" 하니, 대답하기를 "무릇 비체(比體)는 실로 전혀 시의 뜻을 설파하지 않는 경우가 있고, 또한 단지 비유를 취한 구(句)의 의미만을 설파하지 않고 혹 다른 뜻을 연결하는 경우가 있으니, 이 또한 비가 되기에 무방하다. 흥(興)과 같은 경우도 또한 그러하니, 첫 구가 아래 구를 일으키지만 그 아래에 단지 다른 일을 직설하는 것도 통용해서 흥이라고 한다. 시 중에 이런 종류는 상고할 수 있다." 하였다.

〈인지(麟趾)〉

'공성(公姓)', '공족(公族)'은 공의 동성(同姓), 공의 구족(九族)이라고 해도 또한 뜻이 통하니, 하나의 학설이 될 수 있다.

소주(小註)에 혹자가 이르기를 "〈관저(關雎)〉의 효응이니 비록 기린은 없지만 기린이 있는 때와 같다."라고 하였고, 《시경집전》에 "인지지(麟之趾)로 말하면 또 왕자(王者)의 상서이니 인력으로 이르게 할 수 있는 것이 아니고 저절로 이르는 것이다."라고 하여 두 설이 같지 않으니 응당 《시경집전》의 설이 옳다. 혹자가 묻기를 "인지와 추우(騶虞)[21]는 당시에 두 짐승이 나타난 것이 아니겠는가?"라고 하니, 주자(朱子)가 대답하기를 "옳지 않다. 다만 기린과 추우를 취하여 비유를 삼은 것이

21 추우(騶虞) : 《시경》 〈소남(召南)〉의 편명이면서 짐승의 이름이다. 백호와 비슷한데 검은 무늬가 있으며, 살아 있는 것을 먹지 않는다고 한다.

니, 다만 이것이 기린이고 이것이 추우이다."라고 하였다. 이를 근거해 보면 《시경집전》에서 이른 바 "왕자의 상서이니 저절로 이르는 것이다."라고 한 것은 또한 진실로 기린이 이른 적이 있는 것은 아니다.

〈소남〉 召南

〈작소(鵲巢)〉

까치가 둥지를 두매 비둘기가 와서 거한다는 말로 새아씨가 시집오매 백 대의 수레로 맞이한다는 말을 일으켰다. 그렇다면 어세로 볼 때에 마치 까치 둥지〔鵲巢〕를 새아씨에 연결시키고 비둘기가 거한다〔鳩居〕를 맞이하고 보내는 것에 연결시킨 듯하다. 그러나 그 뜻은 도리어 까치 둥지와 비둘기가 거한다를 새아씨가 시집오는 것에 부친 것이고, 제후국에서 백 대의 수레로 보내고 맞이하는 것은 단지 의식이 이와 같음을 말한 것일 뿐, 위의 구와 서로 응하는 것이 아니다.

3장의 주에 "가득하다는 것은 잉첩(媵妾)들의 조카와 여동생이 많음을 이른다.〔盈謂衆媵姪娣之多〕"라고 하였으니, '위(謂)' 자는 융통성을 가지고 보아야 한다. 대개 비유하는 말이라는 뜻이 있으니, 만약 "'영(盈)' 자는 잉첩이 많은 것이다."라고 직설한다면 시의 뜻이 아니다.

〈채번(采蘩)〉

첫 장의 소주(小註)에 '《본초강목(本草綱目)》에 이르기를〔本草曰〕' 아래에는 의당 '번(蘩)' 자가 있어야 하는데 없으니, 아마도 대주(大註)의 설을 이어서 설명하였기에 일부러 없앤 것인가? 또한 이미 소주에 3월에 캔다고 말하고서 또 가을에 향기가 좋다고 한 것[22]은 또 서로 다르니 의심스럽다. 흰쑥의 특성상 대저 봄에 캐기에 마땅하니 '추(秋)' 자는 더욱 의심스럽다.

〈초충(草蟲)〉

화곡 엄씨(華谷嚴氏)[23]의 주(註)의 '부충(負蟲)' 위에는 의당 '부종(阜螽)' 두 글자가 있어야 하니, 위의 '번(蘩)' 자와 같은 예이다.

2장의 경원 보씨(慶源輔氏)의 주는 첫 장에 있지 않으면 의당 끝장에 있어야 한다. 이 장 아래에 있으면 해당되는 바가 없다.

'미(薇)' 자에 대한 훈고는 소주의 설이 각각 달라 확실하지 않으니[24] 이것은 무슨 식물인가? 《시경언해(詩經諺解)》에 풀이한 속명(俗名)[25]

22 소주에……것 : 원문에는 소주라는 말이 없는데, 《시경》 〈소남(召南) 채번〉 첫 장의 소주에서 인용한 《본초강목》에 흰쑥에 대해 설명하면서 '3월에 캔다.〔三月採〕', '가을에 향기가 좋다.〔秋香美〕'는 말이 있는데 여기에 대해 풀이한 말이므로 보충하여 번역하였다. 다만 소주에는 '3월에 캔다.'는 말이 '2월에 캔다.〔二月採〕'고 되어 있다.

23 화곡 엄씨(華谷嚴氏) : 송나라 학자인 엄찬(嚴粲)을 가리킨다. 자는 탄숙(坦叔)·명경(名卿)·명경(明卿)이다. 청상 영(淸湘令)을 지냈다. 《모시(毛詩)》를 정밀히 연구하여 주를 단 《엄씨시집(嚴氏詩緝)》을 지었다.

24 미(薇)……않으니 : 치당 호씨(致堂胡氏)는 형초(荊楚) 사이에 총생하는 풀로, 봄과 여름이 교차하는 시기에 꽃이 피고 가지의 불룩한 부분을 벗겨서 먹으면 단맛이 난다고 하였다. 산음 육씨(山陰陸氏)는 줄기와 잎이 모두 소두(小豆)와 비슷하게 생긴 산채(山菜)라고 하였으며, 용재 항씨(容齋項氏)는 촉(蜀) 땅의 사람들이 소채(巢菜)라고 부르는 야생 완두(豌豆)라고 하였으므로 이렇게 말한 것이다.

은 과연 실정을 얻은 것인지 모르겠다.

〈채빈(采蘋)〉

화곡 엄씨(華谷嚴氏)의 주에 '불가식지조(不可食之藻)[26]'의 '조(藻)' 자는 응당 '평(萍)' 자가 되어야 할 듯하다.

《시경언해》에는 '빈(蘋)'을 'ᄀ라안는 말암〔沈萍〕'이라 하였고 '조(藻)'를 'ᄠᅳ는 말암〔浮萍〕'이라 하였으니 《시경집전》과 서로 다르다.[27]

〈행로(行露)〉

"누가 '네가 실가(室家)의 예(禮)가 없으리오? 어찌 나를 옥사에 불러들였는가?'라고 한다." 시의 어의(語意)는 이와 같으니, 대개 "어찌 나를 옥사에 불러들였는가.〔何以致我獄〕"라는 말은 정녀(貞女)가 스스로 한 말이고 타인의 말이 아니다. 그런데 《시경집전》에서 이 말을 모두 타인의 말이라 한 것[28]은 본문을 반대로 풀이하여 바른 뜻을 밝힌 듯하

25 시경언해(詩經諺解)에 풀이한 속명(俗名) : 언해에는 '다복쑥'이라고 하였다.

26 불가식지조(不可食之藻) : 화곡 엄씨의 소주에는 "빈은 먹을 수 있고, 평은 먹을 수 없으니 어찌 먹을 수 없는 조를 사용하여 제사에 올리는 경우가 있겠는가.〔蘋可茹, 而萍不可茹, 豈有不可茹之藻而乃用以供祭祀也?〕"라고 하였다. 창계는 '여(茹)' 자를 '식(食)' 자로 오기(誤記)한 듯하다.

27 시경집전과 서로 다르다 : 《시경집전》에는 "빈은 물 위에 떠 있는 마름이다.〔蘋水上浮萍也.〕라고 하였다.

28 시경집전에서……것 : 《시경집전》에는 "정녀가 스스로 자신을 지킴이 이와 같았으나 오히려 송사를 당하여 옥에 불려 가자, 인하여 스스로 하소연하기를 사람들이 모두 '참새가 뿔이 있다. 그러므로 능히 나의 지붕을 뚫는 것이다.'라고 말하니, 이것을 가지

다. 《시경언해》에서는 《시경집전》의 뜻으로 본문을 풀이하였으니[29] 말이 매우 분명치 않다. 또한 '아(我)' 자가 순하지 않으니 의심할 만하다.

풍성 주씨(豐城朱氏 주선(朱善))의 주에 "'음곡(陰谷)' 아래에는 '야(也)' 자가 있어야 할 듯하다." 하였다.[30]

〈고양(羔羊)〉

첩산 사씨(疊山謝氏)의 주에 '비조즉급(非躁則急)'이라고 하였는데,[31] '조(躁)' 자는 오자인 듯하니 '완(緩)' 자나 '만(慢)' 자의 오자인 듯하다.

고 사람들이 모두 '네가 나에게 일찍이 실가의 예를 구한 적이 있었다. 그러므로 능히 나를 옥사에 불러들인다.'라고 말함을 흥한 것이다.〔貞女之自守如此, 然猶或見訟而召致於獄, 因自訴而言, 人皆謂雀有角, 故能穿我屋, 以興人皆謂汝於我嘗有求爲室家之禮, 故能致我於獄.〕"라고 하였다.

29 시경언해에서는……풀이하였으니 : "뉘닐오듸 雀이 쁠이 업다하리오 엇디뻐 내집을 듧눈고 하며 뉘닐오듸 네 家가 업다ᄒᆞ리오 엇디뻐 나ᄅᆞᆯ 獄애 速하눈고 컨마눈"이라고 해석하였다.

30 풍성 주씨(豐城朱氏)의……하였다 : 소주에 수록된 풍성 주씨의 주에는 "문왕의 교화는 비유하자면, 태양은 비록 사사로움은 없지만, 그늘진 언덕을 비추는 것은 유독 늦고, 봄볕은 비록 사사로움은 없지만, 그늘진 골짜기에 이르는 것은 유독 더딘 것과 같으니 그 형세가 그러하다.〔文王之化, 譬之大陽雖無私, 而其照陰崖也, 獨後, 陽春雖無私, 而其至陰谷, 獨遲, 其勢則然也.〕"라고 되어 있는데, 창계는 이 문장이 대구로 이루어졌기 때문에 앞에 '음애야(陰崖也)'라고 하였다면 '음곡' 뒤에 '야' 자가 있어야 한다고 주장한 것이다.

31 첩산 사씨(疊山謝氏)의……하였는데 : 첩산 사씨는 남송의 학자인 사방득(謝枋得, 1226~1289)을 가리킨다. 소주에 수록된 첩산 사씨의 주에는 "흉중에 부끄러운 마음이 조금이라도 있게 한다면 걸음이 조급하지 않으면 급하고, 더디지 않으면 빠르다.〔使胸中微有愧怍, 其步趨非躁則急, 不遲則速.〕"라고 하였다.

〈표유매(摽有梅)〉

'태기길혜(迨其吉兮)'는 《시경집전》에 "반드시 이 길일에 미쳐 오는 사람이 있을진저."라고 하였는데, 말이 한 겹 막힌 듯하다.

'태기위지(迨其謂之)'는 《시경언해》에 위 장의 '태길(迨吉)', '태금(迨今)'과 똑같이 풀이하였는데[32] 그렇지 않은 듯하다. 아마도 '이때에 미처 말할진저.'라고 말한 듯하니 '태(迨)' 자를 먼저 해석하는 것이 옳을 듯하다.

〈강유타(江有沱)〉[33]

'기소야가(其嘯也歌)'를 《시경집전》에서 "뉘우칠 때를 말한 것이다."라고 하였다.[34] 앞에 휘파람 불고 뒤에 노래한 것은 본래 한 사람인데, 만약 뉘우칠 때 휘파람 불었다고 한다면 뉘우친 것은 지자(之子)이고 시인이 아니니, 처소(處所)를 얻어 즐거워한 사람과 한 사람이라는 것이 성립되지 않는다. 또한 뉘우칠 때 역시 무슨 번민을 풀 일이 있겠

32 시경언해에……풀이하였는데 : 《시경언해》에는 '그吉울 미츨딘져.', '그이제롤 미츨딘져.', '그닐음을 미츨딘져.'라고 풀이하여 '태(迨)' 자를 모두 동사로 보아 나중에 해석하였다.

33 강유타(江有沱) : 이 시의 제목은 〈강유사(江有汜)〉인데, 이 시의 마지막 장의 첫 구가 '강유타'이므로 창계가 오기한 듯하다.

34 시경집전에서……하였다 : 《시경집전》에는 "소는 입을 오므려 소리를 내어 번민하던 기운을 펴는 것이니, 뉘우칠 때를 말한 것이요, 가는 편안히 거처할 바를 얻고 즐거워하는 것이다.〔嘯, 蹙口出聲, 以舒憤懣之氣, 言其悔時也. 歌則得其所處而樂也.〕"라고 하였다.

는가. '회(悔)' 자 위에 '미(未)' 자가 있어야 할 듯하니, 아마도 뉘우치지 않았을 때에 시인의 근심이 이와 같음을 말한 것인 듯하다. 그러나 나의 억측한 설은 상고할 곳이 없으니 우선 남겨 두고서 다시 생각하기를 기다린다.

다시 생각해 보니 '소(嘯)'는 번민한 기를 편 것이고, 완전히 근심한 것은 아니니, 근심이 오래되매 근심을 편다는 뜻이다. 부인(夫人)이 뉘우칠 때에 잉첩(媵妾)이 휘파람 분 것이니 앞에 휘파람 불고 뒤에 노래한 것은 실로 한 사람이다. '회(悔)' 자 위에 별도로 다른 글자는 없다.

〈하피농의(何彼襛矣)〉

"꽃이 복숭아꽃과 오얏꽃과 같다.〔華如桃李〕"라고 하였으니 이미 같다고 말하였다면 이른바 꽃이라는 것은 무슨 꽃인가? 이 장은 부체(賦體)인 듯하다.[35]

총론의 풍성 주씨(豐城朱氏)의 주에 '채번지경(采蘩之敬)'의 '번(蘩)' 자는 '빈(蘋)' 자가 되어야 한다.

35 이……듯하다 : 이 시의 전문은 다음과 같다. "어쩌면 저리도 성한가, 꽃이 복숭아꽃과 오얏꽃과 같도다. 평왕의 손녀와 제후의 아들이로다.〔何彼襛矣, 華如桃李. 平王之孫, 齊侯之子.〕" 이 시에 대해 《시경집전》에서 주자는 복숭아꽃과 오얏꽃 두 물건을 가지고 남자와 여자 두 사람을 홍(興)하였다고 하여 홍체로 보았다. 그러나 창계는 꽃은 꽃을 직접 가리키는 것이 아니고 바로 왕희(王姬)를 가리키는 것이므로 홍체가 아니라 사실을 직접 서술하여 곧장 말하는 부체라고 한 듯하다.

〈위풍〉 衛風

〈기욱(淇奧)〉

'욱(奧)'은 《이아(爾雅)》에 "물가 안을 욱이라 하고, 물가 밖을 외(隈)라 한다."라고 하였는데, 《시경집전》에서는 곧장 '욱외(奧隈)'라고 훈석하였으니, 큰 의미만을 말한 듯하다. '혁(赫)'과 '훤(喧)'은 《대학》의 주에는 '드러나고 성대한 모양〔宣著盛大〕'으로 훈석하였다. 대개 '혁' 자는 본래 '드러나다〔宣著〕'라는 뜻인데, 지금 《시경집전》에서는 단지 '훤'은 드러나는 모양이라고만 말하고 '혁' 자를 아울러 거론하지 않았으니 의심스럽다. 혹 이전에 이미 훈석한 것이 있기 때문이라고 생각하였는데, 〈패풍(邶風) 석인(碩人)〉을 상고해 보건대 '얼굴빛이 깊이 물든 적색과 같거늘〔赫如渥赭〕'의 '혁' 자가 있었지만 여기서는 '혁' 자를 훈석하여 적색의 얼굴이라 하였으니 또 이 장의 '혁' 자의 뜻과는 같지 않다. 이 본은 탈루(脫漏)가 있는 듯하니, 타본인 당본(唐本)을 살펴보아야 한다.

경원 보씨(慶源輔氏)의 첫 주에는 "마침내 위의의 성대함을 말하였다.〔遂言其威儀之盛〕"라고 하였다. '위의(威儀)'의 위에는 의당 '순율(恂慄)'의 뜻이 있어야 하는데, 말하지 않았으니 '위의' 두 글자가 '슬(瑟)', '한(僩)', '혁(赫)', '훤(喧)' 네 글자의 뜻을 포함하고 있는 듯하다. 비록 《대학》 전문(傳文)에서 해석한 것과는 다르지만 또한 뜻이 통할 듯하다. 주자의 두 번째 주에서 학(學)과 강습 토론(講習討論)을 가지고 두 가지로 분류하여 절차(切磋)에 소속시켰고, 수(修)와 성찰 극치(省察克治)를 가지고 두 가지로 분류하여 탁마(琢磨)에 소속시킨 것은

《대학장구》의 설과는 은미하게 차이가 나니[36] 《대학장구》의 설을 정론으로 삼아야 할 듯하다.

공씨(孔氏)의 소주에 "옥을 매어 장식을 만드는 것을 기(綦)라고 한다."라고 하였는데, '기' 자는 '기(璂)' 자의 오자인 듯하다.

'각(較)'은 《시경집전》에 "두 개의 의(輢)가 식(軾) 위로 올라온 것이니, 수레의 양 곁을 이른다.[37]"라고 하였다. 이 설에 의거하면 '각'은 수레 곁의 물건인 듯하다. 그러나 소주에서 여씨(呂氏)가 수레의 제도에 대해 말한 것이 매우 자세한데 "'식' 위에 가로놓은 하나의 나무를 '각'이라고 한다."라고 하였으니, 또 수레 앞에 가로놓은 나무인 듯하므로 의심스럽다. 아마도 여씨가 이른 바 '식' 위에 가로놓인 나무라는 것은 반드시 앞에 거듭 가로놓는 것이 아니고, '식' 위의 몇 자, 몇

36 주자의……나니 : 소주 주자의 두 번째 주에는 "이미 배우고서 오히려 지극하지 못할까 염려한다면 다시 강습과 토론을 해서 구하기를 오히려 뼈와 뿔을 다스리는 사람이 이미 자르고 다시 가는 것과 같이 하며, 이미 수양하고서 오히려 지극하지 못할까 염려한다면 또 성찰과 극치를 해서 끝마치기를 오히려 옥과 돌을 다스리는 사람이 이미 쪼고 다시 가는 것과 같이 하는 것이다.〔旣學而猶慮其未至, 則復講習討論以求之, 猶治骨角者旣切之而復磋之, 旣修而猶慮其未至, 則又省察克治以終之 猶治玉石者旣琢之而復磨之.〕"라고 하여 학과 강습 토론, 수와 성찰 극치를 두 가지로 분류하여 말하였다. 《대학장구》 전 3장에는 "학은 강습하고 토론하는 일을 이르고, 자수는 성찰하고 극치하는 공부이다.〔學, 謂講習討論之事, 自修者, 省察克治之功.〕"라고 하여 배움과 강습 토론, 수양과 성찰 극치를 같은 것으로 보았기 때문에 이렇게 말한 것이다.

37 의(輢)가……이른다 : 의는 수레 양쪽에 있는 기대는 나무를 말하고 식(軾)은 수레 안에서 절을 할 때, 손으로 쥐는 수레 앞턱 가로대를 말한다.

치쯤 되는 양 곁에 각각 하나의 나무를 가로놓는 것을 말한 것이 아니겠는가. 이와 같다면 《시경집전》의 설과 부합되는데, 다만 여씨의 설이 자세하지 않을 뿐이다. 만약 '식' 위에 하나의 나무를 다시 가로놓는다면 수레에 오르고 '식'에 기댈 때에 반드시 모두 장애가 있을 것이다. '각'이 수레 곁의 물건이라고 한다면 의심이 없을 듯하다.

안성 유씨(安城劉氏)의 설에서 '희학이불위학(戲謔而不爲虐)' 아래에는 하나의 '즉(則)' 자가 빠진 듯하다.[38]

장하주(章下註)의 첫 번째 소주에 위에는 여절여차(如切如磋)라고 말하고 아래에는 탁마(琢磨)라고만 말하였으니 문자의 형식이 맞지 않다. 또 관작희학(寬綽戲謔)의 아래에 있는 '이(而)' 자는 '즉(則)' 자가 합당할 듯하니[39] 모두 탈오(脫誤)가 있는 듯하다.

〈고반(考槃)〉

"홀로 자고 깨어 말한다.〔獨寐寤言〕", "깨어 노래한다.〔寤宿〕", "깨었다

38 안성 유씨(安城劉氏)의……듯하다 : 안성 유씨는 "만약 너그럽고 여유 있으면서 중각에 거하면 의연하여 오히려 볼만하고 희학하면서 사납지 않으면 온화하고 평이하여 반드시 간략함이 있다.〔若其寬綽而居重較, 則自如而猶可觀也, 戲謔而不爲虐, 和易而必有節也.〕"라고 하였는데, 위 구와 아래 구가 서로 대구가 되기 때문에 '즉' 자가 있어야 한다고 말한 것이다.

39 또……듯하니 : 장(章) 아래에 있는 첫 번째 소주에 "다만 '관작희학'을 말하였지만 여기에서 긍지를 일삼지 않고 주선함이 예에 맞다는 뜻을 볼 수 있다.〔但言寬綽戲謔, 而於此可見不事矜持, 而周旋中禮之意.〕"라고 되어 있다.

가 다시 누웠다.〔寤宿〕"라는 것은 《시경집전》을 보면 비록 자고 깨고 홀로 있을 때라도 그 뜻이 확고하지 않음이 없음을 말한 것인 듯하다. 혹자가 의심하기를 "풍성 주씨(豐城朱氏)가 '비록 궁적하고 고독한 것이 이와 같더라도 오히려 잊지 않기를 맹세한 것이다.'라고 하였으니, 이 설은 어떠한가?" 하니, 대답하기를 "장하주 풍성 주씨의 설에 '어디를 간들 홀로 즐거워하지 않음이 없다.〔無往而不獨樂也〕'라고 하였는데, 이는 정해(正解)가 아니고, 방통(旁通)의 뜻이다."라고 하였다.[40]

〈왕풍〉 王風

"낙읍(洛邑)을 왕성(王城)이라 하고 주공(周公)이 또 성주(成周 낙양(洛陽))를 경영하였다."라는 것은 정씨(鄭氏)의 설이다.[41] 진씨(陳氏)가 이를 합하여 설명한 것은 잘못인 듯하다.[42] 아래에 있는 공씨(孔氏)의

40 혹자가……하였다 : 혹자가 인용한 말은 장하주(章下註)에 있는 풍성 주씨의 주에 있는 말이다. 그러므로 창계가 풍성 주씨의 주 중 마지막 부분을 인용하여 설명한 것이다. 정해는 바른 해석이라는 말이고, 방통은 정확한 해석은 아니고 그럭저럭 뜻이 통한다는 의미이다.

41 낙읍(洛邑)을……설이다 : 소주에서 정씨는 "낙읍은 왕성을 이르니 바로 동도이다. 지금 하남이 이곳이다. 주공이 또 성주를 경영하였으니 지금의 낙양이 이곳이다.〔洛邑謂之王城, 是爲東都, 今河南是也. 周公又營成周, 今洛陽是也.〕"라고 하였다.

42 진씨(陳氏)가……듯하다 : 소주에서 진씨는 "호경을 종주라 이르는 것은 천하가 종주로 여겼기 때문이다. 낙읍은 동도를 이르고 또 성주를 이르니 주나라의 도가 여기에서 이루어졌기 때문이다. 낙읍은 천하에 가장 중심이고, 풍호는 천하에 가장 험한 곳이니, 낙읍에 도읍을 정하여 제후를 조회 오게 하고 국토의 중앙에 자리 잡아 사해에 임하였으니 천하에 보여 준 것이 공정하고, 호경에 도읍을 정하여 뛰어난 지형에 의지하

주를 살펴보면 정씨의 설이 근거가 있음을 알 수 있다.[43]

〈왕풍(王風)〉이 아(雅)가 되지 못한 것에 대해서는 《시경집전》에서 "왕실의 권위가 낮아져 제후와 다름이 없었기 때문에 아가 되지 못하고 풍이 되었다.〔王室卑 與諸侯無異 故不爲雅而爲風〕"라고 한 것이 설명이 극진하다. 또 소주에 소씨(蘇氏)는 "풍교(風敎)가 경내에만 미치고 천하에까지 미치지 못하였으니 제후와 비슷하였다.〔其風及其境內 而不能被天下 與諸侯比〕"라고 하였으니 이 또한 옳은 설이다. 그런데 주자가 혹자의 질문에 답하기를 "이 시의 사어(辭語)로 알 수 있으니 풍은 대부분 아래에 있는 사람에게서 나왔다."라고 하였으니[44] 또 마치 대부분 아래에 있는 사람에게서 나왔기 때문에 이로 인하여 풍이라고 말한

고 상유에 처하여 육합을 제어하였으니 천하를 염려한 것이 원대하다.〔鎬京謂之宗主, 以其爲天下所宗也. 洛邑謂之東都, 又謂之成周, 以周道成於此也. 洛邑, 天下之至中; 豐鎬, 天下之至險, 於洛邑定鼎, 以朝諸侯, 宅土中, 以涖四海, 其示天下也公, 於鎬京定都, 以據形勝, 處上游, 以制六合, 其慮天下也遠.〕"라고 하여 정씨와는 달리 낙읍, 동도, 성주를 똑같이 보았기 때문에 창계가 이렇게 말한 듯하다.

43 공씨(孔氏)의……있다 : 소주에서 공씨는 "호경은 서주이고 왕성은 동주이다. 경왕에 이르러 왕성을 떠나 성주로 천도하였으니, 이로부터 또 왕성을 서주라 하고 성주를 동주라 하였다.〔鎬京爲西周, 王城爲東周, 及敬王去王城而遷成周, 自是又謂王城爲西周, 成周爲東周.〕"라고 하였다.

44 주자가……하였으니 : 《주자어류(朱子語類)》 권80 〈시(詩)〉에 "'〈왕풍〉은 다른 풍이 이와 같고, 강등되어 국풍이 된 것이 아닌가?'라고 질문하니, '그 사어로 알 수 있으니 풍은 대부분 아래에 있는 사람에게서 나왔으며, 아는 곧 사대부가 지은 것이다. 아는 비록 풍자가 있기는 하지만 그 말이 장중하여 풍과는 다르다.'라고 하였다.〔問: 王風是他風如此, 不是降爲國風? 曰: 其辭語可見, 風多出於在下之人, 雅乃士夫所作. 雅雖有刺, 而其辭莊重, 與風異.〕"라고 하였다.

것처럼 보인다. 이는 《시경집전》에서 제시한 뜻과는 같지 않다. 그리고 〈서리(黍離)〉는 이미 대부의 작품이다. 그렇다면 또한 아랫사람에게서 나와서 풍이라고 한 것이 아님을 생각할 수 있으니, 기록에 미진한 점이 있는 듯하다.

황씨(黃氏)가 또 곧장 단정하여 "〈서리〉가 국풍이 된 것은 그 음(音)이 바로 동토(東土)의 음이기 때문이다."라고 말하였으니[45] 이는 더욱 의심할 만하다. 가령 성왕(成王)과 주공(周公)이 곧장 동도(東都)를 다스리며 거처하였다면 당시 〈대아(大雅)〉와 〈소아(小雅)〉의 시들은 또한 동토의 음이어서 국풍에 나열되어야 한다고 말할 수 있겠는가. 또한 낙읍은 지세로 볼 때 천하의 가운데이니, 가령 왕실의 권위가 미약해지지 않아 풍교가 널리 퍼졌다면 어찌 동토의 음이라고 해서 아가 될 수 없겠는가. 국풍이 된 뜻은 《시경집전》과 소씨(蘇氏)의 설을 정설로 삼아야 할 듯하다.

혹자가 의심하기를 "왕실의 권위가 낮아지고 미약해졌다 해서 마침내 강등시켜 열국과 같게 했다는 것은 잘못된 것이 아니겠는가?" 하니, 다음과 같이 대답하였다. "이는 왕실이 스스로 강등하였을 뿐 일부러 강등하여 같게 한 것은 아니다. 왕실의 토지와 풍교가 겨우 열국(列國)과 같아 다시는 왕실의 실제가 없었으니, 지어진 가요들도 절로 일국(一國)의 풍이 되지 않을 수 없었다. 성인이 여기에 대해 다만 자연스

45 황씨(黃氏)가……말하였으니 : 소주에서 황씨는 "〈서리〉가 국풍이 된 것은 시의 체가 풍이기 때문이다. 주나라 왕실이 천도하기 전에는 그 성이 천하의 정성이었는데, 평왕이 천도하여 동쪽으로 옮겨서는 그 음은 바로 동토의 음일 뿐이다. 그러므로 왕국풍이라 한 것이다.〔黍離之爲國風, 以其詩之體爲風也. 周室未遷, 則其聲天下之正聲也, 平王遷而東之, 則其音乃東土之音耳, 故曰王國風.〕"라고 하였다.

러운 이치를 따라서 처리하였을 뿐 어찌 의도가 있었겠는가. 그러나 '주(周)'라고 말하지 않고 '왕(王)'이라 하였으니 존중한 뜻을 또한 볼 수 있다. 다만 또한 자신의 의도로 그 사이에 포폄을 가하여 곡진하게 존중한 것은 아니다. 당시에 왕이라는 호칭은 애당초 바뀐 적이 없으니, 성인은 여기에 대해 또한 자연스러운 이치를 따랐을 뿐이다. 《시경》이 《춘추》와 다른 점은 《춘추》는 명분을 밝힌 책이므로 포폄과 진퇴의 도리가 있고, 《시경》은 풍속을 나열하고 관찰하는 도리를 드러냈으므로 실제를 따라서 드러내 열거한 것이니, 도가 실로 함께 행해져 어긋남이 없다. 10편의 시를 자세히 음미해 보면 분명하게 아(雅)와는 다르고, 또한 시어도 쇠퇴하고 산만하여 수습할 수 없는 기상이 있으니 주(註)의 설이 일리가 없는 것은 아니다. 다만 이 〈왕풍〉의 시가 강등되어 풍이 된 이유가 전적으로 여기에서 말미암은 것이라 하니, 그 뜻이 《시경집전》의 정확함에는 미치지 못할 뿐이다."

〈서리(黍離)〉
"피가 영글어 꽉 찬 것이 마음이 근심스러워 목이 멘 것과 같다."라고 한 것[46]은 그 뜻이 자세하지 않다.

왕실이 호경(鎬京)을 떠나 낙읍(洛邑)으로 천도하여 옛 도읍이 황량해져 종묘와 궁실도 남김없이 퇴락하였다. 다만 기장과 피만이 그 사이

46 피가……것 : 《시경집전》에서 주희가 "피가 영글어 꽉 찬 것이 마음이 근심스러워 목이 멘 것과 같으므로 이로써 일으켜 흥한 것이다.〔稷之實, 猶心之噎, 故以起興.〕"라고 한 것을 가리킨다.

궁궐터에 무성하므로 신하 된 자들이 차마 보지 못한 것이니, 방황하고 슬퍼하며 원망한 뜻을 천년 뒤에도 또한 상상해 볼 수 있다. 윗자리에 있는 사람이 이 시를 읽는다면 어찌 위태롭지 않을 때에 나라를 보존할 도리를 깊이 생각하지 않겠는가. 만일 한가할 때에 덕을 닦고 간언을 따르며 현자를 존중하고 능한 이를 임용하며 재용을 절약하고 백성을 사랑하며 형벌을 분명하게 하고 군정(軍政)을 정비하여 경계하고 두려워하여 늘 지영(持盈)[47]과 방환(防患)의 방도를 생각하였다면 인심(人心)은 충심을 다하기를 원하고 천명(天命)은 새로워져 내외의 우환이 일어나지 않을 것이다. 설령 우환이 있더라도 필시 국가에 해를 끼치지는 못할 것이니, 다시 어찌 이처럼 처참하게 위망(危亡)한 광경이 있겠는가. 시의 결어(結語)는 대개 애통한 마음이 지극하여 하늘에 호소하여 질문한 것이니, 그 말은 마치 '국가를 이런 처참한 지경에 이르게 한 사람은 과연 누구인가?'라고 말하는 듯하다. 국가의 흥폐와 존망은 기미가 단지 사람에게 달려 있으니, 지금 왕실이 전복된 것도 반드시 이렇게 만든 사람이 있는 것이다. 당시의 일로 궁구해 보면 유왕(幽王)이 포사(褒姒)에게 미혹된 것이 실로 망국의 근본이니 이른바 "누구인가?"라는 것은 포사가 바로 그 사람이다. 내부에는 이미 마음을 미혹하는 요물이 있었으니, 외부에는 반드시 충직한 바른 선비를 막았을 것이고, 이미 충직한 바른 선비를 막았으니, 반드시 참소하는 사특한 사람을 등용했을 것이다. 이미 참소하는 사특한 사람을 등용했으니 그들이 나라를 망치고 백성을 해치고 환란을 부르고 외적을 불러들인 일을

47 지영(持盈) : 지영수성(持盈守成)의 준말로, 이루어 놓은 것을 지킬 때에 물이 가득 찬 그릇을 드는 것처럼 조심해서 잘 지킨다는 뜻이다.

또 어찌 일일이 다 말할 수 있겠는가. 이는 모두 망국의 복철(覆轍)이니, 훗날 나라를 보존하려는 사람은 의당 경계하는 바를 알아야 한다.

〈군자우역(君子于役)〉

'어디에 가 계신가?〔曷至哉〕'를 '언제쯤 오실까.〔何時來至〕'로 해석하지 않고 '어디에 계신가.〔何所至〕'라고 해석한 것은 어째서인가.[48] 아마도 '오실까'로 해석한다면 아래의 '와서 만난다.〔來會〕'와 구분이 없기 때문이 아니겠는가.[49]

'우선 목마르거나 굶주리지 않기를〔苟無飢渴〕'이라는 말은 희망한다〔願幸〕는 뜻이 있으니 '행(幸)'은 바란다는 뜻이다. 이 시는 단지 행역간 사람의 아내가 외로움을 토로한 말일 뿐 다른 뜻은 없다. 그러나 "돌아올 기약을 모른다.〔不知其期〕"라고 하고 "날과 달로 계산할 수 없다.〔不日不月〕"라고 하였으니, 또한 당시에 아랫사람을 부리는 데에 법도가 없었음을 볼 수 있다. 이는 남의 처지를 이해하여 긍휼히 여기

48 어디에 가……어째서인가 : '갈지재(曷至哉)'에 대해 《시경집전》에서 주희는 "지금 또한 어디에 가 계신가.〔今亦何所至哉?〕"라고 풀이하였기 때문에 창계가 이렇게 말한 것이다.

49 아마도……아니겠는가 : 《시경》 〈왕풍(王風) 군자우역〉 2장에 "군자의 부역 감이여 날과 달로 계산할 수 없으니 언제나 오실까?〔君子于役, 不日不月, 曷其有佸?〕"라고 하였는데, 주희가 이 장을 해석하기를 "군자가 부역을 간 지 오래되어 날과 달로 계산할 수 없으며, 또 그 어느 때에나 와서 모일지 알 수 없다.〔君子行役之久, 不可計以日月, 而又不知其何時可以來會也.〕"라고 하였다. 주희가 '갈지재'를 '어디에 계신가.'로 해석한 것은 '언제나 오실까.〔曷其有佸〕'라는 말과 중첩되지 않게 하기 위한 것이라고 창계는 생각한 것이다.

는 뜻을 해쳤을 뿐만 아니라 또한 정령(政令)에 기강이 서지 않았음을 또한 볼 수 있다. 이 때문에 주나라가 쇠퇴하고 분산되어 진작되지 못하고 망했을 것이다.

〈군자양양(君子陽陽)〉

《시경집전》에 "전편인 〈군자우역〉을 지은 부인의 작품이다."라고 하고, 또 "서설(序說)의 뜻도 통한다."라고 하였으니, 대개 두 설을 모두 남겨 둔 것이다. 그런데 경원 보씨(慶源輔氏)는 "예전의 설인 서설을 따르고자 한 것이다."라고 하였으니,[50] 아마도 주자가 "다시 자세히 살펴보아야 한다."라고 말하였기 때문에 도리어 후설(後說)을 주장한 것이라 생각한 것이 아니겠는가. 지금 《시경》을 자세히 상고해 보니, 만약 서설의 설을 따른다면 〈간혜(簡兮)〉 시와 그 뜻이 대략 같으니,[51]

50 서설(序說)의……하였으니 : 서설에 "〈군자양양〉은 주나라를 민망히 여긴 시이니, 군자가 난을 만남에 서로 불러 녹사가 되어 몸을 보전하고 해를 멀리한 것일 뿐이다.〔君子陽陽, 閔周也, 君子遭亂, 相招爲祿仕, 全身遠害而已.〕"라고 하였다. 소주에서 경원 보씨는 "이 시를 두고 또한 전편 즉 〈군자우역〉을 지은 부인이 지은 작품이라고 의심한다. 대개 두 편의 첫 부분은 모두 '군자'로 말하였고 또 뜻이 서로 연속되니, 이 설은 실로 시의 뜻을 해치지 않는다. 그러나 우연히 그렇게 된 것이 아닌 줄 어찌 알겠는가. 그러므로 또 주희가 혹자의 설을 취하여 '서설의 뜻도 통하니 다시 자세히 살펴보아야 한다.'라고 하였으니 대개 예전의 설 즉 서설을 따르고자 한 것이다.〔謂此詩, 疑亦前篇婦人所作者. 蓋兩篇之首, 皆以君子爲言, 而又相聯屬, 此固不害於義. 然安知其非偶然而然也? 故又取或者之說, 以爲序說亦通, 宜更詳之, 蓋欲仍舊也.〕"라고 하였다.

51 간혜(簡兮)……같으니 : 《시경》 〈패풍(邶風) 간혜〉에 대해 주희는 "현자가 뜻을 얻지 못하여 영관으로 벼슬함에 세상을 가볍게 여기고 뜻을 방자하게 하는 마음이 있었다. 그러므로 그 말이 이와 같았으니, 스스로 칭찬한 듯하나 실제는 스스로 조소한

비록 작자가 자신과 타인이라는 구별은 있지만[52] 또한 어찌 한갓 찬탄하여 즐거워할 뿐임을 용납하겠는가. 만약 이와 같을 뿐이라면 또한 크게 의미가 없다. 다만 반드시 전편을 지은 부인의 작품이라고 한다면 또한 명확한 근거가 없고, 단지 장의 첫 부분에 '군자(君子)'라는 두 글자가 서로 같을 뿐이니,[53] 또한 쉽게 단정하여 말할 수는 없을 듯하다. 다만 아내가 군자의 일을 찬미한 것이라는 점은 바꿀 수 없을 듯하다.

〈양지수(揚之水)〉

"실제는 허(許)나라와 보(甫)나라에 수자리 살지 않았다."라는 공씨(孔氏)의 설[54]은 《시경집전》의 설[55]과는 다르니, 아마도 주자는 공씨의

것이다.〔賢者不得志而仕於伶官, 有輕世肆志之心焉, 故其言如此, 若自譽而實自嘲.〕"라고 하였다. 그러니 〈군자양양〉의 서설에 "군자가 난을 만남에 녹사가 되어 몸을 보전하고 해를 멀리한 것일 뿐이다."라고 한 말과 서로 대략 같은 의미가 되므로 창계가 이렇게 말한 것이다.

52 비록……있지만 : 《시경》 〈간혜〉는 화자(話者)가 작자 자신이고, 〈군자양양〉은 화자가 타인이기 때문에 이렇게 말한 것이다.

53 단지……뿐이니 : 《시경》 〈왕풍 군자우역〉은 '군자우역(君子于役)'으로 시작하고 〈군자양양〉 또한 '군자양양(君子陽陽)'으로 시작하기 때문에 이렇게 말한 것이다.

54 공씨(孔氏)의 설 : 소주에서 공씨는 "보나라와 허나라를 말한 것은 모두 강성이기 때문이다. 이미 장을 거듭하여 글자를 바꾸고 이로 인하여 보나라와 허나라를 빌려 신나라를 말하였으니, 실제는 허나라와 보나라에 수자리를 살지 않은 것이다.〔言甫與許者, 以其俱爲姜姓, 既重章以變文, 因借甫許以言申, 其實不戍許甫也.〕"라고 하였다. 장을 거듭하여 글자를 바꾸었다고 말한 것은 이 시의 1장에 "나와 함께 신나라에 오지 못하였도다.〔不與我戍申〕"라고 하였고, 2장에 "나와 함께 보나라에 오지 못하였도다.〔不與我戍甫〕"라고 하였으며, 3장에 "나와 함께 허나라에 오지 못하였도다.〔不與我戍許〕"라고 하였기 때문이다. 이 시는 평왕(平王)이 자신의 외가인 신나라가 초(楚)나라

설은 애당초 상고할 곳이 없었기 때문에 취하지 않았는데, 지금은 다만 실제의 일이라 여겨 말한 것이 아니겠는가.[56]

포(蒲)는 풀인 부들과 나무인 수양버들 두 종류가 있는데, 주자는 수양버들〔蒲柳〕로 해석하였으니, 아마도 위 장에 '섶단〔薪〕'과 '나뭇단〔楚〕'이 모두 나무이기 때문에 같은 종류를 유추하여 수양버들이라고 말한 것이 아니겠는가.

장하주(章下註) 안성 유씨(安成劉氏)의 설[57]에 근거해 보면 〈소반(小

와 가까워 자주 침략을 당했기 때문에 기내(畿內)의 백성을 보내 수자리를 살게 하였으므로 수자리 산 자들이 원망하고 그리워하여 지은 것이다. 《시경집전》에 "주자는 '신'은 강성의 나라이니 평왕의 외가이고, '보'는 여(呂)이니 또한 강성이고, '허'는 국명이니 또한 강성이다."라고 하였다.

55 시경집전의 설 : 주희는 2장의 보(甫)에 대해 설명하면서 "당시에 아마도 신나라의 연고 때문에 함께 수자리를 살게 한 듯하다. 지금 그 나라의 소재를 알 수가 없으나, 생각건대 또한 신나라와 허나라에서 멀지 않을 것이다.〔當時, 蓋以申故而并戍之. 今未知其國之所在, 計亦不遠於申許也.〕"라고 하였고, 3장의 허(許)에 대해 설명하면서 "허는 나라 이름이고, 또한 강성이니, 지금의 영창부 허창현이 이 지역이다.〔許, 國名, 亦姜姓, 今潁昌府許昌縣是也.〕"라고 하여 실제 허나라와 보나라에 수자리를 산 것으로 보고 있다.

56 아마도……아니겠는가 : 창계는 주희가 공씨의 설은 상고할 곳이 없다는 이유로 본주(本註)에 수록하지 않았고, 실제 세 나라 모두 수자리를 산 일이 있다고 주해하였다고 생각한 것이다.

57 장하주(章下註) 안성 유씨(安成劉氏)의 설 : 장하주에 "〈소반(小弁)〉 시에 '하늘에 무슨 죄를 지었는가.', '군자가 참소하는 말을 믿는다.', '군자가 사랑하지 않는지라 서서히 살피지 않는다.', '저 죄 있는 자를 버려두고 나에게 죄를 가하도다.'라고 한 것은 모두 아버지를 원망하는 말이다. 나는 평왕이 다만 외가가 소중하다는 것만 알 뿐 아버지를 죽인 원수를 알지 못한 것은 모두 옛날부터 아버지를 원망한 그릇된 일념이

弁)〉의 원망은 이미 어버이를 잊고 이치를 거스른 근본이었는데, 고수(高叟)의 설을 맹자는 어찌 심하게 배척한 것인가.[58]

안성 유씨의 설에 '오어기전여유책언(吾於其傳與有責焉)'의 '전(傳)' 자는 뜻이 자세하지 않으니 '부(傅)' 자인 듯하다.[59] 경원 보씨(慶源輔氏)의 설[60]에 '이사민지노역(以使民之勞役)'의 '사(使)' 자는 뜻이 통창하지

만들어 낸 것이다. 아버지를 잊고 이치를 거스른 죄를 궁구해 보면 나는 그의 스승에게도 함께 책임이 있다고 생각한다.〔小弁詩曰"何辜于天", 又曰"君子信讒", 又曰"君子不惠, 不舒究之", 又曰"舍彼有罪, 予之佗矣", 皆爲怨父之詞. 吾意平王所以但知母家之重, 而不知殺父之讎者, 皆自疇昔怨父一念之差所致也. 究其忘親逆理之罪, 吾於其傳與有責焉.〕"라고 하였다. 〈소반〉에 대해 주희는 "유왕(幽王)이 신(申)나라에서 장가들어 태자(太子) 의구(宜臼) 즉 평왕(平王)을 낳았는데, 뒤에 포사(褒姒)를 얻고 그에게 미혹되었으며, 포사가 아들 백복(伯服)을 낳자 그의 참소하는 말을 믿고는 신후(申后)를 축출하고 의구를 쫓아내니, 이에 의구가 이 시를 지어서 스스로 원망한 것이다. 서(序)에 이르기를 '태자의 사부가 태자의 정(情)을 기술하여 이 시를 지었다.'라고 하였으니, 무엇을 근거한 것인지 알지 못하겠다."라고 하였다.

58 고수(高叟)의……것인가 : 《맹자》〈고자 하(告子下)〉에 고자(高子)가 "〈소반〉은 소인의 시이니 원망했기 때문이다." 한 것에 대해 공손추가 맹자에게 질문하자 "고루하구나! 고수가 시를 해석함이여. 여기에 사람이 있으니, 월나라 사람이 활을 당겨 쏘려 하거든 자기가 말하고 웃으면서 타이르는 것은 다름이 아니라 그를 소원히 여기기 때문이요, 그 형이 활을 당겨 쏘려 하거든 자기가 눈물을 흘리며 타이름은 다름이 아니라 그를 친척으로 여기기 때문이다. 〈소반〉의 원망은 어버이를 친히 한 것이다. 어버이를 친히 함은 인이니, 고루하구나! 고수가 시를 해석함이여.〔曰固哉, 高叟之爲詩也! 有人於此, 越人關弓而射之, 則己談笑而道之, 無他, 疏之也. 其兄關弓而射之, 則己垂涕泣而道之, 無他, 戚之也. 小弁之怨, 親親也, 親親, 仁也, 固矣夫, 高叟之爲詩也!〕"라고 하였다.

59 안성 유씨의……듯하다 : 내각본(內閣本)에는 '전(傳)' 자가 '부(傅)' 자로 되어 있다. 창계가 오독(誤讀)하였거나 보던 책에는 '전' 자로 되어 있었던 듯하다.

60 경원 보씨(慶源輔氏)의 설 : 원문은 "어버이를 잊고 이치를 거슬러 사람의 떳떳한

않다.

〈중곡(中谷)〉

'수(脩)'를 포수(脯脩)의 '수(脩)'라고 한다면[61] 이는 말려서 육포로 만든 것일 뿐이므로 위 구와 아래 구에 '기간(其乾)', '기습(其濕)'이라고 한 어구와 같지 않으니 옳지 않은 듯하다.[62] 또 글자의 풀이도 역시 지나치게 공교하다.

〈토원(兎爰)〉

토끼로 제후를 비유하고 꿩으로 작자 자신을 비유했다는 동래 여씨(東萊呂氏)의 설[63]은 의심할 만하다. 꿩으로 작자 자신을 비유했다는 것은

본성을 해치고, 법을 따르지 않고 도를 굽혀 사람을 노역시키니, 이 점이 백성이 원망하는 생각을 품는 이유이다.〔忘親逆理, 以賊人之秉彝, 非法枉道, 以使人之勞役, 此民之所以怨思也.〕"이다.

61 수(脩)를……한다면 : 《시경》〈왕풍 중곡유퇴(中谷有蓷)〉 2장의 주석에 혹자는 "'수(脩)'는 건조함이니, 포(脯)를 수(脩)라고 이르는 것과 같다."라고 하였다.

62 위……듯하다 : 《시경》〈왕풍 중곡유퇴〉 1장에는 "골짜기 가운데 익모초가 있으니 바짝 말랐도다.〔中谷有蓷, 暵其乾矣.〕"라고 하였고, 3장에는 "골짜기 가운데 익모초가 있으니 습지의 것도 말랐도다.〔中谷有蓷, 暵其濕矣.〕"라고 하였다. 따라서 창계는 2장의 '한기수의(暵其脩矣)'의 '수(脩)' 자 또한 익모초 중에 긴 것으로 해석하는 것이 옳다고 본 것이다.

63 토끼로……설 : 소주에 "이는 자신이 본 것으로 인하여 비유한 것이다. 크기가 큰 토끼를 제후에 비유하였고, 크기가 작은 꿩을 스스로에 비유하였다. 배신한 제후들이 거리낌 없이 마음대로 하여 주나라 사람들이 도리어 그 화를 입음을 말한 것이다.〔此因所見爲比也. 兎之大以比諸侯, 雉之小以自比也. 言諸侯之背叛者, 恣睢自如, 而周人反受其禍也.〕"라고 하였다.

그럭저럭 문의에 가깝지만 토끼는 반드시 제후를 지적하여 말할 것임을 어찌 알겠는가. 《시경집전》에 군자와 소인으로 말한 것[64]은 그 뜻이 지극하다. 《시경집전》에 또한 "제후들이 배반하였다.〔諸侯背叛〕"라고 말하였지만 이는 다만 그 당시의 일을 개괄해서 말한 것일 뿐 반드시 제후를 토끼에 비유한 것은 아니다. 혹자가 "'토끼가 여유만만하다.〔有兎爰爰〕'로 '무위(無爲)'를 일으켰고, '꿩은 그물에 걸렸다.〔雉離于羅〕'로 '백리(百罹)'를 일으켰다."라고 한 것[65]은 뜻이 서로 연결되지 않고 어세(語勢) 또한 다르니 따를 수 없을 듯하다.

〈갈류(葛藟)〉

이 시를 지은 사람은 곤궁함이 지극했으니, 당시 생민들의 괴로움과 풍속의 부박함을 볼 수 있다. 범씨(范氏)의 왕정(王政)과 인민(人民)에 관한 설[66]은 이런 종류의 시에서 증험할 수 있다.

64 시경집전에……것 : 《시경》 〈왕풍 토원〉에 대해 주희는 "'그물을 친 것은 본래 토끼를 잡고자 한 것이었는데, 지금 토끼는 교활하여 빠져나가고, 꿩은 정직하고 지조가 있어 도리어 그물에 걸렸다.'라고 말하였으니, 이것으로써 소인은 난을 일으키고도 교묘한 꾀로 요행히 화를 면하고, 군자는 허물이 없으면서도 충직함으로써 화를 받음을 비유한 것이다.〔言張羅, 本以取兎, 今兎狡得脫, 而雉以耿介, 反離于羅, 以比小人致亂而以巧計幸免, 君子無辜而以忠直受禍也.〕"라고 하였다.

65 토끼가……것 : 《시경》 〈왕풍 토원〉 1장에 "토끼는 여유가 만만하거늘 꿩은 그물에 걸렸도다. 내가 태어난 초기에는 아무 일이 없었는데 내가 태어난 뒤에 이 온갖 걱정을 만났으니 차라리 잠들어 깨어나지 말았으면.〔有兎爰爰, 雉離于羅. 我生之初, 尙無爲. 我生之後, 逢此百罹, 尙寐無吪.〕"이라고 하였다.

66 범씨(范氏)의……설 : 《시경》 〈왕풍 중곡유퇴(中谷有蓷)〉의 주에 "세상이 다스려지면 부부가 서로 보호하는 것은 윗사람이 잘 길러 주기 때문이요, 세상이 어지러우면

소주에 《이아(爾雅)》의 '불발성(不發聲)'[67] 세 글자는 그 뜻을 알지 못하겠다.

〈채갈(采葛)〉

'삼추(三秋)'를 맹추(孟秋), 중추(中秋), 계추(季秋)로 말하면 곧 단지 3개월이 될 뿐이고, 3년의 가을로 말하면 또 3년이 된다. 만약 '삼시(三時)'로 말하면 정히 3개월과 3년의 사이에 있게 되지만 상고할 곳이 없어서 감히 단정하여 말할 수 없으니 어이하겠는가.[68]

부부가 서로 버리는 것은 윗사람이 해치기 때문이다. 백성을 부리기를 수고롭게 하고, 백성에게 취하기를 많이 하면 부부의 정이 날로 쇠퇴해져 흉년에 흩어짐을 면치 못할 것이다. 이윤이 말하기를 '필부와 필부가 스스로 마음을 다함을 얻지 못하면 백성의 임금은 더불어 그 공을 이룰 수 없다.'라고 하였다. 그러므로 시를 읽는 자는 한 물건이 제자리를 잃음에 왕정의 나쁨을 알고, 한 여자가 버림을 받음에 인민의 곤궁함을 아니, 주나라의 정치가 황폐하고 백성이 흩어져 장차 훌륭한 나라가 될 수 없음을 여기에서도 볼 수 있다.〔世治則室家相保者, 上之所養也; 世亂則室家相棄者, 上之所殘也. 其使之也勤, 其取之也厚, 則夫婦日以衰薄, 而凶年不免於離散矣. 伊尹曰: "匹夫匹婦不獲自盡, 民主罔與成厥功." 故讀詩者, 於一物失所, 而知王政之惡; 一女見棄, 而知人民之困, 周之政荒民散, 而將無以爲國, 於此亦可見矣.〕"라고 하였다.

67 소주에 이아(爾雅)의 불발성(不發聲) : 《시경》 〈갈류〉 3장은 '순(漘)'에 관해 설명한 것으로, 《이아》의 주에 "물가가 평탄하고 아래쪽의 물이 깊은 곳을 '순'이라 하니 소리가 나지 않는다.〔涯上平坦, 而下水深爲漘, 不發聲.〕"라고 하였다. 손염(孫炎)은 '不' 자는 연문이라 하였다.

68 삼추(三秋)를……어이하겠는가 : 《시경》 〈왕풍 채갈〉에서 "하루 동안 보지 못함이 3개월과 같다.〔一日不見, 如三月兮.〕", "삼추와 같다.〔如三秋兮〕", "3년과 같다.〔如三歲兮〕"라고 하였으므로 '삼추'는 '삼시(三時)'로 해석해야 서로 중첩되지 않기 때문에 이렇게 말한 것이다.

〈대거(大車)〉

'저분이 두려워 감히 달려가지 못한다.〔畏子不敢〕'는 바로 형벌을 면할 수 있으나 부끄러워함은 없다는 일이니, 이 때문에 형정(刑政)으로 잘 다스린다는 것을 알 수 있다.[69] 소씨(蘇氏)가 "형벌하기를 기다린 뒤에 그만두는 것은 아니다."라고 하였으니[70] 그의 설이 조금 다른 듯하다. 그러나 이미 형벌을 써서 백성을 한결같이 통제하였기 때문에 백성이 두려워 감히 하지 않는 것이니 애당초 형벌을 쓰지 않은 것은 아니다. 만약 형벌을 사용하더라도 백성들이 경계할 줄을 모른다면 반드시 일일이 형벌하기를 기다린 뒤에 그만두어야 할 것이니, 그렇다면 어찌 잘 다스린다고 말할 수 있겠는가.

혹자가 말하기를 "〈한광(漢廣)〉에 '말마(秣馬)', '말구(秣駒)'의 생각이 있고,[71] 〈행로(行露)〉에 '어찌 아침저녁에 다니지 않겠는가.〔豈不夙

69 저분이……있다 : '형벌을 면할 수 있으나 부끄러워함은 없다.'는 말은 《논어》〈위정(爲政)〉에 "공자가 말하였다. '인도하기를 법으로 하고, 가지런히 하기를 형벌로 하면, 백성들이 형벌을 면할 수는 있으나, 부끄러워함은 없을 것이다.'〔子曰: 道之以政, 齊之以刑, 民免而無恥.〕"라고 한 데서 온 말이다. 주희는 이 시에 대해 "주나라가 쇠했는데도 대부로서 아직도 형정으로 자신의 읍을 잘 다스리는 자가 있었다. 그러므로 음분한 자가 그를 두려워하여 이와 같이 노래한 것이다. 그러나 그 이남의 교화와는 거리가 머니, 여기에서도 세상의 변화를 볼 수 있다.〔周衰, 大夫猶有能以刑政治其私邑者, 故淫奔者畏而歌之如此. 然其去二南之化則遠矣, 此可以觀世變也.〕"라고 풀이하였으므로 창계가 이렇게 말한 것이다.

70 소씨(蘇氏)가……하였으니 : 소주에 "그침이 도가 있었다. 백성들이 대부의 수레소리를 듣고 그의 의복을 보면 두려워 감히 하지 않은 것이니, 형정을 시행하기를 기다린 뒤에 그만두는 것은 아니다.〔其止之有道, 民聞其車聲而見其衣服, 則畏而不敢矣, 非待刑之而後已也.〕"라고 하였다.

夜〕'의 뜻이 있고,[72] 〈야유사균(野有死麕)〉에 '길한 선비가 유인하도다.〔吉士誘之〕'의 일이 있으니,[73] 이는 모두 사람의 정에서 발함이 없을

71 한광(漢廣)에……있고 : 《시경》〈주남(周南) 한광〉 2장에 "쑥쑥 뻗은 잡목 속에 가시나무를 베리라. 이 아가씨가 시집감에 그 말에게 꼴을 먹이리라. 한수가 넓어 헤엄쳐 갈 수 없으며 강수가 길어 뗏목으로 갈 수 없도다.〔翹翹錯薪, 言刈其楚. 之子于歸, 言秣其馬. 漢之廣矣, 不可泳思. 江之永矣, 不可方思.〕"라고 하였고, 3장에 "이 아가씨가 시집감에 그 말에게 꼴을 먹이리라.〔之子于歸, 言秣其駒.〕"라고 하였는데, 주희는 "문왕의 교화가 가까운 곳에서부터 먼 데까지 이르러 먼저 강한의 사이에 미쳐서 그 음란한 풍속을 변하게 함이 있었다. 그러므로 그 놀러 나온 여자들을 사람들이 바라보고는 단장(端莊)하고 정일(靜一)하여 다시 전날처럼 구할 수 있는 바가 아님을 알았다. 그러므로 착신(錯薪)으로써 일으키고 그 말을 먹이고자 하였으니, 기뻐함이 지극한 것이요, 강한으로써 비유하고 끝내 구할 수 없음을 탄식하였으니, 공경함이 깊은 것이다."라고 하였다.

72 행로(行露)에……있고 : 《시경》〈소남(召南) 행로〉 1장에 "함초롬히 이슬 젖은 길에 어찌 아침저녁에 다니지 않겠냐마는 길에 이슬이 많아서 다니지 못하느니라.〔厭浥行露, 豈不夙夜? 謂行多露.〕"라고 하였는데, 주희는 "남국(南國)의 사람들이 소백(召伯)의 가르침을 따르고 문왕(文王)의 교화에 복종하여, 옛날의 음란한 풍속을 변혁함이 있었다. 그러므로 여자가 능히 예(禮)로써 스스로 자신을 지켜서 강포(强暴)한 자에게 더럽힘을 당하지 않은 자가 스스로 자기의 뜻을 기술하여 이 시를 지어 그 사람을 거절한 것이다. 길 사이의 이슬이 한창 축축하니, 내 어찌 이른 새벽과 늦은 밤에 다니고자 하지 않으리오마는 이슬이 많아 옷이 젖을까 두려워 감히 그렇게 하지 못한다고 한 것이다. 여자가 이른 새벽과 밤늦게 홀로 다니면 혹 강포한 자에게 침탈(侵奪)을 당하고 능욕(陵辱)을 당할 우려가 있다. 그러므로 길에 이슬이 많아서 옷을 적실까 두렵다고 칭탁한 것이다."라고 하였다.

73 야유사균(野有死麕)에……있으니 : 《시경》〈소남 야유사균〉 1장에 "들에 죽은 노루가 있거늘 흰 띠풀로 싸도다. 아가씨가 봄을 그리워하거늘 길한 선비가 유인하도다.〔野有死麕, 白茅包之. 有女懷春, 吉士誘之.〕"라고 하였는데, 주희는 "남국이 문왕의 교화를 입어 여자가 정조를 지키고 몸을 깨끗이 하여 스스로 지켜, 강포한 자에게 더럽힘을 당하지 않은 자가 있었다. 그러므로 시인이 본 바로 인하여 그 일을 흥기하여

수 없는 것이지만 귀한 바는 예의에 능히 그친 것이다. 그러니 이 〈대거〉의 뜻과 어찌 서로 멀겠는가."라고 하니 다음과 같이 대답하였다. "〈한광〉은 구할 수 없음을 알아서 구하지 않았으니, 구할 수 없는 것은 실로 논할 것도 없지만 구할 수 없음을 알아서 구하지 않는 것은 또한 당연한 의리를 편안히 여긴 것이다. 〈행로〉에 '길에 이슬이 많다.〔謂行多露〕'와 〈야유사균〉에 '나의 수건을 움직이게 하지 말라.〔無感我帨〕'라고 한 것은 모두 일이 마땅한지 아닌지에 따라 결정한 것일 뿐 위엄을 두려워함으로 인하여 우선 형벌을 면하려고 한 것은 아니다. 이는 이른바 '부끄러워함이 있고 또 선에 이르게 될 것이다.〔有恥且格〕'라는 것이어서 덕(德)과 예(禮)로 다스린 효험을 볼 수 있으니, 이와 더불어 어찌 크게 차이가 나지 않겠는가.[74] 그러나 성왕(聖王)이 일어나지 않고 풍화(風化)가 날로 무너져 위엄을 두려워하여 개과천선하려는 풍속마저도 드물게 되었으니, 이 시에 드러난 대부의 형정과 시인의 징계와 같은 것은 또한 어찌 권계(勸戒)가 되기에 부족하겠는가."

찬미한 것이다. 혹자는 '부(賦)이니, 아름다운 선비가 흰 띠풀로 죽은 노루를 싸서, 봄을 그리워하는 여자를 유인한 것이다.'라고 한다."라고 하였다.

74 이는……않겠는가 : 여기서 인용한 말은 《논어》 〈위정(爲政)〉에 "인도하기를 덕으로 하고, 가지런히 하기를 예로써 하면, 부끄러워함이 있고, 또 선에 이르게 될 것이다.〔道之以德, 齊之以禮, 有恥且格.〕"라고 한 데서 온 말이다. 여기서는 이상에서 언급한 3편의 시는 모두 문왕의 교화로 인해 인심과 풍속이 자연스럽게 변한 것을 노래한 시이지만 〈대거〉는 대부가 형정으로 잘 다스렸기 때문에 백성들이 형정을 두려워하여 차마 하지 못한 것을 노래한 시이므로 3편의 시와 〈대거〉는 현격한 차이가 있음을 말한 것이다.

〈정풍〉 鄭風

이 편 제목의 소주에 정씨(鄭氏)가 말한 '무왕(武王)'의 '왕(王)' 자는 '공(公)' 자인 듯하다.[75]

〈대숙우전(大叔于田)〉

"활고자를 덮는 것을 송(送)이라 한다."라고 하였으니,[76] 활고자를 덮는다는 것은 화살을 쏘고 난 뒤에 활의 양쪽 끝을 눌러 두는 것을 말하는 듯하다.

〈고구(羔裘)〉

'명에 처하여 변치 않도다.〔舍命不渝〕'의 '명(命)' 자는 《시경집전》에서 받은 바의 이치로 말하였으니,[77] 그 뜻이 매우 정밀하다. '명'은 실로

75 소주에……듯하다 : 주희가 정(鄭)에 대해 설명하면서 "환공의 아들인 무공 굴돌이 평왕을 동도로 모셔 안정시키고, 또한 사도가 되어 괵과 회의 땅을 얻고는 마침내 그 봉읍을 옮기고 옛 칭호를 새 고을에 시행하니, 이것이 신정이다.〔其子武公掘突, 定平王於東都, 亦爲司徒, 又得虢檜之地, 乃徙其封而施舊號於新邑, 是爲新鄭.〕"라고 하였다. 이 주석 아래에 정씨의 설이 소주로 수록되어 있는데 "무왕이 괵, 회, 언, 폐, 보, 단, 의, 주, 역, 화 10개 읍의 땅을 취하였다.〔武王取虢檜鄢蔽補丹依疇歷華十邑之地.〕"라고 하였으니, 창계는 환공의 아들인 무공을 설명하는 것이므로 무왕의 '왕' 자는 '공' 자가 되어야 할 듯하다고 말한 것이다.

76 활고자를……하였으니 : 《시경》 〈정풍(鄭風) 대숙우전〉 2장에 "말을 달리고 경마를 잡히며 오늬를 놓아 활을 쏘고 활고자를 덮도다.〔抑磬控忌, 抑縱送忌.〕"라고 하였는데, 주희는 "활고자를 덮는 것을 송이라 한다.〔覆彇曰送.〕"라고 하였다.

77 시경집전에서……말하였으니 : 《시경》 〈정풍 고구〉의 1장에 대해 주희는 "이 염소

기(氣)로 말하는 경우가 있는데, 이 시에서 이른바 '명'이라는 것은 전적으로 받은 바의 의리를 가리켜 말한 것인 듯하다. 만약 기로 말한다면 의리를 편안히 여긴다는 것과 동등하지 않다.

〈산유부소(山有扶蘇)〉

'너울거리는 홍초〔遊龍〕'[78]의 '용(龍)'은 일명 마료(馬蓼)라고 하는데, 장자(張子)는 이 말을 그르다고 여기고 마료는 다른 종류의 식물이라고 하였다.[79] 《시경집전》에서 주자는 옛 설을 그대로 따르고 고치지 않은 것은 어째서인가?[80]

갖옷이 윤택하니 털이 순하고 아름다우며, 저 이 옷을 입은 자가 생사의 기로에 서서 또 능히 스스로 그 받은 바의 이치에 처하여 그 뜻을 빼앗을 수 없음을 말한 것이다. 이는 대부를 찬미한 말이나, 누구를 가리키는지는 모르겠다.〔言此羔裘潤澤, 毛順而美, 彼服此者當生死之際, 又能以身居其所受之理而不可奪. 蓋美其大夫之詞, 然不知其所指矣.〕"라고 하였다.

78 너울거리는 홍초 : 《시경》〈정풍 산유부소〉 2장에 "산에는 우뚝한 소나무가 있고, 습지에는 너울거리는 홍초(紅草)가 있거늘.〔山有橋松, 隰有游龍.〕"이라고 하였다.

79 장자(張子)는……하였다 : 소주에 "용은 홍초이니 줄기와 가지가 굽어 땅에 붙어 있는 곳에 용과 같은 뿌리가 있다. 《본초강목》에 '홍초는 일명 홍곡이라고 하는데 마료와 같지만 크니 곧 수홍이다.'라고 하였다. 《시경집전》의 주에 '용은 일명 마료이다.'라고 하였지만 마료는 본래 다른 하나의 식물이다.〔龍是葒草, 其枝幹樛屈著土處, 便有根如龍也. 草本云葒草一名鴻鶮, 如馬蓼而大, 卽水紅也. 詩註云一名馬蓼, 馬蓼自是一種也.〕"라고 하였다.

80 시경집전에서……어째서인가 : 주희는 "용은 홍초이다. 일명은 마료라고도 하니, 잎이 크고 색이 희며, 수택 가운데서 자라고 높이가 한 길 남짓하다.〔龍, 紅草也, 一名馬蓼, 葉大而色白, 生水澤中, 高丈餘.〕"라고 하였다.

〈양지수(揚之水)〉

이 시를 다만 형제가 서로 이야기하는 말로 본다면 뜻이 절로 평이하고 또한 매우 정성스럽다. 지금 형제를 혼인한 부부로 본다면 이미 너무 힘을 쏟아 지나친 해석이 됨을 면치 못한다.[81] 또 이른바 "끝내 형제가 적은지라 나와 너뿐이다.〔終鮮兄弟 惟予與汝〕", "우리 두 사람뿐이다.〔惟予二人〕"라는 것은 바로 시를 지은 사람의 형제가 많지 않아 단지 두 사람만 있다는 것이므로 그 말이 이와 같은 것이다. 만약 부부라 한다면 한 명의 지아비와 한 명의 아내는 절로 떳떳한 분수이니, 어찌 끝내 적다고 말할 수 있겠는가. 이 뜻은 매우 분명한 듯한데, 전(傳)을 모을 당시에 나아가 질정하지 못한 것이 한스럽다. 혹자가 이르기를 "예로부터 시를 해석하는 사람들은 단지 〈동문지선(東門之墠)〉과 〈진유(溱洧)〉 두 편의 시만을 음분(淫奔)의 시라고 여겼는데,[82] 주자에 이르러 또 음분으로 〈양지수〉를 지적한 것은 바로 정성(鄭聲)을 추방

81 이……못한다 : 《시경집전》에서 주희는 "형제는 혼인한 사람 사이의 칭호이니, 《예기》에 이른 바 '계속하여 형제가 될 수 없다.'라는 것이 이것이다. 여(予), 여(女)는 남녀가 자기들끼리 서로 말한 것이다.〔兄弟, 婚姻之稱, 禮所謂不得嗣爲兄弟是也. 予女, 男女自相謂也.〕"라고 하였는데, 창계는 형제를 혼인한 부부로 보는 것은 지나친 해석이라고 생각한 것이다.

82 예로부터……여겼는데 : 〈동문지선〉은 《시경》 〈정풍(鄭風)〉에 수록된 시로 모서(毛序)에 "〈동문지선〉은 혼란함을 미워한 시이다. 유공이 음황하니, 풍화가 행하는 바에 남녀가 옛날의 일을 버리고 자주 도로에 모여 시정에서 가무하였기 때문이다.〔東門之墠, 疾亂也. 幽公淫荒, 風化之所行, 男女棄其舊業, 亟會於道路, 舞於市井爾.〕"라고 하였고, 〈진유〉는 〈정풍〉에 수록된 시로 모서에 "〈진유〉는 혼란함을 풍자한 시이다. 전쟁이 그치지 않으니, 남녀가 서로 버려 음풍이 크게 유행하여 바로잡을 수가 없었다.〔溱洧, 刺亂也. 兵革不息, 男女相棄, 淫風大行, 莫之能救焉.〕"라고 하였다.

해야 한다는 뜻[83]을 발명한 것이니, 그 뜻은 바꿀 수 없다."라고 하니 이는 또 그렇지 않다. 무릇 주자가 음분의 시로 배척한 것은 시어가 모두 본래 음분의 시이기 때문에 주자가 애당초 실정을 얻어 배척한 것일 뿐이다. 만약 시어의 뜻이 음분하지 않았다면 또한 어찌 애써 배척하였겠는가. 또한 이 〈양지수〉 외에 음분의 시는 이미 헤아릴 수 없을 정도로 많으니, 또한 추방할 만한 정성이라는 것에 무슨 해가 되겠는가. 또한 부부가 분별이 있은 뒤에 형제가 차례가 있는데, 지금 남의 말을 믿되 형제간에 믿지 않는 사람이 있다.[84] 이는 또한 음란함이 끼친 화이니, 여기에서 또한 볼 수 있다.

〈소아〉 小雅

〈기보(祈父)〉

'여(予)'는 주자가 육군(六軍)의 군사라고 하였고, 혹자는 "사우(司右)와 호분(虎賁)의 등속이다."라고 하였으니,[85] 두 설 중에 누구의 설이

83 정성(鄭聲)을……뜻 : 《논어》 〈위령공(衛靈公)〉에 "정나라 음악을 추방해야 하며 말재주 있는 사람을 멀리할 것이니, 정나라 음악은 음탕하고 말 잘하는 사람은 위태로운 것이다.〔放鄭聲, 遠佞人, 鄭聲淫, 佞人殆.〕"라고 한 데서 온 말이다.

84 지금……있다 : 《시경》 〈왕풍 양지수(揚之水)〉 1장에 "끝내 형제가 적은지라 나와 너뿐이니 남의 말을 믿지 말지어다 사람들이 실로 너를 속이느니라.〔終鮮兄弟, 維予與女. 無信人之言, 人實迋女.〕"라고 하였는데, 주희는 "끝내 형제가 적다면 나와 너뿐이니, 어찌 타인의 이간하는 말 때문에 나를 의심한단 말인가. 저 사람의 말은 다만 너를 속일 뿐이다.〔終鮮兄弟, 則維予與女矣, 豈可以他人離間之言而疑之哉? 彼人之言, 特誑女耳.〕"라고 풀이하였다.

85 여(予)는……하였으니 : 《시경》 〈소아 기보(祈父)〉 1장에 "기보야 나는 왕의 발톱

옳은가? 대개 이 시에서 스스로 “왕의 발톱과 이빨이다.〔王之爪牙〕”라고 말한 것은 또한 친병(親兵)의 말인 듯하고, 이른바 “나를 근심에 전전하게 한다.〔轉予于恤〕”라는 것은 바로 출정하고 멀리 수자리를 산다는 뜻이다. 금려(禁旅 금군(禁軍))는 본래 출정하거나 멀리 수자리를 사는 자가 아니기 때문에 “나를 근심에 전전하게 한다.”라고 말했을 뿐이다. 육경(六卿)의 군사[86]와 같은 경우 출정하고 수자리를 사는 것은 실로 당연하니 이른바 전전하게 한다는 것이 아니다. 나의 생각으로는 육군은 본래 왕실을 호위하지만 북방에 성을 쌓기 위해 태원(太原)[87]에 가는 것과 같은 일도 실제 모두 왕실을 호위하는 것이고, 노역에 복무하는 것은 반드시 모두 육군의 군사이니, 그렇다면 육군의 군사가 출정하고 멀리 수자리를 사는 것은 또한 때로 있었을 것이다. 금려와 같은 경우 직무는 왕의 좌우를 호위하는 일을 담당할 뿐인데, 가령 육경의 군사와 함께 똑같이 멀리 군역을 간다면 그들이 원망하는 것은 또한 마땅하지 않겠는가.

대개 옛날의 병제(兵制)는 방백 연수(方伯連帥)의 군사[88]가 있고,

과 이빨인데 어찌하여 나를 근심 속에서 전전하여 머물러 살 곳이 없게 하는가.〔祈父, 予王之爪牙, 胡轉予于恤, 靡所止居.〕”라고 하였는데, 주에 주희는 ‘여(予)’를 육군의 군사라고 하였고, 혹자는 사우와 호분의 등속이라고 하였다. 사우와 호분은 금려(禁旅) 즉 도성과 궁을 호위하는 군사를 이른다.

86 육경(六卿)의 군사 : 육경은 육군(六軍)을 거느리는 주장(主將)을 이른다. 육군은 천자(天子)가 거느리는 7만 5000명의 군대를 말하는데, 1군(軍)은 1만 2500명이다. 《주례(周禮)》 〈하관사마(夏官司馬)〉에 “무릇 군사를 거느리는 법은 1만 2500인을 1군(軍)으로 하여, 국왕(國王)은 6군을, 대국(大國)은 3군을, 차국(次國)은 2군을, 소국(小國)은 1군을 다스린다.”라고 하였다.

87 태원(太原) : 현재 중국 산서성(山西省) 지역을 말한다.

육경 봉기(六卿封畿)의 군사[89]가 있고, 금려 숙위(禁旅宿衛)의 군사[90]가 있다. 방백 연수의 군사는 왕실에 변고가 있으면 구원하고 제후에게 변고가 있으면 토벌하며, 육경의 군사는 전적으로 왕실을 호위하고, 금려의 군사는 또 왕의 좌우를 전적으로 호위할 뿐이다. 육경의 군사를 아래로 방백 연수의 군사를 따르게 한 것은 〈양지수(揚之水)〉가 바로 여기에 해당하고,[91] 금려의 군사를 아래로 육경의 군사와 함께 수자리 살게 한 것은 이 시가 바로 여기에 해당한다. 육경의 군사는 비록 전적으로 왕실을 호위하지만 출정하고 멀리 수자리 사는 것은 또한 실로 있었다. 다만 제후를 위하여 정벌하고 수자리 살지 않는다면 이는 이른바 왕실을 전적으로 호위한다는 것이다. 금려와 같은 경우 왕의 좌우를 떠나지 않는다. 만약 아래로 육경의 군사와 똑같이 멀리 수자리를 사는 데에 이르렀다면 옛 제도가 이로부터 변한 것이니, 의당 몇 세대 지나지 않아 〈양지수〉와 같이 마침내 천자의 육경의 군사가 제후를 위하여 정벌하고 수자리 살게 될 것이다. 대개 육군의 군사를 운용함에 부족하

88 방백 연수(方伯連帥)의 군사 : 방백 연수는 제후의 우두머리를 이른다. 《예기》 〈왕제(王制)〉에 "주나라 때 서울에서 천 리 밖에 방백을 두었는데, 5국을 속이라 하여 속에는 장을 두고, 10국을 연이라 하여 거기에는 수를 두었다.〔千里之外設方伯, 五國以爲屬, 屬有長; 十國以爲連, 連有帥.〕"라고 하였다.

89 육경 봉기(六卿封畿)의 군사 : 천자의 기내(畿內)에 주둔하고 있는 육군을 이른다.

90 금려 숙위(禁旅宿衛)의 군사 : 금군으로 궁에서 숙위하는 군사를 이른다.

91 육경의……해당하고 : 《시경》 〈왕풍 양지수〉에 대해 주희는 "이 시는 평왕(平王)이 자신의 외가인 신(新)나라가 초(楚)나라와 가까워 자주 침략을 당했기 때문에 기내(畿內)의 백성을 보내 수자리를 살게 하니, 수자리 간 자들이 원망하고 집을 그리워하여 지은 것이다."라고 하였다. 즉 천자인 평왕이 제후국인 신나라를 지켜 준다는 명목으로 군사를 보내 수자리를 살게 한 것이므로 창계가 이렇게 말한 것이다.

게 된 뒤에 금려를 차출해 쓰고, 방백 연수의 군사에게 명할 수 없게 된 뒤에 육군의 군사를 출병하게 한다. 모든 일의 폐단은 은미한 데에서 나와 크게 되고 가까운 곳에서 시작되어 먼 데에까지 이르지 않음이 없다.

〈백구(白駒)〉

2장의 주에 "곽(藿)은 묘(苗)와 같다.", "석(夕)은 조(朝)와 같다.", "가객(嘉客)은 소요(逍遙)와 같다."라고 하였으니, 명물(名物)과 사의(辭意)가 같지 않은데[92] 모두 '같다〔猶〕'라고 말한 것은 어째서인가? 다음과 같이 대답하였다. "여기에서 주자의 뜻은 마치 이 장에서 곽을 말한 것은 위 장에서 묘를 말한 것과 같고, 이 장에서 석을 말한 것은 위 장에서 조를 말한 것과 같고, 이 장에서 가객을 말한 것은 위 장에서 소요를 말한 것과 같다고 말한 듯하니[93] 꼭 서로 같다고 말한 것은 아니다."

살펴보건대 이 시는 현자를 좋아하는 성심이 매우 간절하다. 이 시에

92 명물(名物)과…않은데 : 곽은 즉 콩잎으로 묘와는 다르고, 석은 조와 가객은 소요와 서로 사의가 다르기 때문에 이렇게 말한 것이다.

93 이 장에서 곽을……듯하니 : 《시경》 〈소아 백구〉 1장에 "깨끗하고 깨끗한 흰 망아지 우리 마당의 싹을 먹는다 하여 발을 동여매고 고삐를 매어 오늘 아침을 더 머무르게 하여 이른바 그분이 여기에서 소요하게 하리라.〔皎皎白駒, 食我場苗. 縶之維之, 以永今朝. 所謂伊人, 於焉逍遙.〕"라고 하였고, 2장에 "깨끗하고 깨끗한 흰 망아지 우리 마당의 싹을 먹는다 하여 발을 동여매고 고삐를 매어 오늘 저녁을 더 머무르게 하여 이른바 그분이 여기에서 아름다운 손님이 되게 하리라.〔皎皎白駒, 食我場藿. 縶之維之, 以永今夕. 所謂伊人, 於焉嘉客.〕"라고 하였기 때문에 이렇게 말한 것이다.

"오늘 아침을 더 머무르게 하여〔以永今朝〕", "오늘 저녁을 더 머무르게 하여〔以永今夕〕"라고 말하였으니, 잠시 머무는 것과 비교해 보면 또한 큰 다행으로 여긴 것이다. 또 "그대를 공으로 삼고 그대를 후로 삼아 편안하고 즐거움을 무한하게 하리라.〔爾公爾侯 逸豫無期〕"라고 하였으니 존중하여 받들려는 뜻이 지극하지 않음이 없는 것이다. 또 "그대의 음성을 금옥같이 아껴 나를 멀리하는 마음을 두지 말지어다.〔無金玉爾音 以有遐心〕"라고 하였으니, 현자가 이미 떠났지만 오히려 성심을 다해 끊임없이 바라는 마음을 볼 수 있다. 이 시 전편(全篇)이 지극히 애모하는 말 아님이 없지만 이 세 마디 말은 또 그중에 가장 지극한 말이다.

〈황조(黃鳥)〉

황조는 누구를 비유했는지 알 수 없다. 이 나라의 사람을 비유했다고 한다면 이미 황조를 불러 고하여 "이 나라의 사람이 이와 같고 이와 같다."라고 말하는 것은 말이 순하지 않다. 스스로를 비유했다고 한다면 "나의 곡식을 쪼아 먹지 말라.〔無啄我粟〕"라고 한 한마디 말은 또한 은연중에 미워한 것인 듯하다. 아마도 이 사람이 타지에서 곤궁할 때에 별도로 자신을 괴롭히는 악인이 있었으므로 황조에 의탁하여 그 악인을 배척하고, 이어서 스스로 말하기를 "이 나라의 사람은 대체로 모두 서로 구휼해 주지 않으니, 나는 장차 오래지 않아 이곳을 떠나 돌아갈 것이다."라고 한 것이 아니겠는가.

'선(旋)', '귀(歸)', '복(復)' 세 글자는 뜻이 대략 같지만 차제(次第)와 심천(深淺)이 있으니,[94] 이른바 '돌아가겠다〔歸去來〕'는 것과 같다.

〈아행기야(我行其野)〉

소주의 정씨(鄭氏)와 가씨(賈氏)의 두 설 중에 가씨의 설이 합당하다. 만약 형제가 화목함에 이르지 않았다면 그 죄는 응당 화목하게 지내지 않은 윗사람에게 있고 혼인하지 않은 아랫사람에게 있지 않다. 이른바 '불제(不弟)'라는 것은 전적으로 장상(長上)을 공경하지 않는 사람을 가리킨 듯하다.[95]

94 선(旋)……있으니 : 《시경》 〈소아 황조〉의 각 장의 말구는 "돌아가자 돌아가자 우리 방족에게 돌아가리라.〔言旋言歸, 復我邦族.〕", "돌아가자 돌아가자 우리 형들에게 돌아가리라.〔言旋言歸, 復我諸兄.〕", "돌아가자 돌아가자 우리 제부에게 돌아가리라.〔言旋言歸, 復我諸父.〕"라고 하였는데, '선' 자와 '귀' 자는 돌아가겠다는 의지를 표명한 것이고 '복' 자는 돌아갈 것을 결심한 것이므로 창계가 차제와 심천이 있다고 말한 듯하다.

95 소주의……듯하다 : 《시경》 〈소아 아행기야〉 장하주에 "왕씨가 말하였다. '선왕이 몸소 인의를 행하여 백성들을 후한 데로 인도하되, 오히려 부족하다고 여겨서 또 관을 세우고 사를 설치하여 효, 우, 목, 인, 임, 휼의 여섯 가지 행실로써 백성을 가르쳤으니, 그 부모가 있기 때문에 효를 가르치고, 형제가 있기 때문에 우를 가르치고, 동성의 친척이 있기 때문에 목을 가르치고, 이성의 친척이 있기 때문에 인을 가르치고, 인리와 향당이 서로 보호해 주고 서로 사랑해야 하기 때문에 임을 가르치고, 서로 도와주고 구휼하여야 하기 때문에 휼을 가르쳤다. 그리고 다만 가르치기만 하면 혹 따르지 않을 수도 있다고 생각하여 이 때문에 관사로 하여금 때로 그 덕행을 써서 권면하게 하고, 다만 권면하기만 하면 혹 따르지 않을 수도 있다고 생각하여 이에 불효, 불목, 불인, 불제, 불임, 불휼의 형벌을 두었으니, 이때를 당하여 어찌 이 시에서 풍자한 바와 같은 백성이 있었겠는가.'〔王氏曰: 先王躬行仁義以道民厚矣, 猶以爲未也, 又建官置師, 以孝友睦婣任卹六行敎民. 爲其有父母也, 故敎以孝; 爲其有兄弟也, 故敎以友; 爲其有同姓也, 故敎以睦; 爲其有異姓也, 故敎以婣; 爲隣里鄕黨相保相愛也, 故敎以任; 相賙相救也, 故敎以卹. 以爲徒敎之, 或不率也, 故使官師以時書其德行而勸之, 以爲徒勸之, 或不率也, 於是乎有不孝不睦不婣不弟不任不卹之刑焉, 方是時也, 安有如此詩所刺之民乎?〕" 라고 하였다. 이 장하주의 소주에 "건안 하씨가 다음과 같이 말하였다. 정씨는 '형벌을

〈사간(斯干)〉

장하(章下)의 소주에 '여차소생주(與此所笙奏)' 다섯 자는 뜻이 자세하지 않다.[96]

'질질사간(秩秩斯干)'에서 '간(干)'은 물가〔水涯〕이니 무엇을 '질질(秩秩)'이라 하는가? 정제(整齊)된 모습을 말한 것이다.

〈무양(無羊)〉

'삼백유군(三百維群)'에 대하여 《시경집전》에 "300으로 무리를 지었다.〔以三百爲群〕"라고 하였고, 소주에 동씨(董氏)는 "삼백유군은 무리

제정한 뜻은 끝내 낮은 자를 위한 것이 아니고 장자를 벌하기 위함이다. 그러므로 육행의 경우 형을 가르쳐 우애롭게 한다고 하였고 제정한 형벌의 경우 불제라고 말하여 어린 사람으로 하여금 감히 장자를 능멸하지 못하게 한 것이다.'라고 말하였고, 가씨는 '여기서 불제는 바로 육행의 우이다. 윗글에서 우라고 말한 것이 목과 인의 위에 있으니 전적으로 형제에게 적용한 것이고, 여기서 바꾸어 제라고 말한 것이 물려서 목과 인의 아래에 있으니 사장에게 겸하여 적용한 것이다.'라고 말하였다.〔建安何氏曰: 鄭氏云制刑之意, 終不爲卑者, 而罪其長. 故六行則教兄以友, 而制刑則謂之不弟, 使少者不敢陵長也. 賈氏云此不弟卽六行之友, 上文言友, 在睦婣之上, 專施於兄弟, 此變言弟, 退在睦婣之下, 兼施於師長.〕"라고 하였다.

96 장하(章下)의……않다 : 구설에 "혹자는 말하기를 '《의례》에 당하에서 신궁을 관악기로 연주한다는 것과, 《춘추전》에 송 원공이 신궁을 읊었다는 것이 바로 이 시인 듯하다.'라고 하지만 또한 명확한 증거가 없다.〔或曰: 儀禮下管新宮, 春秋傳宋元公賦新宮, 恐卽此詩. 然亦未有明證.〕"라고 하였는데, 여기에 관한 소주에 "《의례》〈대사의〉에 말하기를 '……소공 25년에 송공이 숙손소자에게 연향을 베풀 때 신궁을 읊었는데 이와 함께 생황을 연주한 것을 혹자는 사간시라고 하였다.'라고 하였다.〔大射儀曰: ……昭公二十五年, 宋公享叔孫昭子賦新宮, 與此所笙奏, 或謂卽斯干詩.〕"라고 하였다.

로 계산한 것이다.〔三百維群 以群計也〕"라고 하였으니,[97] 살펴보건대 두 설이 모두 통한다. 다만 아래 장의 '삼십유물(三十維物)'을 고찰해 보건대 《시경집전》에는 "색깔이 모두 30가지가 된다.〔凡爲色三十〕"라고 하였다.[98] 그렇다면 1장에서도 응당 '무리가 모두 300가지가 된다.'라고 말해야 하니 《시경집전》은 도리어 의심스럽다. 또한 동씨의 설 중에 '또한 각각 그 수로써 계산한 것이다.〔亦各以其數也〕'라고 한 말은 어의(語意)가 자세하지 않다.

《시경집전》의 '취기각(聚其角)'에서 '습습연(濕濕然)'까지는[99] 응당 대구로 훈고해야 하니, 만약 "쉬면서 그 뿔을 모음에 화목하다.〔息而聚其角 濈濈然〕"라고 한다면 좋을 듯한데, 어떨지 모르겠다. '중유어의(衆維魚矣)'에 대하여 《시경집전》에는 "사람이 바로 물고기이다.〔人乃是魚〕"라고 하였고,[100] 소주에는 "물고기가 많다.〔魚衆多〕"라고 하였으

97 소주에……하였으니 : "삼백유군은 무리로 계산한 것이고 구십기순은 순으로 계산한 것이다. 검은색 입술을 가진 소가 순이 되니 그렇다면 검은색 눈을 가진 소는 유가 되고 검은색 귀를 가진 소는 위가 되니 또한 각각 그 수로써 계산한 것이다.〔三百維群, 以群計也; 九十其犉, 以犉計也. 黑脣爲犉, 則黑眥爲犻, 黑耳爲犩, 亦各以其數也.〕"라고 하였다.

98 시경집전에는……하였다 : 주희는 "삼십유물은 그 색깔을 가지런히 하여 구별함에 모두 색깔이 30가지인 것이다.〔三十維物, 齊其色而別之, 凡爲色三十也.〕"라고 하였다.

99 취기각(聚其角)에서 습습연(濕濕然)까지는 : 《시경》 〈소아 무양〉의 첫 구에 "네 양이 오니 그 뿔이 화하고 화하도다. 네 소가 오니 그 귀가 촉촉이 젖어 있도다.〔爾羊來思, 其角濈濈. 爾牛來思, 其耳濕濕.〕"라고 하였다. 이 시에 대한 풀이로 《시경집전》에 "그 뿔을 모으고 쉬매 화목하며, 되새김질하여 그 귀를 움직이매 촉촉이 젖어 있다.〔聚其角而息, 濈濈然. 呞而動其耳, 濕濕然.〕"라고 하였는데, 이를 두고 한 말이다.

니[101] 뜻이 서로 다르다. 살펴보건대 '중유어(衆維魚)'와 '조유여(旐維旟)'[102]는 대구가 되는데, 물고기가 많다고 하는 것은 구법(句法)에 정밀하지 못하다.

〈절남산(節南山)〉

'우심여담(憂心如惔)'에 대하여 지금 '담' 자 아래의 구결[103]은 의미가 없는 것으로 풀이하니 또 《시경집전》의 뜻[104]은 이와 같지 않은 듯하다.

'윤씨 태사(尹氏太師)'에 대해 소주에 삼산 이씨(三山李氏)가 윤씨(尹氏)가 왕자 조(朝)를 옹립했다는 글을 인용하고 이로 인해 윤씨가 세경

100 시경집전에는……하였고 : 《시경집전》에 "혹자가 말하기를 '「중」은 사람을 이른다.' 하였다.〔或曰: 衆謂人也.〕"라고 하였는데, 이를 변형시켜 말한 것이다.

101 소주에는……하였으니 : 소주에 모씨(毛氏)가 "음양이 조화로우면 물고기가 많다.〔陰陽和, 則魚衆多.〕"라고 하였다.

102 중유어(衆維魚)와 조유여(旐維旟) : 《시경》 〈소아 무양〉 4장에 "목인이 꿈을 꾸니 사람이 물고기가 되며 조가 여가 되도다.〔牧人乃夢, 衆維魚矣, 旐維旟矣.〕"라고 한 데서 온 말이다.

103 지금……구결 : 《시경언해》에 '담(惔)' 자 아래에는 '하며'라는 구결이 달려 있다.

104 시경집전의 뜻 : 《시경》 〈소아 절남산〉에 대해 주희는 "이 시는 가보가 지은 것이니, 왕이 윤씨를 등용하여 난을 초래한 것을 풍자한 것이다. '높은 저 남산에는 돌이 우뚝하고, 혁혁한 태사 윤씨는 백성들이 모두 너를 보고 있거늘, 그가 하는 행동이 선하지 못하여 사람들로 하여금 마음에 근심하기를 불이 불타는 듯하게 하고, 또 그 위엄을 두려워하여 감히 말하지 못하게 한다. 그렇다면, 나라가 끝내 단절될 터인데, 너는 어찌하여 이를 살피지 않는가?'라고 말한 것이다.〔此詩, 家父所作, 刺王用尹氏以致亂. 言節彼南山則維石巖巖矣, 赫赫師尹則民具爾瞻矣, 而其所爲不善, 使人憂心, 如火燔灼, 又畏其威, 而不敢言也. 然則國旣終斬絶矣, 汝何用而不察哉?〕"라고 하였다.

(世卿)이 된 것은 유래가 매우 오래되었다고 하였다.[105] 그러나 왕자인 조를 옹립한 것은 바로 이 시가 지어진 뒤의 일이니 윤씨가 세경이 된 유래가 이미 오래되었다고 말할 수 없다.

'호천불평(昊天不平)'은 해석이 단지 "호천이 균평하지 않다.〔昊天不傭〕"의 뜻과 같으니[106] 또한 절로 명백하다. 대개 윤씨의 악행이 하늘을 노하게 하여 공평하게 베풀지 않아 우리 왕을 편안하지 못하게 한다면 의당 조금 징계할 만도 한데, 오히려 스스로 마음을 징계하지 않고 도리어 바로잡아 주는 사람을 원망한 것이다.[107]

〈정월(正月)〉

시대를 근심하여 스스로 상심한 시이다. 제1구는 천재(天災)를 근심하였고, 제2구는 민풍(民風)을 상심하였다.[108] '독우(獨憂)'는 난세에 군

105 소주에……하였다 : 소주에 "삼산 이씨가 말하기를 '《춘추후전》에 또 윤씨가 왕자 조를 옹립하였다고 기록되어 있으니, 윤씨가 세경이 된 것은 유래가 매우 오래되었다.' 하였다.〔三山李氏曰：春秋後，又書尹氏立王子朝，則尹氏之爲世卿，其來甚久.〕"라고 하였다.

106 단지……같으니 : 《시경》〈소아 절남산〉 5장에 "호천이 균평하지 아니하여 이런 큰 재앙을 내린다.〔昊天不傭，降此鞠訩.〕"라고 하였다.

107 오히려……것이다 : 《시경》〈소아 절남산〉 8장에 "호천이 공평하지 못한지라 우리 왕이 편안하지 못한데 그 마음을 징계하지 아니하고 도리어 그 바로잡는 사람을 원망하는구나.〔昊天不平，我王不寧. 不懲其心，覆怨其正.〕"라고 하였기 때문에 이렇게 말한 것이다.

108 제1구는……상심하였다 : 《시경》〈소아 정월〉 1장의 1구와 2구에 "정월에 된서리가 내리는지라 내 마음에 근심하고 서글퍼하거늘 백성의 유언비어가 또한 매우 심하

자의 공통된 근심이지만 근심하다 병이 드는 데에 이르렀으니 근심하는 마음이 간절한 것이다.[109] 이 아래는 모두 시대를 근심하여 스스로 상심한 말인데, 사람에 대해 말한 것은 많고 하늘에 대해 말한 것이 적은 이유는 천도(天道)는 멀어 알기 어렵고 인사(人事)는 가까워 쉽게 볼 수 있기 때문이다. 제2장의 위의 4구는 만난 시절이 좋지 않음을 통탄한 것이고, 아래 4구는 민속이 아름답지 못함을 근심한 것이다. 위 장의 위의 4구와 같은 뜻이니 입으로만 좋게 혹은 나쁘게 말하는 소인의 말은 대체로 이러하다.[110] 제3장은 위 장을 이어 나라가 장차 망할 것임을 말한 것이다. 하늘이 노하고 백성이 원망하니 망하지 않고 어쩌겠는가. 4장에 "하늘의 뜻이 이미 정해졌다면 사람을 이기지 못함이 없을 것이다.〔旣克有定 靡人不勝〕"라는 말은 대개 선한 이에게는 복을 내리고 악한 이에게는 화를 내리는 이치를 말한 것인데, 아래

도다.〔正月繁霜, 我心憂傷. 民之訛言, 亦孔之將.〕"라고 하였기 때문에 이렇게 말한 것이다.

109 독우(獨憂)는……것이다 : 《시경》 〈소아 정월〉 1장에 "생각건대 나만이 홀로 마음에 근심하기를 크게 하니 슬프다 내 소심함이여 속으로 근심하여 병드노라.〔念我獨兮, 憂心京京. 哀我小心, 癙憂以痒.〕"라고 하였기 때문에 이렇게 말한 것이다.

110 제2장의……이러하다 : 《시경》 〈소아 정월〉 2장에 "부모가 나를 낳으심이여 어찌하여 나를 병들게 하였는가. 나보다 먼저도 아니며 나보다 뒤도 아니로다. 좋은 말도 입으로만 하며 나쁜 말도 입으로만 하는지라. 더욱더 마음에 근심하여 이 때문에 업신여김을 받노라.〔父母生我, 胡俾我瘉? 不自我先, 不自我後. 好言自口, 莠言自口. 憂心愈愈, 是以有侮.〕"라고 하였다. '호언자구, 유언자구'에 대해서 주희는 "유언비어를 하는 사람들이 거짓말을 하고 반복하여 좋고 나쁜 말이 모두 마음에서 나오지 않고, 다만 입에서 나올 뿐이다.〔訛言之人, 虛僞反覆, 言之好醜皆不出於心, 而但出於口.〕"라고 하였다.

구에 "누구를 미워하리오.〔伊誰云憎〕"라고 하였으니 악을 경계하는 뜻이 더욱 많다.[111] 제5장은 이 시는 대체로 유언비어를 근심한 것이다. 유언비어가 징계되지 않으면 그치지 않으니 높은 것을 가리켜 낮다고 한 것이 바로 유언비어이다.[112] 대개 제4구는 천도(天道)가 반드시 회복됨을 말한 것이고, 제5구는 유언비어를 징계할 수 있음을 말한 것이다. 비록 천도가 반드시 회복되지만 당시에 회복되지 않았고, 비록 유언비어를 징계할 수 있으나 끝내 징계하지 않았으니, 근심하는 것이 마땅하다. 6장과 7장은 천(天)과 인(人)을 뒤섞어 말하였다. "하늘이 나를 흔듦이여 마치 나를 이기지 못할 듯이 하는구나.〔天之抓我 如不我克〕"라고 하고 아래 구에 곧 "나를 붙잡기를 마치 원수처럼 하나 또한 나를 등용함에 힘쓰지 않는구나.〔執我仇仇 亦不我力〕"라고 하였다. 대체로 유언비어가 비록 성행하고 국세가 비록 위태롭지만 만약 현자의 말을 듣고 믿어 힘써 행한다면 그래도 회복할 수 있는 것이다. 그러나 지금 나를 붙잡기를 마치 원수처럼 하나 끝내 나를 등용함에 힘쓰지 않으니 오히려 다시 무엇을 기대할 수 있겠는가. 나를 붙잡기를 마치 원수처럼 한다는 것은 바로 너의 보상(輔相)을 버린다는 뜻이니 당시에 반드시 이런 사실이 있었을 것인데 지금은 상고할 수 없다. 8장에 비로소 포사(褒姒)에게 허물을 돌렸지만 실제 포사에게 미혹된 사람은 왕이다. 10장과 11장은 현보(賢輔)를 버리지 말라는 뜻을 말하였다.

111 4장에……많다 : 《시경》 〈소아 정월〉 4장에 "하늘의 뜻이 이미 정해졌으면 사람을 이기지 못함이 없을 것이니 위대한 상제가 누구를 미워하리오.〔旣克有定, 靡人弗勝. 有皇上帝, 伊誰云憎?〕"라고 하였기 때문에 이렇게 말한 것이다.

112 높은……유언비어이다 : 《시경》 〈소아 정월〉 5장에 "산이 낮다고 하나 산마루가 되고 구릉이 된다.〔謂山蓋卑, 爲岡爲陵.〕"라고 한 것을 두고 한 말이다.

대개 이미 나라의 멸망은 결정되었지만 오히려 현자를 친히 하고 음험하고 사특한 사람을 경계하라는 바람이 있으니 이것이 충후한 도리이다. 12장 이하는 스스로 상심한 말이고, 마지막 장 마지막 구는 스스로 상심한 이유가 다만 일신만을 위한 것이 아님을 드러냈다.[113] 소인과 누추한 자들은[114] 모두 집과 곡식을 소유하였으니 백성들에게 취하지 않았다면 어떻게 이를 소유하겠는가.[115] 이는 백성이 더욱 곤궁해지는 이유이다. 그러나 부자들은 오히려 버틸 수 있지만 곤궁한 자들은 더욱 가련하다고 할 만하다.

'영막지징(寧莫之懲)'의 '영(寧)' 자는 '하(何)' 자로 보면 뜻이 절로 통하는데, 굳이 편안하다는 뜻으로 해석한 것은 무슨 뜻인가?[116] '요지방

113 마지막 장……드러냈다 : 《시경》 〈소아 정월〉의 마지막 장 마지막 구에 "부자들은 괜찮거니와 이 외로운 사람이 애처롭도다.〔哿矣富人, 哀此惸獨.〕"라고 하였는데, 외로운 사람은 부자를 제외한 나머지 사람 모두를 가리켜 말한 것이기 때문에 이렇게 말한 것이다.

114 소인과 누추한 자들은 : 원문은 '小夫窶人'인데, 《시경》 〈소아 정월〉의 마지막 장 첫 구에 "보잘것없는 소인들은 저 집을 소유하며 누추한 자들은 곡식을 소유한다.〔佌佌彼有屋, 蔌蔌方有穀.〕"라고 하였다. 주희는 "차차(佌佌)는 작은 모양이고 속속(蔌蔌)은 가난하고 누추한 모양이니 왕이 등용한 소인을 가리킨다."라고 풀이하였다.

115 모두……소유하겠는가 : 《시경》 〈소아 정월〉 마지막 장 둘째 구에 "지금 백성 중에 복이 없는 사람들은 하늘이 화를 내려서 해치도다.〔民人之無祿, 天夭是椓.〕"라고 하였는데, 이를 풀이한 말이다.

116 영막지징(寧莫之懲)의……뜻인가 : 《시경》 〈소아 정월〉 5장에 "백성들의 유언비어 어찌 징계하는 자가 없는가.〔民之訛言, 寧莫之懲.〕" 하였는데, 주희는 "지금 백성들의 유언비어가 이와 같지만 왕은 오히려 편안히 여겨 그치게 하지 않는다.〔今民之訛言, 如此矣, 而王猶安然莫之止也.〕"라고 해석하였기 때문에 창계가 이렇게 말한 것이다.

양(燎之方揚)'은 왕실이 불타고 요염한 처가 부채질하는 것을 가리켜 말한 듯한데, 《시경집전》에 불길이 막 성한 것으로 빛나는 종주(宗周)를 비유한 것이라 말하였으니[117] 이와 같다면 위와 아래에 있는 문구(文句) 사이에 어세가 차이가 나니 순하지 않는 듯하다. '포사멸지(褒姒滅之)'를 '포사가 이미 멸망시켰다.〔褒姒旣滅〕'라고 말하지 않고 단지 '멸한다〔滅之〕'라고 말하였으니, 장차 그렇게 될 것을 염려한 말이 아님을 어찌 알겠는가. 혹자의 설은 믿기 어려울 듯하다.[118]

〈시월지교(十月之交)〉

차서(次序)가 가장 분명하다. 1장에서 3장까지는 재이(災異)를 말하였고, 4장은 재이를 초래한 이유가 안과 밖의 간신과 폐인(嬖人) 때문임을 말하였다. 5장과 6장은 간신들 중에 황보(皇父)의 악행이 가장 드러

117 시경집전에……말하였으니 : 《시경》〈소아 정월〉 8장에 "한창 성한 불길을 누가 끌 수 있겠는가. 혁혁하던 주나라를 포사가 망치네.〔燎之方揚, 寧或滅之. 赫赫宗周, 褒姒威之.〕"라고 하였는데, 주희는 "'내 마음의 근심이 맺혀 있는 듯한 것은 국정이 포악하기 때문이다. 불길이 막 성할 때에는 어찌 이것을 박멸할 수 있는 자가 있겠는가. 그러나 빛나는 종주를 한 명의 포사가 멸할 수 있다.' 하였으니, 이것을 서글퍼한 것이다.〔言我心之憂如結者, 爲國政之暴惡故也. 燎之方盛之時, 則寧有能撲而滅之者乎? 然赫赫然之宗周, 而一褒姒足以滅之, 蓋傷之也.〕"라고 풀이하였다.

118 포사멸지(褒姒滅之)를……듯하다 : '포사멸지'에 대해 주희는 혹자의 설을 인용하여 "혹자는 '이는 동천한 뒤의 시이니, 이때 종주가 이미 멸망하였다. 포사가 멸망시켰다고 말한 것은 경계의 뜻이 있고 근심하고 두려워하는 마음이 없으며, 또한 이미 지나간 일을 말한 것이고 장차 그렇게 될 것을 염려한 말이 아닌 듯하다.'라고 하니 이제 또한 옳고 그름을 기필할 수 없다.〔或曰: 此東遷後詩也, 時宗周已滅矣. 其言褒姒滅之, 有監戒之意, 而無憂懼之情, 似亦道已然之事, 而非慮其將然之詞. 今亦未必能其然否也.〕"라고 하였다.

났음을 말하였는데, 5장은 백성을 해치는 일을 말하였고 6장은 현자를 폐한 죄를 말하였다. 대개 백성을 해치고 현자를 폐하는 것은 바로 《대학》의 취렴(聚斂)하고 모질(娼嫉)하는 신하이니[119] 천하의 악 중에 어느 것이 이보다 크겠는가. 7장과 8장은 바로 스스로 상심하여 한 말이다. 감히 하늘을 원망하지 못하고 사람들의 준답(噂沓)을 책망해야 한다는 것을 알아서[120] 끝내 또다시 사람을 허물하지 않고 명(命)으로 돌렸으니,[121] 시인의 본 바가 매우 분명하고 성정(性情)의 화평함을 여기에서 볼 수 있다. 또한 황보의 일에 종사하다 우리 마을이 심히 병들었음을 탄식하였다고 스스로 말한 것이라면 아마도 이 시를 지은 사람은 바로 황보의 봉지(封地) 안에 거주하는 사람이 아니겠는가.[122]

119 취렴(聚斂)하고 모질(娼嫉)하는 신하이니 : 취렴은《대학장구》 전 10장에서 맹헌자(孟獻子)가 세금을 많이 거두는 신하를 두기보다는 차라리 도둑질하는 신하를 두겠다고 한 데서 나온 말이다. 모질은《대학장구》 전 10장에 나오는 말로, 남이 가지고 있는 기예를 시기하고 미워하는 것이다.

120 사람들의……알아서 : 《시경》〈소아 시월지교〉 7장에 "아래 백성들의 재앙은 하늘로부터 내려오는 것이 아니다. 앞에서는 칭찬하다 돌아서서 비방하니 오로지 이를 힘쓰는 사람 때문이니라.〔下民之孽, 匪降自天. 噂沓背憎, 職競由人.〕"라고 하였는데, 주희는 이 구에 대해 "아래 백성의 재앙은 하늘이 하는 바가 아니라, 서로 모여 말을 많이 하며 좋아하다 등을 돌리면 서로 미워하니, 오로지 힘써 이를 하는 자는 모두 참소하는 사람 때문이다.〔下民之孽, 非天之所爲也. 噂噂沓沓, 多言以相說, 而背則相憎, 專力爲此者, 皆由讒口之人耳.〕"라고 풀이하였다.

121 끝내……돌렸으니 : 《시경》〈소아 시월지교〉 8장에 "남들은 편안하지 않은 이가 없거늘 나만이 홀로 쉬지 못하도다. 천명은 공평하지 못하니 내 감히 우리 벗의 편안함을 본받지 못하노라.〔民莫不逸, 我獨不敢休. 天命不徹, 我不敢傚我友自逸.〕"라고 하였기 때문에 이렇게 말한 것이다.

122 황보의……아니겠는가 : 《시경》〈소아 시월지교〉 7장에 "힘써 일에 종사하면서

소주에 "도로써 기준하여 계산해 보면 정확하게 도를 채운다.〔以度準之適滿度〕"라는 안성 유씨(安城劉氏)의 설[123]은 정확하지 않은 듯하다. 대저 하늘이 하루에 한 번 지구를 돌고 또 1도(度)를 더 지나니, 하루 동안 지나는 곳이 바로 이른바 '도(度)'이다. 1일 1도가 365일 4분의 1이 쌓여 처음 1도를 지났던 부분에 정확하게 돌아오니, 하늘의 전체가 또한 단지 365도 4분의 1도라는 것을 이로써 알 수 있다.[124] 동서(東西)

감히 수고로움을 말하지 못하노라.〔黽勉從事, 不敢告勞.〕"라고 하였는데, 이 구에 대해 주희는 "부지런히 힘써 황보의 일에 종사하면서 일찍이 수고로움을 말하지 못하였다.〔黽勉從皇父之役, 未嘗敢告勞也.〕"라고 풀이하였다. 8장에 "근심스러운 내 마을이여 또한 심히 병들었도다. 사방이 여유가 있거늘 나만이 홀로 근심에 머물러 있다.〔悠悠我里, 亦孔之痗. 四方有羨, 我獨居憂.〕"라고 하였는데, 이 구에 대해 주희는 "이때를 당하여 천하가 병들었으되 내가 거처하는 마을이 심히 병듦을 홀로 근심하며, 또 사방은 모두 여유가 있거늘 나만이 홀로 근심하고, 중인들은 모두 편안함을 얻었으되 나만이 홀로 수고로운 것은 황보가 해쳐 화를 입음이 더욱 심하기 때문이다.〔當是之時, 天下病矣, 而獨憂我里之甚病, 且以爲四方皆有餘而我獨憂, 衆人皆得逸豫而我獨勞者, 以皇父病之, 而被禍尤甚故也.〕"라고 풀이하였다.

123 소주에……설 : 안성 유씨가 하늘의 운행에 대해 설명하면서 "하늘이 우주 공간을 돌아 이미 한 바퀴를 돌고 다시 이미 돌았던 서쪽을 지나니, 도로써 기준하여 계산해 보면 정확하게 1도를 채운다.〔旋轉於太虛空中, 旣一周匝而復過其旣匝之西, 以度準之適滿一度.〕"라고 하였다. 앞으로 본문에 대한 이해를 돕기 위해 옛 천체관에 대해 간략하게 소개한다. 옛사람들은 지구를 중심으로 하늘과 해와 달이 모두 운행한다고 생각하였는데 하늘은 하루에 한 바퀴를 돌고 1도를 더 운행하고, 해는 하늘보다 1도 느리게 돌며 달은 하늘보다 13과 19분의 7도 느리게 돈다고 생각하였다. 여기서 1도라는 것은 하늘이 해와 함께 출발하여 하루가 지나면 하늘은 해보다 조금 앞서게 되는데 이 차이를 말한다. 해의 운행을 하늘에서 말할 때는 '도'라고 하고 역(曆)에서 말할 때에는 '일(日)'이라 한다. 《김동석, 書經 期三百의 이해를 위한 天文·曆法 小考, 民族文化 26집, 2003.》

124 하늘의……있다 : 하늘의 전체라는 말은 주천 도수(周天度數) 즉 하늘의 둘레를

가 이미 이러하고 천체는 지극히 둥그니 남과 북도 똑같다는 것을 또한 알 수 있다. 애초에 별도로 다른 '도'가 있어서 하늘의 운행이 지나가는 바의 수를 기준하여 계산할 수 있는 것은 아닌데, 이제 "도로써 기준하여 계산해 보면 정확하게 1도를 채운다."라고 유씨가 말하였으니 모르겠지만 무슨 '도'를 기준으로 삼는단 말인가? 대저 천체의 가로와 세로는 모두 도수(度數)가 있어서 해가 운행할 때의 남쪽과 북쪽, 성신(星辰)의 위치는 모두 기준하여 계산할 수 있으니, 그렇다면 역가(曆家)의 추보(推步)의 법[125]에는 반드시 추측한 것을 가리키는 분수(分數)가 있다. 유씨가 이른바 '도'라고 한 것은 아마도 이를 가리킨 듯지만 하늘의 운행이 지나간 곳이 1도가 된다는 것은 바로 최초로 추측하는 기준이다. 그런데 지금 하늘의 운행을 말하는 사이에 곧장 "도로써 기준하여 계산해 보면 정확하게 도를 채운다."라고 말하였다. 마치 하늘의 운행을 추측하지 않고 척도(尺度)가 별도로 있어 원근(遠近)과 분한(分限)을 계산할 수 있다고 말하는 듯하니, 그의 말은 본말의 차례를 잃었다. 《시경집전》에서는 단지 역법(曆法)의 설만 따랐기 때문에 해와 달이 모두 "오른쪽으로 돈다."라고 말하였는데,[126] 《주자어류(朱子語類)》에는 "단지 구설(舊說)만 수록했을 뿐이다."라고 하였으니,[127]

말하는데 365와 4분의 1이라는 숫자는 역법에서는 1년의 날수가 되고 천구(天球)에서는 주천 도수가 된다.

125 추보(推步)의 법 : 천상(天象)과 역법을 추산하는 것으로 일월이 하늘에 운행하는 것이 사람의 행보(行步)와 같으므로 이렇게 이름한 것이다.

126 시경집전에서는……말하였는데 : 주희는 "해와 달은 모두 오른쪽으로 하늘을 운행하여 하루 밤낮이면 해는 1도를 가고 달은 13도 19분의 7도를 간다.〔日月皆右行於天, 一晝一夜, 則日行一度, 月行十三度十九分度之七.〕"라고 하였다.

정돈할 겨를이 없었다는 뜻을 알 수 있다. 지금 안성 유씨는 해와 달이 오른쪽으로 돈다는 설을 힘껏 주장하지만 정히 주자의 뜻이 아니다. 그러나 유씨는 해와 달이 도는 도수를 가지고 반드시 오른쪽으로 돈다는 것을 증험해 알았으니 말이 정녕하여 마치 확실한 견해가 있는 듯한데, 반복해 궁구해 보아도 끝내 그의 설이 옳다고 생각되지 않는다. 대체로 해와 달이 왼쪽으로 돌더라도 해와 달이 운행할 때에 하늘도 운행하니 궤도의 위차(位次)가 어찌 본수(本宿)의 곁에 그대로 있지 않겠는가.[128] 이는 오른쪽으로 돈다는 증거가 아님이 분명하다. 이는 비록 삼척동자도 알 수 있으니, 유씨가 어찌 이를 모르고 이런 말을 하였겠는가. 매우 의심스럽다.

127 주자어류(朱子語類)에는……하였으니 : 《주자어류》 권2 〈이기 하(理氣下)〉에 "혹자가 질문하기를 '경성은 왼쪽으로 돌고, 위성과 해와 달은 오른쪽으로 돈다고 하는데 맞습니까?'라고 하니, 주희가 말하기를 '지금의 역가들은 이와 같이 설명하고 있다. 그런데 장횡거는 「하늘은 왼쪽으로 돌고 해와 달도 왼쪽으로 돈다.」라고 하였다. 횡거의 설을 보니 매우 옳다. 다만 사람들이 이해하지 못할까 걱정되어 《시경집전》에는 단지 구설만 수록했을 뿐이다.' 하였다.〔問: "經星左旋, 緯星與日月右旋, 是否?" 曰: "今諸家是如此說. 橫渠說'天左旋, 日月亦左旋', 看來橫渠之說極是. 只恐人不曉, 所以詩傳只載舊說."〕"라고 하였다.

128 대체로……않겠는가 : 소주에 유씨는 "가령 모일 유시에 달이 처음 모수를 나와 궤도를 돌 때에 달의 운행을 계산해 보면 자시에 이르러 응당 본래 출발했던 모수의 서쪽 116도의 밖을 넘어야 한다. 일찍이 시험 삼아 증험해 보니 달의 궤도는 그대로 본래 출발했던 모수의 곁에서 멀지 않았으니 그렇다면 이는 달이 오른쪽으로 운행하여 하루에 단지 13도 남짓 운행하는 것임을 또 알 수 있다.〔假令某日酉時, 月初出躔某宿, 計其行, 至子時, 當踰本宿之西一百一十六度之外矣. 嘗試驗之, 而月躔仍在本宿之傍不遠, 則是右行而一日止行十三度有餘者, 又可知矣.〕"라고 하였기 때문에 창계가 이렇게 말한 것이다.

소주에 인용한 《율력지(律曆志)》의 '이속급서(以速及舒)'[129]는 또한 해와 달이 오른쪽으로 돈다는 설이다.

"보름에 해와 달의 마주 대함이 도가 같고 길이 같으면〔望而日月之對同度同道〕"이라고 하였으니[130] '도'는 동서로 말한 것이다. 오직 합삭(合朔)[131]의 때에 해와 달이 비로소 도(度)가 같게 되는데, 보름의 경우 도가 같아질 리가 없을 듯하니 무엇을 말한 것인지 모르겠다. 소주에 주자가 "그믐에 해와 달은 황도(黃道)와 적도(赤道)가 교차하는 곳에서 서로 만난다.〔會時 日月在黃赤道相交處相撞着〕"라고 하였으니 이 또한 자세하지 않다. 대저 황도와 적도가 교차하는 곳은 매번 동서쪽으로 치우쳐 있는데, 비록 겨울과 여름이 조금의 차이가 있지만 요컨대 단지 동서쪽으로 치우쳐 있다. 그믐과 초하루 때에는 혹 천중(天中)에 있기도 하고 땅속에 있기도 하며 동쪽에 있기도 서쪽에 있기도 해서 모두 서로 만나는 때가 있으니 어찌 반드시 황도와 적도가 교차하는 곳에 있겠는가. 주자의 이 뜻은 조금 엉성한 듯하다.

129 율력지(律曆志)의 이속급서(以速及舒) : 소주에 "후한의 《율력지》에 '빠른 것으로 느린 것에 미쳐 달빛이 다하고 체가 감춰진 것이 회이다.' 하였다.〔後漢律曆志, 以速及舒, 光盡體伏謂之晦.〕"라고 하였는데, 여기서 빠르다는 것은 달을 말하고 느리다는 것은 해를 말한다.

130 보름에……하였으니 : 《시경》 〈소아 시월지교〉의 주에 주희가 "보름에 해와 달의 마주 대함이 도가 같고 길이 같으면 달이 해에 항거하다가 월식이 되니, 이는 모두 떳떳한 도수가 있는 것이다.〔望而日月之對同度同道, 則月亢日而月爲之食, 是皆有常度矣.〕"라고 하였다.

131 합삭(合朔) : 해와 지구가 달을 중간에 두고 일직선으로 되어 달이 전혀 보이지 않을 때를 이르는데, 이때는 해와 달의 운행이 궁(宮)이 같고 도(度)가 같게 된다.

1년에 13번 하늘을 지난다는 안성 유씨(安城劉氏)의 설[132]은 또한 오른쪽으로 돌아 해가 13도 운행한다는 법으로 논한 것이다. 왼쪽으로 운행한다는 설로 말해 보면 달은 한 달에 스물여덟 번 하늘을 지나고 한 번 하늘을 지날 때에 한 번 황도(黃道)를 출입한다. 다만 그믐과 초하루가 아니면 비록 황도를 출입하더라도 절로 해와 서로 만나지 않고, 황도를 출입할 때에 교차하는 것이 아니라면 비록 그믐과 초하루라고 말하더라도 또한 정히 서로 만나지 못한다. 오직 그믐과 초하루 때에 마침 황도를 출입할 때에 교차하게 된다면 비로소 일식(日蝕)과 월식(月蝕)의 우환이 있게 된다. 이와 같은 것은 대개 1년에 두 번 있다.

〈우무정(雨無正)〉

제1장은 하늘의 노여움을 말하였다. '유죄(有罪)', '무죄(無罪)'의 말[133]이 가장 비통하니 이 시를 읽으매 슬픔의 탄식이 나온다. 2장은 사람들이 거처를 떠남을 말한 것이다. 3장에서 7장까지는 모두 모든 군자를 힘써 책망한 말이니, 3장과 4장은 전적으로 군자를 책망하는 말이고, 5장은 반복해서 체인하고 생각한다는 말이니 뜻이 점점 절실해진다. 3장의 "각기 네 몸을 공경할지어다.〔各敬爾身〕"라는 말은 혼란한 나라

132 1년에……설 : 소주에 안성 유씨는 "달이 한 번 하늘을 지나면 한 번은 들어가고 한 번은 나와서 1년에 모두 13번 하늘을 지나고 26번 황도를 출입하니 오직 두 번만 해와 만난다.〔月一次經天, 則一次入, 一次出, 一歲凡十三次經天, 二十六次出入於黃道, 惟有兩次與日會.〕"라고 하였다.

133 유죄(有罪), 무죄(無罪)의 말 : 《시경》〈소아 우무정〉 1장에 "저 죄가 있는 자들은 이미 죄를 받은 것이니 그만이거니와 이 죄 없는 자들은 어찌하여 서로 두루 죽음에 이르게 하는가.〔舍彼有罪, 旣伏其辜. 若此無罪, 淪胥以鋪?〕"라고 하였다.

에 거주하고 혼란한 조정에 벼슬하는 사람들이 종신토록 외지 않아서는 안 된다. 4장의 "말을 들으려 하면 대답만 하며 참소하는 말이 이르면 물러가는구나.〔聽言則答 譖言則退〕"라는 말은 군신간에 소원해져 인정으로나 의리로나 믿음이 없음이 이와 같은 것이다.[134] 혹자가 말하기를 "참언을 만나도 물러나지 않으면 반드시 몸을 해치고 나라를 망하게 할 것이니 또한 어찌 물러나는 것이 마땅하지 않은가."라고 하니 다음과 같이 대답하였다. "참언을 만나 용납받지 못하면 어쩔 수 없이 몸을 거둬 물러나는 것은 실로 마땅하다. 그러나 이 시에서는 만약 참언을 만나기만 하면 번번이 스스로 물러나 전혀 슬퍼하면서 돌아보는 뜻이 없으니 어찌 마땅하겠는가. 돌아보는 뜻이 없음을 알 수 있는 이유는 위 구의 '말을 들으려 하면 대답만 한다.'라는 말과 연결해 보면 알 수 있다."라고 하였다. 6장의 '운불가사(云不可使)'에서 '붕우(朋友)'까지는[135] 주나라 왕실이 비록 쇠하였지만 선왕이 남겨 준 예의(禮義)의 은택이 오히려 백성들에게 남아 있었으므로 비록 군주는 어리석고

134 말을……것이다 : 《시경》〈소아 우무정〉의 '청언즉답 잠언즉퇴(聽言則答 譖言則退)'에 대하여 주자는 "모든 군자들은 기꺼이 경계를 왕에게 아뢰려는 자가 없고, 비록 왕이 물어서 그 말을 듣고자 하나 또한 이에 대답만 할 뿐이요, 감히 말을 다 하지 아니하며, 한 번이라도 참소하는 말이 자신에게 이르면 모두 물러나 떠나가서 기꺼이 숙야와 조석으로 왕에게 충성하려 하지 않는다.〔凡百君子莫肯以是告王者, 雖王有問而欲聽其言, 則亦答之而已, 不敢盡言也, 一有譖言及己, 則皆退而離居, 莫肯夙夜朝夕於王矣.〕"라고 풀이하였다.

135 6장의 운불가사(云不可使)에서 붕우(朋友)까지는 : 《시경》〈소아 우무정〉 6장의 "부릴 수 없다고 일컬어지던 자는 천자에게 죄를 얻게 되고 부릴 수 있다고 일컬어지던 자는 원망이 붕우에게 이르도다.〔云不可使, 得罪于天子. 亦云可使, 怨及朋友.〕"라고 한 것을 가리킨다.

정치는 혼란하여 시비가 도치되었지만 일종의 공의(公議)는 오히려 절차탁마하는 붕우들 사이에 없어지지 않았으니, 이 때문에 또한 부릴 수 있는 사람은 붕우의 원망이 있다고 말한 것이다.[136]

'주나라 종족이 이미 멸하였다.〔周宗旣滅〕'에 대하여 이른바 "안으로는 종족이 파멸되었다."라고 한 소주의 삼산 이씨(三山李氏)의 설[137]은 옳은 해석인 듯하다. 《시경집전》에 "장차 역성(易姓)의 화가 있을 것이어서 그 조짐이 이미 드러났다."라고 하였으니, 이는 역성을 멸종(滅宗)에 해당시킨 것이다. 그러나 시에서는 주나라 종족이 장차 멸할 것이라고 말하지 않고 주나라 종족이 이미 멸하였다고 말하였으니, 멸종은 역성이 아님이 분명하다. "혹자가 이 시는 또한 주나라가 동천한 뒤에 지어진 것인 듯하다.〔或曰疑此亦東遷後詩〕"라고 하였으니[138] 여기에서 주나라 종족이 이미 멸하였기 때문에 말한 것임을 볼 수 있다. 그러나

136 부릴……것이다 : 《시경》 〈소아 우무정〉의 이 구에 대해 주희는 소식(蘇軾)의 설을 인용하였는데 소식은 "이때를 당하여 도를 곧게 하는 자는 왕이 이른바 부릴 수 없다는 것이요, 도를 굽히는 자는 왕이 이른바 부릴 수 있다는 것이다. 도를 곧게 하는 자는 군주에게 죄를 얻고, 도를 굽히는 자는 벗에게 원망을 받게 되니, 이는 벼슬하기 어려운 이유이다.〔當是之時, 直道者, 王之所謂不可使; 而枉道者, 王之所謂可使也. 直道者, 得罪于君, 而枉道者, 見怨于友, 此仕之所以難也.〕"라고 하였다.

137 이른바……설 : 삼산 이씨는 "이때에 왕은 위로는 하늘이 노여워하고 아래로는 백성들이 원망하며 안으로는 종족이 파멸되고 밖으로는 군신과 제후들이 두 마음을 품어 고립되어도 왕은 두려워하지 않았으니, 이는 이른바 위태로움을 편안히 여기고 재앙을 이롭게 여겨 망하는 것을 즐거워한다는 것이다.〔時王上爲天所怒, 下爲民所怨, 內則宗族破滅, 外則君臣諸侯携貳, 孤立而不懼, 此所謂安其危而利其菑, 樂其所以亡者.〕"라고 하였다.

138 혹자가……하였으니 : 《시경집전》에 주희가 혹자의 설을 채택하여 수록하였다.

'주종기멸(周宗旣滅)'을 만약 단지 종족이 파멸된 것이라고만 한다면 유왕(幽王)의 난리에 또한 종족이 파멸되었을 것이니, 반드시 동천한 뒤에 이렇게 된 것은 아니다. 만약 역성이라고 한다면 동천한 뒤에 또한 대번에 역성의 화가 일어난 것은 아니니, '주종기멸'이라는 말로 동천한 뒤의 시가 된다는 증거로 삼는다면 감히 믿지 못하겠다.

'혀로 말을 낼 뿐만 아니다.〔匪舌是出〕'에 대하여 《시경집전》에서는 "비단 입에서 말을 낼 뿐만 아니다.〔非但出諸口〕"라고 하였으니 그 의미가 자세하지 않다. 생각건대 소인의 좋은 말과 나쁜 말이 다만 입에서 나오는 것과 같지 않으니 군자는 바로 마음속의 분개가 드러났으므로 실제 그 몸에 병이 든 것이라는 말인 듯하다.[139] 다만 이와 같다면 이 장 마지막 구의 "몸을 편안한 곳에 처하게 하도다.〔俾躬處休〕"라는 말과는 뜻이 상대되지 않으니 또한 과연 옳은지는 모르겠다.[140]

139 소인의……듯하다 : 이는 《시경》 〈소아 우무정〉 5장에 대해 논한 것으로 5장은 다음과 같다. "가엾다. 말을 잘하지 못하는 이여, 혀로 말을 낼 뿐만 아니라 몸이 이에 병들도다. 가하다. 말 잘하는 이여, 물 흐르듯이 말을 잘하여 몸을 편안한 곳에 처하게 하도다.〔哀哉不能言, 匪舌是出. 維躬是瘁, 哿矣能言. 巧言如流, 俾躬處休.〕" 소인의 좋은 말과 나쁜 말이라는 것은 〈소아 정월〉 2장에 유언비어를 퍼뜨리는 사람은 "좋은 말도 입으로만 하며 나쁜 말도 입으로만 한다.〔好言自口, 莠言自口.〕"라고 한 데서 온 말이다. 여기에 대해 주희는 "좋고 나쁜 말이 모두 마음속에서 나오지 않고, 다만 입에서 나올 뿐이다.〔言之好醜皆不出於心, 而但出於口.〕"라고 하였다. 따라서 창계는 말을 잘하지 못하는 군자는 소인처럼 입으로만 말하지 않고, 진정 마음속으로 걱정하기 때문에 몸에 병이 들기까지 한다고 말한 것이다.

140 다만……모르겠다 : 창계 자신의 설대로 하면 '유궁시췌(維躬是瘁)'와 '비궁처휴(俾躬處休)'가 서로 상대되지 않는다는 말인데, 이렇게 말한 의미는 미상이다.

장하주(章下註)에 안성 유씨(安城劉氏)가 이 수 편의 시는 모두 주나라가 동천한 뒤에 지어졌다고 말한 뜻은 매우 일리가 있다. 다만 이른바 《서경》〈문후지명(文侯之命)〉의 "혹시라도 노성한 자와 준걸스러운 자가 신하의 자리에 있는 이가 없었다.〔罔或耆壽 俊在厥服〕"라는 것은 본래 유왕 때의 일을 말한 것이고, 〈시월지교〉의 "억지로라도 한 원로를 남겨 둔다.〔不憖遺一老〕"라고 한 것도 이런 뜻이다. 지금 "정대부가 거처하는 곳을 떠난다.〔正大夫離居〕"라는 말을 가지고 동천한 뒤의 시라 한다면 이미 반드시 그렇지 않은 듯하다. 이른바 '왕도(王都)'라는 것도 과연 동도(東都)이고 서도(西都)가 아니라는 것을 어찌 알겠는가. 〈정월〉의 "포사가 멸한다.〔褒姒滅之〕"라는 말은 '이미 멸하였다.〔旣滅〕'라고 말하지 않았으니, 동천하기 전인지 후인지에 대한 증거로 삼을 수 없다. 그리고 〈절남산〉의 "나라가 이미 마침내 끊겼다.〔國旣卒斬〕"라는 것도 그 말이 또 분명하지 않으니, 더욱이 증거로 삼기에 부족하다. 주자는 《서경집전》에 이를 단지 일설로 갖추었지만 소주를 모을 때에는 도리어 이로써 주장한 듯하니,[141] 과연 그러한지 나는 모르겠다.

141 주자는……듯하니 : 앞에 '이를'이라는 것은 《시경》〈소아 우무정〉 2장의 장하주에 "이 시는 또한 주나라가 동천한 뒤에 지어진 것인 듯하다.〔或曰疑此亦東遷後詩〕"라고 한 혹자의 설을 가리키고, 뒤에 '이로써'는 혹자의 설 아래 소주에 "시에서 주나라 종족이 이미 멸하였다고 말하였으니 또한 이미 그렇게 된 일을 말한 것이고 장차 그렇게 될 일을 생각한 것은 아닌 듯하므로 과연 동천한 뒤에 지어진 것인 듯하다.〔詩言周宗旣滅, 似亦道已然之事, 而非慮其將然之事, 似果作於東遷之後也.〕"라고 한 안성 유씨의 설과 본문에서 창계가 거론한 안성 유씨의 소주를 가리킨다. 즉 주희가 《시경집전》에는 혹자의 설을 간략하게 소개하여 참고 자료로 제공했을 뿐이지만 소주에는 동천한 뒤의 시라는 증거를 제시한 안성 유씨의 여러 설을 수록하여 마치 안성 유씨의 설이 신빙성이 있는 것처럼 하였기 때문에 이렇게 말한 것이다.

〈소민(小旻)〉

'민(旻)'은 '유원하다(幽遠)'는 뜻이라고 하였다. 〈우무정〉에서는 '민천질위(旻天疾威)'의 '민' 자에 대한 훈고가 없었는데, 이제야 훈고를 하였으니 조감(照勘)을 잘못한 듯하다.[142]

"내 계책을 보건대 또한 심히 해롭도다.〔我視謀猷 亦孔之邛〕"라는 말은 왕이 도모할 때부터 이미 사람으로 하여금 상심하고 애통하게 만들어 재앙과 실패가 이르기를 기다릴 것도 없다는 것이다. 이 시는 쇠란한 조정에 계책이 잘못되고 기상이 산만한 폐단을 말한 것이니 매우 친절하고, 탄식과 경계의 뜻이 언외(言外)에 넘쳐 나므로 진실로 왕들의 귀감이 될 만하다. 대개 계책 중에 좋은 것은 따르지 않고 모두 어기고, 계책 중에 좋지 못한 것을 도리어 쓰고 모두 따른다는 것[143]은 바로 계책이 잘못된 것이고, '여비행매(如匪行邁)'[144]와 '여피축실(如彼築

142 민(旻)은……듯하다 : '민은 유원하다는 뜻'이라는 것은 《시경》 〈소아 소민〉 1장의 '민천질위'의 '민' 자를 주희가 훈고한 것이다. 〈우무정〉에도 '민천질위'라는 구가 있는데, 〈우무정〉이 〈소민〉의 앞에 있음에도 불구하고 '민' 자에 대해 훈고를 하지 않았기 때문에 창계가 이렇게 말한 것이다.

143 계책 중에 좋은……것 : 원문은 '謀臧不從具違 不臧覆用具依'인데, 《시경》 〈소아 소민〉 1장에 "계책 중에 좋은 것은 따르지 않고 좋지 못한 것을 도리어 쓴다.〔謀臧不從, 不臧覆用.〕"라고 하였고, 2장에 "계책 중에 좋은 것은 모두 어기고 계책 중에 좋지 못한 것은 모두 따른다.〔謀之其臧, 則具是違. 謀之不臧, 則具是依.〕"라고 하였으므로, 창계가 이 두 장의 말을 섞어 말한 것이다.

144 여비행매(如匪行邁) : 《시경》 〈소아 소민〉 3장에 "길을 가지 않고 도모하는 것과 같은지라 이 때문에 길에 도달하지 못하도다.〔如匪行邁謀, 是用不得于道.〕"라고 하였다.

室)'[145]은 바로 기상이 산만한 것이다. 나라에는 성주(聖主)가 있고, 백성들 중에는 명철한 사람, 지혜로운 사람, 엄숙한 사람, 잘 다스려지는 사람이 있음에도 장차 서로 망함을 면치 못하게 될 것이니[146] 탄식하고 애석해하는 마음이 지극하다. 그리고 나라의 운명을 보기를 마치 범을 맨손으로 잡고 황하를 맨몸으로 건너는 듯하여 전전긍긍하고 깊은 못에 임하듯 얇은 얼음을 밟듯이 하니[147] 공경과 경계가 또한 남김없이 드러났다.

〈소완(小宛)〉

첫 장은 부모를 생각한 것이고, 2장은 술에 빠지는 것을 경계한 것이고,

145 여피축실(如彼築室) : 《시경》 〈소아 소민〉 4장에 "집을 지으면서 길 가는 사람과 도모하는 것과 같은지라 이 때문에 완성을 이루지 못하도다.〔如彼築室于道謀, 是用不潰于成.〕"라고 하였다.

146 나라에는……것이니 : 《시경》 〈소아 소민〉 5장에 "국론이 비록 정해지지 않았으나 성스럽기도 하며, 그렇지 못하기도 하며 인민이 비록 많지 않으나 명철하기도 하며 혹 지모가 있기도 하며 엄숙하기도 하며 잘 다스려지는 이도 있으니, 저 흐르는 물과 같아서 빠져서 서로 망하지 않을까.〔國雖靡止, 或聖或否. 民雖靡膴, 或哲或謀, 或肅或艾, 如彼泉流, 無淪胥以敗?〕"라고 하였다. 여기에 대해 주희는 "명철한 자도 있고 지모가 있는 자도 있으며, 엄숙한 자도 있고 잘 다스려지는 자도 있다. 다만 왕이 선(善)한 말을 쓰지 않으니 비록 선한 자가 있으나 스스로 보존하지 못할 것이다. 그러므로 장차 흘러가는 물이 돌아오지 못함과 같아서 빠져서 서로 패함에 이르고 만다."라고 하였기 때문에 창계가 이렇게 말한 것이다.

147 나라의……하니 : 《시경》 〈소아 소민〉 6장에 "감히 범을 맨손으로 잡지 못함과 감히 황하를 맨몸으로 건너지 못함을 사람들은 그 한 가지만 알고 그 다른 것은 알지 못하도다. 전전긍긍하여 깊은 못에 임하듯이 하며 얇은 얼음을 밟듯이 하노라.〔不敢暴虎, 不敢馮河, 人知其一, 莫知其他. 戰戰兢兢, 如臨深淵, 如履薄氷.〕"라고 하였다.

3장은 아들을 가르칠 것을 권한 것이고, 4장은 진덕수업(進德修業)을 면려한 것이고, 5장과 6장은 모두 세간의 화란을 당할까 걱정한 것이니, 한 장 한 장이 모두 약석(藥石)이다.

'천명은 또다시 오지 않는다.〔天命不又〕'에 대하여 《시경집전》에 이른 바 "천명이 이미 떠나면 다시 오지 않는다.〔天命已去 不可復來〕"라고 한 것은 옳은 해석이다. 소주에 보씨(輔氏)는 "하늘이 일정하다는 것을 믿을 수 없으니, 이와 같이 마침 화란이 생겨난 것이다."라고 하였으니[148] 그의 설은 '불우(不又)' 두 글자와 뜻이 서로 부합하지 않는다. 대체로 '천명이 한 번 떠나면 다시 오지 않을 것이니, 어찌 너의 몸가짐을 공경히 하지 않을 수 있겠는가.'라는 말이다. 혹자가 말하기를 "대부가 서로 경계하면서 천명을 말한 것은 어째서인가?"라고 하니, 대답하기를 "필부의 일신의 안위도 오히려 천명이라 말할 수 있는데, 하물며 종묘(宗廟)와 세록(世祿)을 지키는 대부는 더 말할 것이 있겠는가."라고 하였다.

〈소반(小弁)〉

1장은 사물이 자득함을 보고 자신이 변고를 당한 것을 슬퍼한 것이고,[149] 2장은 자신이 당한 변고가 장차 나라를 멸망시키는 데에 이를

148 소주에……하였으니 : 소주에 "'천명불우'는 대개 하늘이 일정하다는 것을 믿을 수 없으니 이와 같이 마침 화란이 생겨난 것임을 말한 것이다. 사람이 능히 자신의 몸가짐을 공경히 한다면 하늘을 공경할 수 있으니 하늘이 어찌 밖에 있겠는가. 이 뜻이 정밀하다.〔天命不又, 蓋言不可恃天之常, 如此會有禍亂生也. 人能敬我身之威儀, 則能敬天矣, 天豈在外哉? 此義精矣.〕"라고 하였다.

것임을 말한 것이지만 오히려 당한 일을 분명하게 말하지 않았다. 3장은 비로소 아버지에게 사랑받지 못한 뜻을 말한 것이고, 4장은 큰 사물들은 모두 용납하는 바가 있지만 지금 존친(尊親)인 부왕(父王)이 아들을 용납하지 않음을 말한 것이다. 5장은 금수(禽獸)조차도 오히려 종족을 사랑할 줄 아는데, 지금 자신은 홀로 부왕에게 버림받았음을 말한 것이니, 모두 몹시 원망한 것이다. 6장은 왕이 나를 보기를 도리어 달려드는 토끼를 보았을 때와 길에 죽은 사람을 묻어 줄 때에 슬픈 마음을 일으키는 것보다 못함을 말한 것이다.[150] 7장은 왕이 나에게 벌을 내리는 것이 또 나무를 베고 장작을 쪼갤 때에 이치를 따르는 것만도 못함을 말한 것이니[151] 여기에 이르러 원망이 더욱 절절하다. 8장은 일의 시종을 총괄하여 말한 것이다. 위의 네 구는 난이 말미암아 생겨난 바에 대해 원인을 규명하였고, 아래 네 구는 일이 이미 결정되어 스스로 결단한 말이다. 주자가 "순 임금이 하늘을 향해 울부짖은 것은 대개 이와 같다.〔舜號泣于旻天 蓋如此矣〕"라고 하였다.[152] 〈소반〉

149 1장은……것이고 : 《시경》 〈소아 소반〉 시는 구설에 "유왕의 태자 의구가 폐출당하고 이 시를 지었다.〔幽王太子宜臼被廢而作此詩.〕"라고 하였는데 창계도 이 설에 동조하여 이야기를 전개하고 있다.

150 6장은……것이다 : 《시경》 〈소아 소반〉 6장에 "저 달려드는 토끼를 보고 오히려 먼저 빠져나가게 해 주며 길가에 죽은 사람이 있거든 오히려 이를 묻어 주기도 한다.〔相彼投兎, 尙或先之. 行有死人, 尙或墐之.〕"라고 하였기 때문에 이렇게 말한 것이다.

151 7장은……것이니 : 《시경》 〈소아 소반〉 7장에 "나무를 벨 때에도 위를 떠받치며 장작을 쪼갤 때에도 결을 따르거늘 저 죄 있는 자를 버려두고 나에게 죄를 가하도다.〔伐木掎矣, 析薪杝矣, 舍彼有罪, 予之佗矣.〕"라고 하였기 때문에 이렇게 말한 것이다.

152 주자가……하였다 : 《시경》 〈소아 소반〉 1장의 주에 "'하늘에 무슨 죄를 지었는가? 내 죄가 무엇인가?'라고 한 것은 원망하고 사모한 것이다. 순 임금이 하늘을 향해

의 원망이 순 임금의 원망과 다르다는 것은 정자와 주자가 모두 정론(定論)을 두었는데,[153] 지금《시경집전》에서 이와 같이 말한 것은 어째서인가? 〈소반〉의 원망은 대순(大舜)이 자신에게 무슨 죄가 있는가라

울부짖으며 말하기를 '부모가 나를 사랑하지 않음은 나에게 무슨 죄가 있어서인가.'라고 하였으니, 이와 같은 것이다.〔何辜于天, 我罪伊何者, 怨而慕也. 舜號泣于旻天, 曰: "父母之不我愛, 於我何哉?" 蓋如此矣.〕"라고 하였다.

153 소반의……두었는데 : 《맹자정의(孟子精義)》 권12에 주희가 이천 정이의 설을 수록해 두었는데, 정이의 설은 다음과 같다. "〈소반〉의 원망은 순 임금의 원망과는 다르니, 순 임금은 자신을 원망한 것이고, 〈소반〉은 곧장 '나의 죄가 무엇인가?'라고 원망하였다.〔小弁之怨與舜別, 舜是自怨, 小弁直怨我辜伊何.〕" 이 시 1장의 소주에 수록된 주희의 설은 다음과 같다. "묻기를 '이천이 〈소반〉의 원망은 순 임금의 원망과 같지 않다고 말한 것은 어째서입니까?'라고 하자 주자가 말하기를 '순 임금의 원망은 자신에게서 돌이켜 이르지 못한 것을 구하였고, 〈소반〉은 스스로 죄가 없다고 여겼으니, 이 점이 같지 않다고 말한 이유일 것이다.'라고 하였다. 묻기를 '〈소반〉 시에 대해 고금의 논자들은 모두 이 시의 뜻이 순 임금이 원망하면서도 사모한 뜻과 같다고 생각한다. 내가 생각건대 다만 「내 죄가 무엇인가.」라고 한 구절만이 순 임금이 「내게 무슨 죄가 있는가.」라고 한 뜻과 같을 뿐 〈소반〉의 후면에 「군자의 마음가짐이, 잔인하기도 하다.」라고 한 구와 「군자가 사랑하지 않는지라, 서서히 살피지 않는다.」라고 한 구에 이르러서는 분명히 아버지를 원망한 것이니, 오히려 순 임금이 원망하면서도 사모한 뜻과는 같지 않은 것 같습니다.'라고 하자 주자는 '〈소반〉을 지은 사람은 본래 순 임금의 지위에 이르지 못하였으니, 대개 또한 보통 사람의 정일 뿐이다. 다만 「내 죄가 무엇인가?」라고 한 구절 위에 「하늘에 무슨 죄를 지었는가?」라고 하였으니, 또한 스스로 죄가 없다고 생각하는 것은 서로 비슷한 듯하지만 순 임금과 동일 선상에 놓고 말할 수는 없다.'라고 하였다.〔問: 伊川謂小弁之怨與舜不同, 何也? 朱子曰: 舜之怨, 反諸身以求其所未至, 小弁則自以爲無罪矣, 此其所以不同也歟. 問: 小弁詩, 古今說者皆以爲此詩之意, 與舜怨慕之意同. 竊以爲只我罪伊何一句, 與舜於我何哉之意同. 至後面君子秉心, 維其忍之, 與君子不惠, 不舒究之, 分明是怨其親, 却與舜怨慕之意似不同. 作小弁者, 自是未到得舜地位, 蓋亦常人之情耳. 只我罪伊何上面說何辜于天, 亦一似自以爲無罪相似, 未可與舜同日而語也.〕"

고 자책한 것과는 뜻이 다르지만 아버지에게 버림받았을 때에 만약 무관심하게 전혀 개의치 않았다면 어찌 어버이를 친히 하는 뜻이겠는가. 의구(宜臼)의 원망은 실로 대순이 원망하면서도 사모한 것과는 같을 수 없지만 아버지에게 사랑을 얻지 못하여 원망이 없을 수 없었으니 이는 실로 어버이를 친히 하는 도리이다. 맹자와 주자는 모두 순 임금의 일로 아버지에 대한 원망이 없을 수 없다는 것을 밝힌 것이지 또한 의구의 원망이 곧장 대순의 원망과 부절이 합치하듯 일치한다고 말한 것은 아니다.[154]

〈교언(巧言)〉

1장은 하늘에 부르짖어 자신이 참소당한 것을 하소연한 것이고, 2장은 참언이 난을 이루는 과정은 처음은 군자가 참언을 수용하는 데서 기인하고 끝에는 군자가 참언을 듣고 믿는 데서 이루어진 것을 말한 것이다. 대개 참언을 듣고 수용하여 분명하게 분별하지 않는 것이 끝이 없는 큰 화가 되니, 만약 군자가 참언을 듣고 노여워하고 선언(善言)을 듣고 좋아한다면 난이 거의 종식될 것이다. 3장은 반복하여 말한 것인데, 3장의 마지막 구에서는 참언을 낸 사람의 정상(情狀)을 비로소 말하였으니, 거의 군자가 한번 깨닫기를 바란 것이다. 이상의 세 장은 이른바 "참언을 듣는 자를 먼저 꾸짖었다.〔先刺聽讒者〕"라는 것이다.[155]

154 맹자와……아니다 : 《맹자》 〈고자 하(告子下)〉에 맹자가 〈소반〉에 대해 해설하기를 "〈소반〉은 어버이의 과실이 큰 것이니, 어버이의 과실이 큰 데도 원망하지 않는다면 이는 더욱 소원해지는 것이다.〔小弁, 親之過大者也, 親之過大而不怨, 是愈疏也.〕"라고 하였다. 주희의 설은 83쪽 주153 참조.

155 이상……것이다 : 《시경》 〈소아 교언〉 3장의 소주에 안성 유씨(安城劉氏)가 말

4장에서는 참소하는 사람의 정상을 내가 모두 알고 있음을 말하였지만 오히려 정상을 지적하여 말하지는 않았다. 5장에서는 훌륭한 말과 교묘하게 꾸며 댄 말의 진위(眞僞)를 말하여 비로소 참소하는 말과 신의 있는 말의 차이를 지적해 냈지만 오히려 참소한 사람을 배척하여 말하지는 않았다. 6장에서야 비로소 참소한 사람을 배척하여 말하였으니, 그 사람은 족히 취할 것도 없고 족히 두려워할 것도 없는데 전적으로 화란을 일으키는 계제가 됨이 이와 같음에도 그들을 제거하지 않는 것은 또한 무슨 마음인가? 끝내 참언을 듣는 사람을 책망한 뜻이 있다. 대개 동래 여씨(東萊呂氏)가 이른 바 "참소하는 사람을 천하게 여겼을 뿐만 아니라 또한 그 근본을 쉽게 제거할 수 있는데 다만 왕이 깨닫지 못함을 말하였다."라는 것이 이것이다.[156]

"맡은 일을 공손히 수행하는 것이 아니다.〔匪其止供〕"라는 말에 대해 《시경집전》에는 "직무(職務)를 수행하지 않는다."라고 하였고,[157] 《시경언해》에는 마침내 '지(止)' 자를 해석하지 않았다.[158] 지금 구의 맥락

하기를 "이 위의 세 장은 먼저 참언을 듣는 자를 꾸짖은 것이고, 아래 세 장은 전적으로 참소하는 사람을 꾸짖은 것이다.〔此上三章, 先刺聽讒者, 下三章, 則專刺讒人.〕" 하였다.

156 동래 여씨(東萊呂氏)가……이것이다 : 《시경》 〈소아 교언〉 6장의 소주에 경원 보씨(慶源輔氏)가 동래 여씨의 설을 인용하여 말한 것을 수록해 두었는데, 이를 두고 한 말이다.

157 시경집전에는……하였고 : 《시경》 〈소아 교언〉 3장의 '비기지공 유왕지공(匪其止共 維王之邛)'에 대해 주희는 "이 참소하는 사람은 자신의 직무를 수행하지 않고 다만 왕을 병들게 할 뿐이다.〔此讒人不能供其職事, 徒以爲王之病而已.〕"라고 하였다.

158 시경언해에는……않았다 : 《시경언해》에는 "그 共ᄒᆞ논디아니라 王의 邛을 ᄒᆞ놋다."라고 하여 '지(止)' 자를 해석하지 않았다.

을 가지고 살펴보면 '지' 자는 허자(虛字)로 보아서는 안 될 듯하다. 나의 생각으로는 '지' 자는 '거(居)' 자와 같으니, 맡고 있는 직무를 이른다. 그러니 '비기지공(匪其止供)'은 맡고 있는 직무를 수행하지 않음을 말한 것이다.

〈항백(巷伯)〉

〈교언〉 이하 세 편의 시는 모두 참소를 싫어한다는 내용이다. 〈교언〉에서는 대부분 참언을 멀리하라는 뜻을 말하였으니 대개 참언을 듣는 사람의 경계가 된다. 〈하인사(何人斯)〉에서는 참소하는 사람을 책망하는 뜻이 많으니, 대개 비록 대고(大故)로 절교를 고하였지만 오히려 혹시라도 개과천선하여 친구의 도리에 처하기를 거의 바란 것이다.[159] 〈항백〉에서는 매우 증오하는 말을 지극히 하였다.[160] 참언을 미워하는

159 하인사(何人斯)에서는……것이다 : 《시경집전》에 주희가 왕씨(王氏)의 설을 인용하였는데, 왕씨의 설은 다음과 같다. "포공은 군주에게 충성하지 않고, 붕우 간에 의리를 지키지 않았으니 이른바 대고이다. 그러므로 소공이 그와 절교한 것이다. 그러나 절교할 때에 포공을 지척하지 않고 그 수행하는 자를 말했을 뿐이고, 그 참소함을 드러내지 않고 의심하는 바를 보였을 뿐이며, 이미 절교하였으되 오히려 '한번 온다면 나로 하여금 편안하게 할 것이다.'라고 말하였으니, 군자는 충으로서 처신하고, 사람을 대우하기를 서로 한다. 가령 이로 말미암아 뉘우치고 깨달아서 고쳐서 선의로써 나를 따른다면 내가 진실로 원하는 바이다.〔暴公不忠於君, 不義於友, 所謂大故也. 故蘇公絶之. 然其絶之也, 不斥暴公, 言其從行而已, 不著其讒也, 示以所疑而已, 旣絶之矣, 而猶告以壹者之來, 俾我祇也. 蓋君子之處己也忠, 其遇人也恕. 使其由此悔悟, 更以善意從我, 固所願也.〕"

160 항백에서는……하였다 : 《시경》〈소아 항백〉 1장의 주에 주희는 "이때 참소를 만나 궁형을 당하여 항백이 된 자가 있어서 이 시를 지었다.〔時有而被宮刑, 爲巷伯者作此詩.〕"라고 하였다.

뜻이 이 시에 이르러 극에 달했으니 이는 몰라서는 안 된다.

1장의 '패금(貝錦)'에 대한 소주의 공씨(孔氏)의 설은 자세하지 않은 점이 있다.[161]

'패금'에 대해 《시경집전》에서는 "조개는 비단과 비슷한 문채가 있다.〔貝有文彩似錦〕"라고 하였고, 소주에 "《비아》에 이르기를 '비단의 무늬가 조개와 같다.' 하였다.〔埤雅謂錦文如貝〕"라고 하였으니 두 설이 다른 듯하다. 문의(文義)로 보면 비단의 무늬로 보는 것이 좋을 듯하지만 어떨지 모르겠다.

4장의 《시경집전》에 '서서현(捿捿儇)' 아래의 분주(分註)의 '혈(血)' 자는 자세하지 않다.[162]

5장의 소주에 수록된 보씨(輔氏)의 설 중에 '부지(扶持)' 아래에는 '전(全)' 자가 누락된 듯하다.[163]

161 1장의……있다 : 소주의 공씨 설은 다음과 같다. "'금' 자인데 '패' 자와 연결해 놓았으므로 비단의 무늬가 조개의 무늬라는 것을 알 수 있다. 조개의 문양과 크기에 차이가 매우 많으니, 옛날 화패가 이것이다.〔錦而連貝, 故知爲貝之文, 其文彩之異、小大之殊甚衆, 古者貨貝是也.〕"

162 4장의……않다 : 《시경》 〈소아 항백〉 4장에 대한 주희의 주에 "서서는 빠른 모양이다.〔捿捿, 儇利貌.〕"라고 하였는데, '현(儇)' 자 아래에 '혈평성(血平聲)'이라는 분주를 두었지만 앞뒤의 문맥을 살펴볼 때 이 주석이 필요가 없기 때문에 창계가 이렇게 말한 것이다.

〈곡풍(谷風)〉

마지막 장의 소주에 "대덕은 붕우의 의리가 하늘에서 나온 것을 말한다.〔大德謂朋友之義出於天者〕"라고 한 보씨(輔氏)의 설은 말이 오활한 듯하다.[164] 이미 "나의 큰 은덕을 잊었다.〔忘我大德〕"라고 말한 것은 곧 그 사람이 타인에게 대덕을 베푼 적이 있었는데, 지금은 타인이 다 잊었기 때문에 말한 것일 뿐이다. 이를 버려두고 천착하여 구해서는 안 된다.

〈육아(蓼我)〉

4장의 소주에 '신체구구(身體傴傴)'의 '구' 자는 자세하지 않다.[165] 첩산

163 5장의……듯하다 : 《시경》〈소아 항백〉 5장의 소주에 경원 보씨가 말하기를 "저 교만한 사람을 살펴 거의 그를 억제하여 그만두게 하기를 바랐고, 이 수고로운 사람을 불쌍히 여겨 부축하여 편안하게 해 주기를 바란 것이다.〔視彼驕人, 庶乎有以抑遏沮止之也; 矜此勞人, 庶乎有以扶持安之也.〕"라고 하였는데, 창계는 '서호유이억알저지지야(庶乎有以抑遏沮止之也)'와 '서호유이부지안지야(庶乎有以扶持安之也)'는 서로 대구가 되기 때문에 '부지' 뒤에 '전' 자가 누락된 듯하다고 말한 것이다.

164 마지막……듯하다 : 《시경》〈소아 곡풍〉 3장에 "나의 큰 은덕을 잊고 나의 작은 원망을 생각하는가?〔忘我大德, 思我小怨?〕"라고 한 것에 대한 소주에 경원 보씨가 말하기를 "대덕은 붕우의 의리가 하늘에서 나온 것을 말하고, 소원은 원망하는 말과 성난 기색이 사람에게서 나온 것을 말한다. 대덕을 잊고 소원을 생각하니 필시 당시의 사람 중에 이와 같은 실제의 일이 있었던 것이다. 그러므로 마지막 장에 바람으로 인하여 비유를 삼아 분명하게 말하여 이와 같이 해서는 안 됨을 경계한 것이다.〔大德謂朋友之義出於天者, 小怨謂懟語忿色生於人者, 忘大德思小怨, 必是當時人有如此實事. 故末章因風以爲比而明言之, 以戒其不可如是也.〕"라고 하였다.

165 4장의……않다 : 《시경》〈소아 육아〉 4장의 "육은 부육이다.〔育, 覆育.〕"라고 한 주희의 주 아래에 공씨가 말하기를 "추위와 더위에 몸을 어루만져 감싸 안아 기르는

사씨(疊山謝氏)의 설[166]은 비록 이 시의 뜻에 과연 부합한다고 볼 수 없지만 또한 절로 일리는 있다.

이 장을 반복해 읽어 보니 완연히 어머니의 품 안에서 해맑게 웃으며

것을 이른다.〔謂其寒暑, 或身體傴之, 覆近而愛育之.〕"라고 하였다. 창계는 '신체구구'라고 하였지만 소주 중에는 이런 말이 없고 공영달의 《모시주소(毛詩注疏)》 등을 참고해 보아도 모두 '신체구지(身體傴之)'로 되어 있다. 따라서 창계가 오기한 듯하다.

166 첩산 사씨(疊山謝氏)의 설 : 《시경》 〈소아 육아〉 4장의 소주에 첩산 사씨가 말하기를 "이 장은 부모가 자식을 사랑하는 마음을 극진하게 형용하였다. 나를 낳아 준 것은 하늘이 사물을 낳는 것과 같고, 나를 길러 주는 것은 땅이 사물을 길러 주는 것과 같다. 부는 신체를 어루만져 살쪘는지 말랐는지를 살피고 질병에 걸릴까 걱정하는 것이다. 휵은 출입을 삼가고 기거를 살펴 아기를 방의 아랫목에 눕혀 두고 감히 바깥인 문이나 뜰에 놓아두지 않는 것이니 오직 질병에 걸릴까 걱정하는 것이다. 장은 남풍이 만물을 생장시키고 양육하는 것과 같으니 신체를 조화롭게 성장하게 하고 혈기를 배양하여 밤낮으로 장대해지기를 바라는 것이다. 육은 《주역》의 '덕을 기른다.'라는 말과 《맹자》의 '영재를 교육한다.'라는 말과 같으니 덕성을 함양하고 지기를 발산하고 총명을 개도하여 밤낮으로 성인이 되기를 바라는 것이다. 고는 부모가 길을 감에 아이가 따라오지 않으면 돌아보는 것이고, 복은 아이가 길을 감에 부모가 따르지 않으면 뒤쫓아 가서 부르는 것이다. 복은 배 사이에 아이를 안는 것이니, 부모가 갈 데가 있어 장차 문을 나서면 아이를 안고 방치해 두려 하지 않은 것이다. 부모가 바깥에서 돌아와 이미 문으로 들어오면 아이를 안고 방치해 두기를 기꺼이 하지 않는 것이다. 사람이 아홉 글자의 뜻을 깊이 생각한다면 반드시 부모의 은혜를 잊지 않을 것이다.〔此章形容父母愛子之心, 盡之矣. 生我, 如天之生物也; 鞠我, 如地之養物也. 拊者, 撫摩其身體, 察其肥瘠, 憂其疥癬也. 畜者, 謹其出入, 察其起居, 藏之堂奧之中, 不敢縱之門庭之外, 惟恐其病疾也. 長者, 如南風之長養萬物, 調和其身體, 滋養其血氣, 日夜望其長大. 育者, 如易曰育德, 孟子曰教育英才, 涵養其德性, 發舒其志氣, 開導其聰明, 日夜望其成人也. 顧者, 父母行而兒不隨, 則回顧之也. 復者, 兒行而父母不隨, 則追喚之也. 腹者, 懷抱於腹間也, 父母有所往, 將出門, 懷抱其子而未忍捨; 父母自外歸, 旣入門, 懷抱其子而未肯置. 人能深思九字之義, 必不忘父母之恩矣.〕"라고 하였다.

젖을 먹는 듯하니, 사람이 날마다 이런 뜻을 잊지 않는다면 천하에 불효하는 자식은 없을 것이다.

〈대동(大東)〉

5장, 6장, 7장은 바로 옥천자(玉川子)가 지은 〈월식시(月蝕詩)〉의 비조(鼻祖)이다.[167] 다만 〈대동〉의 뜻은 비록 우언(寓言)이지만 모두 직설한 말이니, 시의 체(體)는 부(賦)이고, 〈월식시〉는 전체가 비(比)일 뿐이다. 이 시에서는 주나라가 이미 사방 제후국들의 마음을 잃은 것을 볼 수 있으니, 대개 천자가 한 번 동쪽으로 천도(遷都)하매 제후들이 다시는 존중하지 않은 것은 아마도 이 때문일 것이다.

167 5장……비조(鼻祖)이다 : 《시경》 〈소아 대동〉에 대해 〈모서(毛序)〉에서는 "〈대동〉은 나라가 어지러움을 풍자한 시이다. 동쪽의 나라들이 부역에 시달리고 재물 때문에 해를 당하니 담나라 대부가 이 시를 지어 병폐를 말한 것이다.〔大東, 刺亂也. 東國困於役而傷於財, 譚大夫作是詩, 以告病焉.〕"라고 하였다. 주희는 이 시 5장에 대해 "달려가 하소연할 곳이 없어서 오직 하늘이 행여 나를 구휼할 것이라고 말한 것이다."라고 하였고, 6장에 대해 "하늘도 또한 나를 어찌해 줄 수 없음을 안 것이다."라고 하였고, 7장에 대해 "하늘이 나를 다만 어떻게 해 줄 수 없을 뿐만 아니라, 또한 서인(西人)을 도와주어 도리어 곤궁함을 당하게 하려는 듯하니, 심히 원망한 말이다."라고 하였다. 옥천자는 노동(盧仝)의 호인데, 당나라 제원(濟源) 사람으로, 소실산(小室山)에 숨어 살면서 간의대부(諫議大夫)에 제수되었으나 나아가지 않았다. 〈월식시〉는 옥천자가 원화(元和) 연간의 역당(逆黨)을 비판한 시를 말한다. 시 중에 "당시에는 늘 별이 사라지고 비가 퍼붓듯이 쏟아졌으니, 흡사 하늘이 일을 알고 이렇게 해 준엄히 꾸짖으며 간사한 이를 주벌하는 듯했지.〔當時常星沒, 殞雨如迸漿. 似天會事發, 叱喝誅姦强.〕"라고 하여 자신의 힘으로는 어찌할 수 없어서 하늘의 도움을 바란 내용이 있기 때문에 창계가 이렇게 말한 듯하다.

〈북산(北山)〉

시를 볼 때에 두 가지 방법이 있으니 당시의 득실을 볼 수 있고, 또 시인의 성정을 볼 수 있다. 이와 같은 시는 당시에 법도 없이 신하를 부려 괴롭고 편안함이 균등하지 않았음을 볼 수 있고,[168] 시인은 비록 원망이 없을 수 없지만 심하게 원망하는 뜻이 없음을 또한 볼 수 있다.[169] 무릇 시는 모두 이런 방법으로 보아야 한다.

〈대거(大車)〉

"근심에서 벗어나지 못하리라.〔不出于熲〕"라는 말은 "다만 스스로 병들 것이다.〔祇自疧兮〕"라는 말과 같은 뜻이니 대개 반복해 생각해도 끝내 가시지 않는 근심에서 벗어나지 못한다는 것이다. '불출(不出)' 두 글자는 '지자(祇自)' 두 글자의 뜻을 포함하고 있으니, 이 때문에 '유진(維塵)'이라는 말과 서로 호응하여 흥(興)이 된다.[170]

168 이와……있고 : 〈모서〉에 "〈북산〉은 대부가 유왕을 풍자한 시이니, 역사가 균등하지 못하여 자신만 종사에 수고로워 부모를 끝까지 봉양하지 못한 것이다.〔北山, 大夫刺幽王也. 役使不均, 己勞於從事, 而不得終養其父母焉.〕"라고 하였다.

169 시인은……있다 : 《시경》 〈소아 북산〉 2장에 "대부의 일 처리가 균평하지 못한지라 나만 종사하게 하여 홀로 고생하노라.〔大夫不均, 我從事獨賢.〕"라고 하였는데, 주희가 풀이하기를 "왕이라 지척하여 말하지 않고 대부라고 했으며 홀로 수고롭다고 말하지 않고 홀로 애쓴다고 말하였으니, 시인의 충후함이 이와 같다.〔不斥王而曰大夫, 不言獨勞而曰獨賢, 詩人之忠厚如此.〕"라고 하였다.

170 근심에서 벗어나지 못하리라……된다 : 《시경》 〈소아 무장대거(無將大車)〉 1장에 "큰 수레를 떠밀고 가지 말라. 다만 스스로 먼지를 뒤집어쓰리라. 온갖 시름을 생각하지 말라. 다만 스스로 병들 것이다.〔無將大車, 祇自塵兮. 無思百憂, 祇自疧兮.〕"라고 하였고, 2장에 "큰 수레를 떠밀고 가지 말라. 먼지가 자욱하리라. 온갖 시름 생각하지

〈소명(小明)〉

장하주에 정우 진씨(定宇陳氏)는 "동료 관원에 대해서는 미워하는 말이 없다."라고 하였다.[171] 살펴보건대 이 시에서 말한 공인(共人)은 본래 선류(善類)이니, 의당 미워할 만한 일이 없었을 것이다. 그런데 지금 미워하는 말이 없다는 것으로 시인이 원망하면서도 노여워하지 않았음을 밝혔으니, 공인이라는 사람은 본래 미워할 만한 일이 있었지만 시인이 충후하여 능히 미워하지 않은 것처럼 보인다. 그러니 시의 본래 뜻이 아닌 듯하다. 공인이 반드시 선류라는 것을 알 수 있는 까닭은 다음과 같다. 이 시를 지은 대부를 관찰해 보면 뜻이 절실하고 말이 방정하니, 반드시 어진 대부일 것이다. 그리고 저 공인을 생각하여

말라. 근심에서 벗어나지 못하리라.〔無將大車, 維塵冥冥. 無思百憂, 不出于熲.〕"라고 하였다. 주희는 이 시의 체를 흥(興)이라 하였다.

171 장하주에……하였다 : 정우 진씨는 원(元)나라 때의 경학가(經學家)인 진력(陳櫟, 1252~1334)을 가리킨다. 진력은 자가 수옹(壽翁), 말년에는 동부 노인(東阜老人)이라고 칭하였으며 사는 집을 정우당(定宇堂)이라고 하였다. 수십 년 동안 집 안에서 공부하였는데, 그의 학문은 주희를 근본으로 삼아서 주희의 학설에 배치되는 학설을 배격하였다. 《서집전찬소(書集傳纂疏)》, 《예기집의(禮記集義)》 등을 저술하였다. 정우 진씨의 설은 다음과 같다. "이 시는 자신이 밖에서 오랫동안 부역함으로 인하여 동료 관원들이 안에서 편안히 거처함을 생각한 것이다. 또한 자신에 대해서는 홀로 고생한다는 원망은 없고 스스로 근심을 끼쳤다고 말하였고, 동료 관원에 대해서는 미워하는 말은 없고 정직한 사람을 도우라고 면려하였다. 슬프면서도 화(和)를 해치지 않고 원망하면서도 노여워하지 않았으니 〈북산〉과 비교해 보면 조금 비슷하다. 아마도 〈북산〉을 지은 사람은 부모가 있었기 때문에 그 말이 매우 슬프고 원망스러웠고, 〈소명〉을 지은 사람은 부모가 없기 때문에 그 말이 자못 화평한 듯하다.〔此詩因己之久役於外, 而思僚友之安處於內者. 且於己無賢勞之恨, 而謂憂慼之自詒; 於彼無憎疾之辭, 而勉以爲正直之是助, 哀而不傷, 怨而不怒, 視北山之詩, 稍庶幾焉. 豈賦北山者, 有父母, 故其辭極哀怨; 賦小明者, 已無父母, 故其辭頗和平也.〕"

비 오듯 눈물 흘리고 나가서 잠을 자기까지 하였으니,[172] 그 공인이 선류라는 것은 이를 통해 알 수 있다. 이른바 "정직한 사람을 도와주면〔正直是與〕"이라고 한 것은 본래 서로 면려한 말이고, 또한 반드시 그 사람이 정직한 이를 돕지 않았기 때문에 이런 말을 한 것은 아니다. '수역(遂役)'의 '수' 자는 자세하지 않으니 아마도 '원(遠)' 자인 듯하다.[173]

〈초자(楚茨)〉

2장의 '네 소와 양을 정갈히 마련하다.〔絜爾牛羊〕'의 '혈(絜)' 자는 훈고가 없으니 '결(潔)' 자와 음과 뜻이 같은 듯하다. 빈객이 서로 술잔을 권하고 웃고 말하는 것은 축관이 신의 뜻을 전하기 전에 있으니,[174] 삼헌례(三獻禮)를 마치면 즉시 사당에서 이 예를 행하고 비로소 고이성(告利成)[175]하고서 빈객을 전송하는 것이다. 한창 제사를 지낼 때는

172 저……하였으니 : 《시경》〈소아 소명〉 1장에 "저 공인을 생각하여 눈물을 비 오듯 흘리노라.〔念彼共人, 涕零如雨.〕"라고 하였고, 3장에 "저 공인을 생각하여 침상에서 일어나서 나가 잠을 자노라.〔念彼共人, 興言出宿.〕"라고 하였기 때문에 이렇게 말한 것이다.

173 수역(遂役)의……듯하다 : 《시경》〈소아 소명〉에는 '수역'이라는 말은 없다. 따라서 창계의 오기이거나 편집상의 오류인 듯하다.

174 빈객이……있으니 : 《시경》〈소아 초자〉 3장에 "빈객들이 서로 술잔을 권하니 예의가 모두 법도에 맞고 웃고 말함이 모두 마땅하다.〔爲賓爲客, 獻酬交錯. 禮儀卒度, 笑語卒獲.〕"라고 하였고, 4장에 "내 힘이 심히 다하였으나 예를 행함에 어긋남이 없기에 축관이 신의 뜻을 전하여 고하기를 가서 효손에게 주기를.〔我孔熯矣, 式禮莫愆. 工祝致告, 徂賚孝孫.〕"이라고 하였기 때문에 빈객이 웃고 이야기하는 것이 축관이 신의 뜻을 전하기 전에 있다고 말한 것이다.

연회와는 다르니 젊은이와 어른이 서로 술잔을 돌리고 웃고 이야기하는 데에 이른 것은 너무 엄하지 않은 것이 아니겠는가. 고례(古禮)는 뜻을 알 수 없다.

"가서 효손에게 주다.〔徂賚孝孫〕"라는 말에 대해 경원 보씨(慶源輔氏)는 "《시경집전》에서는 이 구를 잘못 해석하였다."라고 하였다.[176] 그러나 지금 상고해 보니 이른바 '이하주인(以嘏主人)'이라는 것은 바로 '조뢰효손(徂賚孝孫)'을 해석한 것인데, '하(嘏)' 자로 '조뢰(徂賚)'를 해석하였고 '주인(主人)'이라는 글자로 '효손(孝孫)'을 해석하였으니 잘못 해석한 것이 아닌 듯하다. 또한 경원 보씨가 "위 구를 거듭 해석하였다."라고 한 것은 옳은 설이지만 "전하여 고할 것을 가지고 가서 효손에게 준다."라고 한 것은 어세가 통창하지 않으니 의심스럽다.

175 고이성(告利成) : 제사 때 축관이 시동(尸童)에게 공양(供養)의 예가 이루어졌다고 고하는 절차로, 제사가 끝났음을 알리는 것이다.

176 가서……하였다 : 《시경집전》에서는 이 구를 "축관이 신의 뜻을 전하여 주인에게 복을 내린다.〔祝致神意, 以嘏主人.〕"라고 풀이하였는데, 소주에 경원 보씨는 "조뢰효손에 대하여 정씨는 '조' 자는 간다는 뜻이고, '뢰' 자는 준다는 뜻이라고 하였다. 위 구의 '전하여 아뢰다.'의 뜻을 거듭 해석한 것이니, 전하여 고할 것을 가지고 가서 효손에게 준다고 말한 것과 같다. 《시경집전》은 이 두 글자를 잘못 해석하였다.〔徂賚孝孫, 鄭氏以爲徂, 往也, 賚, 予也, 所以重釋上句致告之義, 如言以其所致告者往而予孝孫也. 集傳失解此二字.〕"라고 하였다.

《서전》
書傳

〈여오〉 旅獒

‘마침내 구이와 팔만에 길이 통하였는데, 서려에서 큰 개를 공물로 바쳤다〔遂通道于九夷八蠻 西旅底貢厥獒〕’에 대하여
지금은 ‘만(蠻)’ 자와 ‘오(獒)’ 자 아래의 구결로 해석하니, 빈주(賓主)의 형세가 어그러지는 듯하다.[177]

‘명왕이 덕을 삼간다〔明王愼德〕’에 대하여
지금은 ‘덕(德)’ 자 아래 구결로 해석하니, 또한 빈주가 서로 뒤섞인 의심이 든다. 또한 사이(四夷)가 모두 빈이 된 것이 바로 신덕(愼德)의 증험이라는 것을 볼 수 없다.[178]

‘왕내(王乃)’에서 ‘기물(其物)’까지[179]에 대하여

177 지금은……듯하다 : 《서경언해》에는 “九夷와 八蠻애 道가 通ᄒᆞ거늘 西旅가 貢애 그 獒를 底ᄒᆞ대.”라고 하여 ‘만’ 자 아래에는 ‘하거늘’이라는 구결을 달았고 ‘오’ 자 아래에는 ‘ᄒᆞ대’라는 구결을 단 것을 말한다. 빈주의 관계는 미상이다.

178 지금은……없다 : 《서경》〈여오(旅獒)〉 2장에 대해 《서경언해》에는 “明ᄒᆞ신 王이 德을 愼ᄒᆞ거시든.”이라고 하여 ‘덕’ 아래에는 ‘ᄒᆞ거시든’이라는 구결을 단 것을 말한다. 빈주의 관계는 미상이다.

179 왕내(王乃)에서 기물(其物)까지 : 이는 《서경》〈여오〉 3장 전체를 말하는 것으

지금은 곧장 무왕(武王)에게 말한 것이라 해석하니, 《서경집전》의 뜻이 아니다. 《서경집전》에는 "덕으로 이루었다는 것은 윗글에서 바친 바의 방물을 이른다.〔德之致 謂上文所貢方物〕"라고 하였다. 이는 윗글의 "명왕이 덕을 삼가면 방물을 바친다."라는 말을 이어서 말한 것이어서 별도로 무왕에게 말할 수 없는 것이다. 또한 《서경집전》에 또 '왕자(王者)'라고 말한 것[180]은 범범하게 왕을 말한 것이니 무왕을 가리킨 것이 아님이 분명하다.

'덕성(德盛)'에서 '인안(人安)'까지[181]에 대하여

살펴보건대, 이 장들은 모두 사리를 범범하게 논하여 넌지시 간언한 말인 듯한데, 지금은 곧장 면려하고 경계하는 말로 풀이하였으니, 통하지 않는 것은 아니다. 다만 문세를 자세히 상고해 보니 그렇지 않은 듯하다. 이 장 이하는 바로 곧장 무왕에게 면려하고 경계하는 말일 뿐이다.

'구이와 팔만〔九夷八蠻〕'에 대하여

살펴보건대 소주에 주자는 "구이는 동방의 오랑캐로 아홉 종류가 있으니, 팔만도 본래 또한 그렇다.〔九夷 東方夷有九種 八蠻本亦云然〕"라고

로, 내용은 다음과 같다. "왕이 덕으로 이룬 것을 이성의 나라에 보여 주어 그 일을 폐함이 없게 하시며, 보옥을 백숙의 나라에 나눠 주어 친애하는 도리를 편다면 사람들이 물건을 가볍게 여기지 아니하여 그 물건을 덕으로 생각할 것입니다.〔王乃昭德之致于異姓之邦, 無替厥服; 分寶玉于伯叔之國, 時庸展親, 人不易物, 惟德其物.〕"

180 서경집전에……것 : 《서경집전》에 "왕자는 덕으로 이룬 방물을 제후들에게 나누어 준다.〔王者以其德所致方物, 分賜諸侯.〕"라고 하였다.

181 덕성(德盛)에서 인안(人安)까지 : 이는 《서경》 〈여오〉 4장부터 8장까지이다.

하였다. 그렇다면 팔만도 남방의 오랑캐로 여덟 종류가 있다는 것이다. 동쪽의 구이와 남쪽의 팔만만을 거론하였지만 서쪽과 북쪽을 또한 알 수 있으니 이러므로 서려(西旅)가 또한 큰 개를 공물로 바친 것이다. 《서경집전》에 "구이와 팔만은 많음을 말한 것이다.〔九夷八蠻 多之稱也〕"라고 하였는데, 다만 하나가 아닐 뿐이라고 말한다면 너무 범범한 듯하다.[182]

'전친(展親)'[183]에 대하여

《서경집전》에 "그들로 하여금 친함을 더욱 후하게 한다.〔使之益厚其親〕"라고 하였는데, 그렇지 않은 듯하다. '전(展)' 자는 '후하다〔厚〕'로 훈석해서는 안 되고, 또 그 어세(語勢) 역시 우회적인 듯하다. '전' 자는 '펼친다〔敍〕'와 같으니 친친(親親)의 뜻을 펴는 것을 말한 것이다. 주자가 '전' 자를 '자세히 살핀다.〔審視〕'라고 훈석한 것[184]은 또한 분명하지

182 동쪽의……듯하다 : 구이(九夷)와 팔만(八蠻)에 대해서만 이야기하였지만 서쪽과 북쪽의 오랑캐 또한 모두 복속되었음을 알 수 있다는 말인데, 서려가 공물을 바쳐 온 것이 바로 그 증거라는 말이다. 그리고 구이의 '구' 자와 팔만의 '팔' 자를 단순히 많다는 의미로 보아서는 안 된다는 말로, 실제 동쪽의 오랑캐는 아홉 종류가 있고, 남쪽의 오랑캐는 여덟 종류가 있다는 것이다.

183 전친(展親) : 《서경》 〈여오〉 3장에 "왕이 덕으로 이룬 것을 이성의 나라에 보여 주시어 그 일을 폐함이 없게 하시며, 보옥을 백숙의 나라에 나눠 주시어 친애하는 도리를 편다면 사람들이 물건을 가볍게 여기지 아니하여 그 물건을 덕으로 생각할 것입니다.〔乃昭德之致于異姓之邦, 無替厥服, 分寶玉于伯叔之國, 時庸展親, 人不易物, 惟德其物.〕"라고 하였다.

184 주자가……것 : 소주에 "'묻기를 「시용전친」에 대하여 제가들은 대부분 「전」 자를 「신」 자로 훈석하는데 옳습니까?'라고 하니 주자가 '「전」은 자세히 본다는 뜻이니 「신」

않으니, 기록이 완전하지 않은 듯하다.

'덕이 성하면 경시하고 업신여기지 않는다〔德盛不狎侮〕'에 대하여

위 장에서 명왕(明王)이 물건을 바치게 하는 것과 물건을 사용하는 것은 모두 덕(德)으로써 한다는 뜻을 이미 말하였다. 이 장에서는 덕이 성대한 자는 경시하고 업신여기지 않음을 말하였고 이어 경시하고 업신여기는 폐해를 말하였다. 대체로 소중하게 여기는 바는 오로지 덕에 있고 경계한 바는 경시하고 업신여기는 행동에 있다. 《서경집전》에는 '성(盛)' 자에 나아가 뜻을 일으켜 추론하여 말한 것이 너무 번다하고 본래의 뜻에도 절실하지 않으니 타당하지 않은 해석인 듯하다.[185]

'완인(玩人)'과 '완물(玩物)'에 대하여

으로 훈석해서는 안 된다.'라고 하였다.〔問時庸展親, 諸家多訓展作信, 是否? 朱子曰: 展, 審視也, 不當訓信.〕"라고 하였다.

185 서경집전에는……듯하다 : 《서경》 〈여오〉 4장에 대해 주희는 "덕이 성하면 동용과 주선이 모두 예에 맞게 된다. 그런 뒤에 하찮게 여기고 업신여기는 마음이 없을 수 있으니, 덕을 삼감을 지극히 하지 않을 수 없음을 말한 것이다. 덕이 지극하지 못하면 하찮게 여기고 업신여기는 마음이 생겨나니 군자를 하찮게 여기고 업신여기면 군자는 얼굴빛을 보고 떠날 것이다. 저 사람은 반드시 고상하게 행하고 멀리 물러나 뒤도 돌아보지 않고 떠날 것이니, 어찌 그 마음을 다하게 할 수 있겠는가. 소인을 하찮게 여기고 업신여기면 비록 미천해서 위엄을 두려워하여 부리기는 쉽지만 지극히 어리석으면서도 신명하니, 어찌 그 힘을 다하게 할 수 있겠는가.〔德盛則動容周旋, 皆中禮. 然後能無狎侮之心, 言謹德, 不可不極其至也. 德而未至, 則未免有狎侮之心, 狎侮君子, 則色斯去矣, 彼必高蹈遠引, 望望然而去, 安能盡其心? 狎侮小人, 雖其微賤, 畏威易役, 然至愚而神, 亦安能盡其力哉?〕"라고 하여 '덕'에 중점을 두기보다는 '성' 자에 중점을 두어 설명하였고, 부연 설명한 것이 너무 장황하기 때문에 창계가 이렇게 말한 것이다.

《서경집전》에서 윗글로 증거로 삼은 것은 정밀하지 않은 듯하다.[186] 살펴보건대 위의 1절은 덕이 성대한 사람은 경시하고 업신여기지 않음을 말한 것이고, 그 아래에는 군자를 경시하고 업신여기며 소인을 경시하고 업신여기는 폐해를 말한 것이니, 두 가지는 모두 교만한 병통이다. 다음 1절은 "귀와 눈에 사역당하지 말아 온갖 법도를 바르게 하라.〔不役耳目 百度皆貞〕"라고 말하고, 그 아래는 "사람을 하찮게 여기면 덕을 잃고 물건을 완상하면 뜻을 잃는다.〔玩人喪德 玩物喪志〕"라고 하여 폐해를 말하였으니, 두 가지는 모두 탐하고 미혹된 병통이다. 문자가 정제되어 있고 의미가 서로 이어짐이 이와 같다. 그런데 이제 '완인'을 가지고 군자를 경시하고 업신여기는 일이라 하였으니, 똑같은 '완' 자인데도 '완물'의 '완' 자만 아껴 완상한다〔愛玩〕는 뜻이 되고 '완인'의 '완'은 경시하고 업신여기는 뜻이 된다. 그러니 대의(大意)는 논할 것도 없이 단지 글자의 훈석이 이미 잘못된 듯하다. 또한 '완인'으로 군자를 경시하고 업신여기는 것이라 하였지만 '완인'의 '인' 자는 본래 사람만을 말한 것인데 굳이 전적으로 군자를 '인' 자에 해당시킨 것은 또한 어째서인가? '완물'의 해석은 그럭저럭 옳은 해석이다. 다만 "귀와 눈에 사역당하지 않는다."라고 한 것은 또한 '불(不)' 1자가 더 있다.[187] 요약

186 시경집전에서……듯하다 : 《서경집전》에 "완인은 곧 윗글에 군자를 하찮게 여기고 업신여기는 일이며, 완물은 곧 윗글에 귀와 눈에 사역당하지 않는 일이다. 덕은 자기가 얻은 것이요, 지는 마음이 가는 곳이다.〔玩人則上文狎侮君子之事, 玩物卽上文不役耳目之事. 德者, 己之所得; 志者, 心之所之.〕"라고 하였다.

187 다만……있다 : 본래 '완물'은 사물에 사역당하는 것인데, 《서경집전》에서 '완물'을 풀이하면서 위 장의 말을 인용하여 이상과 같이 말하였으므로 창계가 '불(不)' 1자가 더 있다고 말한 것이다.

하면 '완인과 완물'은 '인'과 '물'은 비록 다르지만 '완' 자의 의미는 같다. 첩과 신하를 유독 아끼고 아름다운 목소리와 용모를 지닌 사람을 아끼는 것이 '완인'이고, 개와 말을 기르고 말을 달려 사냥하는 것이 '완물'이니 모두 탐하고 미혹된 병통이 되므로 바로 귀와 눈에 사역당하는 것이다.

《서경집전》에 "이 장은 3절이다."라고 하였는데, '불작무익(不作無益)'에서 '민내족(民乃足)'까지가 한 절이고, '견마(犬馬)'에서 '불육우국(不育于國)'까지가 한 절이며, '불보원물(不寶遠物)'에서 '이인안(邇人安)'까지가 한 절이다.[188] 살펴보건대 이 편의 제1절은 사관(史官)의 본서(本序)이고, 제2절 이하는 소공(召公)이 경계를 진달한 말이다. 제2장과 3장은 명왕(明王)이 덕을 삼가면 먼 곳의 물건이 절로 이르니 물건들은 모두 의복, 음식, 그릇, 용기일 뿐 다른 특이한 물건은 없다. 이 물건들을 가지고 제후들에게 하사하니, 제후들이 그 물건을 덕으로 여기지 않는 이가 없다는 것을 말한 것이다. 이를 말하였으니 서려(西旅)의 큰 개는 이미 의복, 음식, 그릇, 용기에 해당하는 물건이 아니어서 제후에게 하사할 수 없다. 그렇다면 응당 받아서는 안 된다는 것을 알 수 있다.[189] 제4장, 제5장, 제6장은 덕이 성대한 사람은 경시하고

188 서경집전에……절이다 : 이 장은 〈여오〉 8장을 가리키는데, 8장은 다음과 같다. "무익한 일을 하여 유익한 일을 해치지 않으면 공이 이에 이루어지며, 특이한 물건을 귀하게 여기고 사용하는 물건을 천히 여기지 않으면 백성들이 이에 풍족하며, 개와 말이 지방에서 생산된 것이 아니면 기르지 말며, 진기한 새와 짐승을 나라에 기르지 마소서. 먼 지방의 물건을 보배로 여기지 않으면 멀리 있는 사람이 오고, 오직 현자만을 보배로 여기면 가까운 사람이 편안할 것입니다.〔不作無益, 害有益, 功乃成; 不貴異物, 賤用物, 民乃足. 犬馬非其土性, 不畜, 珍禽奇獸, 不育于國. 不寶遠物, 則遠人格; 所寶惟賢, 則邇人安.〕"

업신여기지 않으니, 경시하고 업신여기면 그 폐해가 사람들이 몸과 마음을 다할 수 없게 하는 데에 이름을 말한 것이다. 그리고 귀와 눈에 사역당하지 않아야 온갖 법도가 바르게 될 것이니, 귀와 눈에 사역당하면 그 폐해가 족히 자신의 뜻과 덕을 잃는 데에 이르게 함을 말한 것이다. 이를 말하였으니 서려의 큰 개를 받는 것은 교만과 방종이 싹 트고 탐욕과 미혹의 조짐이 된다는 것을 알 수 있다. 경시하고 업신여기는 것이 큰 개를 받는 것에 비해 그다지 절실하지 않는 듯하지만 완인과 완물에 대한 경계는 절마다 더욱 절실하니 이것이 또한 말의 차서이다. 제7장, 제8장은 마음을 잡아 지키고 사물에 응하며 일을 처리하는 도리를 곧장 말하였으되 먼저 그 요점을 들고 이후에 자세한 내용을 모두 말하였다. 이를 말하였다면 큰 개를 받는 것이 잘못된 일이라는 것은 설파하지 않아도 설파한 것과 다름없다. 그러나 모두 사리를 범범하게 말하여 경계한 것일 뿐이고 곧장 무왕에게 금지하고 권면한 말을 한 것은 아니다. 이 아래 제9장, 제10장에서야 곧장 무왕을 경계하여 그로 하여금 작은 행실을 삼가 큰 덕에 누가 되지 않도록 한 것이다. 또 진실로 이를 행하면 대대로 왕 노릇 할 수 있을 것이라고 권면하였으니, 윗글에서 범범하게 말한 일들이 여기에 이르러 모두 왕의 몸에 책임을 지운 것이다. 이와 같은데도 어떻게 큰 개를 받을 수 있겠는가. 이것이 이 편의 대지(大旨)이다.

189 서려(西旅)의……있다 : 《서경》 〈여오〉에 대해 《서경집전》에서는 "서려에서 큰 개를 바치자, 소공이 받아서는 안 된다고 하여 이 글을 지어 무왕을 경계하였으니, 또한 훈체이다. 인하여 편명을 '여오'라고 하였다.〔西旅貢獒, 召公以爲非所當受, 作書以戒武王, 亦訓體也. 因以旅獒名篇.〕"라고 하였다.

〈금등〉 金縢

'금등지서(金縢之書)'에 대해 지금은 '서(書)' 자 아래 구결로 해석하니, 마침 금등을 열었을 때에 우연히 보았다는 뜻을 볼 수 없다.[190]

'목복(穆卜)'에 대하여

《서경집전》에서는 '목복'을 해석한 것이 번다하고 장황하여 정확하지 않다.[191] 만약 단지 "'목(穆)'은 '엄숙하고 공경한다.〔肅敬〕'는 뜻이니

190 금등지서(金縢之書)에……없다 : 《서경》〈금등〉에 대하여 《서경집전》에 "무왕이 질병이 있자, 주공은 왕실이 아직 편안하지 못하고 은나라 백성들이 복종하지 않아 근본이 흔들리기 쉽다고 여겼다. 그러므로 세 왕에게 명을 청하여 자신으로써 무왕의 죽음을 대신하고자 하였다. 사관이 그 책축의 글을 기록하고 아울러 그 일의 시말을 서술하여 합하여 한 편을 만들어 금등한 궤에 보관하였기 때문에 책을 편차한 자가 인하여 편명을 '금등'이라고 하였다.〔武王有疾, 周公以王室未安, 殷民未服, 根本易搖. 故請命三王, 欲以身代武王之死. 史錄其冊祝之文, 幷敍其事之始末, 合爲一篇, 以其藏於金縢之匱, 編書者因以金縢名篇.〕"라고 하였다. '금등지서'라는 말은 이 편의 16장에 "가을에 크게 풍년이 들어 아직 수확하지 않았는데 하늘에서 크게 천둥 번개를 치고 바람이 부니, 벼가 모두 쓰러지고 큰 나무가 뽑히므로 나라 사람들이 크게 두려워하였다. 왕이 대부들과 모두 변을 쓰고서 금등의 글을 열어 마침내 주공이 스스로 자신의 일로 삼아 무왕을 대신하려던 말씀을 얻게 되었다.〔秋大熟, 未穫, 天大雷電以風, 禾盡偃, 大木斯拔, 邦人大恐. 王與大夫盡弁, 以啓金縢之書, 乃得周公所自以爲功, 代武王之說.〕"라고 한 데서 온 말이고, 《서경언해》에는 '서' 자 아래에 '하샤'라는 구결이 달려 있다. 창계는 '서' 자 아래에 '하샤'라는 구결을 달면 의도를 가지고 열어 보았다는 의미가 되므로, 금등을 열어 보았을 때에 우연히 그 속에 담겨 있는 책축을 보았다는 의미가 퇴색된다고 보았다. 그러므로 이렇게 말한 것이다.

191 서경집전에서는……않다 : 《서경집전》에 "이씨가 말하기를 '목은 공경하고 화한 뜻이 있으니, 목복은 공복이라는 말과 같다.'라고 하였다. 내가 생각하건대 옛날에 국가

옛날에 국가에 큰일이 있으면 공경들이 모두 그 자리에 있을 때 점을 치는 것을 '목복'이라고 한다."라고만 말하였다면 뜻이 정밀하여 통하지 않음이 없었을 것이다.

'척왕(戚王)'[192]에 대하여

점치는 일과 기도하는 일은 똑같이 왕이 병들었을 때 고하는 것인데, 유독 '목복'을 가지고 선왕을 근심하게 한다고 하여 물리친 것은 어째서인가?[193] 대개 점을 쳐 혹 흉하면 반드시 선왕을 근심하게 하는 데에 이르기 때문이다. 기도와 같은 경우 선왕에게 명을 청하여 선왕이 기도하는 바를 허락한다면 절로 근심할 만한 것이 없으니 이것이 다른 점일 것이다. 《서경집전》의 주(註) 중에는 모두 이런 뜻을 설파하지 않았으니[194] 매우 애매모호할 뿐이다.

에 대사가 있어 점을 치게 되면 공경과 백집사가 모두 그 자리에 있어 성일하고 화동하여 복서의 명령을 들었다. 그러므로 그 점을 이름하여 '목복'이라 한 것이니, 아랫글에 성왕이 풍뢰의 변고로 인하여 왕과 대부가 모두 관을 쓰고 금등을 열어 글을 보고서 점쳤다는 것이 이것이다. 선유는 오직 목을 경이라 하였으니, 이른바 '목복하지 말라.'라는 뜻에 통하지 않는다.〔李氏曰: 穆者, 敬而有和意, 穆卜, 猶言共卜也. 愚謂古者, 國有大事, 卜, 則公卿百執事皆在, 誠一而和同, 以聽卜筮. 故名其卜曰穆卜, 下文, 成王因風雷之變, 王與大夫盡弁, 啓金縢之書以卜者, 是也. 先儒專以穆爲敬, 而於所謂其勿穆卜, 則義不通矣.〕"라고 하였다.

192 척왕(戚王) : 《서경》〈금등〉 3장에 "주공이 말하기를 '우리 선왕을 근심하게 할 수 없다.' 하였다.〔周公曰: 未可以戚我先王.〕"라고 한 말을 줄여서 이렇게 말한 것이다.

193 유독……어째서인가 : 《서경》〈금등〉 2장에 "태공과 소공이 말하기를 '내 왕을 위하여 목복을 하겠다.'라고 하였다.〔二公曰: 我其爲王, 穆卜.〕"라고 하였고, 3장에 "주공이 말하기를 '우리 선왕을 근심하게 할 수 없다.'라고 하였다."라고 하였기 때문에 이렇게 말한 것이다.

'위단(爲壇)'[195]에 대하여

《서경집전》에 "점을 치면 상하 사람들이 떠들어 인심이 동요한다. 그러므로 주공이 특별히 단(壇)과 선(墠)을 만든 것이다."라고 하였는데, 반드시 그렇지는 않은 듯하다. 응당 소주의 동씨(董氏)와 오씨(吳氏)의 설[196]을 정설로 삼아야 한다.

'원자의 책임은 하늘로부터 받았다〔是有丕子之責于天〕'[197]에 대하여

194 서경집전의……않았으니 : 《서경집전》 〈금등〉 3장에는 "척은 근심하고 번뇌하는 뜻이다. 무왕의 병 때문에 우리 선왕을 근심하고 번뇌하게 할 수 없다는 것이니, 두 공의 점을 물리친 것이다.〔戚, 憂惱之意. 未可以武王之疾, 而憂惱我先王也, 蓋卻二公之卜.〕"라고 하였다.

195 위단(爲壇) : 《서경》 〈금등〉 4장에 "주공이 스스로 자신의 일로 삼아 세 단을 만들되 터를 똑같이 하고, 남방에 단을 만들되 북향을 한다.〔公乃自以爲功, 爲三壇, 同墠, 爲壇於南方, 北面.〕"라고 하였다.

196 동씨(董氏)와 오씨(吳氏)의 설 : 동씨는 "옛날에 조고에게 제사 지낼 일이 있는데, 사당이 없거나 사당에 들어가지 못하면 단을 만들어 제사를 지냈다. 《예기》에 지자는 조상을 제사 지낼 수 없다고 하였기 때문에 주공이 감히 사당에 들어가지 않고 단을 만든 것이다.〔古者有事祖考, 當夫無廟與不得入廟, 則爲壇以祭. 禮支子不得祭祖, 故周公不敢入廟而爲壇也.〕"라고 하였고, 오씨는 "고례에 무릇 원조가 사당이 없는 자와 종묘를 떠나 다른 나라에 있는 종자 및 비록 본국에 있지만 예에 의거 사당에 들어갈 수 없는 지자는 기도하거나 고할 일이 생기면 반드시 땅을 다져 단을 만들어 조고의 신이 깃들게 하였다. 주공은 지자이면서 신하가 된다. 그러므로 종묘에 감히 고하지 못하여 단을 만들어 고한 것이다.〔古禮, 凡於遠祖之無廟者及宗子去其宗廟而在他國者及支子雖在本國而於禮不得入廟者, 或有禱告, 必須墠地爲壇, 以棲祖考之神. 周公支子爲臣, 故不敢告于廟, 而爲壇以告也.〕"라고 하여 두 사람 모두 주공이 지자이면서 신하이기 때문에 감히 종묘에 들어가 고할 수 없으므로 단을 만들었다고 하였다.

197 원자의……받았다 : 《서경》 〈금등〉 5장에 있는 말로 5장은 다음과 같다. "태사가

《서경집전》에 "무왕이 하늘의 원자가 되었으니 세 왕은 하늘로부터 보호할 책임을 맡아야 한다.〔武王爲天元子 三王當任保護之責于天〕"라고 하였는데 위 구와 아래 구의 뜻이 조금 관통한다. 다만 반드시 경문(經文)에 없는 '보호(保護)'라는 글자를 보충하여야 그 뜻이 비로소 통하지만 끝내 억지 해석이 됨을 면치 못한다. 구설(舊說)과 소주의 주자의 설[198]은 구(句)의 뜻이 끝내 또한 통창하지 않을 뿐만 아니라 겸하여 위 구의 '그대 세 왕은〔若爾三王〕'이라는 말과 전혀 연결되지 않으니 모두 의심스럽다. 지금 참람되이 나의 생각으로 풀이하면 '시(是)' 자는 원손(元孫)을 가리키고, 비자(丕子)의 책임은 종묘를 계승하고 자손을 정하는 일이니 바로 원자의 책임이다. '천(天)'은 곧 세 왕이

다음과 같이 축문을 썼다. '당신의 원손 아무가 중병에 걸렸으니, 그대 세 왕은 원자의 책임을 하늘로부터 받았으니, 저로써 아무의 몸을 대신하소서.'〔史乃冊祝曰: 惟爾元孫某, 遘厲虐疾. 若爾三王, 是有丕子之責于天, 以旦代某之身.〕"

198 구설(舊說)과……설 : 구설에는 "'하늘이 무왕을 데려간다.'라고 한 것은 옳지 않다. 아랫글에 '나는 아버지에게 인순하다.', '귀신을 섬길 수 있다.'라고 한 말들을 자세히 살펴보면 모두 인귀인 할아버지와 아버지를 위주로 말한 것이다. '상제의 뜰에서 명하였다.'라고 하고, '하늘의 보배로운 명을 내림을 실추하지 말라.'라고 한 데에 이르러서는 하늘이 무왕에게 명한 것이 이와 같이 크므로 세 왕이 하늘의 보배로운 명을 실추해서는 안 됨을 말한 것이니, 글 뜻을 알 수 있다.〔天責取武王者, 非是. 詳下文予仁若考能事鬼神等語, 皆主祖父人鬼爲言, 至於乃命帝庭, 無墜天之降寶命, 則言天命武王, 如此之大, 而三王不可墜天之寶命, 文意可見.〕"라고 하였고, 주희는 "'유비자지책우천'은 단지 조이도의 설이 옳다. 조이도는 '비자지책'을 역사서 가운데 '모실 아들을 요구한다.'의 '책' 자와 같이 해석하였으니, 대개 상제가 세 왕에게 자신을 모실 아들을 요구했다는 말이다. '시자'는 무왕을 가리킨다. 상제가 무왕이 와서 좌우에서 힘써 섬길 것을 요구하였기 때문에 주공이 무왕 대신 자신이 죽기를 빈 것이다.〔有丕子之責于天, 只有晁以道說得好. 他解丕子之責, 如史傳中責其侍子之責, 蓋云上帝責三王之侍子. 侍子指武王也. 上帝責其來服事左右, 故周公乞代其死.〕"라고 하였다.

계신 곳이니 이른바 "세 임금이 하늘에 계신다.〔三后在天〕"라고 한 것[199]과 같다. 대체로 세 왕이 이 원손에게 원자의 책임을 가지게 했다고 말한 것일 뿐이다. '우천(于天)'이라고 말한 것은 명명한 하늘에서 원자에 대한 책임을 가지게 하였다고 말한 것과 같다. 뜻은 가장 잘 통하는 듯하지만 감히 자신하지 못하므로 우선 기록하여 후일을 기다린다.

'나는 아버지에게 인순(仁順)하여〔予仁若考〕'에 대하여

자신의 인과 효가 아버지인 문왕(文王)과 같음을 스스로 말한 것인 듯하다. 대개 무왕을 대신해 죽기를 간절히 바랐기 때문에 실로 자신의 말이 스스로 과시하는 것임을 꺼리지 않은 것이다. 《서경집전》에는 재예를 단지 일하고 사역하는 것을 가리킨 것이라고 말하여 또한 스스로 과시한 혐의를 피한 듯하니[200] 정히 꼭 그렇지는 않은 듯하다. 또한 공자께서 특별히 주공의 아름다운 재예를 말씀하셨으니 반드시 주공의 재예는 무왕보다 훨씬 뛰어났을 것이다.[201] 스스로 과시하는 일은 실로

199 이른바……것 : 《시경》 〈대아(大雅) 하무(下武)〉에 나오는 말이다.

200 서경집전에는……듯하니 : 《서경집전》에서는 〈금등〉 6장을 풀이하기를 "주공이 말씀하기를 '나는 조고에게 인순해서 재간이 많고 기예가 많아 역사를 맡길 만하여 귀신을 섬길 수 있으나 무왕은 나처럼 재예가 많지 않아 역사를 맡길 수 없어 귀신을 섬길 수 없다.'라고 한 것이다. 재예는 단지 일하고 사역함만을 가리켜 말한 것이다.〔周公言：我仁順祖考，多材幹，多藝能，可任役使，能事鬼神. 武王不如旦，多材多藝，不任役使，不能事鬼神. 材藝，但指服事役使而言.〕"라고 하였다. 주공의 말은 무왕보다 자신이 낫다고 과시하는 것처럼 보이므로, 《서경집전》에서 "재예는 단지 일하고 사역함만을 가리켜 말한 것이다."라고 하였으니 이는 주공이 과시한다는 혐의를 벗겨 주기 위해 한 말이라고 창계는 생각한 것이다.

201 공자께서……것이다 : 공자가 주공에 대해 이야기한 것으로, 《논어》 〈태백(泰

혐의가 없으니 또한 어찌 없는 것을 있다고 하여 선왕을 스스로 속일 수 있겠는가. 이로써 궁구해 보면 이른바 "단지 일하고 사역하는 것을 가리킨다."라고 한 것은 본래의 뜻에서 너무 벗어났으니 직절(直截)하지 않은 듯하다.

'상제의 뜰에서 명하여 펴서〔乃命于帝庭〕'에 대하여

살펴보건대 위의 1절은 원손의 죽음이 주공의 죽음만 못하다는 것을 말하였고, 이 절은 주공의 생존이 원손의 생존만 못하다는 것을 말하였다. "무왕을 남겨 두어 너희 자손들을 안정시키게 하는 것만 못하다."라고 한 주자의 설[202]을 가지고 보면 이른바 "상제의 뜰에서 명하여 펴서 사방을 돕는다.〔乃命于帝庭 敷佑四方〕"라고 한 것은 상제의 뜰에서 거듭 원손에게 명하여 원손으로 하여금 문덕(文德)을 펴서 사방을 돕게 할 수 있음을 말한 것이다. "너희 자손들을 하지에서 안정하게 한다.〔用

伯)〉에 "공자가 말하였다. '만일 주공과 같은 아름다운 재예를 가지고 있더라도 가령 교만하고 인색하다면, 그 나머지는 볼 것이 없다.'〔子曰: 如有周公之才之美, 使驕且吝, 其餘不足觀也已.〕"라고 하였는데, 무왕과 주공 둘 중에 특별히 주공을 지칭한 것은 주공이 무왕보다 낫다는 의미를 내포하고 있다고 창계는 생각한 것이다.

202 무왕을……설 : 소주에 "'너희 자손들을 하지에 안정하게 하여 사방의 백성들이 두려워하지 않음이 없게 하니'는 '세 왕이 만약 하늘로부터 원자를 보내 달라는 요구가 있었다면 나로써 대신하는 것만 못하다. 나는 다재다능하여 능히 상제를 섬길 수 있지만 무왕은 나의 다재다능함만 못하여 귀신을 잘 섬기지 못한다. 그러니 우선 무왕을 세상에 남겨 두어 너희 자손들과 사방의 백성을 안정시키게 하는 것만 못하다.'라고 말한 것이니 글의 뜻이 이와 같다.〔用能定爾子孫于下地, 四方之民罔不祗畏, 言三王若有侍子之責于天, 則不如以我代之. 我多材多藝能事上帝, 武王不若我多材多藝, 不能事鬼神, 不如且留他在世上, 定爾之子孫與四方之民, 文意如此.〕"라고 하였다.

能定爾子孫于下地〕"라는 것은 이상에서 말한 것처럼 한다면 원손이 반드시 선왕의 자손을 능히 안정시킬 수 있음을 말한 것이다. '하지에서〔于下地〕'라고 말한 것은 윗글의 '하늘에서〔于天〕'라는 말과 상대된다. 대개 선왕은 하늘에서 비자(丕子)의 책임을 가지고 있고, 원손은 하지에서 너희 자손을 안정시킨다는 것이니 그 말의 뜻이 정히 상대된다. "사방의 백성들이 공경하고 두려워하지 않음이 없다.〔四方之民罔不祗畏〕"라는 것은 원손이 이미 선왕의 자손을 안정시켰다면 사방의 사람들이 공경하고 두려워하지 않음이 없음을 말한 것이다. 4년 뒤에 무왕이 붕어하자 과연 삼감(三監)의 난[203]이 일어나 사방이 소란스러웠으니, 더구나 당시에 있어서이겠는가. 주공이 어찌 속였겠는가.

'내가 피하지 않으면〔我之不辟〕'에 대하여

'벽(辟)' 자는 '피(避)' 자로 읽어야 한다는 것은 정씨(鄭氏)의 설이고, 글자 그대로 읽어야 한다는 것은 한(漢)나라 공씨(孔氏)의 설이다.[204]

203 삼감(三監)의 난 : 무왕(武王)이 상(商)을 멸망시키고 주(周)를 건국하였는데, 무왕은 상의 유민(遺民)들을 통제하기 위해 상의 마지막 임금인 주왕(紂王)의 아들 무경(武庚)을 상의 도읍인 은(殷)에 머물게 하여 그곳을 다스리게 하였다. 그가 반란을 일으키지 못하도록 감시하기 위해 무왕은 자신의 세 동생인 관숙(管叔) 희선(姬鮮)을 관(管)의 제후로 봉했으며, 채숙(蔡叔) 희도(姬度)를 채(蔡)의 제후로, 곽숙(霍叔) 희처(姬處)를 곽(霍)의 제후로 봉하였다. 이들은 무경과 상의 유민들에 대한 감시를 맡았기에 '삼감'이라고 불렸다. 무왕이 병사하자 태자 희송(姬誦) 즉 성왕(成王)이 즉위하였는데, 성왕은 아직 나이가 어렸으므로 주공(周公)이 섭정(攝政)이 되어 나라를 다스렸다. 관숙과 채숙, 곽숙은 이에 불만을 품고 주공이 왕위를 빼앗을 것이라는 말을 사방에 퍼뜨리고, 무경과 연합하여 반란을 일으켰다. 《書經 大誥》《史記 卷4 周本紀》

204 벽(辟)……설이다 : 《서경집전》의 주에 "'피(辟)'는 '피(避)'로 읽는다. 정씨의

공씨의 설을 따르면 '벽' 자는 주벌한다는 뜻이 되어 '거동(居東)'은 동쪽을 향해 정벌한다는 뜻이 되어 버리니, 그 뜻은 나라를 다스림에 공정함을 다하여 혐의하고 비방하는 일을 피하지 않았다는 것이다. 정씨의 설을 따르면 '피(辟)' 자는 비방을 피한다는 뜻이 되고 '거동'은 비방을 피하여 동쪽에 거했다는 뜻이 된다. 동쪽을 정벌한 일은 이 편 끝에 맞이하여 돌아온 뒤의 일이 되고, '피' 자의 뜻은 또 겸손하고 두려워 삼가는 일이 된다.[205] 주자가 처음에는 또한 일찍이 공씨의 설을 따랐기 때문에 소주에 인용한 것도 처음의 설이 많았으니[206] 독자들은

《시전》에 '주공이 관숙과 채숙의 유언비어 때문에 동도에 피하여 거하였다.'라는 것이 이것이다. 한나라 공씨는 '관숙에게 형벌을 이루었다 할 때의 벽이다.'라고 하였으니, 주살함을 이른다.〔辟, 讀爲避. 鄭氏詩傳言周公以管蔡流言, 辟居東都, 是也. 漢孔氏以爲致辟於管叔之辟, 謂誅殺之也.〕"라고 하였다. 이하는 창계가 13장과 14장의 내용을 연결하여 설명하고 있으므로 두 장의 전문을 수록한다. 13장은 "주공이 두 공에게 고하기를 '내가 피하지 않으면 나는 우리 선왕에게 고할 수 없다.'라고 하였다.〔周公乃告二公曰: 我之弗辟, 我無以告我先王.〕"이고, 14장은 "주공이 동쪽에 거한 지 2년 만에 죄인을 이에 얻었다.〔周公居東二年, 則罪人斯得.〕"이다.

205 동쪽을……된다 : 《서경》 〈금등〉 19장 주에 "또 살펴보건대 무왕이 병이 나은 지 4년 만에 붕어하였고, 여러 숙이 유언비어를 퍼뜨려 주공이 동쪽에 거한 지 2년 만에 죄인을 잡았고, 성왕이 주공을 맞이하여 돌아왔으니, 모두 6년 동안의 일이다. 책을 엮는 자가 〈금등〉의 끝에 이것을 붙여 명을 청한 일의 수말과 금등의 글이 드러나고 감춰짐을 나타낸 것이다.〔又按武王疾瘳四年而崩, 群叔流言. 周公居東二年, 罪人既得, 成王迎周公以歸, 凡六年事也. 編書者附于金縢之末, 以見請命事之首末, 金縢書之顯晦也.〕"라고 하였다. 여기서는 창계가 '피' 자는 주벌했다는 뜻이 아니고 피한다는 뜻이 되어야 한다고 주장한 것이다.

206 주자가……많았으니 : 《서경》 〈금등〉 14장의 소주에 수록된 주자의 설은 대부분 '피' 자를 주벌한다는 뜻으로 풀이한 것이 많다. 내용이 방대하여 다 수록할 수 없으니 그중 주희의 생각이 잘 드러난 것을 소개한다. "'주공이 동쪽에 거한 지 2년 만에 죄인을

자세히 살펴보아야 한다. 대체로 이 일은 마땅히 문적을 먼저 상고하여 그 사실을 확정한 뒤에 그 뜻을 미루어 구해야 착오가 없다. 지금 이 《서경》을 가지고 상고해 보면 한창 유언비어를 퍼뜨릴 초기에 죄인을 찾지 못하였으니, 비록 주살하고자 하나 장차 누구를 주살하겠는가. 더구나 성왕(成王)의 마음에 의심과 꾸짖으려는 마음이 없지 않았으니, 어찌 성왕에게 명을 청하여 군사를 일으켜 토벌할 수 있었겠는가. 이때에 주공은 단지 물러나 피해 있었을 뿐이다. 물러나 피해 있은 지 2년 만에 비로소 죄인이 누구인지 알았다. 그러므로 주공이 〈치효(鴟鴞)〉 시를 지어 비로소 지척하여 그들에게 죄를 돌린 것이다. 《서경》에 '우후(于後)'라고 하였으니 이 일이 있기 전에는 이 시를 지을 수 없었다는 것을 알 수 있다. 여기에 이른 뒤에 성왕이 비로소 감히 주공을 꾸짖지 못하였으니,[207] 이전에는 성왕이 일찍이 주공을 꾸짖었음을 또한 알 수 있다. 성왕이 비록 주공을 감히 꾸짖지 못하였지만 오히려 크게 깨닫지는 못하였는데, 금등(金縢)을 연 뒤에 비로소 교외로 나가 직접 주공을 맞이하였으니, 성왕이 이미 유언비어가 사특한 참소라는 것을 깨달아 직접 주공을 맞이하여 돌아온 것이다. 관숙의 무리들이 스스로 자신의 죄를 알아차리고서 이에 반란을 일으켰으므로 주공이 〈대고(大誥)〉를 짓고 동쪽을 향해 정벌하였으니, 사실을 상고

이에 얻었다.'라고 하였으니 무경을 죽인 것, 관숙을 상에서 주륙한 것, 채숙을 곽린에 가둔 것, 곽숙을 서인으로 강등한 것, 미자 계에게 명하여 은나라에 봉한 뒤에 〈미자지명〉을 지은 것 등이 모두 이때의 일이다.〔周公居東二年則罪人斯得, 殺武庚, 致辟管叔于商, 囚蔡叔于郭鄰, 降霍叔于庶人, 命微子啓代殷後, 作微子之命, 皆此時事.〕"

207 주공이……못하였으니 : 《서경》 〈금등〉 15장에 "뒤에 주공이 시를 지어 왕에게 드리고 이름하기를 '치효'라 하니, 왕이 또한 주공을 꾸짖지 못하였다.〔于後, 公乃爲詩, 以貽王, 名之曰鴟鴞. 王亦未敢誚公.〕"라고 하였다.

할 수 있는 것이 이와 같다. 나라를 다스림에 공정함을 다하는 의리는 동쪽을 향해 정벌할 때에 말할 수 있는 것이니, 여기에서 이른바 '피(辟)' 자는 바로 겸손하고 두려워하여 비방을 피했다는 '피(避)'이다.

'주공의 명령이므로 우리들이 감히 말하지 못했습니다〔公命我勿敢言〕'에 대하여

《서경집전》에서 공씨(孔氏)가 "주공(周公)이 말하지 못하게 하였다."라고 한 설을 옳지 않다고 하면서 "이는 실로 주공의 명령인데 저희들이 감히 말하지 못하였습니다."라고 하였으니 어의(語意)를 끝내 이해할 수 없다.[208] 주공의 명이라는 것은 무슨 명인가? 책축(冊祝)은 이에 세 왕에게 고한 말이니 어찌 명이라 할 수 있겠는가. 이미 주공이 명하여 저희들이 감히 말하지 못하였다는 것은 또 무슨 뜻인가? 우선 '물(勿)' 자는 금지하는 말이니 '불(不)' 자로 해석하는 것은 또한 바른 해석이 아니다. 응당 공씨의 설을 정설로 삼아야 한다. 대체로 이미 금등(金縢)에 책축을 넣었다면 그 일이 매우 비밀스러웠음을 알 수 있으니 주공이 그때에 사관과 집사들에게 경계하여 이 일이 누설되지 않게 한 사실이 실로 있었던 것이다. 사관들이 성왕과 두 공의 질문을 받고는

208 서경집전에서……없다 : 《서경집전》에서 주희는 "두 공과 성왕이 주공이 스스로 자신의 일로 삼은 말씀을 얻고는 인하여 물었다. 그러므로 모두 이르기를 '진실로 이러한 일이 있었습니다.'라고 하고는 이윽고 탄식하여 말하기를 '이는 실로 주공의 명령인데 저희들이 감히 말하지 못하였습니다.'라고 하였으니, 공씨가 '주공이 말하지 못하게 하였다.'라고 말한 것은 옳지 않다.〔二公及成王, 得周公自以爲功之說, 因以問之. 故皆謂信有此事, 已而歎息言, 此實周公之命, 而我勿敢言爾, 孔氏謂周公使之勿道者, 非是.〕"라고 하였다. 창계는 주희가 실로 주공의 명령이므로 감히 말하지 못하였다고 이미 말해 놓고 공씨의 설이 옳지 않다고 하였기 때문에 이렇게 말한 것이다.

이미 진실로 이런 일이 있었다고 대답하였다. 또 당시에 주공이 우리들에게 명하여 감히 말하지 말게 하였다고 말하였으니, 사관들이 주공에게 이러한 일이 있었음을 알았지만 평소에 감히 말하지 않았다는 뜻을 또 볼 수 있다. 혹자가 이르기를 "왕망(王莽)이 일찍이 경계하여 말하지 말게 한 일[209]이 있었으니, 왕망은 이 글을 잘못 해석하여 본받은 자이다. 주공께서 어찌 일찍이 그렇게 하셨겠는가?"라고 하니, 대답하기를 "왕망의 악행은 이 글을 잘못 해석한 데 있지 않고, 실정(實情)은 없는데 겉으로만 주공을 본받아 헛된 명성을 구하였으니 이 점이 바로 왕망이 된 까닭이다. 글을 어찌 일찍이 잘못 해석하였겠는가."라고 하였다.

〈대고〉 大誥

'미령무도공(敉寧武圖功)'에 대하여

《서경집전》에 이미 '무(武)' 자는 잇는다〔繼〕는 뜻이라고 말하고, 또

209 왕망(王莽)이……일 : 왕망은 전한(前漢) 때 사람으로 평제(平帝)를 시해하고 유자(孺子) 영(嬰)을 옹립한 다음 주공(周公)의 고사(故事)를 따른다는 구실로 거섭(居攝)하였다가 제위(帝位)를 찬탈하여 신(新)나라를 세웠다. 경계하여 말하지 말게 한 일은 다음의 일을 가리키는 듯하다. 재동현(梓潼縣) 사람 애장(哀章)이 황의(黃衣)를 입고 한 고조(漢高祖)의 사당에 나타나 동궤를 놓고 사라졌는데, 그 동궤 안에는 왕망이 진황제(眞皇帝)가 되어야 한다는 내용의 천제(天帝)가 내려보낸 부명(符命)과 한 고조가 보낸 부명이 들어 있었고, 그와 함께 왕망의 대신 8명과 가공의 인물 왕흥(王興), 왕성(王盛)과 애장 자신의 이름이 수여받을 관작(官爵)의 명칭과 함께 들어 있었다. 이 일을 계기로 왕망은 신명(神命)이 자신에게 천하의 백성을 맡긴 것이라 하면서 결국 왕위를 찬탈하여 신나라를 세웠다.《漢書 卷99 王莽傳》이 일이 금등 속에서 주공의 책축(冊祝)이 발견된 것과 비슷하기 때문에 혹자가 이렇게 말한 듯하다.

"나를 보필하고 가서 상나라를 어루만지고 안정시켜 무왕이 도모하신 공을 잇게 한 것이다.〔輔我以往 撫定商邦 而繼嗣武王所圖之功也〕"라고 하였다. 《서경집전》의 설대로 해석하면 '여익(予翼)'이 구가 되어야 하고 '이우미령(以于敉寧)'이 구가 되어야 하며 '무도공(武圖功)'이 구가 되어야 하니, 문구가 너무 잘게 쪼개져 통하기 어렵다.[210] 지금의 해석이 도리어 조금 나으니 바로 소주의 임씨(林氏)가 말한 뜻이다.[211]

'나 소자와 부로(父老)가 공경히 섬기는 자들〔予小子考翼〕'[212]에 대하여

210 서경집전의……어렵다 : '미령무도공'은 《서경》 〈대고(大誥)〉 5장에 나오는 말로 5장은 다음과 같다. "이제 무경이 준동하는데 다음 날에 백성 중에 열 명의 어진 지아비가 나를 보필하고 가서 어루만져 편안히 하여 선왕께서 도모하신 공을 잇게 하니, 내 대사가 아름다우리라는 것은 짐의 점이 모두 길하기 때문이다.〔今蠢, 今翼日, 民獻有十夫, 予翼以于, 敉寧武圖功, 我有大事休, 朕卜, 幷吉.〕"

211 소주의……뜻이다 : 소주에 임씨는 "백성 중에 열 명의 현명한 지아비가 있어 와서 나를 도와 가서 정벌하여 무왕이 도모하신 공을 어루만져 편안하게 한다고 하였으니 인심을 얻은 것이고, 짐의 점이 모두 길하다 하였으니 천심을 얻은 것이다. 하늘과 사람이 모두 응하니, 나는 반드시 승리할 이치가 있고, 무경은 반드시 망할 형세가 있는 것이니 어찌하여 정벌하지 않겠는가.〔民之賢者有十夫, 來助予往征, 以撫安武王所圖之功, 則得人心矣, 朕卜, 幷吉, 則得天心矣, 天人俱應, 則我有必勝之理, 武庚有必亡之勢, 如之何不征?〕"라고 하여 《서경집전》과는 달리 '무(武)' 자를 잇는다는 뜻으로 보지 않고 무왕으로 보았다.

212 나……자들 : 《서경》 〈대고〉 7장에 나오는 말인데, 7장은 다음과 같다. "너희 여러 나라의 군주와 서사와 어사들이 반대하지 않는 이가 없어 말하기를 '이 일은 어렵고 중대하며, 백성들이 안정하지 못함이 또한 왕의 궁과 방군의 집에 있다.'라고 하며, 나 소자와 부로가 공경히 섬기는 자들도 정벌할 수 없다고 하며 '왕은 어찌 점을 어기지 않습니까.'라고 하였다.〔爾庶邦君, 越庶士御事, 罔不反, 曰艱大, 民不靜, 亦惟在王宮、邦君室, 越予小子考翼不可征, 王害不違卜.〕"

《서경집전》에 "나 소자와 부로가 공경히 섬기는 자들〔越我小子與父老敬事者〕"이라고 하였는데, '여(與)' 자는 의심스럽다. 대체로 소자는 왕 자신을 이르는 말이고, 고익(考翼)은 왕의 부형으로 존경의 대상이 되는 자를 이른다. 나 소자의 고익이라고 말하는 것과 같으니 '여' 자를 놓는다면 옳지 않다. 또한 하문에 고익은 이 장의 고익과는 또 다르니 곧장 아버지를 지칭한 듯하다. 보건대 "내 후손이 있다.〔曰予有後〕"라는 말은 오직 아버지가 아들에게 이와 같이 말할 수 있기 때문이다.[213]

'무비(無毖)', '비비(閟毖)', '근비(勤毖)'[214]에 대하여

213 또한……때문이다 : 하문은 11장을 가리키는데, 11장은 다음과 같다. "왕이 말하였다. '옛날에 짐이 무경을 정벌하러 갈 적에 짐도 어렵다고 말하여 날마다 생각하였으니, 만일 아버지가 집을 지어 이미 법을 이루었거늘 그 자식이 기꺼이 당의 터도 만들려고 하지 않는데 하물며 기꺼이 구축하려 하겠는가. 그 아버지가 밭을 일구었거늘 그 자식이 기꺼이 파종도 하려고 하지 않는데 하물며 기꺼이 수확하려 하겠는가. 고익이 기꺼이 「내 후손이 있으니 기업을 버리지 않을 것이다.」라고 말하겠는가. 이러므로 내 어찌 감히 내 몸에 미처 영왕의 큰 명을 어루만지지 않겠는가.'라고 하였다.〔王曰：若昔朕其逝，朕言艱，日思，若考作室，旣底法，厥子乃弗肯堂，矧肯構？厥父菑，厥子乃弗肯播，矧肯穫？厥考翼，其肯曰予有後，弗棄基？肆予，曷敢不越卬，敉寧王大命？〕" 창계는 11장의 경우 부자간의 일을 가지고 말하고 있으므로 이 장에 나오는 고익은 아버지를 직접 지칭하는 말로 보아야 한다고 하였고, '내 후손이 있으니〔曰予有後〕'라는 말도 아버지가 아들에게 해 줄 수 있는 말이라고 생각한 것이다.

214 무비(無毖), 비비(閟毖), 근비(勤毖) : '무비'는 《서경》〈대고〉 8장에 "의리에 있어서는 너희 방군과 다사와 윤씨와 어사들이 나를 위안하여 말하기를 '너무 근심에 수고롭지 말지어다.' 하였다.〔義爾邦君、越爾多士、尹氏、御事綏予曰，無毖于恤.〕"라고 한 말을 가리키고, '비비'와 '근비'는 11장에 "하늘이 막고 어렵게 함은 우리가 공을 이룰 수 있는 기회이다.〔天閟毖，我成功所.〕"라고 한 말과 "하늘이 또한 우리 백성들을 수고롭게 하고 어렵게 한다.〔天亦惟用勤毖我民〕"라고 한 말을 가리킨다.

세 개의 '비(毖)' 자는 똑같은 뜻이니 대개 모두 수고롭고 힘들다는 뜻이다. 그런데 《서경집전》에 '무비'에 대해서는 "수고롭지 말라.〔無勞〕"라고 풀이하였고, '비비'에 대해서는 "어려워서 쉽지 않은 것이다.〔艱難而不易〕"라고 풀이하였고, '근비'에 대해서는 "수고롭게 하고 어렵게 한다.〔勤毖〕"라고 풀이하였으니 정치하지 않은 듯하다.

'하늘이 또한 우리 백성들을 수고롭게 하고 어렵게 하여 마치 병이 있을 때〔天亦惟庸勤毖我民若有疾〕'에 대하여
《서경집전》에 "네 나라가 우리 백성을 수고롭게 하고 어렵게 한다.〔四國勤毖我民〕"라고 하였는데, 또한 경문의 뜻과는 다르다. 경문의 뜻은 "하늘이 또한 우리 백성을 수고롭게 하고 어렵게 하여 마치 사람들이 병에 걸린 듯하니 속히 다스려 편안한 데에 이르게 하지 않아서는 안 된다."라고 말한 듯하다.

〈미자지명〉 微子之命

'상현(象賢)'에 대하여
《서경집전》에는 "미자가 선왕의 어짊을 닮았다고 하여 제사를 받들게 한 것이다.〔以微子象賢 而奉其祀〕"라고 하였는데, 이와 같이 풀이한다면 '상현'은 위의 '숭덕(崇德)'이라는 말과 어세가 다르다.[215] 아마도 현

215 위의……다르다 : 《서경》 〈미자지명(微子之命)〉 1장에 "은왕의 원자야 옛날을 상고하여 덕이 있는 이를 높이고 선왕의 어짊을 닮은 자에게 제사를 받들게 한다.〔殷王元子, 惟稽古, 崇德, 象賢.〕"라고 하였다. 《서경집전》에서는 "'숭덕'은 돌아가신 성왕

인을 존중하고 본받는다는 뜻이 아니겠는가.

〈강고〉 康誥

'상제에게 알려지시니〔聞于上帝〕'[216]에 대하여

백성들이 믿고 떠받드는 뜻이 하늘의 귀에까지 도달했음을 말한 것이니, 이른바 "하늘의 듣고 봄이 우리 백성의 듣고 봄으로부터 한다.〔天聰明 自我民聰明〕"[217]라는 것이다. 지금은 문왕(文王)의 입장으로 풀이하는데 그렇지 않은 듯하다. 대체로 《서경집전》에 "밝은 덕이 밝게 올라갔다.〔明德昭升〕"라는 말을 덧붙여 넣음으로 인하여 잘못 해석한 것이다.[218]

중에 덕이 있는 자를 높이고 숭상하여 제사를 받드는 것을 이른다.〔崇德, 謂先聖王之有德者, 則尊崇而奉祀之也.〕"라고 풀이하였다. 따라서 '숭덕'은 덕이 있는 사람을 높이는 것이라 풀이하고 '상현'은 선왕의 어짊을 닮은 자라고 풀이하였기 때문에 창계가 어세가 다르다고 말한 것이다.

216 상제에게 알려지시니 : 《서경》 〈강고(康誥)〉 4장에 나오는 말인데 아랫글의 이해를 돕기 위해 4장을 수록한다. "감히 홀아비와 과부를 업신여기지 않으며, 등용해야 할 사람을 등용하고 공경해야 할 사람을 공경하고 위엄을 보여야 할 사람에게 위엄을 보이시어 덕이 백성들에게 드러나 우리 구하를 창조하자 우리 한두 나라가 다스려지며 우리 서토가 이에 믿고 무릅써서 상제에게 알려지니, 상제가 아름답게 여기셨다. 하늘이 마침내 문왕에게 크게 명하여 은나라를 쳐서 멸하게 하므로 그 명을 크게 받으시니, 그 나라와 백성들이 이에 펴지므로 네 과형이 힘썼다. 그러므로 너 소자 봉이 이 동토에 있게 되었다.〔不敢侮鰥寡, 庸庸, 祗祗, 威威, 顯民, 用肇造我區夏. 越我一二邦, 以修, 我西土惟時怙冒, 聞于上帝, 帝休. 天乃大命文王, 殪戎殷, 誕受厥命, 越厥邦厥民, 惟時敍, 乃寡兄勖, 肆汝小子封, 在玆東土.〕"

217 하늘의……한다 : 《서경》 〈고요모(皐陶謨)〉에 나온다.

'너 소자야〔汝惟小子〕'에 대하여
"네가 비록 소자(小子)이지만 네가 해야 할 일은 바로 왕의 덕을 넓혀 은(殷)나라 백성을 화합하고 보호하는 데에 있으며, 또 왕을 도와 천명(天命)을 안정시키고 백성을 새롭게 하는 데에 있으니 소임이 어찌 중하지 않겠는가."라고 말한 것이니 이 편의 말은 대체로 이와 같다. 그러나 지금은 소자를 불러 고해 주는 말로 풀이하니, 이와 같다면 응당 '유여소자(惟汝小子)'라고 말하지 '여유소자(汝惟小子)'라고 말하지 않았을 것이다. 또한 《서경집전》에 '역유조왕(亦惟助王)'을 풀이한 곳에 '역(亦)' 자의 뜻을 별도로 말하지 않았으니, 또한 매우 애매모호하여 자세하지도 친절하지도 않다.[219]

218 지금은……것이다 : '문우상제(聞于上帝)'에 대하여 《서경집전》에서는 "우리의 한두 우방이 점점 닦여지고 다스려졌으며, 서토의 사람을 다함에 이르러는 문왕을 믿기를 부모처럼 하고 떠받들기를 하늘처럼 하여 밝은 덕이 밝게 올라가 상제에게 알려지니, 상제가 아름답게 여기고는 마침내 문왕에게 크게 명하여 큰 은나라를 멸하게 하였다.〔及我一二友邦, 漸以修治, 至罄西土之人, 怙之如父, 冒之如天, 明德昭升, 聞于上帝, 帝用休美, 乃大命文王 殪滅大殷.〕"라고 하였는데, '명덕소승'이라는 말을 덧붙여 넣어 '명덕'이 문왕의 밝은 덕이라 오해하게 만들었기 때문에 창계가 이렇게 말한 것이다. 즉 창계는 '문우상제'라는 말은 문왕의 덕이 하늘에까지 닿았다는 뜻이 아니라 백성들이 믿고 떠받드는 뜻이 하늘에까지 닿은 것이라 본 것이다.

219 서경집전에……않다 : 《서경집전》〈강고〉에서는 이 구에 대해 "오직 상의 덕의를 넓혀 은나라 백성들을 화합하고 보호하여 그 살 곳을 잃지 않게 하며, 왕을 도와서 천명을 안정시키고 이 백성을 진작하여 새롭게 함에 있다.〔惟在廣上德意, 和保殷民, 使之不失其所, 以助王, 安定天命而作新斯民也.〕"라고 하여 '역' 자에 대해 언급하지 않았기 때문에 창계가 이렇게 말한 것이다.

창계집

제20권

독서차록
讀書箚錄

《주역》
周易

'역(易)'은 바로 이치이니, 이치가 늘 변화하고 바뀌기 때문에 '역'이라고 한 것이다. 상고(上古)에 성인이 괘(卦)를 그려 상(象)을 보인 것은 본래 이치를 밝힌 것이고, 후세의 성인이 사(辭)를 단 것[1]은 대체로 또 괘를 미루어 상을 완미하여 그 이치에 통달하였기 때문이다. 《주역전의(周易傳義)》에 이르러서는 또 달아 놓은 사로 인하여 괘와 상의 이치를 알게 한 것이다. 그 요지는 사람으로 하여금 주해(註解)로 말미암아 사를 알게 하고 사로 말미암아 괘와 상을 고찰하여 그 이치를 이해하게 한 것이니, 모두 요약함으로 되돌리려고 한 것이다.[2] 대저 이와 같아야 곧 결정정미(潔淨精微)의 가르침[3]이라 이를 만하다.

1 후세의……것 : 역(易)의 작자에 대해서는 여러 이설이 있지만 일반적으로 복희씨(伏羲氏)가 처음 팔괘(八卦)와 64괘를 그렸으며, 주나라 문왕(文王)이 이것을 연역하여 괘사(卦辭)를 짓고 주공(周公)이 효사(爻辭)를 짓고 공자가 십익(十翼)을 만들었다고 전해지는데, 이를 두고 한 말이다.

2 요약함으로……것이다 : 원문은 '反諸約'인데, 맹자가 "널리 배우고 상세히 말함은 장차 돌이켜서 요약함을 말하고자 해서이다.〔博學而詳說之, 將以反說約也.〕"라고 한 데서 온 말이다. 《孟子 離婁下》

3 결정정미(潔淨精微)의 가르침 : 깨끗하고 고요하며 정밀하고 은미하다는 뜻으로, 《예기》〈경해(經解)〉에 "온유돈후(溫柔敦厚)는 시교(詩教)이며, 소통지원(疏通知遠)은 서교(書教)이며, 광박이량(廣博易良)은 악교(樂教)이며, 결정정미는 역교(易教)이며, 공검장경(恭儉莊敬)은 예교(禮教)이며, 속사비사(屬辭比事)는 춘추교(春秋教)이다."라고 한 데서 온 말이다.

만약 다시 글을 통해 뜻을 만들어 내 점점 가지와 잎을 덧붙인다면 도와의 거리가 어찌 더욱 멀어지지 않겠으며, 어찌 밝음을 구하려다 도리어 어두워지지 않겠는가. 《주역전의》 이후에 주해하는 사람들은 대체로 이런 폐단이 많은데, 나도 경계하지 않고 이런 주해의 주해를 만드니 어찌 거듭 덕을 아는 사람들에게 미움을 받지 않겠는가. 그러나 나의 의도는 구차하게 첩상가옥(疊床架屋)의 설을 만들려는 것이 아니다. 《주역전의》에 수록된 같고 다른 설들과 제가들이 옳은지 그른지에 대한 분별은 실로 말로 하지 않아서는 안 되는 것이 있다. 혹 처음 볼 때 의심할 만하였는데 오래 보매 의심이 없어진 경우에는 질문하고 답하여 각각 그 뜻을 모두 밝혔고, 혹 끝내 의심스러운 점이 있으면 질문만 하고 답은 하지 않고 아는 사람을 기다려 본다.

《주역전의》에 대해서는 곧 이렇게 하였고, 집주(輯註)로부터 이하는 다시 힐난하지 않고 의심스러우면 의심스럽다 말하고 잘못되었으면 잘못되었다 말하여 간략함을 따르고 번다함을 줄였다. 〈역전서(易傳序)〉에 "잘 배우는 자는 반드시 가까운 데서 말을 구한다.〔善學者求言必自近〕"라고 말하지 않았던가. 이로부터 강구하여 그릇된 것을 제거하고 옳은 것으로 되돌려 본원에 부합되게 하는 것이 바로 내가 주해를 하는 뜻이다.

기미년(1679, 숙종5) 10월 5일 병인에 쓰다.

〈건괘〉 乾卦

《본의》의 "사는 문왕과 주공이 단 것이므로 주라는 글자를 단 것이다.〔其辭則文王周公所繫 故繫之周〕"에 대하여

〔문〕《주역》이라는 명칭은 복희(伏羲), 하(夏)나라, 은(殷)나라의 역(易)과 구별되기 때문에 명명한 것이니, 《주역》의 괘(卦)의 순서는 선천(先天), 수간(首艮), 수곤(首坤)의 법과는 같지 않아서 별도로 하나의 역이 된다.[4] 대체로 문왕이 정한 바가 이와 같으므로 실로 《주역》이 될 수 있는 것이고, 괘사와 효사가 문왕과 주공에게서 나왔기 때문에 '주(周)'라는 글자를 달 수 있을 뿐만은 아니다. 《본의》에 여기에 대한 설명이 누락되어 있는 것은 어째서인가?

〔답〕괘를 차례를 매기고 괘사를 단 것은 모두 문왕이 한 일이니 모두 역이 《주역》이 될 수 있는 까닭이다. 다만 괘를 차례를 매기는 것은 괘사를 다는 일에 비하여 그 일이 작기 때문에 《본의》에서는 다만 큰 것만을 취하여 말하였을 것이다.

《본의》의 "간질이 크고 무거우므로 나누어 상하 두 편으로 만들었다.〔以其簡帙重大 故分爲上下兩篇〕"에 대하여

〔문〕죽간(竹簡)이 무겁고 크므로 경을 나누었다는 설은 본래 조씨

4 주역이라는……된다 : 복희의 역은 복희의 선천역(先天易)을 말한 것이고, 하나라의 역은 《연산역(連山易)》을 가리켜 말한 것이며, 상나라의 역은 《귀장역(歸藏易)》을 말한 것이다. 《연산역》과 《귀장역》은 《주역》과 함께 삼역(三易)으로 일컬어지는데, 《연산역》과 《귀장역》은 일실되어 전해지지 않는다. 선천이란 복희가 그었다는 건(乾), 곤(坤), 감(坎), 이(離) 네 정괘(正卦)를 근간으로 삼아 우주 만물의 생성을 설명한 것으로 《주역》의 기본 원리이다. 수간이란 《연산역》에서 산을 의미하는 간괘(艮卦)를 으뜸으로 한다는 말이고, 수곤은 《귀장역》에서 땅을 의미하는 곤괘를 으뜸으로 한다는 말이다. 《주역》의 경우는 복희의 선천과 상대하여 감(坎), 진(震), 이(離), 태(兌) 네 정괘를 근간으로 삼아 만물의 형성을 표시하였는데 이를 후천(後天)이라고 하며, 《주역》에서는 건괘를 으뜸으로 하였다. 그래서 창계가 이렇게 말한 것이다.

(晁氏 조열지(晁說之))에게서 나온 것인데, 《본의》가 이 설을 따른 것이다. 쌍호 호씨(雙湖胡氏)는 "경을 상하로 나눈 것은 실로 지극한 이치가 있으니, 어찌 죽간이 무겁고 크기 때문이겠는가."라고 하였으니[5] 의심을 한 것은 또한 당연한 듯하다. 다만 경을 상하로 나눈 이치는 주자가 실로 일찍이 여러 번 말하였으니-예를 들면 상경은 건(乾), 곤(坤), 감(坎), 이(离)로 시종을 삼았고, 하경은 곧 간(艮), 태(兌), 손(巽), 진(震)으로 시종을 삼았다고 한 설[6]과 괘의 수가 많고 적음은 일찍이 균등하지 않음

5 쌍호 호씨(雙湖胡氏)는……하였으니 : 본문의 쌍호 호씨의 말은 중간에 많은 부분이 생략되어 있으므로 의미를 파악하기 어려운데, 전문은 다음과 같다. 《주역전의대전(周易傳義大全)》 권1 〈주역상경(周易上經)〉에 쌍호 호씨는 "살펴보건대 조이도가 '옛날에 죽간이 크고 무거웠기 때문에 경을 두 편으로 만들었다.'라고 하였는데, 《본의》가 그의 설을 따른 것이다. 그러나 경을 상하로 나눈 것은 실로 지극한 이치가 있다. 첫 번째 이유는 상경과 하경이 비록 상경 30괘와 하경 34괘라는 차이는 있지만 반대괘로 계산하면 각각 18괘이기 때문이다. 두 번째 이유는 상경은 반대괘의 경우 52개의 양효와 56개의 음효가 있고, 하경은 반대괘의 경우 56개의 양효와 52개의 음효가 있기 때문이다. 세 번째 이유는 상경은 4개의 정괘를 위주로 하여 건괘와 곤괘를 앞에 두고 감괘와 이괘로 끝마쳤으니 〈선천도〉의 남북과 동서, 사방의 괘와 합치된다. 그리고 하경은 두 개의 변괘를 위주로 하여 진이 변하여 간이 되고 손이 변하여 태가 되어 함괘와 항괘를 앞에 두고 기제괘와 미제괘로 끝마쳤으니 〈선천도〉의 사유의 괘와 합치된다. 그리고 감과 이가 사귀는지 사귀지 않는지를 또한 볼 수 있으므로 복희의 〈선천도〉의 큰 뜻은 문왕이 괘를 차례를 매긴 수미의 가운데 갖추어져 있음을 볼 수 있다. 이 같은 것이 어찌 죽간이 무겁고 크기 때문이겠는가.〔雙湖胡氏曰: 按晁氏以道謂古者, 竹簡重大, 以經爲二篇, 本義從之. 然經分上下, 誠有至理. 上下經, 雖有三十卦三十四卦之不同, 以反對計之, 各十八卦, 一也. 上經反對五十二陽爻五十六陰爻, 下經反對五十六陽爻五十二陰爻, 二也. 上經以四正卦爲主, 首乾坤而終坎離, 與先天圖南北東西四方卦合. 下經以二變卦爲主, 震變爲艮, 巽變爲兌, 首咸恒而終旣未濟, 與先天圖四維之卦合, 而坎離之交不交, 亦可見, 伏羲先天一圖大旨, 備見於文王序卦首尾中, 三也. 若是者, 豈以竹簡重大之故耶?〕"라고 하였다.

이 없다는 설[7]과 같은 것에서 모두 볼 수 있다.- 어찌 몰랐겠는가. 대개 본래 간질이 무겁고 크기 때문에 상하로 나누었지만 상하로 나눌 때에는 또 도리어 정밀하고 오묘한 뜻이 절로 있었다고 반드시 말한 것이고, 애당초 전혀 의미 없이 단지 가볍고 편리한 것만을 취했다고 말한 것은 아니다. 다만 경을 나눈 것은 본래 문왕에게서 시작되었다. 문왕이 당시에는 단지 괘사(卦辭)만을 연역하였으니 상경과 하경을 합쳐도 오히려 효사(爻辭)까지 함께 수록한 지금 경문의 한 편보다 양이 적었다. 그렇다면 당시의 간질을 어찌 무겁고 크다고 할 수 있겠는가. 대체로 호씨는 죽간이 무겁고 크기 때문에 경을 나누었다

6 상경은……설 : 《주자어류(朱子語類)》 권77 〈서괘(序卦)〉에 나온다.

7 괘의……설 : 《주역》 〈서괘전(序卦傳)〉의 소주에 "혹자가 묻기를 '상경은 30괘이고 하경은 34괘이니 괘의 수가 많고 적음이 균등하지 않은 것은 어째서인가?'라고 하니, 대답하기를 '괘에는 정대가 있고 반대가 있으니, 건괘, 곤괘, 감괘, 이괘, 이괘, 대과괘, 중부괘, 소과괘 8괘가 정대이다. 정대는 변하지 않기 때문에 뒤집어 보면 단지 8괘가 될 뿐이다. 그 나머지 56괘는 반대이다. 반대는 모두 변하기 때문에 뒤집어 보면 모두 28괘가 된다. 정대괘와 반대괘를 합한 것으로 보면 총수는 36괘가 된다. 상경에서 변하지 않는 괘는 모두 6개로 건괘, 곤괘, 감괘, 이괘, 이괘, 대과괘이다. 둔괘와 몽괘로부터 이하 24괘를 뒤집어 보면 12개가 되니 12개에 변하지 않는 6개를 더하면 18개이다. 하경에 있는 변하지 않는 괘는 모두 2개로 중부괘, 소과괘이다. 함괘와 항괘 두 괘로부터 뒤집어 보면 16개가 되니 16개에 변하지 않는 2개를 더하면 또한 18개이다. 그러므로 괘의 수가 많고 적음은 일찍이 균등하지 않은 적이 없었다.'라고 하였다.〔或問: 上經三十卦, 下經三十四卦, 多寡不均, 何也? 曰: 卦有正對, 有反對. 乾、坤、坎、離、頤、大過、中孚、小過八卦正對也. 正對不變, 故反覆觀之, 止成八卦. 其餘五十六卦反對也. 反對者皆變, 故反覆觀之, 共二十八卦. 以正對卦合反對卦觀之, 總而爲三十六卦. 其上經不變卦, 凡六, 乾坤坎離頤大過是也. 自屯蒙而下二十四卦 反之, 則爲十二, 以十二而加六, 則十八也. 其在下經不變卦, 凡二, 中孚小過是也. 自咸恒二卦反之, 則爲十六, 以十六而加二, 亦十八也. 其多寡之數, 未嘗不均也.〕"라고 하였다.

는 설을 의심한 것이 아니고, 《본의》에서 경을 나눈 데에는 이치가 있음을 살피지 않았음을 의심한 것이다. 지금 살펴보면 경을 나눈 뒤 상고할 만한 이치를 주자가 또한 누누이 말하였으니 실로 살피지 않았다고 의심할 수 없다. 다만 죽간이 크고 무거웠기 때문에 경을 나누었다는 설만은 실제가 아닐 뿐이다. 또한 간질을 간편하게 만들기 위해 나눈 것이 아니라면 반드시 이렇게 나눈 이유가 따로 있을 것이다. 호씨가 논한 바는 사실에 가깝지 않고, 또한 단지 경을 나눈 뒤의 정황에 근거하여 경을 나눈 이치를 추론하여 말했을 뿐인 듯하니, 도리어 처음 경을 나누어 상하로 만든 이유는 필시 볼 수 없다. 모르겠지만 어떻게 생각하는가?

〔답〕 조씨(晁氏)가 이미 "후인이 상경과 하경에 대해 분별을 함부로 한다."라고 하였으니[8] 이는 경을 나눈 이치를 전혀 살피지 못한 것이다. 이미 경을 나눈 이치를 살피지 못했다면 간질이 무겁고 크기 때문에

8 조씨(晁氏)가……하였으니 : 소주에 동래 여씨(東萊呂氏)가 한나라 《예문지(藝文志)》와 《춘추》 등에 수록된 《주역》에 관련된 이야기를 언급하면서 본래 상편과 하편이 나누어진 것은 문왕 때부터 이루어진 것임을 극력 주장하고 조씨를 비판한 내용이 수록되어 있는데, 일부를 소개하면 다음과 같다. "《주역》〈계사전 상(繫辭傳上)〉에 '상하 두 편의 책수가 1만 1520이다.'라고 하였으니 이른바 두 편이라는 것은 곧 상하 두 편을 말한 것이다. 그렇다면 공자 당시에 《역》은 실로 상경과 하경으로 나누어져 있었다. 이로써 고찰해 보면 《역경》이 상하로 나누어진 것은 반드시 문왕이 《주역》을 만들 때에 시작된 것이다. 그런데 근세에 조씨가 옛 《주역》을 편집하여 합쳐 한 편으로 만들고는 '후인들이 상경과 하경에 대한 분별을 함부로 하니 어찌면 그리도 자세하게 살피지 못한 것인가.'라고 하였다.〔繫辭上傳曰: 二篇之策萬有一千五百二十, 所謂二篇, 則上下二篇也. 然則孔子時, 易固分上下經矣. 以此考之, 易經之分上下, 必始於文王作周易之時. 近世晁氏編古周易, 乃合而爲一, 且謂後人妄有上下經之辨, 何其考之不詳哉?〕"

나누었다는 이유 외에는 달리 나눌 만한 일이 없으니 그의 설이 이와 같은 것은 당연하다. 또한 이미 후인들이 상경과 하경에 대한 변설을 함부로 한다고 말하였다면 이는 괘사, 효사, 단사(彖辭)가 이미 구비된 뒤에 말한 것일 뿐이니, 그가 간질이 무겁고 크기 때문에 나눈 것이라 말하는 것은 또한 당연하다. 주자는 경을 나눈 것은 이치가 있다는 것을 이미 알고 있었음에도 도리어 소략하고 제대로 상고하지 못한 조씨의 설을 인용한 것은 실로 의심스러운 듯하다. 경을 나눈 것은 문왕에게서 시작되었다는 것은 비록 주자의 정론(定論)에서는 볼 수 없지만 유자들이 대개 많이 언급하였으니, 대개 문왕이 《역》을 연역할 때에 반드시 그 차례를 둔 것이다. 공자의 〈서괘전(序卦傳)〉은 바로 괘를 차례를 매긴 뜻을 발명한 것이니, 그렇다면 괘를 차례를 매긴 것은 실로 문왕에게서 나온 것이다. 문왕이 괘를 차례를 매길 때에 건괘(乾卦)와 곤괘(坤卦)로 시작하고 감괘(坎卦)와 이괘(離卦)를 가운데에 두었고, 또 함괘(咸卦)와 항괘(恒卦)로 감괘와 이괘를 잇게 하고 미제괘(未濟卦)와 기제괘(旣濟卦)로 끝마쳤다. 그렇다면 이는 그 사이에 절로 나눈 경계가 본래 존재하고 한 덩어리로 구분이 없었던 것이 아니니, 경을 나눈 것은 또한 문왕에게서 나온 것이다. 문왕 때에는 단지 괘사만 있었으니, 그 당시에 간질이 크고 무겁다고 말할 수 없는 것은 확실하다. 또한 문왕이 괘를 차례를 매기고 경을 나눈 것은 반드시 괘사를 달기 전에 이미 정하였을 것이니, 실로 간질이 크고 무거울 리가 없다. 비록 혹 이미 괘사를 달고 난 뒤에 정했다 하더라도 간질이 오히려 크고 무겁다 말할 수 없다. 경을 나눈 것은 간질이 크고 무거웠기 때문이라고 말한 것은 끝내 《본의》가 구설(舊說)을 인습하여 우연히 점검을 잘못한 것인 듯하다. 경을 나눈 이유와 같은 경우

지금 억측하여 결단할 수는 없으니, 뜻을 가지고 추론해 보면 다음과 같다. 역의 상수(象數)는 본래 양의(兩儀)에서 생겨났다. 상수일 뿐만 아니라 이치도 짝이 없지 않으니, 체(體)와 용(用), 현(顯)과 미(微) 등도 둘 아님이 없다. 대저 양의로부터 배로 증가하여 4가 되고 8이 되어 64에 이르니, 그렇다면 64괘가 비록 많지만 실제는 하나의 음양(陰陽)일 뿐이다. 지금 복희(伏羲)의 〈중괘도(重卦圖)〉[9]를 보면 절로 분명하니, 이 때문에 소자(邵子 소옹(邵雍))가 〈선천도(先天圖)〉의 경우도 구괘(姤卦)와 복괘(復卦)로 큰 구분을 삼았고, 무극(無極) 이전에는 음이 양을 포함하였고 상(象)이 있은 뒤에는 양이 음과 나누어졌다는 설을 미루어 말한 것이니, 나누어짐을 완미한 것 아님이 없다.[10] 문왕의 역은 그 차례가 비록 〈선천도〉와 차이가 있지만 나누고 짝을 지운 것이 없을 수 없으니, 그렇다면 〈선천도〉와 똑같은 이치이다. 이것이 경을 나눈 이유일 것이다. 대체로 역은 필경 짝을 이루는 물건

9 중괘도(重卦圖) : 중괘는 8괘를 거듭해서 이룬 64괘를 말한다. 즉 〈중괘도〉는 복희씨가 처음 64괘를 만들어 배열한 〈복희육십사괘방위지도(伏羲六十四卦方位之圖)〉를 가리킨다.

10 소자(邵子)가……없다 : 이 부분은 〈역본의도(易本義圖)〉에서 〈복희육십사괘방위지도〉에 대한 소옹의 설을 발췌한 것이다. 이 부분에 대한 소옹의 설은 다음과 같다. "무극 이전에는 음이 양을 포함하였고 상이 있은 뒤에는 양이 음과 나누어졌다. 음은 양의 어머니가 되고 양은 음의 아버지가 된다. 그러므로 어머니가 장남을 잉태하여 복괘가 되고 아버지가 장녀를 낳아 구괘가 되었다. 이 때문에 양은 복괘에서 일어나고 음은 구괘에서 일어나는 것이다. 복괘로부터 건괘까지는 모두 112양이고 구괘로부터 곤괘까지는 모두 80양이며 구괘로부터 곤괘까지는 모두 112음이고 복괘로부터 건괘까지는 모두 80음이다.〔無極之前, 陰含陽也; 有象之後, 陽分陰也. 陰爲陽之母, 陽爲陰之父. 故母孕長男而爲復, 父生長女而爲姤. 是以陽起於復而陰起於姤也. 復至乾, 凡百一十有二陽, 姤至坤, 凡八十陽; 姤至坤, 凡百一十有二陰, 復至乾, 凡八十陰.〕"

이기 때문에 작게는 하나의 효(爻)와 하나의 괘(卦)가 왕래하고 반대함에 둘 아님이 없으니, 그렇다면 64괘 또한 어찌 구분 없이 곧장 혼연히 하나이겠는가.

〔문〕 임천 오씨(臨川吳氏)가 "문왕이 팔괘의 이름을 연역하여 64개로 만들었다."라고 하였는데, 아래 《본의》의 내용과 같지 않은 것은 어째서인가?[11]

〔답〕 〈대전(大傳)〉에는 "포희가 팔괘를 그렸다.〔庖羲畫八卦〕"라고만 말하였고,[12] 괘를 겹쳐 64괘를 만든 것에 대해서는 경문(經文)과 전문(傳文)에 모두 분명하게 서술한 글이 없는데, 오직 《주례(周禮)》에만 "괘를 분별한 수는 64개이다."라는 글이 있다.[13] 주자가 이 구를 인용하

11 본의의……어째서인가 : 주희가 "경문은 복희가 그은 괘와 문왕과 주공의 말이다.〔經則伏羲之畫、文王周公之辭也.〕"라고 한 말을 가리킨다. 여기서는 오씨가 문왕이 64괘를 만들었다고 말한 반면 주희는 복희가 64괘를 만들었다고 보았으므로 이렇게 질문한 것이다.

12 대전(大傳)에는……말하였고 : 〈대전〉은 《주역》의 〈계사전(繫辭傳)〉을 지칭하는 말이다. 《주역》 〈계사전 하(繫辭傳下)〉에 "옛날 포희씨가 천하에 왕 노릇 할 때에 위로 하늘의 상을 관찰하고 아래로 땅의 법을 관찰하며, 새와 짐승의 문과 천지의 마땅함을 관찰하며, 가까이는 자신에게서 취하고 멀리는 물건에서 취하여, 이에 비로소 팔괘를 만들어 신명의 덕을 통하고 만물의 정을 분류하였다.〔古者包犧氏之王天下也, 仰則觀象於天, 俯則觀法於地, 觀鳥獸之文與天地之宜, 近取諸身, 遠取諸物. 於是始作八卦, 以通神明之德, 以類萬物之情.〕"라고 하였다.

13 주례(周禮)에만……있다 : 《주례》 〈춘관종백(春官宗伯) 태복(太卜)〉에 "《연산역》, 《귀장역》, 《주역》의 경전의 괘는 모두 8개이고 괘를 구별한 수는 모두 64개이다.〔一曰連山, 二曰歸藏, 三曰周易, 其經卦皆八, 其別皆六十有四.〕"라고 하였다. 여기서 8개는 건(乾), 곤(坤), 진(震), 손(巽), 감(坎), 이(離), 간(艮), 태(兌)를 말한다.

고는 "곧 문왕이 괘를 겹쳐 64괘를 만든 것이 아님을 볼 수 있다.〔便見不是文王重〕"라고 하였다.[14] 이미 괘가 있으니 곧 당연히 이름이 있어야 한다. 그러므로 혹 '건(乾)' 자를 복희의 글이라고 하고 '원(元)·형(亨)·이(利)·정(貞)'을 문왕의 글이라고 한 사람이 있었으니, 주자가 이 말을 옳다고 여겼다.[15] 그렇다면 문왕이 팔괘를 연역했다고 말한 것은 상고할 수 없다. 응당 《본의》의 설을 따르는 것이 옳다.

건은 원, 형, 이, 정하니라〔乾 元亨利貞〕

《정전》에 대하여

〔문〕 강절(康節 소옹(邵雍))의 선천학(先天學)에 대하여 이천(伊川)이 일찍이 강론하지 않았기 때문에 괘를 그리고〔畫卦〕 괘를 중첩〔重

번역문에 원문에 없는 내용이 수록되어 있는데, 이는 원문대로 해석할 경우 이해할 수 없기 때문에 주석을 참고하여 보충하여 해석한 것이다.

14 주자가……하였다 : 소주에서 혹자가 64괘를 만든 것이 복희인지 문왕인지에 대해 질문하였는데 주희가 답하기를 "《주례》와 세 《역경》의 괘는 모두 8개이고, 그 나머지는 모두 64개이니, 곧 문왕이 괘를 겹쳐 64괘를 만든 것이 아님을 볼 수 있다.〔周禮三易經卦皆八, 其別皆六十有四, 便見不是文王重.〕"라고 한 데서 온 말이다.

15 건(乾)……여겼다 : 소주에 "'건 자는 복희의 글이고, 원형이정은 문왕의 글이라는 것은 진실로 옳습니다. 다만 「호랑이의 꼬리를 밟다.」와 「사람과 함께하되 들에서 함이니 형통하다.」와 같은 것들은 누구의 글인지 모르겠습니다.'라고 질문하자 주희가 '이는 아마도 글자를 빠뜨렸거나 혹은 위의 글자와 연결하여 말한 것 같지만, 모두 고증할 수 없다.' 하였다.〔問: 以乾字爲伏羲之文, 元亨利貞爲文王之文, 固是. 不知履虎尾、同人于野亨之類又何如? 曰: 此恐是少了字, 或是就上字立辭, 皆不可攷.〕"라고 하였다. 여기서 질문한 사람은 《주자어류》를 참고해 보면 황간(黃榦)이다. 건 자는 복희의 글이고 원형이정은 문왕의 글이라는 말에 대해 주희가 별다른 말을 하지 않았기 때문에 창계는 이 말을 주희가 수긍한 것이라 생각한 듯하다.

卦〕하는 것에 대한 설명이 이처럼 소략함을 면치 못하였다. 만약 《본의》가 뒤이어 지어지지 않았다면 《역》을 배우는 사람 중에 《역》의 원리를 아는 자는 거의 없었을 것이다. 이는 이미 그렇지만 그 아래에 곧장 천(天)을 건(乾)으로 해석한 것은 차례와 조리가 또한 분명하지 않은 듯하다. 대개 건은 단지 순양(純陽)의 괘 이름이고, 건(健)은 그 뜻이며 천은 바로 그 상(象)이다. "건을 거듭한 것이 건괘이다.〔重乾爲乾〕"라고 말한 아래에 응당 건은 굳셈〔健〕이라는 뜻으로 곧장 풀이하고 계속해서 그 상이 하늘이 된다고 말한 뒤에 건의 성정(性情)과 형체(形體)에 대해 전적으로 말하고 분류해서 말한 설을 차례로 언급해야만 바야흐로 그 차례를 얻을 수 있는데, 지금 이와 같이 해석한 것은 어째서인가? 또한 "건은 만물의 시초이다.〔乾者 萬物之始〕"라고 말한 아래에 "천이 되고 양이 되고 군이 되고 부가 된다.〔爲天爲陽爲君爲父〕"라고 나열하여 말하였다. 대저 건이 하늘이 된다는 것은 바로 상에서 취한 확정된 명칭인데, 이런 뜻은 실로 말 속에 포함되어 있고 위에서 이미 '건은 하늘이다.'라고 말하였으니, 말하지 않아도 알 수 있다. 그러니 건이 양과 군과 부가 된다는 말은 이곳에 나열하여 말할 필요가 없을 듯하다. 또한 "이는 정고함을 주장한다.〔利主於正固〕"라고 하였는데, '이'와 '정(貞)' 두 글자를 해석한 것인 듯하니, 모두 이해하지 못할 점이다.

《본의》의 "점을 쳐서 이 괘를 얻고 육효가 모두 변하지 않은 경우〔於筮得此卦而六爻皆不變者〕"에 대하여

〔문〕 문왕(文王)이 역을 연역할 때에는 단지 괘 아래에 단사(彖辭)만 달았으니, 당시에 육효(六爻)에 대한 효사(爻辭)가 있었던 것은

아니다. 변화를 고찰하고 점을 살피는 것은 반드시 모두 단사에서 결정하였으니, 어찌 다만 육효가 변하지 않는 것만을 비로소 괘의 단사로 사용하였겠는가. 이와 같다면 육효가 변하는 경우 모두 점을 상고할 수 없고, 오직 육효가 모두 변하지 않은 뒤라야 상고할 바가 있게 되니, 괘의 단사의 활용도가 또한 너무 적고 편중된 것이 아니겠는가. 만약 후래의 변화를 살피는 법을 분명하게 말하려고 했다면 별도로 몇 마디 말을 해야만 명쾌하고 순하게 될 것이니, 문왕을 잘못 연결해 말해서는 안 될 듯하다.[16]

소주 정자(程子)의 설 제2조는 "건과 곤이 무너지면 역을 볼 수 없지만 반드시 뜻으로 밝혀야 한다.〔乾坤毁 則無以見易 須以意明之〕"[17]이다.

16 문왕을……듯하다 : 《본의》에 "원형이정은 문왕이 붙인 말로 한 괘의 길흉을 결단한 것이니, 이른바 단사라는 것이다.……문왕은 건도가 크게 형통하고 지극히 바르다고 생각하였다. 그러므로 점을 쳐서 이 괘를 얻고 육효가 모두 변하지 않은 경우에는 그 점이 마땅히 대통함을 얻고 반드시 이로움이 정고함에 있다고 말하였으니, 이렇게 한 뒤에야 그 종을 보존할 수 있는 것이다.〔元亨利貞, 文王所繫之辭, 以斷一卦之吉凶, 所謂彖辭者也.……文王以爲乾道大通而至正, 故於筮, 得此卦而六爻皆不變者, 言其占當得大通而必利在正固, 然後可以保其終也.〕"라고 하였다. 여기서는 창계가 문왕이 지은 괘사에 대해 이야기를 하면서 육효의 변화에 대해 논한 주희의 설은 모순이 있음을 지적한 것이다.

17 건(乾)과……한다 : "건과 곤이 무너지면 역을 볼 수 없다.〔乾坤毁, 則無以見易.〕"라는 말은 《주역》〈계사전 상(繫辭傳上)〉 12장에 나오는 말인데, 이해를 돕기 위해 전문을 소개한다. "건과 곤은 그 역에 쌓여 있는 진리일 것이다. 건과 곤이 열을 이루매 역이 그 가운데 서 있으니, 건과 곤이 무너지면 역을 볼 수 없고, 역을 볼 수 없으면 건과 곤이 혹 거의 종식될 것이다.〔乾坤, 其易之縕耶! 乾坤成列, 而易立乎其中矣, 乾坤毁, 則无以見易, 易不可見, 則乾坤或幾乎息矣.〕" 여기에 대해 《본의》에서는 다음과 같

이는 건과 곤은 역의 문호(門戶)가 되니, 무너지면 거의 역을 볼 수 없으나 오히려 뜻으로 밝혀야 한다고 말한 것이다. 대개 건과 곤이 베풀어지거나 무너지거나 간에 형체가 없는 역은 그대로 있기 때문이다.

"그러나 근본을 미루어 말하면 만물의 부모에 해당한다."라고 한 장자(張子)의 설[18]은 건(乾)의 사덕(四德)은 만물의 시종(始終)이므로 처음에는 사물이 이와 함께 시작되고 끝에는 사물이 이와 함께 끝나니, 애당초 선후로 구분할 수 없다. 그러나 근본을 미루어 말하면 사덕은 실로 만물의 부모가 되어야 한다고 말한 것이다. 이는 아래에 주자가 "이(理)는 곧 기(氣) 가운데에 있으니, 이 둘은 곧 서로 떨어질 수 없다. 이와 같이 말할 때에는 저것이 기의 사덕과 관계되지 않는다."라고 말한 뜻[19]과 서로 비슷하다. 다만 주자의 설 중에 또다시 요컨대 기의 측면에

이 풀이하였다. "온은 싸고 있는 것이니, 옷의 솜과 같다. 역에 들어 있는 것은 음과 양일 뿐이니, 무릇 양은 모두 건이고 무릇 음은 모두 곤이다. 괘를 그어 자리를 정하면 건과 곤 두 가지가 열을 이루어 역의 체가 확립된다. 건과 곤이 무너진다는 것은 괘획이 서지 못함을 이르고, 건과 곤이 종식된다는 것은 변화가 행해지지 못함을 이른다.〔縕, 所包蓄者, 猶衣之著也. 易之所有, 陰陽而已, 凡陽, 皆乾; 凡陰, 皆坤. 畫卦定位, 則二者成列而易之體立矣. 乾坤毁, 謂卦畫不立; 乾坤息, 謂變化不行.〕"

18 그러나……설 : 장자의 설 중에 일부만을 발췌한 것으로 전문은 다음과 같다. "건의 사덕은 만물의 시종이지만 맞이해도 처음을 볼 수 없고 따라가도 그 끝을 볼 수 없다. 그러나 근본을 미루어 말하면 만물의 부모에 해당한다.〔乾之四德, 終始萬物, 迎之不見其首, 隨之不見其後, 然推本而言, 當父母萬物.〕"

19 주자가……뜻 : 소주에 장자의 설 뒤에 주희의 설이 수록되어 있는데, 주희의 설은 다음과 같다. "원, 형, 이, 정은 이이고 이 사단을 있게 하는 것은 기이다. 이 사단이

나아가 보아야 한다는 말이 있으니, 그 아래에 한 번 바꾸어 설명한 것을 가지고 이와 비교해 보면 대개 의미가 두루 구비되어 완전하다.

《본의》에 대하여

〔문〕 원(元), 형(亨), 이(利), 정(貞)은 《정전》에서는 사덕으로 말하였고, 《본의》에서는 크게 형통하고 정고(正固)함에 이롭다고 말하였다. 《본의》의 말이 공자와 정자의 말과 다른 것은 어째서인가?

〔답〕 《본의》는 문왕의 본래 뜻으로 64괘의 단사(彖辭)를 말한 것이다. 비록 뜻을 취한 것이 각각 다르고 장황함과 간략함이 다르지만 대개 모두 길흉(吉凶)과 형린(亨吝)의 말이 있으니 이와 같이 하지 않으면 그 점(占)을 상고할 수 없다. 모든 괘가 다 그러하니, 유독 건괘(乾卦)에 대해서만 하늘의 사덕만을 전적으로 말하고 가타부타 하는 점사가 없지 않다는 것이 분명하다. 《본의》의 말은 문왕의 뜻이다.

〔문〕 그렇다면 공자는 어찌 문왕의 뜻을 알지 못하고서 이에 사덕으로 말한 것인가?

〔답〕 이는 주자가 이른바 "각각 한 가지의 이(理)를 발명한 것이다."[20]

있으면 이가 곧 기 가운데에 있으니 두 개는 곧 서로 떨어질 수 없다. 이와 같이 말할 때에는 저것이 기의 사덕에 전혀 관계되지 않으니, 요컨대 기의 측면으로 보아야 된다. 이 기가 있으면 이는 곧 구비된다. 이 때문에 이천이 단지 이렇게만 말한 것이니 곧 사물 안의 이면에 곧 이가 있음을 볼 수 있다.〔元亨利貞, 理也; 有這四段, 氣也. 有這四段, 理便在氣中, 兩箇便不相離. 若是說時, 則有那未涉於氣底四德, 要就氣上看也得. 有是氣, 則理便具, 所以伊川只恁地說, 便可見得物裏面便有這理.〕"

20 각각……것이다 : 소주에 주희가 "원, 형, 이, 정 네 글자에 대한 문왕의 본래 뜻은

라고 한 것과 방교봉(方蛟峯 방봉신(方逢辰))이 이른 바 "변례(變例)로 말한 것이다."라는 것[21]이니 자못 이미 그 뜻을 발명하였다. 대개 경문을 해석한 정례가 아니라 바로 후성(後聖)이 스스로 그 단사에 나아가 하나의 큰 도리를 미루어 낸 것일 뿐이니, 함께 권도에 참여할 수 있는 사람[22]이 아니면 쉽게 말할 수 없다.

초구는 잠겨 있는 용이니 쓰지 말아야 한다〔初九潛龍勿用〕

건과 곤에 있는 것이 다만 다른 괘들과 일반이라는 것인데, 공자가 〈단전〉과 〈문언전〉을 지은 데에 이르러 비로소 건과 곤을 사덕으로 삼았지만 다른 괘들은 본래 옛날 그대로 두었다. 그러니 두 성인의 뜻은 같지 않은 것이 아니고 대개 각각 하나의 이를 발명한 것일 뿐이다. 지금 학자들은 또한 마음을 비우고 완미하여 각각 본문의 뜻을 따르고 같지 않은 부분이 본래 서로 문제가 되지 않는다는 것을 체득하고 이해해야만 하고, 대번에 자신의 생각으로 멋대로 주장해서는 안 된다.〔元亨利貞四字, 文王本意在乾坤者, 只與諸卦一般. 至孔子作彖傳文言, 始以乾坤爲四德, 而諸卦自如其舊, 二聖人之意, 非有不同, 蓋各是發明一理耳. 今學者且當虛心玩味, 各隨本文之意, 而體會之其不同處自不相妨, 不可遽以己意橫作主張也.〕"라고 하였다.

21 방교봉(方蛟峯)이……것 : 소주에 수록된 교봉 방씨의 설은 다음과 같다. "원, 형, 이, 정이 건에 대하여 사덕이 된다는 것은 대개 6획이 순양이기 때문이다. 오직 하늘과 성인만이 여기에 해당하니, 본래 크고 본래 형통하고 본래 바르고 본래 이롭지 않은 바가 없으므로 경계의 말을 하지 않은 것이다. 그러니 다른 괘와는 비교할 것이 아니다. 그러므로 공자가 예를 바꾸어 사덕으로 해석한 것이다.〔元亨利貞, 在乾爲四德者, 蓋六畫純陽. 惟天惟聖人, 足以當之, 本大, 本通, 本貞, 本无所不利, 不用戒辭, 非他卦之比也. 故孔子變例, 以四德釋之.〕"

22 함께……사람 : 《논어》 〈자한(子罕)〉에서 공자(孔子)가 "더불어 함께 배울 수는 있어도 함께 도에 나아갈 수는 없으며, 함께 도에 나아갈 수는 있어도 함께 설 수는 없으며, 함께 설 수는 있어도 함께 권도에 참여할 수는 없다.〔可與共學, 未可與適道; 可與適道, 未可與立; 可與立, 未可與權.〕"라고 한 데서 온 말이다.

《정전》에 대하여

〔문〕 '이무형(理無形)'에서 '현의(顯義)'까지는 역(易) 중에 상(象)을 취한 뜻을 통틀어 말한 것이고, '건이룡(乾以龍)'에서 '진퇴(進退)'까지는 한 괘에서 상을 취한 뜻을 말한 것이고 '초구재일괘(初九在一卦)' 이하는 이 효(爻)에서 상을 취한 뜻을 전적으로 말한 것이다. 그렇다면 이 설은 미진한 바는 없는가?

〔답〕 역의 괘와 효가 이미 베풀어졌다면 상수(象數)와 사리(事理)가 모두 그 가운데에 있으니, 애당초 그 사이에 피차(彼此)나 주객(主客)은 없다. 지금 "이치는 형체가 없기 때문에 상을 빌려 뜻을 드러냈다."라고 하였으니, 도리어 괘와 효와 같은 것은 본래 이 이치를 밝히는 것을 위주로 한다. 그러나 이치를 밝히기는 어려우므로 도리어 저 상을 빌려 이 이치를 형용한 것인 듯하니, 이와 같다면 피차와 주객이 있게 되는 것이다. 또한 한 사물을 취하여 상으로 삼았지만 무릇 천하의 만물은 모두 비슷한 종류로 서로 붙일 수 있어서 통하지 않는 바가 없으니, 또한 의도를 가지고 일부러 서로 붙인 것은 아니다. 하나의 상을 게시함에 만상(萬像)의 이치가 빼곡히 갖추어져 있으니 또한 피차와 주객은 없다. 지금 "양기(陽氣)의 소식(消息)과 성인의 진퇴를 형상하였다."라고 말하였으니 또한 구애됨을 면치 못한다. 또한 초구(初九)를 가지고 사물을 시작하는 단서로 삼았으니 대개 윗글의 건(乾)이라는 것은 만물의 시작이라는 말을 이어서 말한 것인 듯하다. 그러나 이 효를 상고해 보면 별도로 사물을 시작하는 뜻이 있음을 볼 수 없고, 나머지 효를 추론하여 다시 설파해 나가지 않았으니 이런 것들은 모두 내가 이해하지 못할 바이다.

소주에 "역은 본래 복서(卜筮)로 인하여 상(象)이 있고, 상으로 인하여 점(占)이 있으니 점사(占辭) 가운데에 곧 도리가 있다."라는 주자의 설[23]은 역에 태극(太極)이 있다는 설과 너무나 다르다. 대개 역에 태극이 있다는 것은 역이 말미암아 일어난 바를 말한 것이다. 이(理)가 있음으로 인하여 음양(陰陽)이 있고, 음양이 있음으로 인하여 괘가 그려짐이 있고, 괘가 그려짐이 있은 뒤에 말하고 동(動)하며 기물을 만들고 복서(卜筮)하는 자가 모두 상고할 바가 있게 된 것이니,[24] 이는 그 근본을 좇아 말한 것이다. 말하고 동하며 기물을 만들고 복서하는 것을 가지고 말해 보면 말하고 동하며 기물을 만드는 것은 비록 《역》이 없더라도 오히려 다른 책에서 상고하여 할 수 있지만 오직 복서하는 자는 《역》이 아니면 복서할 수 없다. 그러므로 《역》의 쓰임은 오직 복서에 가장 절실하다. 그러니 성인이 역을 만든 정밀한 뜻은 중요시한 것이 더욱 복서에 있다는 것을 알 수 있다. 그러므로 역은 본래 복서로 인하여 상이 있고 점이 있고 도리가 있다고 말한 것이니, 이는 쓰임을

23 소주에……설 : 소주의 주희 설은 다음과 같다. "이는 효의 상을 추론하여 설명한 뜻이고 본래의 뜻이 아니다. 《역》을 읽을 때에 만약 본래의 뜻을 통달한 뒤라면 곧 완전히 도리를 이야기할 수 있다. '본래의 뜻이란 무엇을 말하는 것입니까?'라고 묻자 대답하기를 '역은 본래 복서로 인하여 상이 있고, 상으로 인하여 점이 있으니 점사 가운데 곧 도리가 있다.' 하였다.〔此是推說爻象之意, 非本指也. 讀易, 若通得本指後, 便儘有道理可說. 問何謂本指, 曰: 易本因卜筮而有象, 因象而有占, 占辭中便有道理.〕"

24 말하고……것이니 : 《주역》 〈계사전 상(繫辭傳上)〉에 "역에 성인의 도가 네 가지 있으니, 역으로써 말하는 자는 그 말을 숭상하고, 동하는 자는 그 변을 숭상하고, 기물을 만드는 자는 그 상을 숭상하고, 복서하는 자는 그 점을 숭상한다.〔易有聖人之道四焉. 以言者, 尙其辭; 以動者, 尙其變; 以制器者, 尙其象; 以卜筮者, 尙其占.〕"라고 한 데서 온 말이다.

위주로 말한 것이므로 두 가지의 뜻이 어그러짐 없이 병행된다. 혹자가 말하기를 "본래 복서로 인하여 상이 있다는 것은 대개 복서로 인하여 시초(蓍草)를 세어 괘를 그린 뒤라야 상과 점과 도리가 있게 됨을 말한 것이고, 역을 만들 때에 본래 복서로 인하여 괘와 상이 있게 된 것이라 말한 것은 아니다."라고 하니, 혹자의 설도 역시 통한다. 다만 주자의 설은 그 뜻이 반드시 그렇지는 않은 듯하다.

《본의》의 "양의 수는 구는 노가 되고 칠은 소가 되는데, 노양은 변하지만 소양은 변하지 않는다. 그러므로 양효를 일러 구라고 한다.〔陽數九爲老七爲少 老變而少不變 故謂陽爻爲九〕"에 대하여

〔문〕 모든 효(爻)는 반드시 그 변수(變數)를 취하여 이름으로 삼는다는 것은 무슨 의미인가?

〔답〕《본의》에 근거해 보면 복서하는 법은 구를 사용하고 칠을 사용하지 않는다는 뜻인 듯하다. 대개 복서하여 양효를 얻은 자는 모두 노양(老陽)을 쓰고 소양(少陽)을 쓰지 않으니 이른바 "동하면 그 변화를 살핀다."[25]라는 것이 그런 것이다. 《본의》에서는 《역》은 본래 복서를 위한 것이라고 전제하였다. 그러므로 "양효를 일러 구라고 한다."라고 이어 말한 것은 그 수의 변화를 취한 것이다. 다만 이 효로 말하면 서괘(筮卦)한 뒤에 노가 되고 소가 되니 예단할 수 없고, 점치는 법은

25 동하면……살핀다 : 《주역》〈계사전 상〉에 "군자는 거하면 그 상을 보고 그 말을 살피며, 동하면 그 변화함을 보고 그 점을 살핀다. 이 때문에 하늘로부터 도와주어 길하여 이롭지 않음이 없는 것이다.〔君子居則觀其象而玩其辭, 動則觀其變而玩其占, 是以自天祐之, 吉无不利.〕"라고 한 데서 온 말이다.

적음을 취하고 때로 변하지 않음을 점치는 경우가 있으니,[26] 또한 어찌 반드시 노양을 쓰고 소양을 쓰지 않는다고 말하여 무릇 매여 있는 양효가 모두 노양인 구라고 단정할 수 있겠는가. 또한 《주역》의 효사를 상고해 보면 양효는 양의 뜻으로 말하고 음효는 음의 뜻으로 말하여 애당초 양이 변하여 음이 되고 음이 변하여 양이 된다는 뜻을 말한 부분은 한 곳도 없다. 건괘(乾卦)로써 말하면 순양(純陽)의 괘이니 초양(初陽)이 변하여 음이 된다면 양이 지극하여 음이 생겨나는 뜻이 있으므로 구괘(姤卦 ䷫)의 상과 같다. 그리고 곤괘로 말하면 순음(純陰)의 괘이니 초음(初陰)이 변하여 양이 되면 음이 지극하여 양이 생겨나는 뜻이 있으므로 복괘(復卦 ䷗)의 상과 같다. 그러나 건괘의 초효는 단지 양이 잠겨 있는 상이 되지만 도리어 복괘의 '안정하여 미미한 양을 기르는 것이다.〔安靜以養微陽〕'의 뜻[27]과 같고, 곤괘의 초효는 단지 음이 생겨나는 상이 되지만 도리어 구괘의 '유가 강을 만난 것이다.〔柔遇剛〕'의 뜻[28]과 같으니, 과연 변화를 위주로 말하였다면 어찌 이와 같겠는가. 이는 이해할 수 없다. 《정전》에서 '양의 수가 성하다.〔陽數之盛〕'

26 점치는 법은……있으니 : 《주자어류》 권74에 주희가 "《역》은 본래 그 변화를 점치는 것인데, 만약 모두 변하였는데 단지 한 효만 변하지 않았다면 도리어 변하지 않은 것을 주로 삼는다. 혹은 모두 전혀 변하지 않았다면 변하지 않은 것이 또 도리어 변하게 된다.〔易自是占其變, 若都變了, 只一爻不變, 則反以不變者爲主. 或都全不變, 則不變者又反是變也.〕"라고 하였는데, 여기서 적음을 취한다는 것은 변하지 않은 한 효를 취한다는 말이다.

27 복괘의……뜻 : 복괘의 《본의》에 나오는 말이다.

28 구괘의……뜻 : 구괘의 《본의》에 "구는 만남이니, 유가 강을 만난 것이다.〔姤, 遇也, 柔遇剛也.〕"라고 하였다.

는 설[29]이 도리어 평온하여 본래의 뜻을 얻은 것이 아니겠는가?

소주에 주자가 "못에 잠겨 있는 용이니 쓰지 말아야 한다는 말은 단지 점치는 자를 경계한 말이다.〔潛龍勿用 只是戒占者之辭〕"라고 한 한 단락은 '쓰지 말아야 한다.〔勿用〕'와 '대인을 만나 봄이 이롭다.〔利見大人〕'와 같은 말들이 모두 점사(占辭)이니, 점을 치는 사람이 있은 뒤라야 점사를 쓸 수 있음을 말한 것이다. 초구(初九)와 구이(九二)와 같은 것은 단지 괘의 효 이름이므로 애당초 인사(人事)가 없으니, 저기에 또 어찌 쓰지 말아야 한다고 할 수 있으며, 어찌 대인을 만나 봄이 이롭다고 할 수 있겠는가. 말의 뜻은 이와 같더라도 다만 '잠룡(潛龍)'과 '현룡재전(見龍在田)'이라는 것은 바로 초구와 구이의 상(象)이니, 애당초 점치는 자를 경계한 말이 아니다. 지금 총괄해서 말해 보면 요컨대 큰 강령을 말한 것이다.

쌍호 호씨(雙湖胡氏 호일계(胡一桂))가 "여섯 효는 육룡(六龍)의 상을 취한 것이다."라고 한 것과 융산 이씨(隆山李氏 이순신(李舜臣))가 "여섯 효의 상은 모두 용에서 취하였다."라고 한 두 설은 구삼효(九三爻)에 이르러 모두 추론해 가지 않았다.[30] 《정전》에서 "건은 용을 상으로 삼았

29 정전에서……설 : 《정전》에 "아래에 있는 효를 초라 한다. 구는 양수가 성한 것이므로 양효라 이름하였다.〔下爻爲初. 九, 陽數之盛. 故以名陽爻.〕"라고 하였다.

30 쌍호 호씨(雙湖胡氏)가……않았다 : 소주에 호씨는 "건괘의 여섯 효는 육룡의 상을 취한 것이니, 실로 순양의 사물로 순양의 효를 형상한 것이다. 그러나 역시 이는 변화를 취한 것이다. 용이라는 물건은 신령하고 변화하여 측량할 수 없으니 커질 수도 작아질 수도 숨을 수도 드러날 수도 있다. 잠기면 연못에 들어가고 날면 하늘로 오르니

다.〔以龍爲象〕"라고 한 말과 함께 모두 의심스럽다. 다만 〈단전(彖傳)〉에서 또한 육룡으로 말하였으니[31] 이와 같이 말하는 것이 또한 무방한 것인가?

구이의 대인을 봄이 이롭다〔九二利見大人〕

〔문〕 '이견대인(利見大人)'의 뜻은 《정전》에서 말한 것이 절로 완전한데, 《본의》에서 또 그 사이에 나아가 빈주(賓主)를 바꾼 것은 무슨 뜻인가?[32] 또한 《정전》에서는 여러 효에 대해 반드시 성인을 붙여

또한 건이 순양괘가 되는 것과 같다.〔六爻取六龍象, 固以純陽之物而象純陽之爻, 然亦寔取其變也. 龍之爲物, 靈變不測, 能大能小能隱能見, 潛則入于淵, 飛則升於天, 亦猶乾爲純陽卦.〕"라고 하였고, 이씨는 "육효의 상을 모두 용에서 취한 것은 양의 체가 굳세기 때문이다. 잠, 현, 척, 약, 비, 항은 처음과 끝의 순서이며 변화의 자취이다.〔六爻之象, 皆取于龍者, 陽體之健. 其潛見惕躍飛亢者, 初終之序而變化之迹也.〕"라고 하였는데, 구삼효(九三爻)의 경우는 "구삼은 군자가 종일토록 힘쓰고 힘써 저녁까지도 두려워하면 위태로우나 허물이 없으리라.〔九三, 君子終日乾乾, 夕惕若, 厲, 无咎.〕"라고 하여 용을 상으로 삼지 않았는데, 두 사람의 설에는 이를 언급하지 않았기 때문에 창계가 이렇게 말한 것이다.

31 단전(彖傳)에서……말하였으니 : 〈단전〉에 "시작과 끝을 크게 밝히면 육위가 때로 이루어지나니, 때로 육룡을 타고서 하늘을 날아다닌다.〔大明終始, 六位時成, 時乘六龍, 以御天.〕"라고 하였다.

32 이견대인(利見大人)의……뜻인가 : 《정전》에서는 '현룡재전이견대인(見龍在田利見大人)'에 대하여 "전은 지상이니, 지상에 출현하여 그 덕이 이미 드러났으므로 성인으로 말한다면 순 임금이 농사짓고 고기 잡던 시기이다. 대덕의 군주를 만나 보아 도를 행함이 이롭고, 군주 또한 대덕의 신하를 만나 함께 공을 이룸이 이로우며, 천하는 대덕의 사람을 만나 혜택을 입음이 이로우니, 대덕의 군주는 구오이다.〔田, 地上也, 出見於地上, 其德已著, 以聖人言之, 舜之田漁時也. 利見大德之君, 以行其道; 君亦利見大德之臣, 以共成其功; 天下利見大德之人, 以被其澤, 大德之君, 九五也.〕"라고 하였

해석하였으니 실로 구애된 듯하고, 《본의》에서는 반드시 보통 사람을 위주로 하였으니 또한 근거 없는 설이 되지 않겠는가?

〔답〕 《정전》의 글은 이치를 미루어 지극한 데로 나아갔기 때문에 그 설이 실로 완전하고, 《본의》는 반드시 본래의 뜻을 궁구하였기 때문에 구이(九二)와 구오(九五) 효에 대하여 모두 점치는 사람이 용의 덕을 지닌 대인을 만나 보는 것이 이롭다고 한 것이다. 효사(爻辭)의 본래 뜻이 이와 같기 때문에 이미 이런 뜻을 먼저 말하고 계속해서 또 만약 점치는 자가 현룡(見龍)의 덕이 있다면 구오 즉 위에 있는 대인을 만나 보는 것이 이롭다고 말한 것이다. 그러니 《본의》의 말은 완전한 중에 주된 뜻이 더욱 분명하다. 다만 반드시 상인(常人)은 해당될 수 없기 때문에 다만 이 대인을 만나 봄이 이롭다고 말한 것이라면 도리어 이 효상(爻象)은 성인이 되고 점치는 자는 상인이 되는 듯하다. 그러므로

고, 《본의》에서는 "구이는 강건하고 중정하며 잠겨 있던 곳에서 나오고 숨어 있던 곳에서 떠나 혜택이 물건에 미치니, 물건이 만나 봄이 이롭다. 그러므로 그 상은 나타난 용이 밭에 있음이 되고, 그 점괘는 대인을 만나 봄이 이로운 것이다. 구이가 비록 지위를 얻지 못했으나 대인의 덕이 이미 드러났으니, 상인은 이에 해당될 수가 없다. 그러므로 이 효의 변함을 만난 자는 다만 이 대인을 만나 봄이 이로울 뿐이니, 또한 아래에 있는 대인을 이른다. 이는 효와 점치는 자를 서로 주빈으로 삼은 것이니, 따로 한 예가 된다. 만약 현룡의 덕이 있다면 구오, 즉 위에 있는 대인을 만나 봄이 이로울 것이다.〔九二, 剛健中正, 出潛離隱, 澤及於物, 物所利見. 故其象爲見龍在田, 其占爲利見大人. 九二雖未得位, 而大人之德已著, 常人不足以當之. 故値此爻之變者, 但爲利見此人而已, 蓋亦謂在下之大人也. 此以爻與占者, 相爲主賓, 自爲一例. 若有見龍之德, 則爲利見九五在上之大人矣.〕"라고 하였다. 《정전》에서는 점치는 사람이 바로 '현룡재전'하다고 말하였고, 《본의》에서는 '현룡재전'을 상으로 보고 '이견대인'을 점괘로 보아 점을 친 사람은 현룡재전한 대인을 보는 것이 이롭다고 설명하고 있기 때문에 빈주를 바꾸었다고 말한 것이다.

다만 이 대인을 만나 보면 이롭다는 점사(占辭)가 될 뿐이다.[33] 그러나 대저 점사의 설이 애당초 어찌 성인과 상인을 나누어 말하였겠는가. 다만 그 상이 이와 같다면 곧 만물이 함께 대덕(大德)을 본다는 뜻이 있다. 그러므로 점사가 그러할 뿐이다. 만약 반드시 상인은 해당될 수 없기 때문에 이에 점사가 이와 같다고 말한다면 이 또한 구애됨을 면치 못한 것이니, 의심스럽다.

소주에 주자가 "구이는 어떤 형적(形跡)이 있는데 무슨 이유로 대인을 만나 보게 하였는가?"라고 하였다.[34] 이 말의 뜻을 상세히 살펴보니, "대개 지난날 학자들은 모두 구오 즉 위에 있는 대인을 만나 보는 것이 이롭다고 생각하고 있었는데, 구이는 단지 효의 이름이므로 본래 형상이 없으니 어떻게 스스로 사람을 만나는 것을 알겠는가."라고 말한 것이다. 다만 이 설은 '대인을 만나 봄이 이롭다.'라는 말이 점치는 자에게 고해 주는 말임을 모르는 사람에게 베푸는 것이 옳다. 만약 이미 사람으로 말한 것이라면 위에 있는 대인을 보는 것과 아래에 있는 대인을 보는 것은 차이가 단지 피차(彼此)와 빈주(賓主)의 사이일 뿐이다.

33 다만……뿐이다 : 141쪽 주32 참조.

34 주자가……하였다 : 주희는 "건괘는 각각의 효를 모두 자신의 관점에서 말할 수 있지만, 오직 구이, 구오만은 자신의 관점으로 말할 수 없다. 두 번 언급되는 '대인을 봄이 이롭다.'에 대한 지난날 학자들의 학설은 모두 통하지 않는다. 구이에 어떤 형상이 있는데 무슨 이유로 사람들에게 대인을 만나 보게 하였는가? 내가 보기에 《역》은 본래 복서의 책이니, 점쳐서 구이를 얻으면 대인을 만나 보는 것이 이롭겠지만, 대인이 꼭 인군을 말하는 것은 아닐 것이다.〔乾卦, 他爻皆可作自家身上說, 惟九二九五要作自家說不得. 兩箇利見大人, 向來人都說不通. 九二有甚麽形影, 如何敎見大人? 某看來易本卜筮之書, 占得九二, 便可見大人, 大人不必說人君也.〕"라고 하였다.

어찌 위에 있는 대인을 보는 것은 구이가 능히 할 수 있는 바가 아니고, 아래에 있는 대인을 보는 것은 능히 할 수 있다고 말할 수 있겠는가.[35] '잠룡물용(潛龍勿用)'과 같은 경우 비록 점치는 사람이 스스로 해당되지만 어찌 초구(初九)가 스스로 쓰지 말아야 한다는 것을 알았다고 말할 수 있겠는가. 이미 '물용'이 점사(占辭)가 된다는 것을 알았다면 절로 막힘이 없을 것이다. 이 조목에서 논한 바는 또한 '만나 봄이 이롭다.'는 말은 점치는 사람에게 고해 주는 말이라는 의미를 모른다고 말했을 뿐이 아니겠는가.

구삼의 힘쓰고 힘써 두려워한다〔九三乾乾惕若〕

《정전》은 가장 구애되었고 자취가 있으며[36] 소주에 《정전》의 뜻을 옹호한 동래 여씨(東萊呂氏)의 설[37]은 공교하고 자세하지만 통하기 어렵

35 만약……있겠는가 : 141쪽 주32 참조.

36 정전은……있으며 : 《정전》에서는 "구삼은 비록 사람의 자리이나 이미 하체의 위에 있다. 아직 아래를 떠나지 않았으나 높게 드러난 자이니, 순 임금의 숨겨진 덕이 위로 올라가 알려진 때이다. 밤낮으로 게을리하지 않고 조심하고 두려워하면 비록 위태로운 곳에 처하더라도 허물이 없을 것이다. 아래에 있는 사람으로서 군주의 덕이 이미 드러나 천하가 장차 그에게 귀의하려 한다면 그 위태로움과 두려움을 알 수 있다. 비록 성인의 일을 말하였으나 만일 경계의 뜻을 베풀지 않는다면 어찌 가르침이 되겠는가. 이는 《역》을 지은 본의이다.〔三雖人位, 已在下體之上, 未離於下而尊顯者也, 舜之玄德升聞時也. 日夕不懈而兢惕, 則雖處危地, 而无咎. 在下之人而君德已著, 天下將歸之, 其危懼可知. 雖言聖人事, 苟不設戒, 則何以爲敎? 作易之義也.〕"라고 하였는데, 구애되었다는 말은 성인의 일로 단정하여 말하였기 때문이고, 자취가 있다는 말은 억지로 논리를 만들어 낸 흔적이 있다는 의미인 듯하다.

37 소주에……설 : 동래 여씨는 "《정전》을 읽는 사람은 대부분 성인은 경계를 기다릴 것도 없고 다만 중인을 경계하기 위하였기 때문에 가르침을 베푼 것이라고 생각한다.

다. 《정전》에서는 대개 이 괘(卦)를 모두 성인의 일로 여겼고, 이 효(爻)를 모두 경계를 베푼 말로 여겼다. 그러므로 그 의미를 미루어 말한 것이 이와 같다. 정론(定論)을 구하고자 한다면 주자가 이른 바 "애당초 성인(聖人)과 범인(凡人)의 구분이 없다. 다만 이 효를 만난다면 힘쓰고 두려워해야 한다."라는 것[38]이 바로 정론이다.

후재 풍씨(厚齋馮氏 풍의(馮椅))의 설은 "대인을 말한 것 외에는 단지 군자라고만 말하여 천하 사람으로 하여금 모두 면려하여 이르게 한 것이다."라고 하였다.[39] 건괘는 용을 상(象)으로 삼은 것이 다섯 개인

만약 이와 같이 본다면 단지 성인의 처신과 남을 가르치는 것이 두 개로 나누어지니, 《정전》의 뜻을 크게 잃은 것이다. 대개 《정전》의 말이 만약 성인은 가르침을 베풀 필요가 없다고 말한 것이라면 가르침이 될 수 없다. '설' 자는 '설관'의 '설' 자와 같고 '가설'의 '설' 자가 아니며, '교' 자는 '유교'의 '교' 자와 같고 '교인'의 '교' 자는 아니다.〔讀程傳者, 多謂聖人無待於戒, 只爲戒衆人, 故設教. 若如此看, 則是聖人處己教人分作兩段, 大失傳意. 蓋傳言若謂聖人不須設教, 則無以爲教. 設如設官之設, 非假設之設也; 教如儒教之教, 非教人之教也.〕"라고 하였다.

38 주자가……것 : 소주의 주자의 설을 요약한 것인데 전문은 다음과 같다. "《역》이라는 책은 폭넓고 구비되어 보통 사람도 모두 쓸 수 있으니, 애당초 성인과 범인의 구별이 없다. 다만 이 효에 해당하게 된다면 곧 힘쓰고 힘써 경계하고 두려워해야 한다.〔易之爲書, 廣大悉備, 常人皆可得而用, 初無聖凡之別. 但當著此爻, 便用兢兢戒惕.〕"

39 후재 풍씨(厚齋馮氏)의……하였다 : 후재 풍씨의 설은 다음과 같다. "건과 곤은 군신의 분수이고 성현의 덕이다. 그러나 건을 말할 때에 성인을 전적으로 말하지 않은 것은 경을 만들어 가르침을 세워 어리석은 지아비나 부인으로 하여금 모두 참여하여 알고 참여하여 행하게 한 것이다. 만약 전적으로 성인만을 말하였다면 천하 사람들의 바람이 끊어질 것이다. 그러므로 구이와 구오에서 대인을 말한 것 외에는 단지 군자라고만 말하여 천하에 아버지가 되고 지아비가 되고 아들이 된 자들로 하여금 모두 면려하여 이르게 한 것이다.〔乾坤, 君臣之分, 聖賢之德也. 然乾不專言聖人者, 作經立教, 使夫婦

다. 오직 구이(九二)와 구오(九五)만은 중정(中正)에 처해 있기 때문에 그 점이 크게 형통한 것이니, 나머지 효는 군자의 일을 말한 것이고 구이와 구오만이 성인의 일로 말한 것은 아니다. 풍씨의 설은 구애된 듯하다.

《본의》에 대하여

〔문〕 '척려(惕厲)'의 '여' 자는 효사(爻辭)의 "위태로우나 허물이 없으리라.〔厲無咎〕"의 '여'인가?[40]

〔답〕 아니다. 《본의》의 아랫글에 위태로운 자리에 처한 것이 바로 '여'이다.

구사의 혹 뛰어오르거나 연못에 있다〔九四或躍在淵〕

《정전》의 뜻은 대개 혹 뛰어오르거나 뛰어오르지 않거나 간에 모두 편안한 곳인 연못에 있다는 것을 말하였는데,[41] 《본의》에 이르러 비로

之愚, 皆可與知與行. 若專以聖人言之, 則天下之望絶矣. 故自二五大人之外, 止言君子, 使天下之爲父爲夫爲子者, 皆可勉而至也.〕"

40 척려(惕厲)의……여인가 : 《본의》의 내용은 다음과 같다. "구는 양효이고 삼은 양의 자리이니 거듭 강하고 중하지 못하며, 하괘의 위에 있으니 위태로운 자리이다. 그러나 성과 체가 강건하여 힘쓰고 힘써 두려워하고 위태롭게 여기는 상이 있으므로 그 점이 이와 같은 것이다. 군자는 점치는 자를 가리켜 말한 것이니, 근심하고 두려워하기를 이와 같이 하면 비록 위태로운 자리에 처하더라도 허물이 없음을 말한 것이다.〔九, 陽爻; 三, 陽位, 重剛不中, 居下之上, 乃危地也. 然性體剛健, 有能乾乾惕厲之象, 故其占如此. 君子, 指占者而言, 言能憂懼如是, 則雖處危地, 而无咎也.〕"

41 정전의……말하였는데 : 《정전》에서는 구사를 풀이하기를 "못은 용이 편히 여기는 곳이다. '혹' 자는 의문사이니, 반드시 하는 것이 아님을 이른다. 뛰어오르거나 뛰어오르

소 혹 뛰어오르거나 혹 연못에 있다는 뜻으로 풀이하였다.[42] 그런데 지금의 《언해》는 똑같이 해석하였으니,[43] 이를 자세히 살피지 않은 듯하다.

구오의 나는 용이 하늘에 있다〔九五飛龍在天〕

《본의》의 소주에 수록된 주자의 설[44]은 구이와 구오의 점사에 대해

지 않음을 오직 때에 미쳐서 편안한 곳으로 나아갈 뿐이다. 성인의 동함은 때에 맞지 않음이 없으니, 순 임금이 시험을 거칠 때이다.〔淵, 龍之所安也. 或, 疑辭, 謂非必也, 躍不躍, 唯及時以就安耳. 聖人之動, 无不時也, 舜之歷試時也.〕"라고 하였다.

42 본의에……풀이하였다 : 《본의》에서 구사를 풀이하기를 "구는 양이고 사는 음위이니, 상괘의 아래에 있어서 개혁의 즈음이요, 진퇴를 결정하지 못한 때이다. 그러므로 그 상이 이와 같으며, 점은 때에 따라 나아가고 물러나면 허물이 없는 것이다.〔九, 陽; 四, 陰, 居上之下, 改革之際, 進退未定之時也. 故其象如此, 其占, 能隨時進退則无咎也.〕"라고 하였다.

43 언해는 똑같이 해석하였으니 : 《주역언해》에는 《정전》에 대한 풀이로 "九四는 或躍거나 淵애 在하면 咎이 업스리라."라고 하였고, 《본의》에 대한 풀이로 "或躍거나 淵애 在홈이니"라고 하여 둘 다 똑같이 풀이하였기 때문에 이렇게 말한 것이다.

44 본의의……설 : 소주에 수록된 주희의 설은 다음과 같다. "구이와 구오 두 효는 응당 점치는 사람의 덕으로 관찰해야 한다. 만약 이미 구이의 덕을 가지고 점을 쳐 이 구이효를 얻었다면 구오에 있는 대덕을 지닌 군주를 만나 봄이 이롭고, 만약 구이의 덕이 없는 상인이 점을 쳐 얻었다면 다만 구이에 있는 대인을 만나 봄이 이로울 뿐이다. 이미 구오의 군주가 되어 구오의 덕을 소유하고서 점을 쳐 구오효를 얻는다면 구이에 있는 대덕을 지닌 사람을 만나 봄이 이롭고, 만약 구이에 있는 사람이 점을 쳐 얻는다면 이 구오에 있는 대덕의 사람을 만나 봄이 이로운 것이다. 따라서 각각 점치는 사람을 따라서 효와 점이 서로 빈주가 된다. 태조가 하루는 왕소소에게 묻기를 '건괘의 구오는 「나는 용이 하늘에 있으니 대인을 만나 봄이 이롭다.」이니 상인이 어찌 이 괘를 점쳐 얻을 수 있겠는가?'라고 하자 왕소소가 아뢰기를 '무슨 상관있겠습니까? 신들이 점을 쳐 얻는다면 폐하가 바로 비룡재천이고 신들은 이견대인이니 바로 폐하를 만나 봄이

완전하게 설명하였다. 이보다 앞선 몇 가지 주자의 설들은 모두 이 편이 완전하고 포괄적인 것만 못하니, 어쩌면 기록에 자세함과 간략함이 있었던 것인가.

상구(上九)

소주 이씨(李氏)의 설에 "건(乾)은 양의 물건〔物〕이다."라고 하였는데,[45] '물(物)' 자는 타당하지 않은 듯하다.

용구(用九)

《본의》에 대하여

〔문〕 점을 쳐 양효(陽爻)를 얻은 자는 모두 구(九)를 쓰고 칠(七)을 쓰지 않는데,[46] 《역학계몽(易學啓蒙)》의 법은 변한 것이 많으면 변

이로운 것입니다.'라고 하였으니 이 설이 가장 좋다. 이와 같이 384효에 천하의 만사가 포함되지 않음이 없고 두루 미치지 않음이 없으니 이것이 역의 쓰임이 무궁한 까닭이다.〔九二九五兩爻, 此當以所占之人之德觀之. 若已是有九二之德, 占得此九二爻, 則爲利見九五大德之君; 若常人无九二之德者, 占得之, 則只爲利見此九二之大人耳. 已爲九五之君, 而有九五之德, 占得此九五爻, 則爲利見九二大德之人, 若九二之人占得之, 則爲利見此九五大德之人, 各隨所占之人, 以爻與占者, 相爲賓主也. 太祖一日問王昭素曰: 九五飛龍在天, 利見大人, 常人何可占得此卦? 昭素曰: 何害? 若臣等占得, 則陛下是飛龍在天, 臣等利見大人, 是利見陛下也. 此說得最好, 如此所以三百八十四爻而天下萬事无不可該, 无不周遍. 此易之用, 所以不窮也.〕"

45 이씨(李氏)의……하였는데 : 이씨는 "건은 양의 물건이니 소식과 영허가 시기가 있고, 용은 양의 부류이니 잠현과 비약이 또한 시기가 있고, 성인은 용의 덕을 지녔으니 승강과 진퇴가 또한 시기가 있는지라 효의 차례를 알 수 있다.〔乾, 陽物也, 消息盈虛有時; 龍, 陽類也, 潛見飛躍亦有時; 聖人, 龍德也, 升降進退亦有時, 爻序可知矣.〕"라고 하였다.

하지 않는 것으로 점(占)을 친다. 이와 같다면 또 칠을 쓸 때가 있는 것이니 이는 또 무슨 뜻인가?

〔답〕 호운봉(胡雲峯)이 만난 바의 다소로 말하였으니, 그의 설은 소주에서 상고할 수 있다.[47] 다만 그 뜻이 여기에 그칠 뿐인지는 모르겠다.

소주의 주자 설에 구(九)를 쓰고 육(六)을 쓴다는 말을 구양수(歐陽脩)의 설이라고 하였다.[48] 지금 구양수의 설을 살펴보건대 다만 구를 쓰고

46 점을……않는데 : 《본의》에서 "용구는 점을 쳐서 양효를 얻은 자는 모두 구를 쓰고 칠을 쓰지 않으니, 모든 괘의 192개 양효에 공통적으로 적용되는 예이다.〔用九, 言凡筮得陽爻者皆用九而不用七, 蓋諸卦百九十二陽爻之通例也.〕"라고 하였기 때문에 이렇게 말한 것이다.

47 호운봉(胡雲峯)이……있다 : 소주에 수록된 운봉 호씨의 설은 다음과 같다. "괘는 쓰임을 위주로 한다. 그러므로 건괘를 먼저 하고 곤괘나 간괘를 먼저 하지 않으니 동하는 것이 주가 된다. 효는 쓰임을 위주로 한다. 그러므로 구와 육을 쓰고 칠과 팔을 쓰지 않으니 변하는 것이 주가 된다. 건괘에서 '여러 용을 본다.'라고 한 것은 지로 말한 것이고 곤괘에서 '영구하고 정고함이 이롭다.'라고 한 것은 행으로 말한 것이니 건은 지를 주장하고 곤은 행을 주장한다. 요컨대 점을 칠 때에는 실로 칠과 팔을 쓰지 않는다. 그러나 육효가 모두 변하지 않는 경우가 있고, 육효 중에 한 효 혹은 두 효가 변하지 않는 경우가 있으니, 또한 칠과 팔을 쓰지 않은 적은 없다. 다만 칠과 팔을 만나는 경우는 늘 많고 구와 육을 만나는 경우는 늘 적으니 많으면 적은 것을 위주로 한다. 그러므로 구와 육을 쓴 것이다. 역은 변역이니 변화를 위주로 한다. 그러므로 384효가 모두 구와 육을 쓴다.〔卦主乎用, 故先乾而不先坤艮, 動者爲主也; 爻主乎用, 故用九六而不用七八, 變者爲主也. 乾見群龍, 以知言; 坤利永貞, 以行言, 乾主知而坤主行也. 要之占固不用七八, 然有六爻俱不變者, 有六爻中一爻二爻不變者, 亦未嘗不用七八. 但遇七八常多, 九六常少, 多則以少爲主. 故嘗用九六. 易, 變易也, 以變爲主, 故三百八十四爻皆用九六.〕"

48 주자……하였다 : 소주에 "'건괘와 곤괘는 구를 쓰고 육을 쓴다는 것은 무슨 말입니

효를 이름한 뜻만을 말하였고, 또 별도로 한 논의를 세워 구를 쓴 뜻을 풀이하지 않을 수 없음을 언급하였을 뿐이다. 구를 사용하여 건의 여섯 효가 모두 변한 것을 점친다는 말은 주자에게서 나온 말일 뿐이다.

〈단전(彖傳)〉

《본의》의 "전은 공자가 경문(經文)을 해석한 말이다.〔傳者 孔子所以釋經之辭也〕"[49]에 대하여

〔문〕 경문에는 '전(傳)' 자가 없는데, 무슨 이유로 이렇게 말한 것입니까?

까?'라고 질문하자 구양수는 다음과 같이 대답하였다. '건괘의 효는 칠과 구이고, 곤괘의 효는 팔과 육이니 구와 육은 변하고 칠과 팔은 변하지 않는다. 역의 도는 변화를 점치기 때문에 점친 것을 가지고 효를 이름하고 여섯 효가 모두 구와 육이라고 말하지 않는다. 복서할 때에 미쳐 칠과 팔은 늘 많고 구와 육은 늘 적은데, 구와 육이 없는 경우가 있으니 이는 풀이하지 않아서는 안 된다. 64괘가 모두 그러하니 다만 건괘와 곤괘만을 말하면 나머지도 알 수 있다.'〔曰: 乾坤之用九用六, 何謂也? 曰: 乾爻七九, 坤爻八六, 九六變而七八无爲. 易道占其變, 故以其所占者名爻, 不謂六爻皆九六也. 及其筮也, 七八常多, 而九六常少, 有无九六者焉, 此不可以不釋也. 六十四卦皆然, 特於乾坤言之, 則餘可知耳.〕"라고 하였고, 소주에 주희는 "구를 쓰고 육을 쓴다는 것은 구양수의 옛 설인데, 내가 또 일찍이 그의 설로 인하여 추론해 보고 다음과 같이 생각하였다. '무릇 건괘를 얻어 여섯 효가 순구인 경우와 곤괘를 얻어 여섯 효가 순육인 경우는 모두 응당 곧장 이 예에 나아가 매여 있는 말로 점쳐야 하고, 굳이 변한 바의 괘를 다시 볼 것은 없다.'〔用九用六, 此歐公舊說也. 而愚又嘗因其說而推之, 竊以爲凡得乾而六爻純九, 得坤而六爻純六者, 皆當直就此例, 占其所繫之辭, 不必更看所變之卦.〕"라고 하였다.

49 본의의……말이다 : 《본의》에 "단은 문왕이 붙인 말이고 전은 공자가 경문을 해석한 말이니, 뒤에 전이라고 말한 것은 모두 이와 같다.〔彖, 卽文王所繫之辭; 傳者, 孔子所以釋經之辭也, 後凡言傳者, 倣此.〕"라고 하였다.

〔답〕《본의》는《고역(古易)》을 사용하였는데,《고역》에는 '단(彖)' 아래에 '전' 자가 있었다. 대개 원(元), 형(亨), 이(利), 정(貞)은 바로 단사(彖辭)이고, 이것은 바로 단사의 전이다. 상(象) 또한 그러하다. 그러므로《본의》에서 또 "뒤에 전이라고 말한 모든 경우는 이와 같다." 라고 말한 것이다.

소주의 주자 설 제6조에 "차물수존(此物雖存)"이라고 하였는데,[50] '차물'은 어떤 물건인지 모르겠다. 아마도 하루의 기(氣)를 말하는 듯하다.

절재(節齋)가 "괘의 사(辭)는 괘에 대해 판단한 것이다."라고 한 말[51]은

50 소주의……하였는데 : 소주에 수록된 주희의 여섯 번째 설은 다음과 같다. "'위대하다, 건원이여! 만물이 의뢰하여 시작한다.'와 '지극하도다, 곤원이여! 만물이 의뢰하여 생겨난다.'에서는 이 '원' 자가 바로 만물을 낳는 인이며, '의뢰하여 시작한다.'는 것은 그 기를 얻음이고, '의뢰하여 생겨난다.'는 것은 그 형태를 이룸이다. 형에 이르게 되면 곧 그것이 밝게 드러남이며, 이는 모이는 것이며, 정은 수렴이니, 수렴하면 이미 형체나 흔적이 없지만, 또 반드시 다시 생겨난다. 예를 들어 한밤중 자시에는 이 물건이 비록 있기는 하지만 오히려 아직 움직이지 않고 있고, 인시에서 묘시 사이에 생겨나고, 사시에서 오시 사이에 드러나고, 신시에서 유시 사이에 모이고, 해시, 자시, 축시가 되면 수렴되고, 인시에 이르면 또 생겨난다. 그것은 하나의 운행과 같으니, 일 년에는 일 년의 운행이 있고, 한 달에는 한 달의 운행이 있고, 하루에는 하루의 운행이 있고, 한때에는 한때의 운행이 있다. 비록 한순간의 짧은 사이라도 역시 네 단계가 있어 이렇게 운행한다.〔大哉乾元萬物資始, 至哉坤元萬物資生, 那元字便是生物之仁, 資始是得其氣, 資生是成其形. 到得亨便是他彰著, 利便是結聚, 貞便是收斂, 收斂, 旣无形迹, 又須復生. 至如夜半子時, 此物雖存, 猶未動, 在到寅卯, 便生, 巳午便著, 申酉便結, 亥子丑便實, 及至寅又生. 他這箇只管運轉, 一歲有一歲之運, 一月有一月之運, 一日有一日之運, 一時有一時之運. 雖一息之微, 亦有四箇段子, 恁地運轉.〕"

51 절재(節齋)가……말 : 절재는 "단이라는 것은 판단한다는 것이니, 괘의 사는 괘에

괘의 사가 바로 괘에 대해 판단한 것이라는 말이다. 쌍호(雙湖)가 "복희(伏羲)의 괘를 풀이한 것이다."라고 말하였는데,[52] 〈단전〉에서는 괘체(卦體), 괘변(卦變), 괘의(卦義)로 괘사(卦辭)를 풀이한 것은 있지만 곧장 복희의 괘로 풀이한 경우는 없는 듯하니 다시 상고해 보아야 한다.

의재(毅齋)의 설[53]은 '건원(乾元)이 만물을 시작할 수 있고, 곤원(坤元)이 만물을 생성할 수 있다.'는 것이니 이처럼 추산해서 억지로 이름해서는 안 된다.

대해 판단한 것이다. '단왈'이라고 말한 것은 또 단의 뜻을 풀이한 것이다.〔彖者, 斷也, 卦之辭, 卦之斷也. 凡言彖曰者, 又釋彖之義也.〕"라고 하였다. 절재는 채연(蔡淵, 1156~1236)의 호로, 자는 백정(伯靜)이다. 주희의 문인이고, 서산(西山) 채원정(蔡元定)의 아들이다.

52 쌍호(雙湖)가……말하였는데 : 쌍호의 설은 다음과 같다. "〈단전〉은 바로 공자가 문왕의 괘사를 밝힌 것이다. 그러나 스스로 자신의 뜻을 발명해서 복희의 괘를 풀이하여 문왕의 괘사와는 똑같지 않은 것이 많다. 건의 괘사와 같은 경우 문왕은 단지 점사로 만들었는데, 공자는 스스로 사덕으로 만들었고 또 그 사이에 괘변을 말한 것이 많다. 이 괘는 모괘로부터 왔다는 말은 모두 공자가 스스로 발명한 말인데, 문왕도 간간이 이런 말을 하였지만 공자가 말한 것처럼 많지 않다.〔彖傳, 乃孔子贊文王卦辭. 然多自發明己意, 以解伏羲卦, 不盡同於文王. 如乾卦辭, 文王只作占辭, 孔子自作四德, 又其間多說卦變. 此卦自某卦來, 皆孔子所自發, 文王間亦有之, 而不如孔子之多.〕"

53 의재(毅齋)의 설 : 소주에 의재는 "'자시'는 기가 시작하는 것이고 '자생'은 형체가 시작하는 것이다. 그러므로 모두 '원'이라 말한 것인데, 베풀고 받고 창하고 화하는 구분이 있기 때문에 건과 곤을 짝지은 것이다.〔資始者, 氣之始; 資生者, 形之始, 故皆謂之元, 而有施受唱和之分, 故以乾坤相配.〕"라고 하였다.

구씨(丘氏 구부국(丘富國))의 설[54]은 범범하면서 긴절하지 않고, 또한 '역유(亦惟)' 두 자는 그의 견해가 오히려 천근하다는 것을 알 수 있는 부분이다. 난씨(蘭氏 난정서(蘭廷瑞))의 설[55]은 이른바 "사람은 단지 어머니에게서 태어난 것을 알고 아버지에게서 자뢰하여 시작함은 모른다."라는 것이니, 이것을 어찌 근거로 삼아 말을 해서 마치 모든 사람이 다 같이 그렇게 여기는 것처럼 할 수 있겠는가.

만물이 형체를 갖춘다〔品物流形〕

'유형(流形)' 두 글자는 성인이 아니면 말할 수 없다. 가는 것은 지나가고 오는 것이 이어져 맥락이 분명하고 형색(形色)이 어그러짐이 없으니, 마치 흘러가 전하는 듯함이 있는 것이다.

시작과 끝을 크게 밝힌다〔大明終始〕

54 구씨(丘氏)의 설 : 소주의 구씨의 설은 다음과 같다. "사덕으로 말하면 비록 원형이정의 구분은 있지만 사이에 끊어짐이 없는 것은 역시 오직 일원의 운행이 통솔하는 바가 있기 때문이다.〔以四德言, 雖有元亨利貞之分, 而其所以无間斷者, 亦惟一元之運行, 有所統攝也.〕"

55 난씨(蘭氏)의 설 : 소주에 난씨는 "건원은 천양의 일원의 기이니 또한 사람들이 원기를 가지고 있는 것과 같다. 사람은 만물이 땅에서 태어남은 알면서도 하늘이 건원의 기로 시작해 줌을 알지 못하며, 또한 사람이 어머니에게서 태어나면서 부모의 원기에 자뢰하여 시작됨은 알지 못하는 것과 같으니, 태어나기 전에 시작되고 시작된 후에 생겨난다.〔乾元者, 天陽一元之氣, 亦如人之有元氣也. 人知萬物之生於地, 而不知天以乾元之氣爲之始 亦如人之生於母 而不知資始于父母之元氣也. 始之於未生之前, 生之于有始之後.〕"라고 하였다. 원문의 '亦如人之生於母'의 '여(如)' 자는 '지(知)' 자의 오자로 보아 '지' 자로 해석하였다.

대명(大明)이라는 것은 활연히 밝지 않은 바가 없음을 이른다. 하늘에서 땅까지 예로부터 지금까지 그중에 은미한 한 가지 일과 하나의 사물 및 잠깐 한 번 숨 쉬고 한 번 눈 깜박이는 동안에도 건도(乾道)의 종시(終始)가 아님이 없으니, 크게 밝히면 하나도 밝지 않음이 없다. 종시라는 것은 종과 시를 들어 말을 다한 것이다. 다만 시종(始終)이라고 하면 단지 처음부터 끝까지라는 말이 될 뿐이고, 종시라고 말하면 또 끝에서 다시 시작되어 끊임없이 순환한다는 뜻을 볼 수 있다.

육위가 때로 이루어진다〔六位時成〕[56]

《정전》과 《본의》에 이른바 "각각 때로서 이루어진다.〔各以時成〕"라는 것은 간략하면서도 의미가 모두 설명되어 있으니, '각(各)' 한 글자를 완미해 보면 그 뜻이 이미 분명하다. 그리고 여동래(呂東萊)의 설[57]은 -'수출서물(首出庶物)' 아래에 있는 소주이다.- 더욱더 자세하고 매우 명백하지만 여동래의 설을 보지 않고 《정전》과 《본의》만 보더라도 일찍이 이런

56 육위(六位)가 때로 이루어진다 : 이 구는 〈단전〉에 나오는 말로, 아래 본문의 이해를 돕기 위해 전문을 소개한다. "시작과 끝을 크게 밝히면 육위가 때로 이루어지나니, 때로 여섯 용을 타고서 하늘을 날아다닌다.〔大明終始, 六位時成, 時乘六龍, 以御天.〕"

57 여동래(呂東萊)의 설 : 〈단전〉의 '수출서물 만국함녕(首出庶物 萬國咸寧)' 아래의 소주에 동래 여씨(東萊呂氏)가 "건의 육위는 예로부터 지금까지 어느 곳이든 늘 넉넉하였으니 어찌 일찍이 이루어지지 않았겠는가. 다만 사람들은 건의 종시를 밝힐 수 없기 때문에 절로 이루어지지 않음을 본다. 그러나 실제는 육위가 원래 일찍이 손상되지 않은 것이다. 만일 건의 종시를 크게 밝힌다면 일과 사물 중에 육위가 또렷이 나열되어 때로 응하여 모두 이루어지니 다시 점차적으로 이루어지는 것은 없다.〔乾之六位, 自古自今, 隨在隨足, 何嘗不成? 但人不能明乾之終始, 故自見其不成, 其實六位元不曾損壞也. 苟大明乾之終始, 則事事物物中, 六位歷然森列, 應時俱成, 更无漸次.〕"라고 하였다.

뜻을 이해할 수 있다. 다만 현재의 사물에 근거하여 추론한다면 육위(六位)의 소재를 알 수 없고, 또 어떤 것이 육룡이며 언제 타야 하는지를 볼 수 없다. 그런데 억지로 안배한다면 또 천착이 되어 도리어 하지 않는 것만 못하게 된다. 반드시 건(乾)의 종시를 크게 밝힌 뒤에 자연스럽게 이와 같음을 알 수 있고, 실로 억측으로 헤아려 얻기는 어렵다. 여동래 또한 다만 이렇게 말하였으니, 반드시 실제로 이루어지는 것을 보고 실제로 타는 것을 이해하지는 못한 듯하다. 정자(程子)와 주자는 어떠한지 모르겠다.

대저 성인이 건도(乾道)의 종시를 크게 밝히면 육위가 각각 때로서 이루어지는 것을 절로 볼 수 있다. 대개 초(初)의 처음이 초가 되고 초의 가운데가 이(二)가 되고 초의 끝이 삼(三)이 되며, 종(終)의 처음이 사(四)가 되고 종의 가운데가 오(五)가 되고 종의 끝이 상(上)이 된다. 그러니 비록 매우 작고 세세한 사물일지라도 종시가 없는 것은 없다. 이미 종시가 있다면 육위는 곧 이미 자연스럽게 이루어져 안배할 필요가 없다. 다만 보통 사람의 마음과 지혜는 거칠고 얕아 스스로 볼 수 없을 뿐이다. 오직 성인이라야 건의 종시를 크게 밝힐 수 있다. 그러므로 자연스럽게 볼 수 있는 것이니, 이미 육위가 각각 때로서 이루어짐을 본다면 때로 육룡을 타고서 하늘을 날아다닐 수 있다. 대개 육룡이 육위에 운용되는 것은 초에 있어서는 잠(潛)이 되고 이(二)에 있어서는 현(見)이 될 뿐이다. 승(乘)이라는 것은 잠겨야 할 때에 잠겨 있고, 드러나야 할 때에 드러나는 것일 뿐이고, 어천(御天)이라는 것은 선후로 부합하고 받드는 뜻이다.[58] 《역(易)》을 배울 때에는 응당 이런 지위에 도달한 연후에 바야흐로 잘 배웠다고 이를 수 있다. 주자의

《본의》는 점서(占筮)의 쓰임을 발명하였으니 진실로 《역》의 본래 취지에 적절하다. 그러나 후학들이 주자의 설을 따라 또 《역》의 쓰임은 점서에서 그칠 뿐이라고 생각한다면 또한 《역》을 배운 것이 얕은 것이다. 대개 《역》은 비록 복서(卜筮)로 인하여 지어진 것이지만 실제로는 도(道)의 지극한 것을 근본하고 음양(陰陽)을 모방하여 천지의 이치가 구비되지 않음이 없으니 어찌 다만 점서로 활용될 뿐이겠는가. 이는 공자가 《역》의 도를 찬술한 뜻이다. 또한 이 장의 말과 같이 과연 건의 종시를 크게 밝혀 자연히 육위가 때로 이루어짐을 볼 수 있다면 점서는 오히려 어디에 쓰겠는가. 비록 이런 지위에 도달하지 못했더라도 만약 능히 이 책을 정밀히 완미한다면 또한 때를 살피고 상(象)을 알아 이치를 미루어 중(中)에 처할 수 있어서 절로 점서를 기다릴 필요도 없이 결정할 수 있을 것이다. 오직 사람의 꾀가 미칠 수 없는 큰 의문이 있어야 점을 칠 수 있다. 그렇다면 《역》은 비록 복서를 위하여 지은 것이지만 그 쓰임은 실로 복서에 그치지 않으니, 반드시 이 장의 말과 같이 되어야 바로 성인의 능사(能事)이며 학문의 극공(極功)이다.[59]

소주에 "종을 먼저하고 시를 뒤로한다.〔先終後始〕"라는 뜻을 미루어

58 어천(御天)이라는……뜻이다 : 어천에 대해 《정전》에서는 "이어천은 천운에 맞게 함을 이른다.〔以御天, 謂以當天運.〕"라고 하였는데, 여기서 부합하고 받든다는 말은 천운에 부합하고 천운을 받들어 따르는 것을 의미하는 듯하다.

59 성인의……극공(極功)이다 : 《중용장구》 제1장에 "중화를 이루면 천지가 제자리에 위치하고, 만물이 길러진다.〔致中和, 天地位焉, 萬物育焉.〕"라고 하였는데, 집주(集註)에 "이것을 일러 학문의 극공이요, 성인의 능사이다.〔此學問之極功, 聖人之能事.〕"라고 하였다.

말한 구씨(丘氏 구부국(邱富國))의 설은 정밀한 듯하지만 실제 그릇된 설이다. 이 설과 같다면 성인이 크게 밝힌 바의 것은 다만 하괘(下卦)의 종(終)과 상괘(上卦)의 시(始)에 있을 뿐이고, 이른바 양(陽)이 변하여 음이 되고 봄과 여름이 변하여 가을과 겨울이 되는 것이 조화가 연계되는 것뿐이라면 어떻게 육위가 때로 이루어짐을 알 수 있겠는가.[60] 구씨의 설은 소자(邵子 소옹(邵雍))의 동정간(動靜間)의 설[61]과도 같지 않다. 대개 소자는 한 번 동하고 한 번 정한 사이를 통틀어 말하였지만 그의 뜻은 정이 지극하면 다시 동하는 즈음에 중점을 두고 있다. 그러나 구씨의 설은 단지 양이 변하여 음이 되는 곳으로 말하였다.

60 소주에……있겠는가 : 소주에 구씨는 "성인이 건의 원형을 체득하여 종시로 말한 것은 어째서인가? 대개 중괘로 말하면 건괘의 아래 삼효는 원형인데 구삼은 하가 되니 건의 종이고, 건괘의 위의 삼효는 이정인데 구사가 상이 되니 건의 시이다. 그러므로 구사에 '건도가 이에 변혁한다.'라고 하였으니 이는 종을 먼저 말하고 시를 뒤에 말한 것이다. 종시의 사이에 공용이 은밀하고 떳떳하여 양이 변하여 음이 되고 봄과 여름이 변하여 가을과 겨울이 되니, 이는 바로 조화가 연계되는 곳이다. 그러므로 성인이 반드시 크게 밝혀 화육을 돕는 공을 이루는 것이다.〔聖人體乾之元亨, 而以終始言之, 何也? 蓋以重卦言之, 乾下三爻, 元亨也, 而九三爲下, 乾之終; 乾上三爻, 利貞也, 而九四爲上, 乾之始. 故九四曰乾道乃革, 此以先言終後言始也. 終始之間, 功用密庸, 陽變而陰, 春夏變而秋冬, 此正是造化過接處. 故聖人必大明之, 以成贊化之功也.〕"라고 하였다.

61 소자(邵子)의 동정간(動靜間)의 설 : 《황극경세서(皇極經世書)》 권3 〈관물내편(觀物內篇)〉에 "하늘은 동에서 생겨나는 것이고, 땅은 정에서 생겨나는 것이니 동정이 교차함에 천지의 도가 다하게 되고, 동이 시작되면 양이 생겨나고 동이 지극해지면 음이 생겨나니 음양이 교차함에 하늘의 용이 다하게 된다. 정이 시작되면 유가 생겨나고 정이 지극해지면 강이 생겨나니 강유가 교차함에 땅의 용이 다하게 된다.〔天生于動者也, 地生于靜者也, 一動一靜交而天地之道盡之矣. 動之始則陽生焉, 動之極則陰生焉, 一陰一陽交而天之用盡之矣. 靜之始則柔生焉, 靜之極則剛生焉, 一剛一柔交而地之用盡之矣.〕"라고 하였다.

대개 본래 하괘의 종과 상괘의 시로 인하여 입언하였으니 부득이 이와 같은 것이다. 비록 소자의 설이라도 이미 경문의 "크게 종시를 밝힌다.〔大明終始〕"라는 말이 완전하고 뜻이 모두 드러난 것과 같을 수 없는데, 하물며 구씨의 설은 더 말할 것 있겠는가.

운봉(雲峯)의 설에 "육위(六位)는 역(易)의 육허(六虛)를 널리 가리켜 말한 것이고, 육룡(六龍)은 건괘의 여섯 획을 전적으로 가리켜 말한 것이다."라고 하였는데,[62] 이 설은 또한 옳지 않다. 본문을 가지고 말해 보면 이른바 "종시를 크게 밝힌다.〔大明終始〕"라는 것은 바로 건도(乾道)의 종시의 뜻을 크게 밝힌다는 것이다. 본문과 같다면 육위는 바로 건의 육위이고, 육룡은 건의 육양(六陽)이니, 역을 널리 가리킨다, 건을 전적으로 가리킨다는 말로 나눌 수가 없다. 만약 건도는 바로 천도이므로 64괘가 천도 아님이 없으니 비슷한 종류끼리 확장해 갈 수 있다고 한다면 육위와 육룡은 모두 역에 널리 통용할 수 있다. 비록 음효(陰爻)라도 변하고 움직이는 뜻이 없지는 않으니 또한 용으로 말할 수 있다. 그러나 본래의 뜻은 아니다.

62 운봉(雲峯)의……하였는데 : 소주에 수록된 운봉 호씨의 설은 다음과 같다. "하늘에는 12시가 있으니 음과 양이 각각 그 반을 맡아 사시를 이룬다. 그러므로 효위 또한 여섯 개로 이루어진 것이다. 하나의 효는 하나의 효의 자리가 있으니 그렇다면 각각 하나의 효의 시간이 있는 것이다. 육위가 때로 이루어진다는 것은 역의 육허를 널리 가리켜 말한 것이고 때로 육룡을 탄다는 것은 건의 여섯 획을 전적으로 가리켜 말한 것이다.〔天有十二時, 陰陽各司其半, 以成四時, 故爻位亦以六而成. 一爻有一爻之位, 則各有一爻之時, 六位時成泛指易六虛言, 時乘六龍專指乾六畫言.〕"

건도가 변하여 화한다〔乾道變化〕[63]

〔문〕《본의》에서는 각정(各正)을 만물이 태어나는 초기에 얻는 것이라 하였고, 보합(保合)을 이미 생겨난 뒤에 온전히 보존하는 것이라 하였으며, 또 "만물이 각기 그 성명(性命)을 얻어 스스로 온전히 한다."라고 하였다.[64] 이는 모두 만물의 측면에서 말한 것이고 천도(天道)를 바로 말한 것은 아니다. 아래 장의 소주에 이르러 또 "건도변화(乾道變化)로부터 내이정(乃利貞)에 이르기까지가 바로 천도이다."라고 하였으니[65] 설이 같지 않은 것은 어째서인가?

〔답〕 만물이 이와 같은 것은 실로 또한 천도이다. 또한 소주의 말은

63 건도가 변하여 화한다 : 아래 문답의 이해를 돕기 위해 《주역》〈건괘〉의 본문을 수록한다. "건도가 변하여 화함에 각기 성명을 바루어 대화를 보합하나니, 이에 정함이 이롭다.〔乾道變化, 各正性命, 保合大和, 乃利貞.〕"

64 본의에서는……하였다 : 《본의》에 "변은 화가 점차 진행되는 것이고 화는 변의 완성이다. 사물이 받은 것을 성이라 하고 하늘이 부여한 것을 명이라 한다. 대화는 음양이 모여 조화로운 기운이다. 각정은 만물이 태어나는 초기에 얻는 것이고, 보합은 이미 생겨난 뒤에 온전히 보존하는 것이다. 이는 건도가 변하여 화함에 이롭지 않은 바가 없는데 만물이 각기 그 성명을 얻어 스스로 온전히 함을 말하였으니, 이와 정의 뜻을 해석한 것이다.〔變者, 化之漸; 化者, 變之成. 物所受爲性, 天所賦爲命. 大和, 陰陽會合沖和之氣也. 各正者, 得於有生之初; 保合者, 全於已生之後. 此言乾道變化, 无所不利, 而萬物各得其性命以自全, 以釋利貞之義也.〕"라고 하였다.

65 아래……하였으니 : 아래 장의 소주에 "질문하기를 '「만물에서 으뜸으로 나오니 만국이 모두 편안하다.」라고 하는 것은 모두 성인의 일인 듯한데, 이천이 건도와 군도로 나눈 것은 어째서입니까?' 하니, 답하기를 '건도변화로부터 내이정까지는 바로 천도이고, 수출서물 만국함녕은 바로 성인의 일이다.' 하였다.〔問: 首出庶物, 萬國咸寧, 恐盡是聖人事, 伊川分作乾道君道, 如何? 曰: 乾道變化, 至乃利貞是天, 首出庶物萬國咸寧是聖人.〕"라고 하였다.

아랫글에 성인(聖人)이라 말한 것과 상대하여 말한 것이니, 천(天)을 말한 것이 된다.

소주 경씨(耿氏)의 설[66]은 발명한 바가 없고 또한 어폐(語弊)가 있다.

변화(變化)를 가지고 원형이정(元亨利貞)에 분배한 운봉(雲峯)의 설[67]은 주자의 설과는 같지 않다.-《본의》에서는 "건도가 변하여 화함에 이롭지 않은 바가 없다.〔乾道變化 無所不利〕"라고 하였고, 소주에서는 "건도가 변하여 화한다는 것

66 소주 경씨(耿氏)의 설 : 소주에 수록된 경씨의 설은 다음과 같다. "건도가 변화하는 것은 음양일 뿐이다. '각정성명'이라는 것은 음양의 정해진 분수이며 '보합대화'라는 것은 음양의 조화로운 기이다.〔乾道所以變化者, 陰陽而已. 各正性命者, 陰陽之定分; 保合大和者, 陰陽之沖氣.〕"

67 변화(變化)를……설 : 소주에 수록된 운봉 호씨의 설은 다음과 같다. "두 기가 나누어짐으로 말하면 '변'이라는 것은 만물이 나오는 기틀이니, 원형이 이것이며, '화'라는 것은 만물이 들어가는 기틀이니, 이정이 이것이다. 한 기의 운행으로 말하면 '변'이라는 것은 점차적인 것이고, '화'라는 것은 완성됨이니 '품물유형'을 먼저 말하고, '각정성명'을 뒤에 말한 것이다. 사물이 이런 형체가 있으면 곧 이 성이 있는 것이니 모두 하늘이 명한 바이다. '각정'이라고 말하였다면 명을 품부받은 것이니, 이에 성이 한 번 정해져 바뀌지 않는 것이고, '보합'이라고 말하였다면 성이 보존된 것이니, 또 천명이 유행하여 그치지 않는 것이다. 대개 '대화'라는 것은 음양이 모여 화한 기인데, '건원자시'의 이치가 실로 그 가운데에 있다. 점차 변하는 것을 '화'라고 한다.〔以二氣之分言, 則變者, 萬物之出機, 元亨是也; 化者, 萬物之入機, 利貞是也. 以一氣之運言, 則變者, 其漸; 化者, 其成, 先言品物流形, 後言各正性命. 物有此形, 卽有此性, 皆天所命也. 謂之各正, 則命之稟也, 乃性之所以一定而不易; 謂之保合, 則性之存也, 又命之所以流行而不已. 蓋大和者, 陰陽會合沖和之氣, 而乾元資始之理, 固在其中矣, 以漸而變, 是之謂和.〕" '건원자시'는 〈단전〉에 "위대하다, 건원이여! 만물이 의뢰하여 시작하니, 이에 하늘을 통합하였도다.〔大哉, 乾元! 萬物資始, 乃統天.〕"라고 한 데서 온 말이다.

은 원형을 다시 설명한 것인 듯하다.〔乾道變化 似是再說元亨〕"라고 하였으니 《역》의 본래 뜻은 아닌 듯하다.- 그러나 오히려 절로 하나의 의미는 될 만하다. 운봉이 말한 유형(流形), 성명(性命), 각정(各正), 보합(保合)의 뜻과 '점차 변하는 것을 화라고 한다.'라고 한 설은 모두 근거가 없는 견강부회이다. 다만 운봉이 이른 바 "'대화(大和)'라는 것은 음양이 모여 화한 기인데, '건원자시'의 이치가 실로 그 가운데에 있다."라고 한 것은 취할 만하다. 대개 '보합'은 수렴의 뜻이 있고, 대화는 곧 생육의 기(氣)이니, 비록 대화를 원형(元亨)으로 삼고 보합을 이정(利貞)으로 삼더라도 또한 하나의 학설이 될 수 있을 듯하다.

모씨(毛氏 모박(毛璞))가 "변하여 화한 뒤에 각각 성명을 바룬다.〔變化之餘 各正性命〕"라고 말하였는데,[68] 이와 같이 말하면 곧 선후와 차례가 있으니 또한 이치를 완미한 것이 익숙하지 않음을 볼 수 있다. 경문(經文)에 "구름이 가고 비가 내려 만물이 형체를 갖춘다.〔雲行雨施 品物流形〕"라고 하였고, 또 "건도가 변하여 화함에 각각 성명을 바룬다.〔乾道

68 모씨(毛氏)가……말하였는데 : 소주에 노천 모씨(瀘川毛氏)가 "변하여 화한 뒤에 각각 성명을 바루는 것은 겨울에 수렴하는 것이다. 수렴이 견고하지 않으면 누설되어 사시(四時)를 이룰 수 없다. 무릇 비와 눈이 응하지 않고 물과 천이 거둬지지 않으며 건양과 복음이 생기고 겨울에 꽃이 피고 봄에 열매를 맺는 것은 모두 천지간에 상서롭지 못한 기이다. 그러므로 겨울에 수렴하는 것은 만물을 그치게 하는 것이다.〔變化之餘, 各正性命, 收斂於冬也. 斂之不固, 則泄不以時. 凡雨雪不應, 水泉不收, 愆陽伏陰, 冬華春實, 皆天地之沴氣也. 故斂之於冬者, 萬物之所以止也.〕"라고 하였다. 건양은 양기(陽氣)가 지나치게 성한 관계로 겨울철이 너무 따뜻하여 절기에 어긋나는 것을 말하는데, 혹은 가뭄과 무더위를 말하기도 하며, 복음은 한여름에 한기(寒氣)가 나타나서 역시 절기에 어긋나는 것을 말한다.

變化 各正性命〕"라고 하여 중간에 다시 선후를 나누지 않았고 천인(天人)을 나누지 않았으니, 위에서부터 아래까지 단지 건도(乾道)일 뿐이다. 또한 모씨는 '각정성명(各正性命)'을 겨울에 수렴하는 것이라 하였으니 이 부분은 건도가 변하고 화함에 만물이 각각 바르게 된다는 뜻을 완미해야만 한다. 만약 사시(四時)에 대입하여 말하려 한다면 말할 수 없는 것은 아니지만 본래의 뜻은 아니다.

만물에서 으뜸으로 나온다〔首出庶物〕

《정전》에 대하여

〔문〕 이 한 대목에 대한 설명은 《정전》과 《본의》가 비록 자세함과 간략함은 같지 않지만 귀결점을 궁구해 보면 합치되지 않는 것이 드물다. 오직 '보합'과 '대화'에 대한 풀이는 전혀 같지 않으니,[69] 무엇 때문인가?

〔답〕 보합은 취합한다는 뜻인 듯한데, 《본의》는 '온전하다〔全〕'로 풀이하였으니, 말은 비록 자세하지 않지만 큰 뜻은 볼 수 있다. 《정전》에서 '보' 자를 '상존(常存)'으로 풀이하고 '합' 자를 '상화(常和)'로 풀이하였고 보면 '보' 자를 '존' 자로 풀이하는 것은 그래도 괜찮지만 '합' 자를 '화' 자로 풀이한다면 경문에 이른바 '대화'라는 것과 말이 중복되고 뜻이 중첩된다. 또 '대화를 보합하니 이에 정함이 이롭다.〔保合大和

69 오직……않으니 : 《본의》에서는 "보합은 이미 생겨난 뒤에 온전히 보존하는 것이다.〔保合者, 全於已生之後.〕"라고 하였고, 《정전》에서는 "보는 항상 보존함이요, 합은 항상 화함이니, 대화를 보합하기 때문에 이롭고 또 정한 것이다. 천지의 도가 장구하여 그치지 않음은 대화를 보합하기 때문이다.〔保, 謂常存; 合, 謂常和. 保合大和, 是以利且貞也. 天地之道常久而不已者, 保合大和也.〕"라고 하였으므로 이렇게 말한 것이다.

是乃利貞〕'의 뜻에 대해 《정전》에서는 또 '시이(是以)'라는 글자를 중간에 두어 도리어 보합으로 말미암기 때문에 능히 이롭고 또 정하다고 말하는 듯하니 또한 경문의 뜻은 아닌 듯하다. 또 '각각 성명을 바룬다.〔各正性命〕'와 '대화를 보합한다.〔保合大和〕'는 비록 모두 천도(天道)가 변하여 화하는 바이지만 '각각 성명을 바룬다.'는 것은 바로 '성지자성(成之者性)'[70]을 말한 것이다. 그러니 그 아래에 '대화를 보합한다.'는 것은 또한 '성지자성' 이후의 일이 되어야 한다. 그런데 《정전》에서는 또 "천지의 도가 장구하여 그치지 않음은 대화를 보합하기 때문이다."라고 하여 또 '계지자선(繼之者善)' 이상의 일로 여겼으니 또한 의심할 만하다.

소주의 동래(東萊)의 설[71]에 대해서는 '육위시성(六位時成)' 아래에서 이미 논하였으니, 정자(程子)와 주자의 설을 제외하고는 이상의 소주 중에서 이처럼 통쾌한 설을 보지 못하였다.

주자가 "발할 때에는 차례가 없고 생겨날 때에는 차례가 있다.〔發時無次第 生時 有次第〕"라고 말한 아래의 한 구[72]는 이해할 수 없다.

70 성지자성(成之者性) : 《주역》 〈계사전 상(繫辭傳上)〉에 "한 번 음하고 한 번 양하게 함을 도라 이르니, 계속하는 것은 선이요, 갖추어 있음은 성이다.〔一陰一陽之謂道, 繼之者善也, 成之者性也.〕"라고 한 데서 온 말이다.

71 소주의 동래(東萊)의 설 : 154쪽 주57 참조.

72 주자가……구 : 본문에서 제시한 내용의 아래 구는 다음과 같다. 소주에 "묻기를 '맹자가 인의예지를 말할 때에는 의가 두 번째에 있었고 《역》에는 의를 이로 삼아 의가 도리어 세 번째에 있다.'라고 하니 대답하기를 '예는 바로 양이기 때문에 형이라고 말한

구씨(丘氏)가 "만물에서 으뜸으로 나오니 만국이 모두 편안하다.〔首出庶物 萬國咸寧〕"에 대해 말한 부분은 바로 성인의 이정(利貞)이다. 그러나 성인은 애당초 이것을 이정으로 삼아 행한 것이 아니고, 다만 만물 위에 으뜸으로 나오니 만국이 모두 편안하다는 것에는 곧 건도가 변화하여 만물이 각각 바루어지는 상이 있다는 것이다. 그러므로 성인의 이정이라고 말한 것이다. 그런데 구씨는 "이는 성인이 건의 이정을 체행한 것"이라고 하였으니,[73] 구애된 잘못이 있다.

운봉(雲峯)의 설[74] 중에 말에 병통이 없는 것은 모두 《본의》에서 이미

것이다. 인의예지는 동서남북과 같다고 말하고, 이른바 원형이정은 동남서북과 같다고 한 것은 하나는 상대하여 말한 것이고, 하나는 한쪽 측면으로 말한 것이다.'라고 하였다.〔問: 孟子言仁義禮智, 義在第二, 易以義爲利, 却成在第三. 曰: 禮是陽, 故曰亨. 謂之仁義禮智猶東西南北, 所謂元亨利貞猶東南西北, 一箇是對說, 一箇是從一邊說.〕"

73 구씨는……하였으니 : "만물에서 으뜸으로 나오니 만국이 모두 편안하다.〔首出庶物, 萬國咸寧.〕" 아래의 소주에 "이는 성인이 건의 이정을 체행한 것이다. 원수라는 것은 군주의 상이다. 성인이 인류에서 나와 충분히 천하에 임함이 있은 뒤라야 만국이 모두 안정된다.〔此聖人體乾之利貞也. 元首者, 君之象也. 聖人出乎其類, 足以有臨於天下, 然後萬國咸底輯寧也.〕"라고 하였다.

74 운봉(雲峯)의 설 : 소주에 "문왕은 본래 복서의 측면에서 말하였고, 부자는 의리의 측면에서 말하였다. 그러므로 '대'라고 말하고 '시'라고 말하여 건의 원을 설명하였고, '종'이라 말하고 '시'라 말하여 건의 정 아래에서 원이 생겨남을 드러냈다. 원과 형을 풀이하여 종과 시라고 하였다. 종은 정이므로 정하지 않으면 원이 될 수 없다는 것이니 이는 사덕이 순환하여 무궁한 이유이다. 이와 정을 풀이하여 또 '수출'이라고 하였다. 수는 원이므로 원이 아니면 정이 될 수 없으니 이는 또 원이 사덕을 포괄하여 하늘을 통합하는 이유이다. 성인에 있어서는 천위를 얻어 천도를 행하여 태평성세를 이룬다는 점괘이니, '육룡을 탄다.'라는 말은 천위를 얻은 것이고, '하늘을 날아다닌다.'라는 말은 천도를 행하는 것이며, '만국이 모두 편안하다.'라는 말은 태평성세를 이루는 것이다.

발명한 바이고, 운봉이 수출(首出)을 원(元)으로 삼아 "원이 사덕(四德)을 포괄한다."라고 말한 것은 바로 스스로 발명한 뜻인데 또 천착한 병통이 있다.

〈상전(象傳)〉

《정전》에 대하여

〔문〕 건도(乾道)가 만물을 덮어 주고 길러 주는 상은 진실로 지극히 크지만 지극히 굳셈은 볼 수 없다. 오직 운행과 유행이 굳세어 쉼이 없는 것이 바로 지극히 굳센 체(體)이고 건의 상(象)이다. 천도(天道)로 말하면 또한 성정(性情)의 공효가 가장 잘 드러난 곳이니 다음 가는 작은 절목이 아니다. 그러므로 공자는 "오직 하늘이 위대하거늘 요 임금이 이것을 본받았다.〔惟天爲大 惟堯則之〕"라고 하였으니[75] 이는 큼을 말한 것이다. 《시경》에 "하늘의 명이 아, 심원하여 그치지 않으니 아, 드러나지 않을까 문왕의 덕의 순수함이여.〔維天之命 於穆不已 於乎不顯 文王之德之純〕"라고 하였으니 이는 굳셈을 말한 것

〈단전〉은 의리를 주장하였으나 또한 어찌 복서로 추론할 수 없겠는가.〔文王本從卜筮上說, 夫子則從義理上說. 故曰大曰始, 以贊乾之元; 曰終曰始, 以見乾貞下起元. 其釋元亨, 而曰終始者, 終, 貞也, 不貞, 无以爲元, 此四德之所以循環而无窮也. 其釋利貞, 又曰首出, 首, 元也, 非元, 无以爲貞, 此又元之所以包四德而統天也. 其在聖人, 則得天位行天道, 而致太平之占. 蓋乘六龍是得天位, 御天是行天道, 萬國咸寧是致太平也. 彖傳主義理, 亦曷嘗不可推之卜筮哉?〕"라고 하였다.

75 공자는……하였으니 : 《맹자》〈등문공 상(滕文公上)〉에 "공자가 말하기를 '위대하다, 요의 임금 노릇 하심이여! 오직 하늘이 위대하거늘 요 임금이 이것을 본받으셨으니, 넓고 넓어 백성들이 능히 덕을 형용할 수 없도다.' 하였다.〔孔子曰: 大哉! 堯之爲君. 惟天爲大, 惟堯則之, 蕩蕩乎民無能名焉.〕"라고 한 데서 온 말이다.

이다. 그런데 굳셈을 말한 것이 어찌 큼을 말한 것보다 아래에 있겠는가. 또한 이는 건의 상이 되니 굳셈을 말하는 것이 더욱 절실하다. 그러나 《정전》의 뜻은 바로 지극히 큰 상은 성인이 아니면 체행할 수 없으므로 우선 운행이 굳센 뜻을 취하였다고 말하여[76] 마치 운행이 굳센 것이 부족한 듯이 여겼으니 무슨 까닭인가?

〔답〕 덮어 주고 길러 주는 상(象)은 비록 지극히 크지만 건(乾)의 뜻은 없으니, 공자가 천행(天行)을 건의 상으로 삼은 것은 실로 낮추어 말한 것이 아니다. 정자의 뜻을 살펴보건대 대개 천행은 바로 건의 한 가지 일이니 크나큰 건도(乾道)를 다 말하기에는 부족하였기 때문에 이와 같이 말한 것이다. 그러나 건의 상을 말하기에는 실로 천행으로 말하는 것보다 좋은 것은 없다. 대개 지극히 굳센 상은 여기에서 가장 잘 드러나니, 애초에 성인과 범인이 체행하고 본받음이 쉽고 어려움을 비교하여 우선 그 차례를 정하여 사람으로 하여금 행할 수 있게 한 것은 아니다. 또한 한 가지 뜻이 있음을 적이 여기에서 알 수 있다. 천행은 실로 천체(天體)가 운행하는 것으로 말한 것이다. 그러나 이미 천행을 말하였다면 천도가 유행하는 것은 또한 그 가운데에 있는 듯하다. 예를 들면 사람의 행보(行步)는 실로 인행(人行)이라 말할 수 있고, 사람의 행리(行履)도 인행이라고 할 수 있다. 천체가 운행하는 것은 사람의

76 운행이……말하여 : 《정전》의 내용은 다음과 같다. "건도가 만물을 덮어 주고 길러 주는 상은 지극히 커서 성인이 아니면 체행할 수 없으니, 사람이 누구나 모두 취하여 법을 삼게 하고자 하였다. 그러므로 그 운행이 굳셈을 취했을 뿐이니, 지극히 굳셈은 진실로 천도를 볼 수 있다. 군자가 보고서 스스로 힘써 쉬지 않음은 하늘의 운행이 굳셈을 본받는 것이다.〔乾道覆育之象, 至大, 非聖人, 莫能體, 欲人皆可取法也. 故取其行健而已, 至健, 固足以見天道也. 君子以自彊不息, 法天行之健也.〕"

행보의 '행'과 같고 천도가 유행하는 것은 사람의 행리의 '행'과 같다. 이는 상에서 취한 것을 위주로 한 것이므로 실로 운행의 체를 주로 삼은 것이니, 천도가 유행하여 사물과 체가 되는 것이 또한 매우 잘 드러난다. 그렇다면 또한 온축된 뜻이 아니라고 말할 수는 없다. 예를 들어 천운(天運)이라 말하였다면 체가 운행하는 것이 실로 천운이고 도가 운행하는 것도 천운이다.

《본의》에 "주공이 붙인 말이다.〔周公所繫之辭〕"라고 말한 이상은 모두 상(象)의 경(經)이니, 그 아래에는 응당 "전(傳)이라는 것은-《고역(古易)》의 '상' 자 아래에는 '전' 자가 있었다.-[77] 공자가 경문을 풀이한 말이다."라고 말해야 한다.[78] 그런데 〈단전〉 아래에 주자가 이미 "뒤에 전이라고 말한 것은 모두 이와 같다."라고 하였기에[79] 거듭 말하지 않은 것이다.

77 고역(古易)의……있었다 : 〈상전(象傳)〉에 "상에 이르기를 '하늘의 운행이 굳세니 군자가 보고서 스스로 힘쓰고 쉬지 않는다.' 하였다.〔象曰: 天行健, 君子以, 自彊不息.〕"라고 되어 있기 때문에 이렇게 말한 것이다.

78 본의에……한다 : 《본의》의 내용은 다음과 같다. "상은 괘의 위아래 두 상과 두 상의 육효이니, 주공이 붙인 말이다. 하늘은 건괘의 상이니, 무릇 중괘는 모두 거듭한 뜻을 취하였으나 이것만 그렇지 않은 것은 하늘은 똑같을 뿐이기 때문이다. 다만 하늘의 운행이라고만 말하면 하루에 한 번 돌고 다음 날 또 한 번 돌아 중복의 상을 볼 수 있으니, 지극히 굳셈이 아니면 할 수 없다. 군자는 이를 본받아 인욕으로 천덕의 강함을 해치게 하지 않으면 스스로 힘쓰고 쉬지 않을 것이다.〔象者, 卦之上下兩象及兩象之六爻, 周公所繫之辭也. 天, 乾卦之象也, 凡重卦, 皆取重義, 此獨不然者, 天一而已. 但言天行則見其一日一周, 而明日又一周, 若重複之象, 非至健, 不能也. 君子法之, 不以人欲害其天德之剛, 則自彊而不息矣.〕" 여기서는 '주공소계지사야(周公所繫之辭也)' 이상의 말은 〈상전〉의 내용을 풀이한 말이 아니고, 상(象)이라는 것이 무엇인지를 설명한 것이고, 이하가 공자가 경문을 해석한 〈상전〉을 풀이한 말이 된다고 창계가 말한 것이다.

혹자는 이를 살피지 않고 왕왕 〈상전〉을 가지고 주공의 말이라고 한다.

"인욕으로 천덕의 강함을 해치게 하지 않으면 스스로 힘쓰고 쉬지 않을 것이다.〔不以人欲害天德之剛 則自彊而不息矣〕"에 대하여

〔문〕 이처럼 말한다면 인욕으로 천덕의 강함을 해치게 하지 않는 것이 실제 힘써야 하는 부분이 되고, 스스로 힘쓰고 쉬지 않을 것이라는 말은 바로 효험이다. 여러 괘에서 상을 쓸 때에 모두 실제의 일을 말하지 대번에 그 효험을 말한 경우는 없었으니, 곧장 실제의 일로 만들어 말하는 것만 못한 듯하다.

〔답〕 소주 주자의 설 제5조[80]에서 바로 이런 뜻을 말하였다. 대개 '자강불식(自彊不息)'이 실제 힘써야 하는 부분임을 발명한 것인데, 열어 보여 주신 뜻이 또한 절실하다. 다만 '자강불식' 앞에 경문(經文)의 내용 이외의 뜻을 먼저 말하였으니, 그렇다면 '자강불식'은 도리어 효험이 된다. 끝내 의심스럽다.

79 단전……하였기에 : 〈단전〉의 "위대하다 건원이여 만물이 의뢰하여 시작하니 이에 하늘을 통합하였다.〔大哉乾元, 萬物資始, 乃統天.〕"에 대해 《본의》에서 "단은 문왕이 붙인 말이고, 전은 공자가 경문을 해석한 말이니, 뒤에 전이라고 말한 것은 모두 이와 같다.〔彖, 卽文王所繫之辭, 傳者, 孔子所以釋經之辭也, 後凡言傳者, 倣此.〕" 하였다.

80 주자의 설 제5조 : 주자의 제5조 설은 다음과 같다. "'하늘의 운행이 쉬지 않는데, 군자가 보고서 스스로 힘쓰고 쉬지 않는다.'에 대해 묻습니다. 대답하기를 '하늘의 운행이 쉬지 않으니, 스스로 이를 본받고 또 하늘의 운행이 이와 같이 쉬지 않음을 배워야 한다는 것은 아니다. 다만 이 마음을 늘 보존하면 천리가 늘 운행되고 두루 유행하여 그치지 않을 것이다.'라고 하였다.〔問: 天運不息, 君子以自强不息. 曰: 非是說天運不息, 自家去趕逐, 也要學他如此不息. 只是常存得此心, 則天理常行, 而周流不息矣.〕"

소주의 호안정(胡安定)의 설[81]에서 천행(天行)의 이수(里數)와 사람의 호흡의 수는 어떤 책에 나온 것인지 모르겠다. 다만 그의 설로 구해 보면 사람이 한 번 호흡하는 동안 하늘이 80여 리를 운행한다. 그렇다면 사람이 낮과 밤 동안 1만 3600여 번 호흡을 하므로 하늘의 운행은 응당 108만 8000여 리가 되어야 하니, 그의 계산은 정밀하지 못하다. 만약 한 번 호흡하는 동안 하늘이 66리를 운행한다면 대략 그의 계산과 근사하게 된다.

유광평(游廣平 유초(游酢))의 설[82]에 문왕의 덕의 순수함을 곧장 하늘의 운행이 굳센 것이라고 말하였는데, 이렇게 말해서는 안 된다. 만약 '지극히 굳세어 쉼이 없는 것은 하늘의 운행이고, 스스로 힘써 쉼이 없는 것은 군자가 하늘에서 본받은 것이니, 성인의 덕의 순수함과 같은 것은 하늘과 더불어 부합되므로 또한 하늘의 운행이라 말할 수 있다.' 라고 한다면 괜찮을 것이다.

81 호안정(胡安定)의 설 : 소주에 호안정은 다음과 같이 말하였다. "사람이 숨을 한 번 내쉬고 한 번 들이마시는 것이 일식이 되니, 일식의 사이에 하늘은 이미 80여 리를 운행한다. 사람이 낮과 밤 동안 1만 3600여 식을 하므로 하늘은 90여 만 리를 운행하니 하늘의 운행이 굳셈을 알 수 있다. 그러므로 군자가 본받아 스스로 힘쓰고 쉬지 않는 것이다.〔人一呼一吸爲一息, 一息之間, 天已行八十餘里. 人一晝一夜, 有萬三千六百餘息, 故天行九十餘萬里, 天之行健, 可知. 故君子法之, 以自强不息云.〕"

82 유광평(游廣平)의 설 : 소주에 유초(游酢)는 "지성은 쉼이 없는 것이 하늘의 운행이 굳센 것이니, 문왕의 덕의 순수함과 같은 것이 바로 이것이고, 쉼이 없을 수 없지만 쉬지 않는 것은 군자의 자강이니, 안자가 3개월 동안 인을 떠나지 않았다는 것과 같은 것이 바로 이것이다.〔至誠无息, 天行健也, 若文王之德之純是也. 未能无息而不息者, 君子之自强也, 若顔子三月不違仁是也.〕"라고 하였다.

양이 아래에 있기 때문이다〔陽在下也〕

《정전》의 "군자가 미천한 자리에 있다.〔君子處微〕"에 대하여

〔문〕《정전》에서는 여러 효에 대해 모두 성인의 일로 설명하였다. 그러므로 초구(初九)에서는 "성인이 미천한 때이다.〔聖人側微〕"라고 하였다. 그런데 여기에 이르러 "군자가 미천한 자리에 있다."라고 말한 것은 어째서인가?

〔답〕 상하의 군자를 통칭한 것인 듯하다.

《본의》의 "양은 구를 이르고, 아래는 잠겨 있음을 이른다.〔陽謂九 下謂潛〕"에 대하여

〔문〕 양은 구를 이른다면 아래는 초(初)가 되는 것이고, 아래는 잠겨 있음을 이른다면 양은 용(龍)이 되는 것인데, 《본의》에서 이와 같이 말한 것은 어째서인가?

〔답〕 아마도 호언(互言)인 듯하다.

도를 반복함이요〔反復道也〕

소주에서 정자(程子)는 "삼위(三位)는 두 체(體)의 가운데에 있기 때문에 나아가고 물러날 수 있다. 그러므로 반복이라고 말한 것이다."라고 말하였다.[83] 그러나 내 생각에는 건(乾)은 건하고 또 건한 뜻이 있기

83 소주에서……말하였다 : 소주에 정자는 "'반복도야'는 종일토록 힘쓰고 힘써 왕래하는 것이 모두 도에 말미암는다는 것을 말한 것이다. 삼위는 두 체의 가운데에 있어 나아가 올라갈 수 있고 물러나 내려올 수 있기 때문에 반복이라고 말한 것이다.〔反復道也, 言終日乾乾往來, 皆由於道也. 三位在二體之中, 可進而上, 可退而下, 故言反復.〕"라고 하였다.

때문에 반복이라고 말한 듯하다. 정자의 설은 괘(卦)의 체로써 말한 것이니 비록 또 하나의 뜻이지만 바른 풀이는 아닌 듯하다.

유광평(游廣平)이 이간(易簡)과 무사(无事)의 뜻으로 말한 것[84]은 추론하고 연역한 것이 긴절하지 않다.

나아감이 허물이 없다〔進无咎也〕

〔문〕 '혹 뛰어오르거나 연못에 있다는 것〔或躍在淵〕'은 바로 진퇴가 정해지지 않은 상(象)인데, 여기서 오로지 나아감〔進〕으로 말한 것[85]은 어째서인가?

〔답〕 능히 진퇴를 살펴 이처럼 스스로 가볍게 행하지 않는다면 비록 나아가더라도 또한 허물이 없다. 대개 〈상전〉에서 효사(爻辭)를 풀이할 적에 상(象)의 이치를 따져서 말한 것이 있으니 초(初)와 상(上)이 여기에 해당하고, 그 일을 곧장 이야기한 것이 있으니 삼(三)과 오(五)가 여기에 해당하고, 시용(施用)에 나아가 말한 것이 있으니 이(二)와 이 효가 여기에 해당한다.

84 유광평(游廣平)이……것 : 소주에 유초는 "종일토록 힘쓰고 힘써 일을 행하는 때를 풀이하여 도를 반복함이라고 말한 것은 어째서인가? 군자가 일을 행함에 비록 급급히 하고 서둘러 하지만 평이하고 간략한 도리를 일찍이 떠난 적이 없으니 또한 무사한 바를 행할 뿐이다.〔釋終日乾乾行事之時, 而曰反復道, 何也? 蓋君子之行事, 雖汲汲皇皇, 而易簡之理, 未嘗離也, 亦行其所无事而已.〕"라고 하였다.

85 혹……것 : 《정전》에 "가함을 헤아려 나아가서 시기에 적당하면 허물이 없는 것이다.〔量可而進, 適其時, 則无咎也.〕"라고 하였다.

《본의》[86]에 대하여

〔문〕〈상전〉에서 "나아감에 허물이 없다."라고 말하였는데, 《본의》에서는 "반드시 나아가는 것은 아니다."라고 말한 것은 어째서인가?

〔답〕〈상전〉의 말은 바로 비록 나아가더라도 또한 허물이 없다는 뜻이고 나아가지 않아서는 안 된다는 말은 아니다. 그러므로 나아가더라도 비록 허물이 없지만 나아가지 않더라도 또한 무방하다.

천덕은 우두머리가 되어서는 안 된다〔天德不可爲首也〕

소주에서 주자는 "천덕은 우두머리가 되어서는 안 된다고 말한 것은 아니다."라고 하였다.[87] 이 말은 경문(經文)과 정히 상반되지만 뜻은 매우 정밀하므로 범범하게 보아서는 안 된다. 상하의 문의(文義)를 자세히 완미해 보면 절로 분명하다. 대개 천덕(天德)이라는 것은 건강(乾剛)의 도(道)이다. 건강의 도는 실로 만물의 시작이 되니, 시작이 된다면 우두머리가 된다. 이와 같다면 천덕은 바로 사물의 우두머리가

86 본의 : 《본의》에는 '진무구야(進无咎也)'를 "나아갈 수는 있으나 반드시 나아가는 것은 아니다.〔可以進, 而不必進也.〕"라고 풀이하였다.

87 소주에서……하였다 : 소주에 주희는 "건은 만물의 시작이 된다. 그러므로 천하의 사물이 건을 자뢰하여 시작하지 않음이 없다. 다만 여섯 효는 시기가 되면 모두 변한다. 그러므로 용들이 우두머리가 없는 상이 있는데, 군자가 체행함에 응당 겸손하고 공손하며 자신을 낮추고 순종하여 감히 천하에서 앞장서지 않는다는 것일 뿐 천덕은 우두머리가 되어서는 안 된다는 것을 말한 것은 아니고, 또 건은 우두머리가 되지 못함을 말한 것은 아니다. 건이 우두머리가 되지 못한다면 만물이 어떻게 자뢰하여 시작하며 누가 우두머리가 되겠는가.〔乾爲萬物之始, 故天下之物, 无不資之以始. 但其六爻有時而皆變, 故有群龍无首之象, 而君子體之, 則當謙恭卑順, 不敢爲天下先耳. 非謂天德不可爲首也, 又非謂乾不爲首也. 乾不爲首, 則萬物何所資始而誰爲首乎?〕"라고 하였다.

되니, 바로 천덕의 본체가 그러한 것이다. 그러나 건강의 도는 비록 본체는 이와 같지만 용(用)이 변함에 강(剛)하기만 하여 늘 사물의 우두머리가 될 수는 없다. 그러므로 또 우두머리가 되어서는 안 되는 이치가 있으니 이는 곧 천덕의 용이다.

또한 군도(君道)로 말하면 수출(首出)과 족림(足臨)[88]이 바로 군도의 본체이니, 이는 곧 천덕이 우두머리가 될 수 있는 것이다. 그러나 군도는 수출과 족림의 자질을 스스로 믿고 천하를 홀로 거느린다는 마음을 가져서는 안 된다. 그러므로 반드시 은택이 아래 백성들에게 베풀어지는 것을 귀하게 여기니 이것이 바로 군도의 용이고, 즉 천덕은 우두머리가 되어서는 안 된다는 뜻이다. 천덕은 본래 두 가지 뜻이 있는데, 구(九)를 쓰는 것은 바로 양(陽)이 변한 것이므로 여기에서 또한 천덕의 용을 사용하는 것일 뿐이다. 주자의 설은 절로 분명하니, 대개 "천덕은 본래 우두머리가 되어서는 안 된다고 말한 것이 아니고, 용의 변화가 응당 이와 같아야 함을 말한 것이다."라고 말한 것이다.

〈문언(文言)〉

〔문〕 괘(卦)는 매단다는 뜻이 있고, 효(效)는 본받는다는 뜻이 있고,

88 수출(首出)과 족림(足臨) : 수출은 《주역》 〈건괘(乾卦) 단전(彖傳)〉에 "만물 중에서 으뜸으로 나오니 만국이 모두 편안하다.〔首出庶物, 萬國咸寧.〕"라고 한 데서 온 말이고, 족림은 《중용장구》 제31장에 "오직 천하의 지극한 성인이어야 총명예지가 족히 백성의 위에 군림할 수 있으니, 관유하고 온유함이 천하를 포용함이 있으며 강인하고 굳셈이 자신의 신념을 지킬 수 있으며 엄숙하고 중정함이 공경할 수 있으며 문리가 있고 엄밀히 살핌이 분별할 수 있는 것이다.〔唯天下至聖, 爲能聰明睿知, 足以有臨也, 寬裕溫柔, 足以有容也; 發強剛毅, 足以有執也; 齊莊中正, 足以有敬也; 文理密察, 足以有別也.〕"라고 한 데서 온 말이다.

단(彖)은 결단한다는 뜻이 있고, 상(象)은 곧 형상인데, 〈문언〉이라는 것은 무엇을 말하는 것인가?
〔답〕 이는 상고할 곳이 없다. 다만 문체를 이룬 말이라는 뜻인 듯하다.

《정전》에 대하여

〔문〕 '발명기의(發明其義)'[89] 아래에 응당 '차(此)' 자가 있어야 할 듯한데 없는 것은 어째서인가?
〔답〕 위의 글은 건(乾)과 곤(坤)을 통틀어 말한 것이고, 아래에는 단지 건도(乾道)를 미루는 것만 말하였으니, 그 사이에 반드시 '차' 자와 같은 종류의 글자가 있어야만 더욱 분명하다. 《정전》의 글이 간략하여 왕왕 이와 같은 곳이 있을 뿐이다.

〔문〕 《정전》에서 "이는 의에 화합함이다.〔利者和合於義〕"라고 한 말은 경문(經文)의 뜻과는 조금 다른 듯한데, 어째서인가?
〔답〕 이는 아마도 경문의 아랫글의 '화의(和義)'에 연결시켜 말한 것[90]인 듯하다. 《본의》에서 이미 바로잡았다.[91]

89 발명기의(發明其義) : 《정전》에 "다른 괘는 〈단전〉과 〈상전〉뿐이요, 오직 건괘와 곤괘에만 〈문언전〉을 두어 그 뜻을 밝혔다. 건도를 미루어 사람의 일에 시행하니, 건의 원, 형, 이, 정 네 덕이 사람에게 있으면, 원은 여러 선의 으뜸이요, 형은 아름다움의 모임이요, 이는 의에 화합함이요, 정은 일을 주간할 때의 쓰임이다.〔他卦, 彖象而已, 獨乾坤, 更設文言, 以發明其義. 推乾之道, 施於人事, 元亨利貞乾之四德在人, 則元者, 衆善之首也; 亨者, 嘉美之會也; 利者, 和合於義也; 貞者, 幹事之用也.〕"라고 하였다.
90 경문의……것 : 《주역》 〈건괘 문언전〉 아래의 글 중에 "물건을 이롭게 함이 의에 조화되기 충분하다.〔利物, 足以和義.〕"라고 한 말을 가리킨다.

소주에 평암 항씨(平菴項氏 항안세(項安世))의 설[92]은 사람에게 있는 사덕(四德)이 서로 인한다는 것으로 말하였으니 매우 좋다. 그러나 인의예지(仁義禮智)는 감응에 따라 곧 발하는 것이고, 또 절로 서로 인하지 않는 곳이 있다. 비록 서로 인하지 않지만 인의 이치가 의, 예, 지 사이에 포함되고 관통하니, 또한 하나의 이(理)이면서 네 개의 이름이 되기에 무방하다.

임천 오씨(臨川吳氏)의 설[93]에 인(仁)이 원(元)이 되고, 예(禮)가 형(亨)이 되고, 의(義)가 이(利)가 된다고 말한 것은 이미 경문에 보인다. 다만 지(智)가 정(貞)이 된다는 것은 깊이 완미해 보면 이런 뜻은 있지만 분명하게 말한 적은 없는 듯하다. 오씨가 인의예지가 사덕(四德)과 짝이 된다는 것을 가지고 모두 후인들이 미루어 확대 해석한 것에서 나왔다고 한 것은 잘못이다.

91 본의에서 이미 바로잡았다 : 《본의》에 '이자의지화(利者義之和也)'에 대하여 "이는 생물의 이룸이니, 물건이 각기 마땅함을 얻어 서로 방해하지 않는다. 그러므로 때에 있어서는 가을이 되고 사람에게 있어서는 의가 되어 그 분수의 화함을 얻음이 된다.〔利者, 生物之遂, 物各得宜, 不相妨害. 故於時爲秋, 於人則爲義, 而得其分之和.〕" 하였다.

92 소주에 평암 항씨(平菴項氏)의 설 : 소주에 항씨는 "일의 처음에 있는 것이 원이 되고, 선이 많고 성한 것이 가가 되며, 많은 사람들이 그 마땅함을 얻는 것이 의가 되며, 의가 성립되는 바가 사가 되니, 하나의 이이면서 네 개의 이름이다.〔在事之初爲元, 善之衆盛爲嘉, 衆得其宜爲義, 義所成立爲事, 一理而四名也.〕"라고 하였다.

93 임천 오씨(臨川吳氏)의 설 : 소주에 오씨는 "공자는 여기에서 원, 형, 이, 정 네 글자를 해석하고서 나누어 사덕으로 만들었는데, 후인이 이로 인하여 춘하추동과 인의예지와 짝지었으니, 모두 미루어 확대하여 말한 것이다.〔夫子於此釋元亨利貞四字, 而分爲四德, 後人因之, 以配春夏秋冬、仁義禮智, 皆推廣而言之也.〕"라고 하였다.

군자가 인을 체행한다〔君子體仁〕

《정전》에는 '인(仁)'을 건(乾)의 인으로 보았다. 그러므로 '체인(體仁)'을 풀이하여 견주어 본받는다는 말을 한 것이다.[94] 주자는 곧장 '인'을 인성(人性)의 '인(仁)'으로 보았다. 그러므로 '체인'을 '체물(體物)'과 서로 비슷하다고 한 것이니,[95] 응당 주자의 설을 정론으로 삼아야 한다. 동래(東萊)와 진재(進齋)는 모두 《정전》의 뜻을 따라서 말한 것이다.[96]

유광평(游廣平)의 설[97]에서 진(震)을 장자(長子)로 삼아 우두머리가

94 정전에는……것이다 : 《정전》에 "건의 인을 본받음은 바로 군장이 될 수 있는 도이니, 충분히 사람의 우두머리가 될 수 있다. 체인은 원을 체행하는 것이니, 견주어 본받음을 체라 한다.〔體法於乾之仁, 乃爲君長之道, 足以長人也. 體仁, 體元也, 比而效之, 謂之體.〕"라고 하였다.

95 주자는……것이니 : 소주에 주희는 "체인은 체물과 서로 비슷하니, 사람은 인 안에서 골자를 이룬다. 그러므로 체인이라 한 것이다. 인은 바로 도리이니, 반드시 이 사람에게 붙여야 비로소 그것을 체득하고 그 골자를 이루니 정자의 '견주어 본받는다.'라는 설은 도리어 옳지 않은 듯하다.〔體仁如體物相似, 人在那仁裏做骨子, 故謂之體仁. 仁是箇道理, 須著這人, 方體得他, 做得他骨子. 比而效之之說, 卻覺得未是.〕"라고 하였다.

96 동래(東萊)와……것이다 : 소주에 동래는 "인은 인이니 합하여 말하면 도이다. 다만 사람이 합할 수 없으므로 반드시 견주어 본받는 것이다. '도낏자루를 잡고서 도낏자루를 벰이여, 그 법이 멀리 있지 않도다.'라는 것은 견주어 본받음을 말한 것이다.〔仁者, 人也, 合而言之, 道也. 只爲人不能合, 故必比而效之. 執柯伐柯, 其則不遠, 比而效之之謂也.〕"라고 하였고, 진재는 "체라는 것은 몸으로 본받는 것이고 인은 바로 천지가 사물을 낳는 마음이니, 군자가 능히 몸소 이를 체행하면 생각마다 모두 인이어서 은혜를 널리 베풀어 백성을 구제하는 공이 있게 된다. 그러므로 우두머리가 될 만한 것이니, 《시경》에 '어른 노릇을 잘하고 군주 노릇을 잘한다.'라는 말과 같은 것이 이를 두고 한 말이다.〔體者, 以身法之也, 仁乃天地生物之心, 君子能體之以身, 則念念皆仁, 而有博施濟衆之功, 故足以長人, 如克長克君之類是也.〕"라고 하였으므로 이렇게 말한 것이다.

되는 증거로 삼았으니, 너무 공교롭다. 만약 봄의 진(震)을 장자로 삼고, 여름의 이(離)를 중자(中子)로 삼으며 태(兌)와 감(坎)을 또한 장자와 중자로 삼되 반드시 가을과 겨울로 짝을 지어 준다면 이 설은 통할 만한데, 그렇지 않다면 증거로 삼아서는 안 된다.

모임을 아름답게 함이 예에 합한다〔嘉會合禮〕

소주에 뇌씨(雷氏 뇌차종(雷次宗))의 설은 "아름다움이 중에 부합한다."는 것으로 '가회(嘉會)'를 풀이하였으니 옳지 않다.[98]

물건을 이롭게 함이 의에 조화된다〔利物和義〕

〔문〕 '군자체인(君子體仁)'으로부터 이하의 문의(文義)는 똑같은 형식이다.[99] 체인(體仁), 가회(嘉會), 이물(利物), 정고(貞固)는 실로

97 유광평(游廣平)의 설 : 소주에 유초는 "인은 뭇 선의 으뜸이 된다. 그러므로 우두머리가 될 수 있으니, 만물이 봄에 발육되어 진이 장자가 되는 것과 같다.〔仁爲衆善之首, 故足以長人, 猶萬物發育乎春, 而震爲長子也.〕"라고 하였다.

98 소주에……않다 : 소주 뇌씨의 설은 다음과 같다. "아름다움이 중에 부합하는 것이고, 그 덕이 충실한 뒤에 동하여 예와 합한다.〔嘉美合于中, 而其德充實, 然後動與禮合.〕" '가회합례(嘉會合禮)'에 대하여 《정전》에서는 "회통의 아름다움을 얻어야 예에 합한다. 예에 합하지 않으면 이치가 아니니, 어찌 아름다울 수 있겠는가. 이치가 아니면 어찌 형통함이 있겠는가.〔得會通之嘉, 乃合於禮也. 不合禮則非理, 豈得爲嘉? 非理, 安有亨乎?〕"라고 하였다. '회통'은 회합(會合)과 변통(變通)을 이른다. 여기서는 《정전》의 말에 근거하여 풀이해야만 옳은 해석이 된다고 창계가 생각한 것이다.

99 군자체인(君子體仁)으로부터……형식이다 : 《주역》 〈건괘 문언전〉에 "군자가 인을 체행함이 남의 우두머리가 될 만하며 모임을 아름답게 함이 족히 예에 합하며 물건을 이롭게 함이 족히 의에 조화되며, 정고함이 족히 일의 근간이 될 수 있다.〔君子體仁足以長人, 嘉會足以合禮, 利物足以和義, 貞固足以幹事.〕"라고 하여 이렇게 말한 것이다.

공부를 해야 하는 부분이고, 장인(長人), 합례(合禮), 화의(和義), 간사(幹事)는 바로 공효의 귀결점이다. 《정전》에서는 "의에 화합해야 물건을 이롭게 할 수 있다."라고 하였으니,[100] 어찌 경문(經文)의 뜻을 반대로 풀이한 것이 아니겠는가.

〔답〕《정전》에서는 위의 글 중에 "이는 의에 화합이요〔利者 義之和〕"라는 말을 풀이하여 "의에 화합함이다.〔和合於義〕"라고 말하였으니,[101] 이 단락을 연결하여 말한 것이다. 《정전》에서 이 단락을 해석할 때에 또 "의에 화합해야 물건을 이롭게 할 수 있다."라고 말하였다. 그렇다면 이는 또 위의 글을 연결하여 말한 것이니, 모두 본래의 뜻은 아닌 듯하다. 대개 경문의 이 한 절 내에는 또 절로 두 절이 있다. 위의 한 절은 사덕(四德)이 사람에게 있는 체단(體段)을 말한 것이고, 아래 한 절은 군자가 사덕을 체행하는 공용(功用)을 말한 것이니, 전후로 짝지어 놓은 것이 조리가 실로 매우 분명하다. 다만 또한 각각 그 덕에 나아가 각각 그 뜻을 발명했을 뿐이니, 글자마다 구마다 모방하여 말하는 후세의 훈고(訓詁)의 글과는 같지 않다. 응당 각각 본래의 뜻을 따라 그 뜻을 완미해야만 하고 비교 대조하고 지나치게 합하려다 도리어 서로 누가 되고 서로 모호하게 만들어서는 안 된다. 《본의》에서는 이 절에 대한 설명이 더욱 주밀하고 통창하니,[102] 읽는 사람이 《본의》를 정밀하

100 정전에서는……하였으니 : 《정전》에는 "의에 화합해야 물건을 이롭게 할 수 있으니, 어찌 그 마땅함을 얻지 못하고 물건을 이롭게 함이 있겠는가.〔和於義, 乃能利物, 豈有不得其宜而能利物者乎?〕"라고 하였다.

101 정전에서는……말하였으니 : '위의 글'은 〈문언전〉의 첫 구절을 말하는 것인데, 〈문언전〉의 첫 구에 '이자의지화(利者義之和)'라는 말을 《정전》에서는 '화합어의(和合於義)'라고 풀이하였기 때문에 이렇게 말한 것이다.

게 살펴보면 틀림없이 《정전》의 글 중에 의심스럽던 부분이 얼음이 녹듯 절로 이해될 것이다.

소주에서 주자는 "그 설이 분명하지 않은 듯하니."라고 말하였는데,[103] 정자가 당초에 이 부분에 대해 풀이한 것이 친절하지 않다. 살펴보건대 《정전》을 문의(文義)를 가지고 구해 보면 실로 의심이 없을 수 없다는 것은 위의 글에서 논한 바와 같다. 그러나 이 설은 곧장 사리(事理)에 나아가 분석하였으니 매우 정밀하고 적절하다. 대개 정자는 의리상 편안한 곳을 이(利)로 삼았으니,[104] 그렇다면 의(義) 밖에 이가 없어서 이와 의가 하나로 사물을 관통한다. 이(利)로써 의에 화합하게 한다고

102 본의에서는……통창하니 : 《본의》에서 이 절을 다음과 같이 풀이하였다. "인을 체로 삼으면 어느 한 물건도 사랑하는 가운데 있지 않음이 없으므로 족히 사람의 우두머리가 될 수 있는 것이요, 그 모이는 바를 아름답게 하면 예에 합하지 않음이 없고, 물건이 각각 그 이로운 바를 얻게 하면 의로워 화하지 않음이 없다. 정고는 정도가 있는 곳을 알아 굳게 지키는 것이니, 이른바 알아서 버리지 않는다는 것이다. 그러므로 일의 근간이 될 수 있는 것이다.〔以仁爲體, 則无一物不在所愛之中, 故足以長人. 嘉其所會, 則无不合禮, 使物各得其所利, 則義无不和. 貞固者, 知正之所在而固守之, 所謂知而弗去者也, 故足以爲事之幹.〕"

103 소주에서……말하였는데 : 소주에 주희는 "《정전》에서 말한 '사물을 이롭게 함이 충분히 의에 조화된다.'라는 것은 그 설이 분명하지 않은 듯하니, 어떻게 의에 화합할 수 있겠는가. 이 구절은 모두 절실하지 않다.〔利物足以和義, 覺見他說得糊塗, 如何喚做和合於義? 此句都說不切.〕"라고 하였다.

104 정자는……삼았으니 : 《이정유서(二程遺書)》 권16에 "성인은 의를 이로 삼으니, 의리상 편안한 곳이 바로 이가 된다. 석씨의 학문과 같은 경우 모두 이에 근본한다. 그러므로 곧 옳지 않은 것이다.〔聖人以義爲利, 義安處便爲利, 如釋氏之學, 皆本於利, 故便不是.〕"라고 하였다.

하면 이는 이(利)가 하나의 일이 되고 의가 하나의 일이 되어 다만 능히 화합하는 것만을 아름다움으로 삼는 것이 될 뿐이다. 이와 같다면 의 밖에 이가 있는 것이다. 대저 이가 실로 의와 상대되는 것이 있는데 바로 사람이 자신의 이익만을 생각하는 사심(私心)이니, 맹자의 '하필왈리(何必曰利)'[105]의 '이'가 이것이다. 《주역》 가운데 이를 말한 것은 바로 천인(天人)과 사물이 자연스레 순종하는 이이니 의와 같은 뜻이지 상대되는 것은 아니다.

정고함이 일의 근간이 될 수 있다〔貞固幹事〕

《본의》 아래 소주 주자의 설 제2조에 "'가회(嘉會)'는 비록 예(禮)를 행한 뒤의 일이지만 가회에 대한 생각은 도리어 예를 행하기 이전에 있다."라고 하였다.[106] 삼가 생각건대 예는 바로 하늘의 질서이며, '가회'는 바로 군자가 행할 바이다. 그러므로 '가회'는 예를 행한 뒤의 일이라고 말한 것이다. 다만 여기서 이른바 '가회'라는 것은 그 뜻이 도리어

105 하필왈리(何必曰利) : 《맹자》 〈양혜왕 상(梁惠王上)〉에 양 혜왕이 맹자에게 "장차 내 나라를 이롭게 함이 있겠습니까?"라고 질문하자 맹자가 "왕께서는 하필 이를 말씀하십니까. 또한 인의가 있을 뿐입니다.〔王何必曰利? 亦有仁義而已矣.〕"라고 한 데서 온 말이다.

106 소주……하였다 : 소주의 주희의 설 제2조는 다음과 같다. "'가회'는 비록 예를 행한 뒤의 일이지만 가회에 대한 생각은 도리어 예를 행하기 이전에 있다. 모인 바를 아름답게 할 때에 이 예가 있음을 말하지 않았지만 능히 이와 같이 할 수 있다면 곧 능히 예에 합한다. 그리고 사물을 이롭게 할 때에 의에 합한다고 말하지 않았지만 능히 사물로 하여금 각각 이로움을 얻게 한다면 곧 의에 합할 수 있다.〔嘉會, 雖是有禮後底事, 然這意思却在禮之先, 嘉其所會時, 未說到那禮在, 然能如此, 則便能合禮. 利物時, 未說到和義在, 然能使物各得其利, 則便能和義.〕"

예를 따르는 것을 가리켜 말한 것이 아니어서 바야흐로 '가회'를 말할 때에 예를 말하지 않았다. 그러므로 "가회에 대한 생각은 도리어 예를 행하기 이전에 있다."라고 말한 것이다.

주자의 제5조의 설 중에 "인(仁)은 모두 나로부터 발출된다."라고 한 말은 자세하지 않다. 만약 "뭇 선이 모두 나로부터 발출된다."라고 말하였다면 옳을 것이다. 그러나 아래 구의 "그러므로 사물을 사랑하지 않음이 없다."라는 말[107]과는 오히려 정확하게 연결되지 않으니, 모르겠다.

"'간(幹)'은 판축할 때에 정(楨)과 간(幹)이 있는 것과 같다."라는 말[108]은 《본의》에 "'간'은 나무의 몸통이다.〔幹 木之身〕"라고 한 말과 같지 않으니, 《본의》를 정론으로 삼아야 한다. 그러나 이는 또 하나의 뜻이 된다. 대개 나무 몸통의 간이나 판축의 간으로 '간사(幹事)'를 풀이하더라도 뜻은 모두 통한다. 다만 나무의 몸통을 '간'이라 한 것은 바로

107 주자의……말 : 주희의 제5조의 설은 다음과 같다. "'체'라는 것은 인을 체행하는 것이니, 대개 인은 나의 골자가 되므로 내가 인을 체행한다면 인이 모두 나로부터 발출될 것이다. 그러므로 사물을 사랑하지 않음이 없으니, 이 때문에 남의 우두머리가 될 수 있는 것이다.〔體者, 以仁爲體. 蓋仁爲我之骨, 我以之爲體, 仁皆從我發出, 故無物不在所愛, 所以能長人.〕"

108 간(幹)은……말 : 이는 소주에 수록된 주희의 설 중 하나인데, 주희는 "'간'은 판축할 때에 가로로 놓고 세워 놓는 기둥이 있는 것과 같다. 지금 사람들은 담장을 쌓을 때에 반드시 가운데에 하나의 나무를 세워 골자로 삼는다. 이를 세속에서는 야차목이라 부르는데, 이것이 없으면 담을 쌓을 수 없다. 가로로 된 것을 '정'이라 하고 곧게 세운 것을 '간'이라 한다.〔幹, 如板築之有楨幹. 今人築墻, 必立一木於中爲骨, 俗謂之夜叉木, 無此則不可築. 橫曰楨, 直曰幹.〕"라고 하였다.

자연적으로 본래 있는 물명(物名)이니, 판축의 '간'이 반드시 인공의 조작을 기다린 뒤에 비로소 사물이 있고 이름이 있는 것과는 선후가 실로 차이가 있다. 《본의》에서 먼저 나무의 몸통이라는 뜻을 취한 것은 아마도 이 때문일 것이다.

중외(中外)와 이용(理用)의 구분에 대해 말한 호운봉(胡雲峯)의 설[109]은 너무도 구차하고 구애된 듯하니, 본래 온축된 의미가 아닌 듯하다. 그러나 대개 모두 의미가 있으니 다시 자세히 살펴보아야 한다.

군자행차사덕(君子行此四德)

109 중외(中外)와……설 : 소주에 운봉 호씨는 "'체인'은 마음속에 보존됨이 있는 것이고, '가회'는 아름다움이 겉에 드러난 것이고, '이물'은 겉에 방정함이 있는 것이고, '정고'는 마음속에 지킴이 있는 것이다. 앞의 네 구의 '선'은 이치로 말한 것이고 '가회'는 용을 말한 것이며, 의는 이치로 말한 것이고 '간사'는 용이 되니, 예는 인이 드러난 것이고 지는 의가 감춰진 것이다. 뒤의 네 구의 '체인', '장인', '정고', '간사'는 이치로 말미암아 용에 미친 것이고, '가회', '합례', '이물', '화의'는 용으로 말미암아 이치에 미친 것이다.〔體仁, 有以存諸中, 嘉會則美見乎外, 利物有以方乎外, 而貞固有以守於中. 前四句善以理言, 而嘉會則言用; 義以理言, 而幹事則爲用. 禮者, 仁之著; 智者, 義之藏也. 後四句體仁長人貞固幹事, 由理以及用; 嘉會合禮利物和義, 則由用以及理也.〕"라고 하였는데, 여기서 말한 앞의 네 구는 《주역》 〈건괘 문언전〉에서 "원은 선의 으뜸이요, 형은 아름다움의 모임이요, 이는 의에 화합이요, 정은 일의 근간이다.〔元者, 善之長也; 亨者, 嘉之會也; 利者, 義之和也; 貞者, 事之幹也.〕"라고 한 것을 가리키고, 뒤의 네 구는 "군자가 인을 체행함이 남의 우두머리가 될 만하며 모임을 아름답게 함이 족히 예에 합하며 물건을 이롭게 함이 족히 의에 조화되며 정하여 견고함이 족히 일의 근간이 될 수 있다.〔君子體仁, 足以長人; 嘉會, 足以合禮; 利物, 足以和義; 貞固, 足以幹事.〕"라고 한 것을 가리킨다.

소주 절재(節齋)의 설에서 문식(文飾)으로 '문언(文言)'의 '문' 자를 풀이한 것[110]은 과연 옳은지 모르겠다.

초구왈잠룡(初九曰潛龍)

《정전》에 대하여

〔문〕 이로부터 이하를 《정전》에서는 '구(九)를 쓰는 방법'이라고 말한 것은 무슨 이유인가?[111]

〔답〕 이 한 절은 다만 육효(六爻)의 도만을 논하였고 구를 쓰는 방법을 말하지 않았으니, 《정전》에서 이 절을 가지고 구를 쓰는 방법이라 통틀어 말한 것은 아마도 이 때문인 듯하다. 다만 육효에 대해 논한 바는 구를 쓰는 방법과는 전혀 상관이 없으니 또한 정론(定論)이 되지는 못할 듯하다. 《본의》 아래 소주 주자의 설 제3조에 "근신존성(謹信存誠)은 내면의 공부인지라 자취가 없고, 충신진덕(忠信進德), 수사거업(修辭居業)은 외면의 일인지라 은미하게 자취가 있다."라고 하였다.[112]

110 소주……것 : 소주에 절재는 "문은 꾸밈이고 언은 말이니, 단사와 상사를 문식하여 풀이해서 단과 상의 뜻을 모두 드러낸 것이다. 건과 곤은 뭇 괘의 으뜸이다. 그러므로 특별히 상세하게 설명하였는데, 나머지 괘는 같은 종류로 추론할 수 있다.〔文, 飾也; 言, 辭也, 文釋彖象之辭, 以盡彖象之意. 乾坤居衆卦之首, 故特詳之, 而餘卦可以類推也.〕"라고 하였다.

111 이로부터……이유인가 : 《정전》에서 "이로부터 이하는 건의 쓰임을 말하였으니, 구를 쓰는 방법이다.〔自此以下, 言乾之用, 用九之道也.〕"라고 하였기 때문에 이렇게 질문한 것이다.

112 본의……하였다 : 주희의 설 제3조에 "질문하기를 '《본의》에서는 「〈문언전〉은 육효를 모두 성인으로 밝혔으니, 숨고 나타남은 있으나 덕에 깊고 얕음은 없다.」라고 하였으니, 〈문언전〉에서 이른바 충신진덕과 수사입성이라는 것은 성인의 분수에 있어

지금 살펴보건대 '존성'은 실로 내면의 공부이지만 '근신'은 내면의 공부라고 꼭 집어 말할 수 없고, '거업'은 실로 외면의 일이지만 '진덕'은 또한 외면의 공부라고 꼭 집어 말할 수 없으니 그 뜻이 자세하지 않다. '자취가 있다.', '자취가 없다.'라고 말한 것에 이르러서는 그 말을 완미해 보고 그 공부를 살펴보면 진실로 분별이 있는 듯하다.

구이왈(九二曰)

《본의》 아래 소주 주자의 설 제3조에 "두 곳에서 군덕(君德)을 말하였다."라고 하였는데,[113] 이곳과 아랫글에서 '학취(學聚)'와 '문변(問辨)'

어떠한 것입니까?'라고 하니, 답하기를 '배우는 자에게는 힘써 행해야 하는 것이고 성인에게는 그렇지 않아 편안하게 행하는 것이다.'라고 하였다. 또 질문하기를 '《본의》에 용언용행을 풀이하여 성덕이 지극한 것이라 하였고, 한사존성을 풀이하여 싫어함이 없을 때에도 보존하는 것이라 하였으니, 이 뜻입니까?'라고 하니, 답하기를 '근신존성은 내면의 공부인지라 자취가 없고, 충신진덕, 수사거업은 외면의 일인지라 은미하게 자취가 있으니, 성인의 분위에 있어 모두 절로 구별된다.'라고 하였다.〔問: 文言六爻, 皆以聖人明之, 有隱顯而无淺深, 如所謂忠信進德、修辭立誠, 在聖人分上, 如何? 曰: 在學者, 則勉强而行之, 在聖人, 則不然, 安而行之也. 又問: 本義釋庸言庸行, 以爲盛德之至; 釋閑邪存誠, 以爲无斁亦保, 是此意否? 曰: 謹信存誠, 是裏面工夫, 无迹, 忠信進德、修辭居業, 外面事, 微有迹, 在聖人分位, 皆做得自別.〕"라고 하였다. 충신진덕과 수사입성은 〈문언전〉에 "구삼에 이르기를 '군자가 종일토록 힘쓰고 힘써 저녁까지도 두려워하면 위태로우나 허물이 없다.'라는 것은 무슨 말인가? 공자(孔子)가 말하였다. '군자는 덕을 진전시키고 업을 닦나니, 충과 신이 덕을 진전시키는 것이요, 말을 함에 그 성실함을 세움이 업을 보유하는 것이다.'〔九三曰: 君子終日乾乾夕惕若厲无咎, 何謂也? 子曰: 君子進德修業, 忠信, 所以進德也, 修辭立其誠, 所以居業也.〕"라고 한 데서 온 말이고, '《본의》……하였다.'라는 말은 〈문언전〉에서 구이(九二)에 대해 공자가 풀이한 말을 주희가 해석한 것이다.

113 본의……하였는데 : 주희의 설 제3조에 "두 곳에서 이 '군덕'을 말했지만 도리어

을 말한 부분[114]이 앞에서 말한 두 곳이다.

《본의》 아래 소주 주자의 설 제4조에 "이천(伊川)은 도리어 이 대인을 둘로 만들어 말하였다."라고 하였는데,[115] 정자가 구이의 대인을 설명하면서 "구오 즉 위에 있는 대인을 만나 봄이 이롭다."라고 한 것이 바로 둘로 만들었다는 것이다.

난씨(蘭氏)의 설에서 "성(誠)은 나로부터 있다."라는 말[116]은 어폐가

대인을 발명하려는 것이 바로 구이이다. 공자는 사람의 도가 대인과 구별될까 걱정하였기 때문에 이렇게 상호 발명한 것이다.〔兩處說箇君德, 却是要發明大人, 卽是九二. 孔子怕人道別箇大人, 故互相發.〕"라고 하였다.

114 학취(學聚)와……부분 : 〈문언전〉 뒷부분에 "군자가 배워서 지식을 모으고 물어서 분변하며 너그러움으로 거하고 인으로써 행한다. 《역》에 '나타난 용이 밭에 있으니 대인을 만나 봄이 이롭다.'라고 하였으니 이는 인군의 덕이다.〔君子學以聚之, 問以辨之, 寬以居之, 仁以行之, 易曰見龍在田利見大人, 君德也.〕"라고 한 것을 가리킨다.

115 본의……하였는데 : 소주 주희의 설 제4조에 "'용덕으로 정중한 자이다.' 이하의 말은 모두 군주의 덕이니, 비록 군주의 자리에 있지 않지만 도리어 군주의 덕이 있으므로 대인이 됨을 말한 것이다. 이천은 도리어 이 대인을 둘로 만들어 말하였다.〔龍德正中以下, 皆君德, 言雖不當君位, 卻有君德, 所以也做大人. 伊川卻說得這箇大人做兩樣.〕"라고 하였다. '용덕으로 정중한 자이다. 이하의 말'이라는 것은 〈문언전〉에 "구이에 이르기를 '나타난 용이 밭에 있으니 대인을 만나 봄이 이롭다는 것은 무슨 말인가?'라고 하니, 공자가 말하기를 '용덕으로 정중한 자이니, 평상시의 말을 믿게 하고 평상시의 행동을 삼가여, 사를 막고 성을 보존하며, 세상을 좋게 하고도 자신의 공로를 자랑하지 않으며, 덕이 넓어 교화하는 자이다. 《역》에 이르기를 「나타난 용이 밭에 있으니 대인을 만나 봄이 이롭다.」라고 하였으니, 이는 군주의 덕이다.'라고 하였다.〔九二曰: 見龍在田利見大人, 何謂也? 子曰: 龍德而正中者也. 庸言之信, 庸行之謹, 閑邪存其誠, 善世而不伐, 德博而化. 易曰見龍在田利見大人, 君德也.〕"라고 한 것을 가리킨다.

있으니 "성은 고유한 것이다.〔誠所固有〕"라고 말하는 것만 못한 듯하다. 융산(隆山 이순신(李舜臣))의 설에 "곤괘의 획은 한결같이 허하니 경을 낳는다."라고 하였다.[117] 곤괘에서 경(敬)과 의(義)를 말한 것[118]은 바로 한결같은 상(象)이기 때문이니, 바로 건괘의 진덕수업(進德修業)이 혼연히 한 개의 성(誠)이라는 것과 대(對)가 되어 기(奇)와 우(偶), 건(健)과 순(順)의 체를 볼 수 있다. 만약 허가 경을 낳는다〔虛生敬〕는 것으로 말한다면 경은 실로 허로써 말할 수 있지만 또한 실이라고 말할 수도 있다. 또 경하면 절로 허해지니 어찌 '허하니 경을 낳는다.'라고 말할 수 있겠는가. 이로써 곤괘가 한결같은 상이라 하는 것은 매우 적절하지 않다.

116 난씨(蘭氏)의……말 : 난씨는 〈문언전〉의 '한사존기성(閑邪存其誠)'에 대해 "'사'는 밖으로부터 들어오므로 막고 '성'은 나에게 있으므로 보존한다.〔邪自外入, 故閑之; 誠自我有, 故存之.〕"라고 하였다.

117 융산(隆山)의……하였다 : 소주의 융산의 설은 다음과 같다. "건괘의 획은 한결같이 실하니 성이고, 곤괘의 획은 한결같이 허하니 경을 낳는다. 그러므로 건의 구이에서는 성을 말하였고, 곤의 육이에서는 경을 말하였다. 성과 경 두 글자는 복희의 글에서 시작되었는데, 실제 천지자연의 이치이다.〔乾畫一實則誠, 坤畫一虛則生敬, 故乾九二, 言誠; 坤六二, 言敬. 誠敬二字, 始于包犧心畫, 而實天地自然之理也.〕"

118 곤괘에서……것 : 《주역》〈곤괘(坤卦) 육이(六二)〉에 "곧고 방정하고 위대하다. 익히지 않아도 이롭지 않음이 없다.〔直方大, 不習, 无不利.〕"라고 하였는데, 〈문언전〉에 "곤괘는 지극히 유순하되 동함이 강하고, 지극히 고요하되 덕이 방정하다.〔坤, 至柔而動也剛, 至靜而德方.〕"라고 하였고, 또 "직은 그 바름이요 방은 그 의이니, 군자가 경으로써 안을 곧게 하고 의로써 밖을 방정하게 하여, 경과 의가 확립되면 덕이 외롭지 않으니, '직방대불습무불리'는 그 행하는 바를 의심하지 않는 것이다.〔直, 其正也; 方, 其義也. 君子敬以直內, 義以方外, 敬義立而德不孤, 直方大不習无不利, 則不疑其所行也.〕"라고 하였다.

구삼왈(九三曰)

《정전》의 '삼거하지상(三居下之上)'에서 '수업이이(修業而已)'까지[119] 에 대하여

〔문〕 구삼은 중강(重剛)이면서 중(中)하지 못하다. 그러므로 "군자가 종일토록 힘쓰고 힘써 저녁까지도 두려워하면 위태로우나 허물이 없다.〔君子終日乾乾夕惕若厲无咎〕"는 상(象)이 있으니, 진덕수업(進德修業)은 바로 힘쓰고 두려워하는 실제의 일이다. 만약 '군주의 덕이 이미 드러났으니, 장차 무슨 일을 하겠는가. 오직 진덕수업만을 할 뿐이다.'라고 한다면 옳지 않은 듯하다.

〔답〕 군자의 진덕수업이 어찌 군주의 덕이 이미 드러나 달리 할 것이 없게 된 뒤에 하는 것이겠는가. 경문(經文)의 뜻을 얻지 못했을 뿐만 아니라 의리로 보아도 타당하지 않다.

《정전》의 '불해이지구(不懈而知懼)'에 대하여

〔문〕 이 말은 '건건시척(乾乾時惕)'[120]의 뜻을 말한 것이다. '건건시척'은 진덕수업에 대한 한 절의 뜻을 모두 포함하고 있는데, 《정전》에서는 여기에 대해 비중을 두거나 총괄하는 말이 없으니, 또한 너무 허술하다.

119 정전의 삼거하지상(三居下之上)에서 수업이이(修業而已)까지 : 《정전》에 "구삼은 하괘의 위에 거하여 군주의 덕이 이미 드러났으니, 장차 무슨 일을 하겠는가. 오직 진덕과 수업을 할 뿐이다.〔三居下之上, 而君德已著, 將何爲哉? 唯進德修業而已.〕"라고 한 것을 가리킨다.

120 건건시척(乾乾時惕) : 〈문언전〉에 "힘쓰고 힘써 때에 따라 두려워하면 비록 위태로우나 허물이 없는 것이다.〔乾乾因其時而惕, 雖危, 无咎矣.〕"라고 한 말을 가리킨다.

《본의》의 소주 주자의 설 제2조에 "충신(忠信)이 덕을 진전시킨다는 것은 바로 말을 함에 성실함을 세우는 허다한 도리를 아는 것이다."라고 하였다.[121] 지금 살펴보건대 허다한 도리를 알고 난 뒤에 실로 충신하니, 충신을 견득(見得)으로 삼는 것은 어떨지 모르겠다. 그 뜻을 자세히 살펴보니, 또한 충신하므로 허다한 도리를 알 수 있다고 말한 것이 아니다. 대개 충신하면 곧 '수사(修辭)' 이하의 도리를 알 수 있다고 말한 것이니, 굳이 의심할 것이 없다.

《본의》의 소주 주자의 설 제3조에 조건(條件)과 공정(功程)을 말하였다.[122] 지금 살펴보건대 '충신진덕(忠信進德)'과 '수사입성(修辭立誠)'은 동시에 일어나는 일이기에 차례가 없으므로 조건으로 말하였고, '지지지지(知至至之)'와 '지종종지(知終終之)'는 시종의 일이기에 차례가 있으므로 공정으로 말한 것이다.

121 본의의……하였다 : 주희의 설 제2조는 다음과 같다. "질문하기를 '입성을 행실을 검속하는 측면에서 말하지 않고, 다만 수사만 지적한 것은 어째서인가?' 하니, 대답하기를 '사람들이 성실하지 않는 곳은 대부분 언어에 있다.'라고 하였다. 또 말하기를 '사람들은 대부분 언어를 긴요하지 않은 것이라 간주하여 쉽게 말을 한다. 만약 말 하나하나를 성실하게 하고자 하면 그 공부가 절로 큰 것이다. 충신이 덕을 진전시킨다는 것은 바로 말을 함에 성실함을 세우는 허다한 도리를 아는 것이고, 말을 함에 성실함을 세우는 것은 곧 이 충신을 세우려는 것이다.'라고 하였다.〔問: 立誠不就制行上說, 而特指修辭何也? 曰: 人不誠處, 多在言語上. 又曰: 人多將言語, 做沒緊要, 容易說出來. 若一一要實, 這工夫自是大. 忠信進德, 便是見得修辭立誠底許多道理, 修辭立誠, 便要立得這忠信.〕"

122 본의의……말하였다 : 제3조의 설은 다음과 같다. "'충신진덕', '수사입성'은 거업 공부의 조건이고, '지지지지가여기', '지종종지가여존의'는 공부의 공정이다.〔忠信進德、修辭立誠, 居業工夫之條件也; 知至至之可與幾、知終終之可與存義, 工夫之功程也.〕"

후재 풍씨(厚齋馮氏)의 설 중에 "군덕은 구이(九二)에서 드러났다."로부터 이하는[123] 견강부회하여 바른 뜻을 잃었으니 취할 만한 것이 없다.

구사왈(九四曰)

《정전》에 대하여

〔문〕《정전》은 여기에 또 '혹약재연(或躍在淵)'의 뜻을 거듭 해석하였으니, 이처럼 상세하게 한 것은 어째서인가?

〔답〕 경문(經文)을 해석하는 상례로 말하면 효(爻) 아래에 이미 해석하였으니, 여기에서 거듭 자세하게 설명해서는 안 된다. 아마도 효 아래에 해석한 것이 소략하여 만족스럽지 못한 점이 있었기 때문에 여기에 스스로 변례를 만들어 또 이처럼 해석한 것이 아니겠는가. 여기에서 보면 《언해》에서 경문을 해석한 것이 정자의 뜻이 아님을 분명하게 알 수 있다. 여기에 대한 설은 효 아래에 보인다.

《본의》의 소주에 운봉(雲峯)이 '때를 안다.〔知時〕', '도를 안다.〔知道〕', '이치를 궁구하고 성을 다한다.〔窮理盡性〕'라고 말한 것[124]은 모두 끌어

123 후재 풍씨(厚齋馮氏)의……이하는 : 후재 풍씨의 설은 다음과 같다. "이는 진덕, 수업, 충신, 사성, 지지, 지종을 말하여 종일토록 힘쓰고 힘써 저녁까지도 두려워하는 실제를 밝힌 것이다. 군덕은 구이에서 드러났고 군위는 구오에서 존중받으니, 구삼으로부터 가서 그 덕업을 기르는 날 아님이 없지만 구이와 구오 상하의 사이에서 처신하기가 더욱 어려우니, 덕업을 닦고 두려워하면서 허물이 없기를 구하여 도에 합치되게 하는 것이 옳다. 구삼은 상괘와 접해 있기 때문에 나아갈 수 있고, 하괘의 끝에 있기 때문에 거할 수 있다.〔此言進德、脩業、忠信、辭誠、知至、知終, 以明終日乾乾夕惕若之實也. 君德著于二, 君位尊於五, 自三以往, 無非養其德業之日, 而在上下之間, 處之尤難, 進修惕厲求無過以合於道可也. 接上卦, 故可以進; 終下卦, 故可以居.〕"

다 덧붙인 설이다.

구오왈(九五曰)

《정전》에 "인류가 돌아가 우러르지 않음이 없거든 하물며 덕(德)이 같은 자에 있어서랴. 위는 아래에 응하고 아래는 위를 따른다.", "윗사람이 이미 아랫사람을 만나 보고 아랫사람 역시 윗사람을 만나 보는 것이다.", "윗사람과 아랫사람이 서로 만나서 함께 그 일을 이루는 것이다."라고 한 것에 대하여[125]

124 소주에……것 : 운봉 호씨의 설은 다음과 같다. "구삼과 구사에 대해 모두 '진덕수업'으로 말한 것은 중강이면서 중하지 않으므로 모두 위태롭고 의심받는 때이기 때문이다. 예로부터 성현이 이런 지경에 처하면 오직 덕업을 진전시키고 닦을 뿐이었다. 더구나 구이효는 상하에 진퇴하는 사이와 건도가 변화하는 때에 있음에랴. 진퇴에 대해 기미를 아는 것은 때를 아는 것이고, 변화에 대해 묘체를 보는 것은 도를 아는 것이다. 이른바 이치를 궁구하고 성을 다하여 명에 이른다는 것이니 진덕수업의 요체가 어느 것이 이보다 크겠는가.〔三四, 皆以進德修業言者, 重剛不中, 皆危疑之時也. 自昔聖賢處此, 惟有進德修業而已, 況二爻在上下進退之間、乾道變化之際. 於進退而識其幾, 知時者也; 於變化而見其妙, 知道者也. 所謂窮理盡性, 以至於命也, 進修之要, 孰大乎此?〕"

125 정전에……대하여 : 《정전》의 전문은 다음과 같다. "일반인과 성인은 동류이다. 구오가 용덕으로서 높은 지위에 오르니, 인류가 돌아가 우러르지 않음이 없거든 하물며 덕이 같은 자에 있어서랴. 위는 아래에 응하고 아래는 위를 따르니, 이는 같은 소리가 서로 응하고 같은 기운이 서로 구하는 것이다. 물은 습한 곳으로 흐르고 불은 건조한 곳으로 나아가며 구름은 용을 따르고 바람은 범을 따름은 모두 기가 같은 유로 하는 것이다. 그러므로 성인이 나오매 만물이 모두 우러러보는 것이니, 윗사람이 이미 아랫사람을 만나 보고 아랫사람 역시 윗사람을 만나 보는 것이다. 물은 사람이다. 옛말에 인물이라 하고 물론이라 하였는데, 사람을 말한다. 《역》에 '대인을 만나 봄이 이롭다.'라는 것은 그 말은 같으나 뜻은 서로 다르니, 예컨대 송괘의 '이견대인'은 대덕·중정의 사람을 만나 보면 그 분변이 명백함을 말한 것으로 만나 보기 전에 있는 것이요, 건괘의

〔문〕《정전》에서 굳이 동덕(同德)과 상하로 말한 것은 어째서인가?
〔답〕 구이(九二)와 상대하여 말한 것이니, 대개 "구오(九五)의 대인(大人)은 구이의 대인을 만나 봄이 이롭다. 그러므로 구이의 대인 또한 절로 대인을 만나 봄이 이롭다."는 것을 말한 것이다. 동덕은 피차가 모두 대인이라는 것이다. 위라는 것은 구오이고, 아래라는 것은 구이이니 그 뜻이 이와 같다. 다만 산만하게 내용을 끌어모아 끝내 간단명료하지 못하니, 《본의》가 더욱 믿을 만하다.

《본의》의 소주 운봉(雲峯)의 설[126] 중에 "구오는 단지 '이견(利見)'을 풀이한 것이다."라고 한 말은 안목이 너무도 좁다. 그리고 "구오의 '비룡재천(飛龍在天)'은 지극한 성이 변화한 것이다."라고 말한 것도 알 수 없다.

구이와 구오는 성인이 이미 나오매 윗사람과 아랫사람이 서로 만나서 함께 그 일을 이루는 것이니, 이로운 것이 대인을 만나 보는 것으로 만나 본 뒤에 있는 것이다. 하늘에 근본한 것은 해와 달, 별과 같은 것들이요, 땅에 근본한 것은 벌레와 짐승, 초목과 같은 것들이다. 음과 양이 각기 그 유를 따르니, 사람과 물건도 그렇지 않음이 없다.〔人之與聖人類也. 五以龍德升尊位, 人之類莫不歸仰, 況同德乎. 上應於下, 下從於上, 同聲相應, 同氣相求也. 流濕、就燥、從龍、從虎, 皆以氣類. 故聖人作而萬物皆覩, 上旣見下, 下亦見上. 物, 人也, 古語云人物物論, 謂人也. 易中, 利見大人, 其言則同, 義則有異. 如訟之利見大人, 謂宜見大德中正之人則其辨明, 言在見前, 乾之二五, 則聖人旣出, 上下相見, 共成其事, 所利者見大人也, 言在見後. 本乎天者, 如日月星辰; 本乎地者, 如蟲獸草木. 陰陽, 各從其類, 人物莫不然也.〕"

126 본의의……설 : 운봉 호씨는 다음과 같이 말하였다. "구오는 단지 '이견' 두 글자를 풀이한 것이니, 대인이 대인이 되는 이유는 구이에서 이미 풀이하였다. 구이는 사를 막고 성을 보존하며 덕이 넓어 교화하는 것이고, 구오의 비룡재천은 지극한 성이 변화한 것이다.〔九五, 只是釋利見二字, 蓋大人之所以爲大者, 已釋於九二. 九二閑邪存誠, 德博而化, 五之飛龍在天, 則至誠之變化者也.〕"

상구왈(上九曰)[127]

《본의》의 소주 임천(臨川)의 설에 "'귀'는 구가 용이 된 것을 풀이한 것이다.〔貴釋九之爲龍〕"라고 하였다. 지금 살펴보건대 구가 용이 된 것은 초구(初九)부터 이미 그러하였으니, 어찌 모두 '귀'라고 말할 수 있겠는가. 양성재(楊誠齋 양만리(楊萬里))가 말하기를 "육룡의 우두머리이다. 그러므로 '귀'라고 말한 것이다.〔六龍之首 故曰貴〕"라고 하였다.[128] 양성재의 설이 절로 타당하니 임천의 설은 잘못되었다. 임천의 설에 "'백성이 없다.'라는 것은 건괘가 순양이고 음이 없기 때문이다. 구삼의 현자가 아래에 있지만 적체[129]로 응하지 않으니, 이것이 도움이 없다는 것이다.〔无民者 純陽無陰也 九三之賢在下而敵體不應 是無輔也〕"라고 하였다. 지금 살펴보건대 건괘는 순양이므로 동덕(同德)으로 응하니, 만약 순양이고 음이 없다는 이유로 곧장 '백성이 없다.'라고 한다면 비록 구오(九五)라 하더라도 역시 백성이 없음을 면치 못한다. 만약 적체라는 이유로 곧장 응하지 않아서 도움이 없다고 한다면 여섯 효 중에 어느 것이 적체가 아니겠는가. 도움이 없다는 뜻은 또한 "구사

127 상구왈(上九曰) : 아래 본문의 이해를 돕기 위해 〈문언전〉의 전문을 소개한다. 상구(上九)에 다음과 같이 말하였다. "'끝까지 올라간 용이니 뉘우침이 있다.'라는 것은 무슨 말인가? 공자가 말하였다. '귀하나 지위가 없으며 높으나 백성이 없으며 현인이 아랫자리에 있어서 도와주는 이가 없다. 이 때문에 동하면 뉘우침이 있는 것이다.'〔亢龍有悔, 何謂也? 子曰: 貴而无位, 高而无民, 賢人在下位而无輔, 是以動而有悔也.〕"

128 양성재(楊誠齋)가……하였다 : 《본의》 아래 소주에 양만리의 설이 수록되어 있다.

129 적체(敵體) : 서로 지위가 동등하여 상하 존비의 구분이 없는 것을 이른다. 여기서는 상구가 구삼에 응하는데 둘 다 양이기 때문에 응하지 않는 것을 적체로 표현한 것이다.

로부터 이하는 모두 구오를 따른다. 그러므로 도움이 없다고 말한 것이다.〔自四以下皆從九五 故曰無輔〕"[130]라고 한 성재의 설을 정론으로 삼아야 한다.

현룡시사(見龍時舍)

《본의》의 소주에 풍씨(馮氏)가 '시사(時舍)'에 대해 말한 것은 《정전》의 뜻이고, 오씨(吳氏)의 설은 바로 《본의》의 뜻이다.[131]

건원용구(乾元用九)

〔문〕 용구(用九)에 굳이 건원(乾元)을 더한 것은 무슨 뜻인가?

〔답〕 건원의 지극히 굳세고 큰 도로써 구를 쓰는 것이 바로 천하가 다스려지는 까닭이다. 비록 용구만을 말하였지만 또한 양(陽)이 변하여 음(陰)이 되고 강하면서 부드러울 수 있다는 뜻을 알 수 있으니, 반드시 건원을 더한 뒤라야 전체(全體)와 대용(大用)을 볼 수 있다. 《본의》에서 "다른 괘와 같지 않음을 드러낸 것이다."라고 한 것도 앞에서 말한 것과 똑같은 뜻이지만 여기서 입언한 의리(義理)는 이것을

130 구사로부터……것이다 : 이 말은 양만리의 말이다. 《본의》 아래 소주에 실려 있다.

131 풍씨(馮氏)가……뜻이다 : 《정전》에는 "때에 따라 멈추는 것이다.〔隨時而止也.〕"라고 하였는데, 소주에 풍씨는 "사는 '출사우교'의 사 자와 같으니, 마침 그 자리에 머물러 있을 뿐 오랫동안 편안한 것은 아니다.〔舍, 與出舍于郊之舍同, 適止於位, 非久安也.〕"라고 하였고, 《본의》에서는 "때에 쓰임이 되지 못함을 말한 것이다.〔言未爲時用也.〕"라고 하였는데, 소주에서 오씨(吳氏)는 "용이 밭에 있는 것은 하위에 있는 것과 같으니 때에 쓰임이 되지 못한 것이다.〔龍之在田, 猶在下位, 未爲時用也.〕"라고 하였기 때문에 이렇게 말한 것이다.

주로 한 것이지 저것을 주로 하지 않은 듯하다.[132]

소주의 융산(隆山)의 설은 건(乾)의 사덕(四德) 중에 건원만을 전적으로 말하였다.[133] 그러나 단사(彖辭)로부터 이미 건원만을 전적으로 말하였고 여기에 이르러 비로소 이렇게 말한 것은 아니니, 여기에 다시 주설(註說)을 덧붙일 필요는 없다. 오직 용구의 위에 반드시 건원 두 글자를 더한 뜻을 몰라서는 안 되니, 여기에 대한 설은 아래와 같다. 이른바 "건도(乾道)가 끝남에 일원(一元)이 다시 쓰인다."라고 한 것은 더욱 천착한 말이다. 대개 이 건원은 곧 '위대하다 건원이여.〔大哉乾元〕'의 건원이고, 건도가 끝난 뒤에 다시 쓰이는 건원을 가리켜 말한 것은 아니다. 융산의 뜻을 살펴보면 대개 용구가 육효(六爻)의 뒤에 있다는 것을 가지고 마침내 건도가 끝난 뒤에 일원이 다시 쓰이는 뜻을 미루어 말한 듯한데, 사소한 것에 천착하여 본래의 뜻을 크게 잃었다.

주자의 설 제1조[134]에 "위의 글에 '용구는 여러 용(龍)이 머리가 없음을

132 본의에서……듯하다 : 《본의》에서는 "건원의 용구라고 말한 것은 다른 괘와 같지 않음을 드러낸 것이니, 군주의 도가 강하면서 능히 부드러우면 천하가 다스려지지 않음이 없을 것이다.〔言乾元用九, 見與他卦不同, 君道剛而能柔, 天下无不治矣.〕"라고 하였다. 여기서 '이것'은 창계가 주장한 전체와 대용을 가리켜 말한 것이고 '저것'은 주자의 설을 가리키는 듯하다.

133 소주의……말하였다 : 융산의 소주는 《정전》 아래에 수록되어 있다. 융산의 설은 다음과 같다. "사덕 중에 일원만을 말한 것은 어째서인가? 원, 형, 이, 정은 똑같이 원에서 나왔으니, 마치 순환하는 듯하여 건도가 끝나면 일원이 다시 쓰인다.〔四德, 獨擧一元, 何也? 元亨利貞, 同出于元, 如循環然, 乾道之終, 則一元復用矣.〕"

134 주자의 설 제1조 : 주희의 설 제1조는 다음과 같다. "혹자가 '건원의 용구는 천하가

봄이니 길하다.'라고 한 것[135]은 또 다르게 보아야 한다."라고 하였다. 살펴보건대 여러 용이 머리가 없음을 봄이니 길하다는 것은 단지 용구(用九)는 양이 변하여 음이 되고 강건하면서도 유순할 수 있는 뜻만을 말한 것이고, 여기에서 건원(乾元)의 용구를 말한 것은 또 용구는 본래 건원의 용구임을 드러낸 것이다. 건원의 체성(體性)으로 구(九)를 쓰는 도(道)는 바로 신묘한 조화와 작용의 지극함이 되므로 또 용구의 뜻만을 말하는 것과 같을 뿐만이 아니다. 그러므로 다르게 보아야 한다고 말한 것이다. 그러나 용구는 또한 단지 여러 용이 머리가 없음을 본다는 용구일 뿐이니, 다만 미루어 말한 것이 넓고 좁고 무겁고 가벼운 차이만 있을 뿐 실제 두 가지 이치가 있는 것은 아니다. 만약 두 설이 각각 별도의 설이 되어 전혀 서로 상관이 없다고 말한다면 잘못된 것이니 주자의 뜻이 아니다.

운봉(雲峯)이 "다른 괘에서 구(九)를 쓰는 것은 각각 가리키는 바가

다스려짐이다.'에 대해 묻자 주자가 말하기를 '구는 천덕이다. 강건한 가운데 곧 절로 유순함이 있으니, 유순함을 쓴다면 천하가 다스려지는 것이다. 예를 들면 아랫글에 「내견천칙」이라고 하였는데, 여기서 칙은 바로 천덕이다. 위의 글에 「용구는 여러 용이 머리가 없음을 봄이니 길하다.」라고 한 것과 또 다르게 보아야 한다.'라고 하였다.〔或問: 乾元用九, 天下治也. 朱子曰: 九是天德, 健中, 便自有順, 用之, 則天下治. 如下文, 乃見天則, 則, 便是天德. 與上文見群龍无首, 又別作一樣看.〕"

135 위의……것 : 《정전》에서는 "구를 씀은 여러 용을 보되 앞장서지 않으면 길하리라.〔用九, 見群龍无首, 吉.〕"에 대해 "구를 씀은 여러 용을 보되 앞장서지 않으면 길하리라."라고 풀이하였고, 《본의》에서는 "구를 씀은 여러 용이 머리가 없음을 봄이니 길하다."라고 풀이하였다. 여기서는 주희의 설에 대해 논하는 것이므로 《본의》의 풀이대로 번역하였다.

있는데, 건괘가 구를 쓰는 것은 유독 강(剛)으로서 유(柔)할 수 있기 때문이다."라고 말하였다.[136] 살펴보건대 구를 쓰는 뜻은 다른 괘에 있어서도 강으로서 유할 수 있기 때문이라 말할 수 있으니, 대개 양이 음으로 변하면 강하면서 유할 수 있는 도이기 때문이다. 다만 다른 괘는 순양(純陽)이 없으니, 비록 오양(五陽)의 괘에서 다섯 양이 모두 변하더라도 오히려 하나의 음이 육(六)이 되므로 온전히 구를 쓰는 도로써 말할 수는 없고, 다만 변한 바의 효(爻)를 상고해야 할 뿐이다. 오직 건괘만은 모두 변한 뒤에 구를 쓰는 도를 말할 수 있다. 그러므로 《주역》에서 반드시 건괘에만 구를 쓴다고 말한 것은 그 뜻이 이러한 이유 때문이다. 만약 건괘만 구를 쓰는 도를 말할 수 있다고 한다면 괜찮겠지만 건괘가 구를 쓰는 것이 유독 강으로서 유할 수 있기 때문이라고 말한다면 어폐가 있다. 운봉이 다른 괘에서 구를 쓰는 것은 각각 가리키는 바가 있다고 말한 것에 이르러서는 근리(近理)하다. 둔괘(屯卦)가 구를 쓰는 것과 같은 경우 초구(初九), 구사(九四), 상구(上九)가 바로 둔괘에서 구를 쓰는 것이지 다른 곳에는 구를 씀이 없으니, 이것이 바로 각각 가리키는 바가 있다는 것이다. 그러나 이 둔괘가 구를 쓰는 것을 가지고 똑같은 예로 추론할 수 있는 것은 아니다.

136 운봉(雲峯)이……말하였다 : 소주의 운봉 호씨의 설은 다음과 같다. "건원이 구를 쓰는 것은 다른 괘와 같지 않다. 대개 192효가 모두 구를 써서 각각 가리키는 바가 있는데, 건의 용구는 유독 강으로서 유할 수 있기 때문이니, 인군이 천하를 다스리는 도는 응당 이와 같아야 한다. 이러므로 다른 괘와 같지 않은 것이다.〔乾元用九, 與他卦不同者. 蓋一百九十二爻皆用九, 各有所指, 乾之用九, 則獨以剛而能柔, 人君治天下之道, 當如是也. 所以與他卦不同.〕"

건도내혁(乾道乃革)

《본의》의 소주에 임씨(林氏)는 "잠(潛)을 변혁하여 약(躍)이 된 것이다."라고 말하였다.[137] 구사가 아랫자리를 떠나 올라갔으니 이것이 바로 변혁한다는 뜻이다. 만약 잠을 변혁한 것으로 말한다면 이는 단지 초구와 상대하여 말한 것일 뿐이다. 구이(九二)의 '재전(在田)'에 이르러서는 이미 초구의 잠을 변혁한 것이니, 어찌 구사를 기다려 비로소 변혁하겠는가.

항룡해극(亢龍偕極)

〈문언전〉에서는 건괘(乾卦)의 육효(六爻)에 대해 내괘(內卦)는 덕(德)과 학(學)으로 말하였고 외괘(外卦)는 시(時)와 위(位)로 말하였으니 매우 분명하다. 구사의 진덕(進德)은 바로 구삼(九三)의 진수(進修)의 일을 미루어 말한 것이고, 구오(九五)의 천덕(天德)은 그 뜻이 또한 천위(天位)로써 말한 것이다. 소주의 진재(進齋) 설에서 "다섯 효는 모두 덕이 있는데, 상구(上九)만 홀로 없다."라고 굳이 말한 것[138]

137 본의의……말하였다 : 소주에서 임씨는 다음과 같이 말하였다. "초구는 잠룡물용인데 구사에서 이에 변혁한다고 한 것은 잠을 변혁하여 약이 된 것을 말한 것이다.〔初潛龍勿用而四乃革者, 言革潛爲躍也.〕"

138 소주의……것 : 소주에서 진재는 다음과 같이 말하였다. "건괘는 덕으로 효를 밝혔다. 초구는 용덕(龍德)을 가지고 은둔한 자라고 말하였고, 구이는 용덕으로 정중(正中)한 자라고 말하였으며, 구삼과 구사는 모두 덕을 진전시키는 것으로 말하였고, 구오는 천덕에 자리한 것을 말하였는데, 유독 상구만 덕을 말하지 않은 것은 중을 지나치면 덕이 아니므로 끝까지 올라가면 후회가 있다. 그러므로 덕을 말하지 않은 것이다.〔乾以德明爻. 初曰德之隱, 二曰德之中, 三四皆曰進德, 五曰位乎天德, 獨上不言德者, 過中非德, 亢則有悔, 故不言德.〕"

은 근거가 없는 견해인 듯하다.

건원용구(乾元用九)

《본의》의 소주에 임천(臨川)의 설은 "단(彖)과 효(爻) 일곱 절을 해석하였다."라고 하였는데,[139] '일곱 절〔七節〕'이라는 것은 단(彖) 한 절과 육효(六爻) 각 한 절씩을 가리킨다.

건원은 시작하여 형통한 것이요, 이와 정은 건의 성정이다〔乾元者 始而亨 利貞者 性情〕

〔문〕《정전》에서 시형(始亨)과 이정(利貞)을 말할 때에 모두 '불식(不息)'으로 말한 것[140]은 어째서인가?

〔답〕'불식'은 바로 건(乾)의 도이고, 이미 시작되면 반드시 형통한다는

139 본의의……하였는데 : 임천 오씨의 설은 다음과 같다. "부자께서 〈문언전〉에서 하나의 단과 여섯 효를 이미 풀이하였고, 게다가 〈상전〉을 거듭 연역하여 두 번씩이나 단사와 효사를 드러낸 것은 의리가 무궁하여 온축된 뜻을 다 드러내기 어려웠기 때문이다. 그러나 건괘에 대해서 이처럼 자세하게 한 것은 대개 64괘의 첫 번째 괘이기 때문에 특별히 자세하게 설명한 것이다. 이 건괘 아래 괘들 중에 단과 효 일곱 절을 거듭 풀이한 것은 곤괘와 서로 비슷하다.〔夫子於文言傳, 釋一彖六爻已竟, 又申繹象傳, 至再以見彖爻之辭, 義理無窮, 蘊奧難盡. 然獨于乾卦如此者, 蓋以六十四卦之首卦, 故特致詳. 此下重釋彖爻七節, 則與坤卦相似云.〕"

140 정전에서……것 : '건원자시이형(乾元者始而亨)'에 대해서 《정전》에서는 "또 반복하여 자세히 말하여 그 뜻을 다하였다. 이미 시작하면 반드시 형통하니, 형통하지 못하면 불식되고 만다.〔又反覆詳說, 以盡其義. 旣始則必亨, 不亨則息矣.〕"라고 하였고, '이정자성정(利貞者性情)'에 대해서 "이정은 건의 성정이다. 이미 시작하여 형통하니, 이와 정이 아니면 불식할 수 있겠는가.〔乾之性情也. 旣始而亨, 非利貞, 其能不息乎?〕"라고 하였다.

것은 바로 건의 원(元)이며, 이미 시형하면 반드시 이정하다는 것은 바로 건의 성정(性情)이다. 《정전》의 글에서 설명마다 '불식'의 뜻을 제시한 것은 대개 건의 도는 반드시 시형과 이정을 구비한 뒤에 불식되지 않음을 밝힌 것인데, 시형과 이정이 바로 건이 불식되지 않는 이유이다. 소주의 정자의 설은 "원형(元亨)은 최초로 발생하는 것이니 대개 한결같이 형통하므로 이정에 이르러야 곧 각기 성명을 바룬다."라고 하였고,[141] 주자 역시 "시작하여 형통할 때에는 모두 하나의 성정이고, 이정에 이르러야 각각 하나의 사물마다 하나의 성정이 있게 된다."라고 하였다.[142] 이 말을 가지고 살펴보면 사덕(四德)은 모두 건의 성정인데, 이정에 이르러야 비로소 성정이라 부르니, 각기 성정을 바루어 각각 하나의 사물마다 하나의 이(理)가 있는 것을 중요하게 여긴 듯하다. 그러나 주자가 또 말하기를 "이 성정은 본체를 말하는 것과 같다. 원형은 바로 본체가 운용되는 곳이고 이정은 바로 수렴하여 본체로 돌아가는 곳이다."라고 하였으니, 또 수렴하여 본체로 돌아가는 것을 주안으로 삼은 것이다. 요컨대 앞의 설은 실로 하나의 뜻만 있을 뿐이니, 뒤의 설이 더욱 나은 듯하다.

141 소주의……하였고 : 정자는 다음과 같이 말하였다. "원형은 단지 시작하여 형통하는 것이니, 최초로 발생하는 것은 대개 한결같이 형통함을 말한 것이다. 이정에 이르러야 곧 각기 성명을 바룬다.〔元亨者, 只是始而亨者也, 謂始初發生, 大概一例亨通也. 及到利貞, 便是各正性命.〕"

142 주자……하였다 : 주희는 다음과 같이 말하였다. "이정이 성정이라는 것은 건의 성정이다. 시작하여 형통할 때라는 것은 바로 건이 발현되는 곳이니 모두 하나의 성정이다. 저 이정에 이르러야 하나의 사물마다 하나의 성정이 있게 된다.〔利貞者, 性情也, 是乾之性情. 始而亨時, 是乾之發作處, 共是一箇性情. 到那利貞處, 一箇有一箇性情.〕"

불언소리(不言所利)

이미 경문(經文)에 "건의 시작이 아름다운 이로움으로써 천하를 이롭게 하므로 이로운 바를 말하지 않았으니, 이로움이 크구나.〔乾始能以美利利天下 不言所利 大矣哉〕"라고 하였으니, '능이미리(能以美利)'로부터 '불언소리'에 이르기까지는 모두 '건시(乾始)'의 일이고, '대의재(大矣哉)'라고 말한 것은 또한 '건시'의 도가 큼을 찬미한 것이다. 《정전》에서 '불언소리'는 이롭지 않은 바가 없어서 지적하여 명명할 수 있는 것이 아니라고 말한 것[143]은 《역》을 지은 자가 건의 이로운 바를 말하지 않았다고 말한 것이 될 뿐이다. 말의 뜻이 중간에 끊어지니 성언(聖言)의 본래 뜻은 아닌 듯하다. 또한 "천하를 이롭게 한다."라고 이미 말하였다면 이롭지 않음이 없다는 것은 이로운 바를 말하지 않았다는 말을 기다릴 것도 없이 알 수 있다. 내 생각에는 '불언소리'라는 것은 바로 공자께서 "하늘이 무슨 말을 하는가. 사시가 운행되고 온갖 만물이 생장한다.〔天何言哉 四時行焉 百物生焉〕"라고 말한 뜻[144]과 서로 비슷하다. 대저 이미 아름다운 이로움으로 천하를 이롭게 하고 또 스스로 이로운 바를 말하지 않았으니, 수렴하고 정적(靜寂)한 체(體)가 바로 이른바 정(貞)이라는 것이다. 이로써 추론해 보면 《본의》에서 이른

143 정전에서……것 : 《정전》에서는 다음과 같이 말하였다. "건시의 도가 다양한 사물로 하여금 능히 생성하게 하여 천하가 그 아름다운 이로움을 입으나 이로운 바를 말하지 않는 것은 이롭지 않은 바가 없어서 지적하여 명명할 수 없기 때문이다. 그러므로 그 이로움의 큼을 칭찬하여 '크구나.'라고 말한 것이다.〔乾始之道, 能使庶類生成, 天下蒙其美利, 而不言所利者, 蓋无所不利, 非可指名也. 故贊其利之大, 曰大矣哉.〕"

144 공자께서……뜻 : 《논어》〈양화(陽貨)〉에 자공이 "선생님이 만일 말씀하지 않으시면 저희들이 어떻게 도를 전하겠습니까."라고 질문한 것에 대해 공자가 답변한 말이다.

바 "이로운 바를 말하지 않음은 정이다."라고 한 것[145]은 또한 이런 뜻인 듯하다. 다만 집주(輯註)의 주자의 설[146]에서는 다시 《정전》과는 뜻이 다르다는 것을 분명하게 말하지 않았기 때문에 범범하게 보면 차이점을 쉽게 알 수 없을 뿐이다. 만약 단지 《정전》의 뜻일 뿐이라면 이로써 정을 말한 것은 너무도 친절하지 않고, 또 혹자의 설인 "곤괘에 빈마(牝馬)의 정함이 이롭다."라고 한 것과 바로 같은 뜻이지만 서로 상반되게 말을 한 것이 될 뿐이니 어찌 굳이 별도로 '혹왈(或曰)'이라는 말을 더하여 분명하게 두 가지 설로 만들었겠는가.

집주의 주자의 설은 모두 《본의》에서 제시한 혹설(或說)의 뜻이다. 이미 《본의》에 혹설을 남겨 두었기 때문에 그 뜻을 말한 것이 이와 같을 뿐이다. 훗날 《주자어류》를 살펴보니, 주자의 이 설은 본래 두 조목이었는데 집주할 때에 합한 것이었다.[147] 대개 각각 질문에 따라

145 본의에서……것 : 《본의》의 설은 다음과 같다. "시작한다는 것은 원하고 형함이요, 천하를 이롭게 함은 이이고, 이로운 바를 말하지 않음은 정이다. 혹자가 말하기를 '곤괘에 빈마의 정이 이롭다고 했으니, 그렇다면 곤괘에서는 이로운 바를 말한 것이다.' 라고 하였다.〔始者, 元而亨也, 利天下者, 利也, 不言所利者, 貞也. 或曰: 坤, 利牝馬, 則言所利矣.〕"

146 집주(輯註)의 주자의 설 : 여기서 집주는 소주를 가리킨다. 주희의 설은 다음과 같다. "이로운 바를 말하지 않았다는 것은 곤괘에서 때로 빈마의 정함이 이롭다는 것과는 다름을 말한 것이니, 곤괘는 다만 정함이 이롭다는 것을 말한 것일 뿐이다. 묻기를 '《정전》에서 이롭지 않은 바가 없으므로 이로움을 말하지 않았다는 것은 어떠합니까?' 라고 하자, 대답하기를 '옳다. 건은 이롭지 않은 바가 없다는 것이고, 곤은 단지 빈마가 정함이 이롭다는 것이니 이롭기도 하고 이롭지 않기도 하다는 것이다.'라고 하였다.〔不言所利, 是說得不似坤時利牝馬之貞, 但說利貞而已. 問: 程易, 謂无所不利, 故不言利, 如何? 曰: 是也, 乾則无所不利, 坤只利牝馬之貞, 則有利不利矣.〕"

뜻을 말하는 것은 반복하여 통론(通論)한 것과는 은미하게 다르니, 이처럼 반복하여 통론하더라도 건시(乾始)에 본래 이로운 바를 말하지 않은 뜻이 반드시 드러나지 않는 것은 아니다. 또 살펴보건대 《주자어류》 1조의 설[148]에 "이로운 바를 말하지 않은 것에 대해 명도(明道)가 이르기를 '그 공을 드러내지 않고서 영원토록 그치지 않는 것이 건이다.'라고 하였으니 이 말이 매우 좋다."라고 하였다. 이 말을 통해 보면 명도의 뜻은 바로 건이 그 공을 드러내지 않는 것을 가지고 이로운 바를 말하지 않은 뜻을 설명한 것인데, 주자 또한 이미 이 말이 좋다고 칭찬하였으니, 나의 소견이 우연히 합치됨을 징험할 수 있다. 집주의 '이정성정(利貞性情)' 아래에 또한 명도가 말한 이 조목이 수록되어 있었는데 첫 구인 '불언소리' 네 글자를 잘라 내었고, 아랫글에 건(乾)

147 주자어류를……것이었다 : 집주의 주희의 설은 《주자어류》 권69 〈역(易)〉에 수록된 동수(董銖)와 난연(暖淵) 두 사람의 질문에 답한 두 조목을 합친 것이다. 그러므로 이렇게 말한 것이다. 위의 주석과 중복되기는 하지만 본문의 이해를 돕기 위해 전문을 소개한다. 난연이 묻기를 "이로운 바를 말하지 않았다는 것은 곤괘에서 때로 빈마의 정함이 이롭다는 것과는 다름을 말한 것이니, 곤괘는 다만 정함이 이롭다는 것을 말한 것일 뿐이다.〔不言所利, 是說得不似坤卦利牝馬之貞, 但說利貞而已.〕"라고 하자, 주희가 답하기를 "이로운 것을 말하지 않은 것에 대해, 명도는 '그 공을 드러내지 않고서 영원토록 그치지 않는 것이 건이다.'라고 하였는데 이 말이 좋다.〔不言所利, 明道說云: 不有其功, 常久而不已者乾也. 此語說得好.〕"라고 하였다. 동수가 묻기를 "'건에서 이로운 것을 말하지 않았다.'에 대하여 《정전》에서 이롭지 않은 바가 없으므로 이로움을 말하지 않았다고 하였으니, 무슨 말입니까?〔乾不言所利, 程易謂無所不利, 故不言利, 如何?〕"라고 하자, 주희가 "옳다. 건은 이롭지 않은 바가 없다는 것이고, 곤은 단지 빈마가 정함이 이롭다는 것이니, 이롭기도 하고 이롭지 않기도 하다는 것이다.〔是也. 乾則無所不利, 坤只利牝馬之貞, 則有利不利矣.〕"라고 하였다.

148 주자어류 1조의 설 : 위의 주147에서 난연의 질문에 답한 것을 가리킨다.

을 정(貞)이라 하였기 때문에 처음에는 알아차리지 못하였을 뿐이다.[149]

운봉(雲峯)의 설에 "앞에서는 사덕에 나아가 둘로 나누었는데, 여기서는 또 합하여 하나로 만들었다."라고 하였으니, 운봉의 설 아래에 '건원(乾元)'으로부터 '원여형일야(元與亨一也)'까지가 둘로 나누었다는 것이고, '지차(至此)'로부터 '원형이정지일의(元亨利貞之一矣)'까지가 합하여 하나로 만들었다는 것이다.[150]

149 집주의……뿐이다 : 경문인 '이정자성정야(利貞者性情也)'에 대한 소주 중에 이정이 성정이라는 것을 설명한 아래에 주희가 "명도가 이르기를 '그 공을 드러내지 않고서 영원토록 그치지 않는 것이 정이다.'라고 하였으니 이 말이 매우 좋다. 그 공을 소유하지 않는다는 것은 화육의 자취가 없는 곳이 정이 됨을 말한 것이다.〔明道云: 不有其功, 常久而不已者, 貞也. 此語說得好. 不有其功, 言化育之無跡處爲貞.〕"라고 하였다.

150 운봉(雲峯)의……것이다 : 소주에 운봉 호씨가 "'건의 시작이 아름다운 이로움으로써 천하를 이롭게 한다.'라고 하였으니 이 자는 이미 원 자 가운데에 있고, '이로운 바를 말하지 않았으니, 이로움이 크구나.'라고 하였으니, 정 자는 또 원 자의 가운데에 있다. 앞에서는 사덕에 나아가 둘로 나누었는데, 여기서는 또 합하여 하나로 만들었다. '건원은 시작하여 형통한 것이다.'라고 하였으니, 시라는 것은 원이고 형이라는 것도 원이므로 원과 형이 하나임을 드러냈고, '이와 정은 성정이다.'라고 하였으니, 부자가 건의 이정에 대해 반드시 합하여 말해서 이와 정이 하나임을 드러내었는데, 여기에 이르러 또 건과 시의 원을 섞어 말하였으니 또 원, 형, 이, 정이 하나임을 드러낸 것이다.〔言乾始能以美利利天下, 利字已在元字中, 不言所利, 大矣哉, 貞字又在元字中, 前猶卽四德而二之, 此則又合而一之. 曰乾元者始而亨, 始者元, 亨者亦元也, 以見元與亨一也. 利貞者, 性情也, 夫子于乾利貞, 必合而言之, 以見利與貞一也, 至此則又渾乎乾始之元, 又可見元亨利貞之一矣.〕"라고 하였는데, 여기서 말한 '앞에서는'이라는 말은 '건원자시이형자야(乾元者始而亨者也)'와 '이정자성정야(利貞者性情也)'를 가리켜 말한 것이다.

강건중정(剛健中正)

《본의》의 '천지지간(天地之間)'에서 '강유지별야(剛柔之別也)'까지에 대하여[151]

살펴보건대 건(乾)이 포함하지 않는 바가 없다는 것은 '건은 원하고 형하고 이하고 정하다.'라고 한 것만 보더라도 이미 분명하다. 그러나 건은 본래 순양(純陽)으로 구성된 괘의 이름이고 그 상(象)은 천(天)이 되니, 애초에 동정(動靜)으로 나눠지지 않는 것은 아니다. 그러나 전적으로 전체〔統體〕로 말한 것은 오직 양이기 때문에 음을 포함할 수 있고, 상이 천이 되기 때문에 지(地)를 포함할 수 있기 때문이다. 전체로 말하더라도 일기(一氣)의 전체를 상대하여 말하면 또한 단지 양일 뿐이고, 기의 일음(一陰)은 바로 양 가운데의 음이므로 건은 실로 일찍이 전적으로 양이 되지 않는 것은 아니다. 《본의》에서는 본래 '건강무유(乾剛無柔)'를 의심하는 자를 위하여 이런 뜻을 말하였기 때문

151 본의의……대하여 : 《본의》의 설은 다음과 같다. "강은 체로써 말한 것이요, 건은 용을 겸하여 말한 것이요, 중은 그 행실이 지나치거나 미치지 않음이 없는 것이요, 정은 그 섬이 치우치지 않은 것이니, 강, 건, 중, 정 네 가지는 건의 덕이다. 순은 음유에 섞이지 않음이요, 수는 사악에 섞이지 않음이니, 강건 중정함이 지극한 것이고, 정은 또 순수함이 지극한 것이다. 혹자는 '건강하기만 하고 유가 없으니 중정하다고 말할 수 없다.'라고 의심하는데 이는 그렇지 않다. 천지의 사이에는 본래 한 기운이 유행하는데 동과 정이 있을 뿐이니, 유행의 전체를 가지고 말하면 다만 건이라고만 말하여도 포함되지 않음이 없고, 동과 정으로 나눈 뒤에야 음과 양, 강과 유의 구별이 있는 것이다.〔剛, 以體言; 健, 兼用言; 中者, 其行無過不及; 正者, 其立不偏, 四者, 乾之德也. 純者, 不雜於陰柔; 粹者, 不雜於邪惡, 蓋剛健中正之至極, 而精者, 又純粹之至極也. 或疑乾剛无柔, 不得言中正者, 不然也. 天地之間, 本一氣之流行而有動靜爾, 以其流行之統體而言, 則但謂之乾而无所不包矣, 以其動靜分之, 然後有陰陽剛柔之別也.〕"

에 이처럼 건이 포함하지 않음이 없다는 뜻을 추론한 것이다. 다만 동(動)과 양(陽)의 측면에서 보아야만 곧 전체이고 곧 포함하지 않음이 없는 것이다. 그런데 만약 이로 인하여 또 전체의 건과 구별되는 건이 있다고 의심한다면 또한 작은 실수가 아니니, 말에 얽매여 본지를 흐려서는 안 된다. 또한 한 가지 뜻이 있으니, 중정(中正)은 강(剛)과 유(柔)가 뒤섞여 합쳐져 있는 것을 일컬은 것은 아니다. 비록 순양으로 유가 없지만 강해야 할 때에 강하여 치우치거나 기울지 않으니 어찌 중정이 아니겠는가. 건도(乾道)로 말하면 전체는 막론하고 단지 그 하나의 덕일 뿐이니 어찌 중(中)하지 않으며, 어찌 정(正)하지 않겠는가. 혹자가 건강(乾剛)하기만 하고 유가 없다는 것으로 중정하지 않다고 의심하였으니, 먼저 이런 뜻을 드러내 깨우쳐 주었어야 할 듯한데, 《본의》에서 이런 뜻을 말하지 않은 것은 어째서인가. 다시 생각해 보아야 한다.

집주 주자의 설 제1조[152]에서는 '건원자시(乾元資始)'와 '건도변화(乾道

152 집주……제1조 : 소주의 주희의 설 제1조는 다음과 같다. "혹자가 묻기를 '이른바 유행의 전체라는 것은 건도를 가리켜 말한 것인가?'라고 하자, 주자가 답하기를 '〈단전〉에 위대하다, 건원이여! 만물이 의뢰하여 시작한다, 건도가 변하여 화함에 각각 성명을 바룬다고 하였으니, 다만 건은 바로 기의 전체이므로 사물이 의뢰하여 시작하는 바이고 사물이 성명을 바루는 바이니, 어찌 포함하지 않는 바가 없다는 것이 아니겠는가. 다만 기의 동적인 측면에서 말하면 양이 되고 기의 정적인 측면에서 말하면 음이 되니, 양은 늘 음을 겸하지만 음은 양을 겸하지 못하고, 양은 크고 음은 작으니 음은 반드시 양에게 붙는다는 것이 모두 이 뜻이다.'라고 하였다.〔或問: 所謂流行之統體, 指乾道而言耶? 朱子曰: 大哉乾元, 萬物資始, 乾道變化, 各正性命, 只乾便是氣之統體, 物之所資始, 物之所正性命, 豈非無所不包? 但自其氣之動而言, 則爲陽; 自其氣之靜而言, 則爲陰, 所以陽常兼陰, 陰不得兼陽, 陽大陰小, 陰必附陽, 皆此意也.〕"

變化)'를 가지고 건(乾)이 포함하지 않는 바가 없다는 증거로 삼았다. 그 아랫글에 '단자기기지동이언즉위양(但自其氣之動而言則爲陽)'이라는 말이 있는데, '단(但)'이라는 한 글자를 완미해 보더라도 또한 이미 양이 되면 곧 포함하지 않는 바가 없음을 의심할 수 없다. 그런데 그 아랫글에 또 '양상겸음(陽常兼陰)'이라고 제시한 말을 가지고 살펴보아야 바야흐로 의심이 없게 된다.

제2조에 수록된 조선예(趙善譽)의 설[153]은 단지 건(乾)이 양(陽)에 속한다는 것만 알고, 건의 양이 포함하지 않는 바가 없다는 뜻을 알지 못한 것이니 실로 옳지 않다. 다만 주자가 그의 설을 설파할 때에 단지 건은 양과 음이 혼륜해 있다는 것만 말하고 도리어 건이 양에 속한 것을 가지고 치우쳤다 하였으니 또한 이해할 수 없다. 건은 양에 속하고 곤(坤)은 음에 속하여 두 개가 실로 각각 일변(一邊)이 되지만 건의 양은 도리어 곤의 음을 통솔하기 때문에 건은 또 혼륜하지 않은 적이 없다. 바로 원(元)이 사덕(四德)에 나열되어 있지만 또 절로 형(亨), 이(利), 정(貞)을 포함하고 있는 것과 같다. 어찌 전적으로 말한 것만 옳다고 여기고 한쪽 측면을 가지고 말한 것을 그르다고 여기며, 또

153 제2조에……설 : 소주 주희의 설 제2조는 다음과 같다. "'강건중정'에 대하여 강건함이 중정하지 못함을 혐의하였기 때문에 중정을 말한 것이다. 양강은 본래 전체이니 어찌 중정하지 않겠는가. 근자에 조선예가 '건은 단지 강한 쪽으로 치우쳤고, 곤은 단지 유한 쪽으로 치우쳤다.'라고 하였다. 내가 조선예에게 말하기를 '성인이 한 부의 《역》을 지을 때에 어찌하여 도리어 두 개의 치우친 사물을 가지고 맨 앞에 두었겠으며, 어찌하여 혼륜한 것을 이 속에 두려 하지 않으셨겠는가.'라고 하였다. 지금 주석에서 곧 조선예의 설을 설파한다.〔剛健中正爲其嫌于不中正, 所以說箇中正, 陽剛, 自是全體, 豈得不中正? 近趙善譽說乾只是剛底一邊, 坤只是柔底一邊. 某說與他道聖人做一部易, 如何却將兩箇偏底物事放在劈頭? 如何不討箇混淪底放在那裏? 今注中, 便是破他說.〕"

어찌 한쪽 측면을 가지고 말한 원을 내버려 두고 오로지 전적으로 말한 것만 구할 수 있겠는가. 아마도 기록할 때에 정밀하고 온축된 뜻을 다 드러내지 못한 듯하다. 살펴보건대 《주자어류》에서 거론한 조씨의 설에는 "단지 건곤 두 괘는 곧 한쪽으로 치우쳐 있다.〔只乾坤二卦便偏了〕"라고 제시한 말이 있었다.[154] 생각건대 조씨의 설은 반드시 건과 곤에 만족하지 않고 치우친 것을 병통으로 여긴 것이니, 주자가 어찌 심하게 공격하지 않을 수 있었겠는가. 집주할 때에 이 한마디 말을 삭제하여 곧 안목을 잃었으니, 집주가 어렵다는 것을 알 수 있다.

육효발휘(六爻發揮)

집주의 절재(節齋)의 설[155]은 옳지 않다. 육효방통(六爻旁通)[156]은 대개 이미 단사(彖辭)로 전체 괘의 뜻을 곧장 드러냈고, 여섯 효가 또 온축된 것을 두루 통하게 함을 말한 것일 뿐이다. 만약 구오(九五)를 가지고 홀로 건도(乾道)에 해당시키고 나머지 다섯 효가 두루 통하게 된다면 이는 오효방통(五爻旁通)이 될 뿐이니, 어찌 육효(六爻)라고 말하

154 주자어류에서……있었다 : 《주자어류》 권69 〈역(易)〉에는 206쪽의 주153에 제시한 원문의 '乾只是剛底一邊' 앞에 '只乾坤二卦便偏了'라는 말이 더 있기 때문에 이렇게 말한 것이다.

155 집주에 절재(節齋)의 설 : 절재의 설은 다음과 같다. "강건하고 중정하여 순수함이 정하다는 것은 오직 구오만이 여기에 해당하고, 여섯 효를 겸하여 써서 그 뜻을 발휘한 것은 두루 통하게 하여 사물의 정을 다하고자 한 것이다.〔剛健中正而純粹精者, 惟九五足以當之, 兼用六爻以發揮其義者, 欲旁通以盡乎事物之情耳.〕"

156 육효방통(六爻旁通) : 〈문언전〉에 "여섯 효로 발휘함은 정을 사방으로 널리 통함이다.〔六爻發揮, 旁通情也.〕"라고 한 말을 가리킨다.

였겠는가. 구오가 다만 여러 효 중에 가장 훌륭할 뿐이다.

"'시승육룡'은 구오를 위하여 한 말이다.〔時乘六龍 爲九五而言〕"라고 한 운봉(雲峯)의 설은 또한 옳지 않다. '육룡'은 본래 여섯 개의 양효(陽爻)를 말한 것이고, '시승'은 각각 때를 따라 오르는 것이니, 어찌 전적으로 구오만을 위하여 말한 것이겠는가.

시승육룡이어천야(時乘六龍以御天也)

《정전》의 "하늘의 공용(功用)이 드러난다. 그러므로 구름이 다니고 비가 내리는 것을 보는 것이니 음과 양이 크게 통창한 것이다."에 대하여[157]

이 단락의 말을 자세히 살펴보니, 하늘과 성인의 공용을 분별한 것이 심하게 뒤섞인 듯하다. 위에서 말한 '시승당운(乘時當運)'[158]이라는 것은 이미 성인의 일인데, 그 아래에 어찌 하늘의 공용을 다시 말할 수 있겠는가. 또 구름이 가고 비가 내리는 것에 대해 다만 '본다〔見〕'라고만 하였으니 또한 의미가 부족하고, '일작왈(一作曰)'이라고 한 것[159]은

157 정전의……대하여 : 《정전》의 전문은 다음과 같다. "대재는 건도의 큼을 찬양한 것이다. 강, 건, 중, 정, 순, 수 여섯 가지로 건도를 형용하였으니, 정은 이 여섯 가지가 정함이 지극함을 말한 것이다. 육효로써 발휘하고 널리 통하여 그 정의를 다하고 육효의 때를 타 천운을 만나면 하늘의 공용이 드러난다. 그러므로 구름이 다니고 비가 내리는 것을 보는 것이니, 음과 양이 크게 통창함은 천하가 화평한 도이다.〔大哉, 贊乾道之大也. 以剛健中正純粹六者, 形容乾道, 精謂六者之精極. 以六爻發揮旁通, 盡其情義, 乘六爻之時, 以當天運, 則天之功用著矣. 故見雲行雨施, 陰陽溥暢, 天下和平之道也.〕"

158 시승당운(乘時當運) : 위의 주157의 '승육효지시 이당천운(乘六爻之時 以當天運)'이라는 말을 줄여서 말한 것이다.

더욱 애매모호하다. 《본의》에서는 분명하게 말하였다.[160]

집주 주자의 설 중에 '양기유행(陽氣流行)'에서 '강건중정(剛健中正)'에 이르기까지[161] 이 단락의 뜻은 한두 가지 보는 것에 그치는 것이 아니니 반드시 전체인 뒤라야 비로소 '중정(中正)'이라고 말할 수 있다는 것인가. 다시 자세히 살펴보아야 한다.

《본의》 아래에 수록된 집주의 운봉(雲峯)의 설[162]은 발명한 것이 꽤

159 일작왈(一作曰)이라고 한 것 : 208쪽 주157에 제시한 《정전》의 원문 중 '故見' 아래에 '一作曰'이라는 주가 달려 있기 때문에 이렇게 말한 것이다.

160 본의에서는 분명하게 말하였다 : 《본의》의 내용은 다음과 같다. "성인이 때로 육룡을 타고 하늘을 나는 것은 하늘에 구름이 다니고 비가 내리는 것과 같아 천하가 화평함을 말한 것이다.〔言聖人時乘六龍以御天, 則如天之雲行雨施而天下平也.〕"

161 집주……이르기까지 : 《정전》 아래에 수록된 주희의 설은 다음과 같다. "양기가 바야흐로 유행할 때에 실로 이미 전체를 포괄하고 있어 음이 곧 그 속에 있다. 그러므로 강건중정을 말한 것이다. 그러나 저 속에 이 음유가 혼재해 있다고 말해서는 안 된다. 그러므로 도리어 순수하여 정하다고 말한 것이다. 이 글의 어세를 보건대 단지 이 네 가지가 또 순수하여 정하다고 말한 것일 뿐이니, 《정전》에서 육덕으로 풀이한 것은 온당치 않다.〔陽氣方流行, 固已包了全體, 陰便在裏了, 所以說剛健中正, 然不可道這裏却夾雜些陰柔, 所以却說純粹精. 觀其文勢, 只是言此四者, 又純粹而精耳, 程易作六德解未安.〕" 《정전》에서 육덕으로 풀이했다는 말은 〈문언전〉의 '시승육룡 이어천야 운행우시 천하평야(時乘六龍 以御天也 雲行雨施 天下平也)'에 대하여 정자는 "강, 건, 중, 정, 순, 수 여섯 가지로 건도를 형용하였다.〔剛健中正純粹六者, 形容乾道.〕"라고 하였기 때문에 이렇게 말한 것이다.

162 본의……설 : 운봉 호씨의 설은 다음과 같다. "〈단전〉에서는 '원형이정'을 말하여 건에 소속시켰고 〈문언전〉에서는 군자에 소속시켰으니, 건의 덕은 실로 군자가 궁행하는 가운데에 있다. 〈단전〉에서는 '운행우시'를 말하여 건에 소속시켰고 〈문언전〉에서는

있다. 다만 건(乾)의 덕으로 군자가 궁행(躬行)하는 가운데에 있다고 하고 건의 공으로 성인이 운용(運用)하는 안에 있다고 하였으니, '가운데〔中〕'라고 말하고 '안〔內〕'이라고 말한 것은 건의 덕을 확대 해석하고 건의 공을 좁게 해석한 병통이 있는 것이 아니겠는가.

행이미성(行而未成)

《본의》의 "초구는 진실로 이루어진 덕이나 다만 그 행실이 아직 드러나지 않았을 뿐이다.〔初九固成德 但其行未可見〕"에 대하여

살펴보건대 덕이 이루어지면 행실도 이루어지니, 행실이 이루어지지 않은 경우 덕도 이루어졌다 말할 수 없다. 《역》은 애초에 확정된 설이 없었으니 〈문언전〉의 제2절에 초구(初九)를 말하면서 비록 덕을 이룬 것으로 말하였지만 여기에 이르러 덕을 이루지 못한 것으로 말하더라도 어찌 서로 어긋난다 하겠는가. 《본의》에서 굳이 덕을 이룬 것으로 말한 것은 어째서인가.

집주의 주자의 설[163]은 응당 《본의》와 참고해서 살펴보아야 한다.

성인에게 소속시켰으니, 건의 공은 실로 성인이 용을 쓰는 안에 있다.〔彖言元亨利貞, 屬之乾, 而文言以屬之君子, 乾之德, 固在君子躬行中也. 象傳言雲行雨施, 屬之乾, 而文言以屬之聖人, 乾之功, 固在聖人發用內也.〕"

163 집주의 주자의 설 : 집주의 주희의 설은 다음과 같다. "덕은 행실의 근본이다. 군자는 이루어진 덕을 행실로 삼으니 덕을 말하였다면 행실은 그 가운데에 있다. 덕은 마음에서 얻어지므로 행동을 하면 곧 드러나니 저 덕이 곧 행실이다. 질문하기를 '행실이 이루어지지 않은 것은 어째서입니까?'라고 하자, 대답하기를 '다만 사업이 이루어지지 않은 것일 뿐이다.'라고 하였다. 질문하기를 '건괘의 여섯 효는 모두 성인의 일인데, 어찌 행실이 이루어지지 않음이 있겠는가? 이천이 말하기를 「이루어지지 않았다는 것

쌍호(雙湖)의 설[164]은 〈문언전〉의 '견지행(見之行)'을 "볼 수 있는 것은 일을 행하는 것이다.〔見之行事〕"라고 풀이하였으니, 《정전》에서 "볼 수 있는 것이 행실이다.〔可見者行〕"라고 풀이한 것과 같지 않다. 또 초구로 덕이 이루어지고 행실이 확립되었다고 하였지만 다만 때와 지위를 잠(潛)에 해당시켰으니, 경문(經文)과 《정전》과 《본의》의 뜻과는 더욱 어긋난다. 계속해서 또 "때와 지위로는 그 행실을 이룰 수 없다."라고 하였으니 대개 이로써 〈문언전〉에서 "행실이 아직 이루어지지 않은 것이다.〔行而未成〕"라고 말한 것과 도리어 합치시켰다. 그러나 이미 '덕성행립(德成行立)'이라고 말하였으니 이는 덕이 이미 이루어지고 행실이 이미 확립되었다는 것이다. 어찌 때와 지위가 잠에 해당

은 바로 드러나지 않은 것이다.」라고 하였으니, 이 말과 같지 않겠습니까?'라고 하자, 대답하기를 '비록 성인이지만 결국 초구는 행실이 이루어지지 않은 것이다.'라고 하였다. 질문하기를 '여기서는 단지 사업만을 논하였고 덕을 논하지 않았습니까?'라고 하자, 대답하기를 '이처럼 힘을 허비해서는 안 된다. 또 이윤이 유신에 거처할 때와 같으니 이때는 곧 행실이 이루어지지 않은 것과 같다.'라고 하였다.〔德者, 行之本, 君子以成德爲行, 言德則行在其中矣. 德者, 得之于心, 行出來方見, 這便是行. 問: 行而未成如何? 曰: 只是事業未就. 問: 乾六爻, 皆聖人事, 安得有未成? 伊川云未成是未著, 莫是如此否? 曰: 雖是聖人, 畢竟初九行而未成. 問: 此只論事業, 不論德否? 曰: 不消如此費力. 且如伊尹居有莘之時便是行而未成.〕" '이성덕위행(以成德爲行)'에 대한 해석은 《정전》과 《본의》의 해석이 다르다. 여기서는 주희의 설이므로 《본의》의 해석을 따랐다.

164 쌍호(雙湖)의 설 : 쌍호의 설을 다음과 같다. "덕과 행실은 몸에 있는 것으로 말한 것이고 '견지행'은 일에 있는 것으로 말한 것이다. 초구는 덕이 이루어지고 행실이 확립되었으니 실로 볼 수 있는 것은 일을 행하는 것이다. 다만 때와 지위는 바야흐로 잠은에 해당한다. 그러므로 그 덕과 행실은 비록 일을 행하는 데에서 볼 수 있지만 현재 때와 지위로는 행하는 바를 이룰 수 없다. 이 때문에 효사에서 '물용'으로 말한 것이다.〔德行, 以在身者而言; 見之行, 以在事者而言. 初九德成行立, 固自可以見之行事矣. 但其時位, 方當潛隱, 故其德行, 雖可見之行, 而時位未能成其所以行也, 是以爻辭以勿用言之.〕"

한다고 해서 이에 다시 그 행실을 이루지 못할 것이 있겠는가. 대개 경문과 《정전》과 《본의》의 뜻이 아니고 별도로 하나의 설이 된다.

학문관인(學問寬仁)

〔문〕《정전》에 "성인이 지위를 얻지 못했으면 진덕(進德)하고 수업(修業)할 뿐이다."라고 하였으니,[165] 대개 학(學), 문(問), 관(寬), 인(仁)을 가지고 성인이 바야흐로 행해야 하는 일로 삼았다. 《본의》에서는 "이 네 가지로 말미암아 대인의 덕을 이룬다.〔由四者 以成大人之德〕"라고 하였으니 대개 이 네 가지로 대인이 이미 대인이 된 일로 삼았다. 두 설 중에 어느 설이 나은가?

〔답〕일찍이 학, 문, 관, 인하지 않았다면 어떻게 대인이 될 수 있었겠는가. 당연히 《본의》의 설을 따라야 한다. 그러나 비록 대인이라도 이 네 가지를 실로 종신토록 실천해야 하니 어찌 내 덕이 이미 이루어졌다고 생각하여 마침내 그만두고 하지 않겠는가. 네 가지는 바로 성인의 학문에서 시종(始終)을 이루는 일이니 대인이 대인이 되는 이유는 실로 이 네 가지에 근본한다. 그러나 또한 대인이 바야흐로 행해야 하는 일이라고 해도 무방하다. 다만 경문(經文)의 뜻은 단지 대인의 일을 평이하게 말하였는데, 《정전》에서는 "지위를 얻지 못하였기 때문에 진덕하고 수업할 뿐이다."라고 하였다. 이제 살펴보니 지위를 얻지 못한 연고로 이 때문에 진덕하고 수업해야 한다는 의미는 볼 수 없다.

165 정전에……하였으니 : 《정전》의 전문은 다음과 같다. "성인이 아랫자리에 있어서 비록 이미 드러났으나 군주의 지위를 얻지 못했으면 진덕하고 수업할 뿐이다.〔聖人在下, 雖已顯而未得位, 則進德修業而已.〕"

집주의 유씨(游氏)의 설[166]은 새롭고 공교롭지만 바른 뜻은 아니다. 건괘(乾卦)의 구이(九二)는 바로 군주의 덕이니 어찌 미진하여 반드시 학문의 공효에 의지해야 할 것이 있겠는가.

진재(進齋)의 설[167]은 추론하여 설명한 것이 자못 좋다. 다만 그 사이에

166 집주의 유씨(游氏)의 설 : 유씨의 설은 다음과 같다. "건의 도는 구이에서 다하지 않았기 때문에 학문의 공부가 있고, 곤의 도는 육이에서 성대해지기 때문에 익히지 않아도 이롭지 않음이 없다.〔乾之道, 不盡於九二. 故有學問之功; 坤之道, 盛於六二, 故不習无不利.〕"

167 진재(進齋)의 설 : 진재의 설은 다음과 같다. "덕은 사람이 하늘의 이치에서 얻은 바이다. 비록 내 자신의 고유한 바이지만 또한 각각의 사물 사이에 흩어져 있지 않은 적이 없으니, 만일 배움에 힘쓰지 않는다면 뭇 이치를 모아 자신에게 둘 수 없다. 배우고서 묻지 않으면 또한 뭇 이치를 분별하여 뭇 이치로 하여금 각각의 이치가 어지럽지 않게 할 수 없어서 정한 것과 추한 것, 본과 말을 선택할 줄 모르게 된다. 배워서 모으고 물어서 분별하면 반드시 관과 유를 함양할 뜻이 있어서 절로 자연스럽게 도에 합치되는 오묘함 아님이 없다. 그러므로 횡거 장자가 '마음이 크면 온갖 사물이 모두 통하고 마음이 작으면 온갖 사물이 모두 병든다.'라고 하였으니 반드시 너그러움으로 거하면 내가 배워서 모으고 물어서 분별한 것들이 늘 마음과 하나가 됨을 볼 수 있을 것이다. 그러나 인은 마음의 온전한 덕이어서 끊임없이 나와 다함이 없다. 덕은 인에 이르러 하늘과 함께 운행하여 숨 쉬는 잠깐 동안에도 끊어짐이 없으니, 내가 거하는 바가 실로 한갓 크기만 하고 실제가 없는 것이 아니고 또한 굳게 지키기만 하고 변화하지 않는 것이 아니다. 이 인으로써 행하는 것이 바로 학문의 극공이며 군자의 성덕이다.〔德者, 人所得於天之理, 雖我之所固有, 然亦未嘗不散在事事物物之間, 苟不務學, 則无以會聚衆理, 而有諸己也. 學而弗問, 亦无以辨別衆理, 使之條件不紊, 而精粗本末或不知所擇也. 學聚矣, 問辨矣, 必有涵養寬裕之意, 自莫匪從容中道之妙. 故橫渠張子云: 心大, 則百物皆通; 心小, 則百物皆病, 必寬以居之, 則吾之所以學聚問辨者, 常見其與心爲一矣. 然仁者, 心之全德, 生生而不窮也. 德至于仁, 與天同運, 无一息間斷, 則吾之所居者, 固非徒大而无實, 亦非固守而不化者也. 此仁以行之, 乃學問之極功、君子之成德也.〕"

미진한 부분이 많으니, 대체로 모방하고 억측한 설은 정확하고 분명하지 못할 뿐이다. 대개 '배워서 모은다.〔學聚〕', '물어서 분별한다.〔問辨〕'에 대해 말한 것은 그럭저럭 괜찮다. 그러나 '너그러움으로 거한다.〔寬居〕', '인으로써 행한다.〔仁行〕'에 대해 논한 것에 이르러서는 전혀 친절하지 않다. 이른바 "너그러움으로 거한다."라는 것은 대개 마음이 넓고 커서 하나의 이치를 얻고 난 뒤에 또 하나의 이치를 얻어 만가지 이치를 포함하여 용납하지 않음이 없는 데에 이르게 하고자 한 것이다. 그런데 지금 "절로 자연스럽게 도에 합치되는 오묘함 아님이 없다."라고 하였으니 인으로써 행하는 일을 미리 말한 것이지 다시 너그러움으로 거하는 뜻은 아니다. 이른바 "인으로써 행한다."라는 것은 대개 인하면 곧 사심이 없으니 사심이 없으면 학문하고 너그러움에 거하는 의리가 자연히 막히는 바 없이 일상생활에 두루 펼쳐질 것이다. 그런데 지금 "끊임없이 나와 다함이 없어 하늘과 함께 운행한다."라고 하였다. 인은 실로 끊임없이 나와 다함이 없고 실로 하늘과 함께 운행하지만 이로써 인을 행하는 것을 설명하였으니 너무도 요원하여 긴요하고 절실하지 못함을 알 수 있다. 임천(臨川)의 설[168]은 자못 좋다. 다만 가장 뒤에 제시한 말은 잗달고 구애되어 있으니 본래의 뜻이 아니다.

168 임천(臨川)의 설 : 임천 오씨의 설은 다음과 같다. "배워서 이치를 모아 그 이치를 알고, 인으로써 행하여 그 일을 행하니, 물어서 분별하고 배워서 이치를 모은 뒤에 응당 행해야 할 바를 자세히 분별하고, 너그러움으로 거하여 인으로써 행하기 전에 이미 아는 바를 보존한다. 너그러움으로 거하는 바는 바로 학문이 모인 것이고, 인으로 행하는 바는 바로 물은 것이 분별된 것이다.〔學聚之, 以知其理; 仁行之, 以行其事, 問辨之以審別所當行于學聚之後, 寬居之以存貯所已知於仁行之先. 寬之所居卽學之所聚者, 仁之所行卽問之所辨者.〕"

구사중강(九四重剛)

《본의》에서는 '중(重)' 자를 연문(衍文)이라 하였는데, 집주의 운봉(雲峯)의 설[169]로 보면 대개 상괘(上卦)와 하괘(下卦)를 나누어서 말하였으니, 이와 같다면 구사(九四)를 중강이라 하더라도 역시 통한다. 다만 《주역》 가운데에 강(剛)과 유(柔)를 가지고 괘를 나누어 말한 경우가 다시 이와 비슷한 예가 있는지는 모르겠다.

천차불위(天且不違)

〔문〕 집주의 정자의 설 제3조[170]는 "하늘의 도는 가득 찬 것을 이지러

169 집주의 운봉(雲峯)의 설 : 운봉 호씨의 설은 다음과 같다. "구삼과 구사는 응당 합해 보아야 한다. 복괘의 육사를 '중행'이라고 하니 육사가 다섯 음의 가운데 거하기 때문이고, 익괘의 삼과 사를 모두 '중행'이라고 하니 삼과 사는 여섯 효의 가운데 있기 때문이다. 건괘의 구이와 구사 역시 여섯 효의 가운데 거하지만 〈문언전〉에서는 '부중' 이라 말하였는데 '부중'이라 말할 뿐만 아니라 '중강이부중'이라 말하였다. 대개 하괘 건의 강은 구이로 중을 삼으니 구삼은 중강이고 중을 지나쳤으며, 상괘 건의 강은 구오로 중을 삼으니 구사는 중강이고 중에 미치지 못하기 때문이다. 지나치면 근심하고 미치지 못하면 의심한다. 그러나 응당 근심해야 할 것을 근심하니 끝내 근심이 없게 되고, 응당 의심해야 할 것을 의심하니 끝내 의심이 없게 된다. 이것이 두 효가 모두 허물이 없는 이유이다.〔九三、九四當合看. 復之六四, 曰中行, 四居五陰之中也; 益之三四, 皆曰中行, 三與四居六爻之中也. 乾之二四亦居六爻之中, 而文言以不中稱之, 非但謂其不中也, 謂其重剛而不中爾. 蓋下乾之剛, 以二爲中, 三則重剛而過乎中; 上乾之剛, 以五爲中, 四則重剛而不及乎中. 過則憂, 不及則疑, 然憂所當憂, 卒於无憂; 疑所當疑, 卒於无疑, 此二爻所以皆无咎也.〕"

170 집주의……제3조 : 정자의 설은 다음과 같다. "《주역》에서 '천'을 말한 것은 또한 같지 않다. '천도휴영이익겸'과 같은 경우 상하를 통틀어 말한 것이니, 이치 또한 이와 같고 '천도지운' 또한 이와 같다. '하늘도 어기지 않는데 하물며 사람에게 있어서며 귀신에게 있어서랴.'라고 말한 것과 같은 경우 이는 곧장 형이상을 말한 것이니, 귀신을

지게 하고 겸손한 것을 더해 준다.〔天道虧盈而益謙〕"와 "천도의 운행〔天道之運〕"을 가지고 상하를 통틀어 말한 것이라 하였고, "하늘도 어기지 않는다.〔天且不違〕"를 가지고 곧장 형이상을 말한 것이라 하였으니, 어째서인가?

〔답〕 천도(天道)는 하늘의 도이니 이미 하늘의 도라고 말하였다면 하늘이 전적으로 도가 되는 것은 아니다. 그러므로 '통상하(通上下)'라고 말한 것이다. 하늘도 어기지 않는다는 것은 단지 하늘만을 말하였지만 도가 그 가운데에 있으니 하늘이 바로 도이다. 그러므로 곧장 형이상이라고 말한 것이다.

〔문〕 귀신(鬼神)을 천지(天地)로 삼은 것은 어째서인가?

〔답〕 하늘이 이미 도이니 그렇다면 귀신이 곧 응당 천지가 될 수 있다. 대개 하늘을 형이상으로 삼았고 귀신을 형이하로 삼은 것이다.

임천(臨川)의 설[171]에서 천지 또한 단지 기(氣)일 뿐이므로 "주재하는

천지로 삼았음을 말한 것이다.〔易言天亦不同. 如天道虧盈而益謙, 此通上下, 理亦如此, 天道之運亦如此. 如言天且弗違, 況於人乎? 況于鬼神乎? 此直謂形而上者, 言以鬼神爲天地矣.〕"

171 임천(臨川)의 설 : 임천 오씨의 설은 다음과 같다. "대저 천을 전적으로 말하면 도이다. 여기서는 비록 지를 겸하여 말하였지만 대개 주재하는 이치로써 말한 것이지 경청의 기가 천이 되고 중탁의 기가 지가 됨을 가리킨 것은 아니다. 일월, 사시, 귀신은 모두 천지의 기가 주재하는 바이다. 기가 상이 있어 밝게 임하는 것이 일월이 되고, 기가 차례를 따라 운행하는 것이 사시가 되며, 기가 왕래하고 굴신하여 만물을 생성하는 것이 귀신이 되니, 명명한 것은 비록 다르지만 그 실제는 하나이다. 밝고 순서에 맞고 길하고 흉한 이유는 모두 천지의 이치가 주재하니, 천지는 이치로써 말하였기 때문에

이치이다."라고 말한 것은 잘못되었다.

《본의》의 집주 운봉(雲峯)의 설에 "구이(九二)의 대인은 도(道)에 대해 힘을 쓰지 않음을 용납하지 않지만 여기 구오(九五)에 이르러서는 도를 체(體)로 삼아 힘을 씀을 용납할 바가 없다."라고 하였는데,[172] 여기서 제시한 말은 너무 구애되었다. 구이와 구오는 다만 때와 지위가 다를 뿐이지 그 덕을 말하면 어찌 천심(淺深)이 있겠는가.

〈곤괘〉 坤卦

곤원형이빈마지정(坤元亨利牝馬之貞)

〔문〕《정전》과 《본의》의 설이 다르니 어느 설을 따라야 하는가?

덕이라 하였고, 일월, 사시, 귀신은 기로써 말하였기 때문에 명, 서, 길흉이라 하였다. 〔夫天專言之則道也. 此雖兼地言之, 蓋以其主宰之理而言, 非指輕淸之氣爲天, 重濁之氣爲地也. 日月四時鬼神, 皆天地之氣所爲, 氣之有象而照臨者爲日月, 氣之循序而運行者爲四時, 氣之往來屈伸而生成萬物者爲鬼神, 命名雖殊, 其實一也. 其所以明、所以序、所以能吉能凶, 皆天地之理主宰之, 天地以理言故曰德, 日月四時鬼神, 以氣言故曰明, 曰序, 曰吉凶也.〕"

172 본의의……하였는데 : 운봉 호씨의 설은 다음과 같다. "구이와 구오는 또한 응당 짝을 지어 보아야 한다. 구오의 '이견대인'은 바로 구이의 대인이다. 그러나 대인이 대인이 되는 이유는 그 공부가 바로 구이에 있다. '천지와 그 덕이 합한다.' 이하에 이르러서는 바로 대인의 덕은 바로 학취 문변의 지극한 공부임을 풀이한 것이다. 구이의 대인은 도에 대해 힘을 쓰지 않음을 용납하지 않지만 여기 구오에 이르러서는 도를 체로 삼아 힘을 씀을 용납할 바가 없는 것이다.〔九二九五, 亦當合看. 九五利見之大人卽九二之大人, 然大人之所以爲大人, 其工夫正在九二上. 至與天地合其德以下 是釋大人之德乃學聚問辨之極功也. 九二大人, 於道不容不用力, 至此則以道爲體, 无所容力矣.〕"

〔답〕 이미 건괘의 괘사(卦辭)에 보인다.

집주의 평암 항씨(平菴項氏)의 설에 "하나를 따라 변치 않는 것은 빈마(牝馬)만 한 것이 없다."라고 하였다.[173] 살펴보건대 빈마는 본래 하나를 따르는 성질이 없으니, 괘사에서는 단지 빈마가 유순하고 굳건히 걸어가는 것만을 취한 것이다.

절재 채씨(節齋蔡氏)의 설에 "곤(坤)의 정(貞)은 유순하고 순종한다."라고 하였다.[174] 살펴보건대 곤의 정을 단지 유순하고 순종한다고만 말한다면 단지 유순함만을 볼 수 있을 뿐 정함을 볼 수 없다. 만약 유순하고 견정(堅正)하다고 말한다면 거의 다 설명될 것이다.

군자유유왕(君子有攸往)

〔문〕《정전》과 《본의》의 설이 다른 것[175]은 어째서인가?

〔답〕《정전》이 〈단전〉의 말로 인하여 잘못되었다는 것은 주자가 이미

173 집주의……하였다 : 항씨의 설은 다음과 같다. "사물 중에 암컷은 모두 능히 양을 순종하여 행하니, 하나를 따라 변치 않는 것을 찾아보면 빈마만 한 것이 없다. 그러므로 성인이 취하여 곤을 형상한 것이다.〔物之牝者, 皆能順陽而行, 求其從一而不變, 莫牝馬若也, 故聖人取以象坤.〕"

174 절재 채씨(節齋蔡氏)의……하였다 : 절재는 다음과 같이 말하였다. "건의 정은 강건하고 전일하며 곤의 정은 유순하고 순종한다.〔乾貞, 剛健專固; 坤貞, 柔順承從.〕"

175 정전과……것 : '군자유유왕'에 대해 《정전》은 "군자의 갈 바를 둠이다."라고 해석하고 이에 대해 "군자의 행하는 바가 유순하고 이롭고 또 정하니, 곤의 덕에 합한다.〔君子所行, 柔順而利且貞, 合坤德也.〕"라고 풀이하였고, 《본의》는 "군자가 갈 바가 있을진대"라고 해석하였다.

말하였으니 집주에서 상고할 수 있다.[176] 《정전》에서는 이미 이 구를 잘라 내어 아랫글에 연결하지 않았다. 그러므로 아랫글의 '주리(主利)', '안정(安貞)'에 대해 모두 사람의 입장에서 말하지 않았으니 괘사(卦辭)의 본래 뜻을 크게 잃었다.

주리(主利)

〔문〕《정전》에서는 "만물을 이롭게 하는 것은 곤을 주장한다.〔利萬物 則主於坤〕"라고 하였고, 《본의》에서는 "양은 의를 주장하고 음은 이를 주장한다.〔陽主義 陰主利〕"라고 하였는데, 두 설 중에 응당 누구의 설을 따라야 하는가?

〔답〕《정전》에서는 다만 곤(坤)의 도(道)의 측면에서 말했을 뿐 점이나 경계를 언급하지 않았으니 《본의》에서 취하지 않은 것은 당연하다. 다만 《본의》에서 또 '이(利)'로써 의(義)와 상대시켜 말하였으니, 그렇다면 또 의심할 만한 점이 있다. 대저 '이'를 해(害)와 상대시켜 말한다면 괜찮겠지만 의와 상대시켜 말한다면 옳지 않다. 지금 경문(經文)에서 '이'를 말한 것을 자세히 살펴보니, 애초에 의와 상대하여 말한 뜻은 없고 단지 '이롭지 않음이 없다.〔無不利〕', '어떤 일을 이롭게 한다.〔利某事〕'라고 할 때의 '이' 자의 뜻만 있을 뿐이었다. 《본의》 또한 이해할

176 정전이……있다 : 《정전》 아래 소주에 주희의 설이 수록되어 있는데, 주희의 설은 다음과 같다. "'군자유유왕'은 이는 허구인데, 이천은 다만 〈단전〉의 글귀에 압운을 하였고, 그 내용 중에 '유순하고 이정함이 군자의 행하는 바이다.'라고 한 말만을 보고서 마침내 '군자의 행하는 바가 유순하고 이롭고 또 정하다.'라고 풀이하였으니 잘못되었다.〔君子有攸往, 此是虛句. 伊川只見彖傳辭押韻, 有柔順利貞, 君子攸行之語 遂解云君子所行, 柔順而利且貞, 非也.〕"

수 없다. 나의 생각으로 헤아려 보건대 곤(坤)에만 곤의 '이(利)'가 있을 뿐만 아니라 건(乾)도 '이'가 있고, 음(陰)이 '이'를 주장할 뿐만 아니라 양(陽)도 때로 '이'를 주장함이 있으니, 다만 '이'는 성취하는 것이 곧 마땅하다는 뜻이다. 계선(繼善)과 성성(成性)을 음양으로 나눈 뜻[177]으로 추론해 보면 '이'의 분속은 실로 당연히 음에 속하니 이 때문에 곤에 대해서는 반드시 '이를 주장한다.〔主利〕'라고 말한 것이다. 대개 이미 '이를 주장한다.'라고 말하였다면 범범하게 '이롭지 않음이 없다.', '어떤 일을 이롭게 한다.'라고 말한 것과는 뜻이 절로 구분되니, '이'의 분속은 응당 음에 속하고 여기서 '이'의 뜻은 여전히 '해(害)'와 상대하여 말한 좋은 '이'라는 것을 알 수 있다. 만약 '의'와 '이'를 가지고 음양으로 구분한다면 이 '이를 주장한다.'는 것이 폐해가 있는 '이'가 되니 끝내 의심스럽다.

'서남(西南)'에서 '정길(貞吉)'까지

〔문〕《정전》과 《본의》의 설이 크게 다르니[178] 어느 설을 따라야 하는

177 계선(繼善)과……뜻 : 《주역》 〈계사전 상〉에 "계속하여 함은 선이요, 갖추어 있음은 성이다.〔繼之者善也, 成之者性也.〕"라고 하였는데, 주희가 이 말을 풀이하기를 "도는 음에 갖추어져 있고 양에 행해지므로 계는 그 발함을 말한 것이요, 선은 화육의 공을 이르니 이는 양의 일이다. 성은 갖추고 있음을 말한 것이요, 성은 물건이 받은 것을 이르므로 물건이 나면 성을 간직하고 있어 각기 이 도를 갖춤을 말한 것이니, 이는 음의 일이다. 주자와 정자의 책에 말씀한 것이 자세하다.〔道, 具於陰而行乎陽, 繼, 言其發也; 善, 謂化育之功, 陽之事也. 成, 言其具也; 性, 謂物之所受, 言物生則有性而各具是道也, 陰之事也. 周子、程子之書, 言之備矣.〕"라고 하였는데 이를 두고 한 말이다.

178 정전과……다르니 : 《정전》에서는 이 구에 대해 "서쪽과 남쪽은 음의 방위이고,

가?

〔답〕《정전》의 말은 음(陰)은 비록 양(陽)을 앞서서는 안 되지만 또 양을 따르는 것이 귀하다는 것이다. 또한 절로 일리가 있으니 이 말을 근거로 잘못되었다고 해서는 안 된다. 다만 문의(文義)를 가지고 추론해 보면 붕우를 잃는 것은 끝내 좋은 말이 아니고 붕우를 얻는 것은 기뻐할 만한 것이 되니, 《정전》에서 붕우를 잃었다는 것을 가지고 양을 따른다는 말로 삼은 것은 경문(經文)의 뜻이 아닌 듯하다. 당연히 《본의》의 설을 따르는 것이 옳다.

집주에서 주자는 "유순하고 조급하여 스스로 지킬 수 없다."라고 하였다.[179] 살펴보건대 괘사(卦辭)에는 유순하고 조급하다는 뜻이 없는데,

동쪽과 북쪽은 양의 방위이다. 음은 반드시 양을 따르니, 그 붕류를 잃어야만 만물을 만들어 자라게 하는 공을 이루어서 안정의 길함이 있을 수 있다. 떳떳함을 얻으면 편안하고, 떳떳함을 편안히 여기면 정하다. 이 때문에 길한 것이다.〔西南, 陰方; 東北, 陽方. 陰必從陽, 離喪其朋類, 乃能成化育之功而有安貞之吉. 得其常則安, 安於常則貞, 是以吉也.〕"라고 풀이하였고, 《본의》에서는 이 구에 대해 "암말은 순하고 굳건히 걸어가는 것이다. 양은 먼저이고 음은 뒤이며, 양은 의를 주장하고 음은 이를 주장한다. 서쪽과 남쪽은 음의 방위이고, 동쪽과 북쪽은 양의 방위이다. 안은 순함이 하는 것이요, 정은 굳셈을 지키는 것이다. 이 괘를 만난 자는 그 점이 크게 형통하고 굳셈을 순종함으로써 정도를 삼는 것이 이로우니, 만약 가는 바가 있으면 먼저 하면 혼미하고 뒤에 하면 얻어서 이로움을 주장할 것이다. 서남으로 가면 벗을 얻고 동북으로 가면 벗을 잃을 것이니, 대저 정도를 편안히 하면 길할 것이다.〔牝馬, 順而健行者. 陽先, 陰後, 陽主義, 陰主利. 西南, 陰方; 東北, 陽方. 安, 順之爲也; 貞, 健之守也. 遇此卦者, 其占, 爲大亨而利以順健爲正, 如有所往, 則先迷後得而主於利, 往西南則得朋, 往東北則喪朋, 大抵能安於正則吉也.〕"라고 풀이하였기 때문에 이렇게 말한 것이다.

179 집주에서……하였다 : 주희는 다음과 같이 말하였다. "음의 체는 유순하고 조급

주자의 설이 이와 같은 것은 대개 정(貞)을 편안히 여겨야 한다는 경계가 있음으로 인하여 이 뜻을 발명한 것이다. 무릇 경계는 모두 할 수 없을까 염려하여 말해 주는 것이니, 정을 편안히 여기지 못할까 염려하였다면 유순하고 조급함을 알 수 있다.

운봉(雲峯)이 '강단(剛斷)', '염장(斂藏)', '경청(輕淸)', '중탁(重濁)'을 말하였다.[180] 이는 《본의》에서 "양은 의를 주장하고 음은 이를 주장한

하다. 단지 유순하기 때문에 조급하니 강하면 곧 조급하지 않다. 조급함은 움직이고자 하나 움직일 수 없는 뜻이니 강하면 곧 움직인다. 유순하고 조급하여 스스로 지킬 수가 없으니 이 때문에 정을 편안히 여기면 길하다고 말한 것이다.〔陰體柔躁, 只爲他柔, 所以躁, 剛便不躁. 躁是那欲動而不得動之意, 剛則便動矣. 柔躁不能自守, 所以說安貞吉.〕"

180 운봉(雲峯)이……말하였다 : 운봉 호씨의 설은 다음과 같다. "건괘에서는 '정함이 이롭다.'라고 하였으니 정하면 이롭지 않은 바가 없고, 곤괘에서는 '암말의 정함이 이롭다.'라고 하였으니 암말의 정함과 같다면 이롭고 암말의 정함이 아니라면 이롭지 않다는 것이다. 아랫글에 '뒤에 하면 얻는다.', '벗을 얻는다.'라고 한 것은 이로운 것이니 암말의 정함 때문이고, '먼저 하면 혼미하다.', '벗을 잃는다.'라고 한 것은 이롭지 않은 것이니 암말의 정함이 아니기 때문이다. 곤은 다만 건의 반을 얻는다. 그러므로 건은 이롭지 않음이 없지만 곤은 이로움도 있고 이롭지 않은 것도 있으니 아랫글의 '이로움을 주장한다.'의 '이' 자와는 같지 않다. 양은 의를 주장하니 건은 강단의 뜻이 있고, 음은 이를 주장하니 곤은 염장의 뜻이 있다. 또 가볍고 맑은 것은 의를 주장하고 무겁고 탁한 것은 이를 주장한다. '안정'을 나누어 말하면 안은 순함이 하는 것이고, 정은 강건을 지키는 것이니, 합하여 말하면 강건함에 순종하는 것으로 바름을 삼는다.〔乾言利貞, 貞則无所不利矣, 坤言利牝馬之貞, 如牝馬之貞, 則利; 非牝馬之貞, 則不利也. 下文曰後得曰得朋, 利也, 牝馬之貞故也; 曰先迷曰喪朋, 不利也, 非牝馬之貞故也. 坤但得乾之半, 故乾无不利, 而坤有利不利, 與下文主利之利不同. 陽主義, 乾有剛斷意; 陰主利, 坤有斂藏意. 又輕淸主義, 重濁主利. 安貞分而言之, 安者, 順之爲; 貞者, 健之守, 合而言之, 則以順乎健爲正.〕"

다.〔陽主義 陰主利〕"라고 한 말로 인하여 풀이한 것인데 합당한지는 모르겠다.

총목 總目

'경위(經緯)와 표리(表裏)'[181]에 대하여-하도낙서(河圖洛書) 아래의 대주(大註)에 있는 유씨(劉氏)의 설이다.-

이는 동일한 개념으로 가리켜서는 안 된다. 게다가 표리는 팔괘(八卦)와 구주(九疇)가 이미 완성된 상황을 근거로 한 말이다. 팔괘와 구주는 경위 관계인 〈하도〉와 〈낙서〉에서 비롯되었기 때문에 팔괘와 구주는 표리 관계가 된다.

'역기의 수〔曆紀之數〕'[182]에 대하여-소자(邵子)의 설이다.-

오행(五行)을 말하는 듯하다.

'이오거중(以五居中)'에 대하여-주자(朱子)의 설이다.-

수와 위치는 본래 그런 것이지, 하늘의 수는 홀수로 하고 땅의 수는 짝수로 정한 것에서 비롯되지 않았다. 그리고 5가 중앙에 있고 일직선

181 경위(經緯)와 표리(表裏) :《주역전의대전(周易傳義大全)》〈주역주자도설(周易朱子圖說)〉 대주에 있는 유흠(劉歆)의 말이다. 유흠은 여기서 〈하도〉와 〈낙서〉는 경위 관계로 팔괘와 구주는 표리 관계로 보았다.

182 역기(曆紀)의 수 :《주역전의대전》〈주역주자도설〉 대주에 있는 소자(邵子)의 말이다. 내용은 다음과 같다. "원은 별이니, 역기의 수가 여기에서 비롯되었을 것이다.〔圓者, 星也, 曆紀之數, 其肇於此乎!〕" 소자는 소옹(邵雍)이다.

에 배열되지 않은 것은 오방(五方)을 통솔하는 형상이 있어서이다.

'삼동이이(三同二異)'[183]에 대하여-주자의 설이다.-
운장 유씨(雲莊劉氏 유약(劉爚))의 양이 움직여 변화를 주관한다는 설[184]과 쌍호 호씨(雙湖胡氏 호일계(胡一桂))의 오른쪽으로 돌아서 상극 관계가 된다는 설[185]이 모두 좋다. 괘를 그린 곳으로 관점을 바꿔서 본 것은 더욱 좋다.

'중앙의 5는 원래 다섯 수의 상이 된다. 그렇다면 그 수는 어떠한 것인가〔中央之五 固爲五數之象 然則其爲數也奈何〕'[186]에 대하여-주자의 설이다.-
무엇을 묻는 것인지 분명하지 않다. 〈하도〉의 수는 윗글에서 자세하게 말하였는데 여기서 또 물은 이유는 어째서인가? 대체로 질문 내용이

183 삼동이이(三同二異) : 《주역전의대전》 〈주역주자도설〉 대주에 있는 말이다. 삼동이이는 〈하도〉와 〈낙서〉 숫자의 위치가 3개는 같고 2개는 다르다는 뜻이다. 3개의 숫자는 1, 3, 5이며 2개의 숫자는 2, 4이다. 〈하도〉와 〈낙서〉를 살펴보면 1은 왼쪽, 3은 아래, 5는 중앙에 있다. 그러나 2, 4는 〈하도〉의 경우는 2가 위쪽에 4가 오른쪽에 있고, 〈낙서〉의 경우는 2, 4가 서로 자리를 바꾸었다.

184 운장 유씨(雲莊劉氏)의……설 : 《주역전의대전》 〈주역주자도설〉 소주에 있는 말이다. 양이 움직여 변화를 주관한다는 것은 〈하도〉의 1, 3, 5, 7, 9는 모두 기수이며 양인데 1, 3, 5의 위치는 변화하지 않고 7, 9의 위치가 바뀌는 것을 근거하여 한 말이다.

185 쌍호 호씨(雙湖胡氏)의……설 : 《주역전의대전》 〈주역주자도설〉 소주에 있는 말이다. 오른쪽으로 돌아서 상극 관계가 된다는 말은 〈하도〉와 〈낙서〉가 세 숫자의 위치는 같고 두 숫자의 위치는 다르며 중앙의 숫자는 바뀌지 않는데, 두 숫자의 위치가 바뀌는 것은 상극의 형상을 완성하기 위해서이니, 두 숫자의 위치가 바뀌면 〈하도〉는 왼쪽으로 돌아 상생 관계가 되고 〈낙서〉는 오른쪽으로 돌아서 상극 관계가 된다는 뜻이다.

186 중앙의……것인가 : 《주역전의대전》 〈주역주자도설〉 대주에 보인다.

모두 허술하고 답변 역시 정확하지 못한 듯하다.

'〈낙서〉의 수〔洛書數〕'[187]에 대하여

반간 동씨(盤澗董氏 동수(董銖))의 주에서 이와 같이 1과 6을 태양으로 하고 4와 9를 태음으로 한 것은 근거가 없으니, 1과 9를 태양으로 하고 4와 6을 태음으로 하면 좋을 것 같다. 단 괘를 그린 순서는 그렇지 않으니 태양과 태음이 위치를 바꾸면 조리가 있을 듯하다.

'〈하도〉의 음양과 노소가 서로 제자리를 감춘다〔陰陽老少互藏其宅〕', '〈낙서〉의 가로와 세로가 15인데 번갈아 7과 8, 9와 6이 된다〔縱橫十五迭爲七八九六〕'에 대하여-모두 주자의 설이다.-

위의 두 주석은 모두 의심스럽다.

〈낙서〉는 본디 변수(變數)에서 비롯되었다. 〈하도〉에서 괘를 그릴 때 또 노양과 소양을 바꾸면 이미 변수가 된다.[188]-옥재(玉齋)가 이 뜻을 말했

187 낙서의 수 : 《주역전의대전》 〈주역주자도설〉 소주에 있는 말이다. 반간 동씨는 〈낙서〉의 경우는 중앙에 5가 자리를 잡고 태양이 1에 자리를 잡고서 5를 얻어 6이 되고, 소음은 2에 자리를 잡고서 5를 얻어 7이 되고, 소양은 3에 자리를 잡고서 5를 얻어 8이 되고, 태음은 4에 자리를 잡고서 5를 얻어 9가 된다고 하였다.

188 낙서는……된다 : 《주역전의대전》 〈주역주자도설〉 소주에 있는 말이다. 옥재 호씨는 여기에서 〈하도〉와 〈낙서〉의 체용 관계에 대해 설명하며 〈하도〉에는 체만 있는 것이 아니고 〈낙서〉에는 용만 있는 것이 아니니, 〈하도〉에 원래 배열된 사상은 체의 상수이지만 서남(西南)에 있는 상은 생성하는 괘와 맞지 않으므로 용의 변수가 되고, 복희가 그 변수를 본떠서 《주역》을 지었으니, 횡도(橫圖)를 통해서 원도(圓圖)를 살펴보면 노양과 소양이 번갈아 옮겨 간다는 것을 알 수 있다고 하였다.

다. 변수는 상극으로 작용한다.-

〔문〕〈하도〉에서 괘를 그린 것은 바로 〈낙서〉의 수와 부합하니 이는 체(體)이면서 용(用)을 포함한 것이다. 그러나 〈낙서〉의 자리는 그저 상극의 순서를 이루었는데 〈하도〉와 또 부합하는 것은 어째서인가?

〔답〕〈하도〉의 운행은 상생의 형식이나, 그 위치 순서는 수화목금토(水火木金土)이니, 바로 천지의 본수(本數)이다. 〈낙서〉에서는 북쪽을 필두로 하여 그다음으로 서남쪽, 동쪽, 동남쪽, 중앙의 차례가 수화목금토 생수(生數)의 순서이고, 그다음으로 서북쪽, 서쪽, 동북쪽, 남쪽의 차례가 또 수화목금 성수(成數)의 순서이다. 10이 없는 이유는 〈낙서〉에서는 양을 위주로 하여 음을 통솔하기 때문에 음의 진수(盡數)를 빼서 기수는 남고 우수는 부족하다는 뜻을 보여 준 것이니, 이 또한 애당초 〈하도〉와 부합하지 않는 것은 아니다.

후천설(後天說)의 '제출호진(帝出乎震)' 이하에 대하여

괘의 자리가 이미 정해진 것을 근거로 한 말이지, 괘의 자리를 정하는 말이 아니다. 괘의 자리를 이렇게 정한 것은 과연 무엇에 근거하였는가?

내가 생각건대 〈하도〉의 오행은 각각 본래의 자리에 있는데 팔괘가 그려진 뒤에 노음(老陰)을 노양(老陽)과 짝짓고 소음(少陰)을 소양(少陽)과 짝지으면서 〈복희선천팔괘도(伏羲先天八卦圖)〉의 순서가 되었고, 문왕에 이르러서 또 팔괘가 오행에 배속된 바로 미루어 또 그 자리를 이렇게 정하였다. 감(坎)은 수(水)이므로 북쪽에 자리를 잡았고 이(離)는 화(火)이므로 남쪽에 자리를 잡았다. 진(震)은 목(木)이므로

동쪽에 자리를 잡았는데 손(巽)도 목이므로 동쪽의 다음에 자리를 잡았고, 태(兌)는 금(金)이므로 서쪽에 자리를 잡았는데 건(乾)도 금이므로 서쪽의 모퉁이에 자리를 잡았다. 진과 손은 모두 목이고 건과 태는 모두 금인데, 진과 태를 굳이 동과 서의 정(正)에 두는 이유는 진과 태는 바른 짝이 되지만 건과 손은 바른 짝이 될 수 없기 때문이다. 간(艮)과 곤(坤)은 토(土)이기 때문에 간이 수와 목 사이에 자리를 잡고 곤이 화와 금 사이에 자리를 잡으니, 토가 사행(四行)의 근저가 되기 때문이다. 이것은 수화금목이 각각 본방의 위치에 자리하여 또다시 〈하도〉와 일치하는 것이다. 단 〈하도〉는 토가 중앙에 자리를 잡고, 후천설은 토가 수와 목 사이에 화와 금 사이에 자리 잡은 것이 다르다. 그런데 괘를 그린 처음에 중앙을 비워 둔 이상에는 정말로 더 이상 중앙에 자리를 잡아서는 안 되고, 토를 수목화금 사이에 둔 것은 이렇게 해야 바로 토가 중앙이 되기 때문이니, 그 원리와 방법이 어찌 명료하고 간단하지 않은가.

비태(否泰), 기제 미제(旣濟未濟), 부모 자녀에 관한 설명은 또한 정해진 자리를 토대로 변수를 추론하여 뜻을 만들어 낸 것이니, 정해진 자리에 대한 본래 의미는 아닌 듯하다. 왜 그런가 하면 정교하고 치밀하지만 널리 소통하는 뜻은 없기 때문이다. 오행을 팔괘에 나누어 배속한 것은 어느 성인으로부터 시작되었는지는 모르겠지만,-복희와 문왕 중에 누구에게서 시작되었는지는 모른다.- 그것에 관한 설명은 분명히 선유들의 정설이 있을 것이다. 이제 의미로 추론해 보면, 건과 태는 금(金)이 되어서 노양에 근본을 두고, 감과 이는 수(水)와 화(火)가 되어서 그 상(象)에서 비롯하고, 진과 손이 목이 된 것은 천둥과 바람이 길러 주는 뜻을 쓴 것이고, 간과 곤이 토가 된 것은 산(山)과 지(地)의 본체를 쓴 것이다. 이것이 하나의 학설이 될 만한데 그 의미는 이 정도에 그치지 않을 듯하니, 다시 고찰해야 한다.

'장녀가 어머니를 대신한다〔長女代母〕'는 말에서 '어머니를 대신한다'는 말의 의미가 분명히 나타나지 않았는데, 어머니의 역할을 대신한다는 의미인 듯하니, 곤(坤)이 손(巽)의 자리에 있기 때문이다.

'태와 간이 짝이 된다〔兌艮爲隅〕'는 말에서 '짝이 된다.'는 말의 의미가 더욱 자세하지 않다.

'건과 곤이 교류를 하면 이미 이루어진 곳에서 발생한 곳으로 돌아간다〔乾坤之交 自其所已成而反其所由生〕'는 말은 건과 곤이 교류한 뒤에 이미 이루어진 곳에서 발생한 곳으로 또다시 향한다는 말인 듯하다. '이미 이루어졌다'는 말은 건은 북에 있고 곤은 남에 있어서 서로의 교류가 이루어졌다는 말이다. '발생한 곳'이라는 말은 건은 남에 있고 곤은 북에 있어서 발생한 곳을 근본으로 삼는다는 것이다. 건과 곤이 교류한 뒤에, 또 교류한 곳에서 원래 방위로 돌아가서 곤은 남에서 북으로 향하고 건은 북에서 남으로 향하는 것이다. 이와 같은 것이 바로 건은 서북으로 물러나고 곤은 서남으로 물러나기 때문이다. 옥재의 설은 그저 건과 곤이 서로 교류하는 뜻뿐이니,[189] 무엇이 옳은지는 자세히 모르겠다.

189 옥재의……뜻뿐이니 :《주역전의대전》〈주역주자도설〉대주 '부록(附錄) 소자왈지재문왕지작역야(邵子曰至哉文王之作易也)' 아래의 두 번째 소주에 보인다.

창계집

제21권

독서차록
讀書箚錄

《대학》

大學

서 序

'대학이라는 책〔大學之書〕'에서의 대학은 학문을 의미하는 '학(學)'인 듯하고, '옛날의 대학〔古之大學〕'에서의 대학은 학교를 의미하는 '학(學)'인 듯하다.[1]

'개자(蓋自)', '즉기(則旣)', '막불(莫不)'[2]에 대하여

이 몇몇 단어는 모두 말을 돕는 의미 없는 글자이다. 그러나 또한 《대학》의 논리를 깊이 이해할 수 있는 요소이다. '대개 하늘이 백성을 내려보낼 때부터 이미 그들에게 성을 부여하지 않음이 없었다.〔蓋自天降生民 則旣莫不與之以性〕'라는 말에서는 곧 하늘이 인간을 내려보내면서 즉시 성(性)을 부여해 준 것을 볼 수 있다. 자(自), 즉기라고 하였으니 이른바 '원래부터 곧장 갖추고 있다.'라는 의미를 볼 수 있고, 막불이라고 하였으니 사람마다 모두 갖추어서 애초부터 정도의 차이가 없음을

1 대학이라는……듯하다 : 《대학장구(大學章句)》〈대학장구서(大學章句序)〉 중에 "《대학》이라는 책은 옛날의 대학에서 사람들을 가르치던 법이다.〔大學之書, 古之大學, 所以教人之法也.〕"에서 '대학지서(大學之書)'와 '고지대학(古之大學)'을 가리킨다.

2 개자(蓋自), 즉기(則旣), 막불(莫不) : 〈대학장구서〉 중에 "대개 하늘이 백성을 내려보낼 때부터 이미 그들에게 인의예지의 성을 부여해 주지 않음이 없었다.〔蓋自天降生民, 則旣莫不與之以仁義禮智之性矣.〕"에서 '개자', '즉기', '막불'을 가리킨다.

볼 수 있다. 주자(朱子)가 일찍이 "실리(實理)는 허자(虛字) 속에 담겨 있다."[3]라고 하였는데, 증명해 보았더니 정말로 그러하였다. 이런 곳은 절대 그대로 지나쳐서는 안 된다.

신안 진씨(新安陳氏)의 설[4]은 글귀에 집착하여 뜻을 밝힌 부분이 없다. 이 구절은 '하늘이 백성을 내려보낼 때부터 이미 그들에게 모두 인의예지라는 성을 부여하였다.'의 의미를 엄밀히 따져 봐야 한다. 육경(六經) 중에서 처음 성(性)을 말한 것과 《대학》 서문이 《서경》의 뜻에 바탕을 두었는지의 여부는 더 이상 말할 필요가 없고 더 이상 알려고 할 필요도 없다. 정자(程子)가 "이렇게 학문을 하면 정신과 체력만 낭비한다."[5]라

3 실리(實理)는……있다 : 이 말은 《주자어류(朱子語類)》 권103 〈호씨문인(胡氏門人)〉 중에 황간(黃榦)과 주희의 문답에 보이는데, 내용은 다음과 같다. "황간이 묻기를 '일찍이 글을 보면, 대부분 긴요함이 없는 허자에 제일 도리가 있었습니다. 만약 글을 지을 때 대강 소통과 이해가 되게 한다면 이러한 의미가 전혀 드러나지 않을 듯합니다.'라고 하자, 대답하기를 '그렇지. 또 지금 병이에 대해 설명한다면, 이 글자의 도리는 이 자 위와 병 자 아래에 있다. 그러니 장자가 뼈와 살이 만나는 지점을 가르고 뼈마디의 틈새에서 칼을 놀린다고 한 말은 바로 도리는 모두 비어 있는 곳에 있다는 뜻이다.'라고 하였다.〔榦問: 嘗看文字, 多是虛字上無緊要處最有道理. 若做文粗疏粗解, 這般意思, 却恐都不見了. 曰: 然. 且如今說秉彝, 這箇道理卻在彝字上秉字下. 所以莊子謂批大卻導大窾, 便是道理都在空處.〕"

4 신안 진씨(新安陳氏)의 설 : 《대학장구》 〈대학장구서〉 소주(小註)에 신안 진씨의 설이 있는데 내용은 다음과 같다. "《서경》에 이르기를 '위대한 상제께서 서민들에게 치우침 없는 덕을 내려 주어 그 떳떳한 성품을 따르게 하였다.'라고 하였으니, 육경 중에 성을 말한 것은 《서경》에서 시작되었다. 하늘이 백성을 내면서 그들에게 성을 부여하였다고 이른 것은 또한 《서경》의 뜻에 바탕을 두고 한 말이다.〔書云: 惟皇上帝, 降衷于下民, 若有恒性. 六經言性, 自此始. 謂天降生民而與之以性, 亦本書之意而言.〕"

고 한 말은 바로 이러한 유형을 두고 한 말인 듯하다.

'간혹 한결같지 않다〔或不能齊〕'와 '모두가 알아서 보전하지 못한다〔不能皆知而全之〕'[6]에 대하여

사람의 기질은 원래 같지 않으니 굳이 간혹〔或〕이라고 말할 것이 없는데 굳이 '간혹'이라고 말한 이유는 이(理)가 이미 같으면 기(氣) 역시 같아야 하기 때문에 굳이 "간혹 한결같지 않다."라고 말한 것이다. 또 "모두가 보전하지 못한다."라고 말한 것은 사람들의 기질이 같지 않은 것을 애석해하고 기질을 보전하지 못하는 것을 안타까워하는 뜻이 있는 듯하다.

'하늘이 반드시 그에게 명하시어〔天必命之〕'[7]에 대하여

5 이렇게……낭비한다 : 《근사록(近思錄)》 권3 〈치지(致知)〉에 나오는 말로, 정이는 글공부하는 사람들이 글 뜻에 집착하지 않아서 글 뜻을 완전히 등지는 경우와 글 뜻에 집착하여 글 전체의 내용을 이해하지 못하는 두 가지의 폐단을 지적하면서 위와 같은 식으로 학문을 하면 정신과 체력을 낭비한다고 여겼다.

6 간혹……못한다 : 〈대학장구서〉 중에 "그러나 그 타고난 기질이 간혹 한결같지 않았기 때문에 모두가 본래 가지고 있는 성을 알아서 보전하지 못하였다.〔然其氣質之稟, 或不能齊, 是以不能皆有以知其性之所有而全之也.〕"에서 '혹불능제(或不能齊)'와 '불능개유이지기성지소유이전지(不能皆有以知其性之所有而全之)'를 가리킨다.

7 하늘이……명하시어 : 〈대학장구서〉 중에 "한 번이라도 총명하고 슬기로워서 천성을 능히 다하는 사람이 그 사이에서 출현하면, 하늘이 반드시 그에게 명하시어 억조창생의 임금과 스승으로 삼고는 그에게 백성들을 다스리고 가르쳐서 백성들이 천성을 회복하게 하였다.〔一有聰明睿智能盡其性者, 出於其間, 則天必命之, 以爲億兆之君師, 使之治而敎之, 以復其性.〕"에서 '천필명지(天必命之)'를 가리킨다.

이 명(命)은 생명을 부여받은 처음에도 받고 덕이 완성된 뒤에도 받는다. 세상에 나면서부터 이치를 아는 성인은 생명을 부여받은 처음부터 덕이 이미 완성되었으니 더 이상 명을 먼저 받거나 나중에 받는 순서가 없다. 반면에 노력으로 본성을 회복한 성현의 경우는 덕이 완성된 뒤에 하늘이 곧 명을 내린다고 하는 것이 옳다. 대개 천명이 가고 오는 때를 선각자들이 시일로 구별한 경우가 있으니, 생명을 부여받은 처음에 이미 정해졌다고 말할 필요는 없다. '천명지위성(天命之謂性)'에서 이른바 '명'은 또한 '성'인가? 명은 똑같이 다 하늘이 그렇게 하도록 시킨 것이다. 단지 '천명지위성'은 사람과 사물이 명을 부여받는 입장에서 말하였고 '천필명지'는 대덕을 지닌 사람은 반드시 명을 받는다는 입장에서 말한 것이다. '천명지위성'의 명은 마음의 덕이고 '천필명지'의 명은 덕으로 이룬 것이니, 가리키는 바가 같지 않다. 그러나 이러한 천명은 또한 성의 테두리 밖에 있는 이치가 아니므로 지(智)로써 알거나 인(仁)으로써 체득하거나 하면 성이 모든 이치를 갖추니 이는 같은 이치이다. 성인들이 세상을 다스리고 주장을 세운 것은 모두 천명이니, 이런 수준에 미치지 못했음에도 억지로 이런 일을 하는 것은 모두 사심 때문이다. 세상에 성인이 없으면 그렇게 할 책임은 현자에게 있는데, 책임이 있으면서 힘쓰지 않는다면 또한 천명을 저버리는 것이다.

'하늘을 이어 법칙을 세운다〔繼天立極〕'[8]에 대하여

8 하늘을……세운다 : 〈대학장구서〉 중에 "이것이 복희, 신농, 황제, 요, 순이 하늘을 이어 법칙을 세운 이유이다.〔此伏羲神農黃帝堯舜, 所以繼天立極.〕"에서 '계천입극(繼天立極)'을 가리킨다.

계천(繼天)은 하늘이 이미 사람들에게 성(性)을 부여해 주었으나 사람들이 모두 그 성을 보전하도록 해 주지는 못하기에 성왕(聖王)이 다스리고 가르쳐서 그 성을 회복하도록 만들어 준 것, 이것이 바로 계천이다. 계(繼)는 미치지 못하는 부분을 이어 주는 것이다. 혹 '계천이란 하늘이 자신에게 억조창생을 다스리고 가르치게 한 명령을 계승하는 것이다.'라고 말하기도 하는데, 앞의 설명이 낫다.

입극(立極)은 기준을 세운다는 뜻인 건극(建極)과 같으니, 자신이 만민들에게 표준을 만들어 준다는 말이다. 혹 '극은 바로 이(理)이니, 입극은 사람으로서의 기준을 세운다[9]는 말과 같다.'라고 말하기도 한다. 입극에 대한 뒤의 해석이 계천에 대한 앞의 해석과 상통하는데 약간 정교한 듯하니, 다시 상세하게 살펴봐야 한다.

'학교가 있지 않은 곳이 없다〔莫不有學〕', '소학에 입학한다〔入小學〕', '대학에 입학한다〔入大學〕'[10]에 대하여

9 사람으로서의 기준을 세운다 : 《근사록》 권1 〈도체(道體)〉에 실려 있는 주돈이의 〈태극도설(太極圖說)〉에서 "성인이 중정인의로써 확정하되 정의 상태를 중심으로 하여 사람으로서의 기준을 세웠다.〔聖人定之以中正仁義, 而主靜, 立人極焉.〕"라고 하였다.

10 학교가……입학한다 : 〈대학장구서〉 중에 "삼대가 융성했던 때에 그 제도가 점점 갖추어졌으니, 그런 뒤에 왕궁과 국도부터 시골 마을까지 학교가 있지 않은 곳이 없었다. 그리하여 사람이 태어나 8세가 되면 왕공 이하부터 서인의 자제까지 모두 소학에 입학하여 그들에게 청소하고 응대하고 나아가고 물러가는 예절과 예, 악, 사, 어, 서, 수의 글을 가르쳤다. 15세가 되면 천자의 원자와 중자부터 공, 경, 대부, 원사의 적자와 백성들 중에 준수한 사람들이 모두 대학에 입학하여 그들에게 이치를 연구하고 마음을 바로잡으며 자신을 수양하고 사람을 다스리는 방법을 가르쳤다.〔三代之隆, 其法寖備, 然後王宮國都以及閭巷, 莫不有學, 人生八歲, 則自王公以下, 至於庶人之子弟, 皆入小

이 학(學) 자는 모두 학교라는 의미의 학이니, 대개 배우는 곳이다.

주자의 설 중 '성현배박(聖賢坏樸)'에 대하여[11]
배(坯)는 질그릇이 아직 완성되지 않은 상태이고 박(樸)은 물건을 다듬기는 했으나 아직 정밀하지 않은 상태이다. 대개 비록 정통하고 능숙하지는 않으나 체단(體段)은 이미 갖추어졌음을 말한다.

파양 제씨(番易齊氏)의 설 중 '도수가 절문된 것〔度數之節文〕', '글자의 체에서 마음의 획을 볼 수 있다〔書字之體可以見心畫〕', '문은 명물을 말한다〔文名物之謂〕'에 대하여[12]

學, 而教之以灑掃應對進退之節禮樂射御書數之文. 及其十有五年, 則自天子之元子衆子以至公卿大夫元士之適子與凡民之俊秀, 皆入大學, 而教之以窮理正心修己治人之道.〕"에서 '막불유학(莫不有學)', '개입소학(皆入小學)', '개입대학(皆入大學)'을 가리킨다.

11 주자의……대하여 : 〈대학장구서〉 소주에서 주희(朱熹)는 "옛날에는 소학에서 이미 성현의 체단을 갖추기는 하였지만 성현처럼 수많은 지식과 견해를 가지지 못했다. 장성하였을 때 대학에 입학하도록 해서 격물치지를 통해 수많은 지식과 견해를 기르게 하였다.〔古者小學, 已自是聖賢坯樸了, 但未有聖賢許多知見. 及其長也, 令入大學, 使之格物致知, 長許多知見.〕"라고 하였다.

12 파양 제씨(番易齊氏)의……대하여 : 〈대학장구서〉 소주에서 제씨는 본문의 "소학에 입학시켜서 그들에게 물 뿌리고 쓸며 응하고 대답하며 나아가고 물러나는 예절과 예, 악, 사, 어, 서, 수에 관한 글을 그들에게 가르쳤다.〔入小學而教之以洒掃應對進退之節、禮樂射御書數之文〕"에 대해 부연 설명을 하였는데, 내용은 다음과 같다. 예(禮)는 도수(度數)의 절문(節文)을 익히는 것이고, 서(書)는 글자의 체를 쓰는 것으로 마음의 획을 볼 수 있다. 《대학》에서는 쇄소, 응대, 진퇴를 절(節)로 분류하고 육예(六藝)는 문(文)으로 분류하였는데, 문은 명물(名物)이니 실제 육예의 일을 말하는 것이 아니라 명칭만을 가리킨 것이다. 제씨는 원(元)나라 학자인 제몽룡(齊夢龍)을 가리킨다. 파양

이 세 가지 말은 모두 의심할 만하다. 뒤의 두 가지 설은 더욱 옳지 않은 듯하다.

물헌 웅씨(勿軒熊氏)의 설 중 '주자는 유독 《백호통》으로 판단하였다〔獨以白虎通爲斷〕'에 대하여[13]
《대대례기(大戴禮記)》 〈보부편(保傅篇)〉에 나와 있는 소학 입학 연령도 《백호통》과 같으니, 《백호통》만으로 판단한 것은 아니다.

"배우지 않는 사람이 없다.〔無不學〕"라는 것은 학교 설립이 이렇게 광범위했기 때문이고, 배우는 사람들이 원래 가지고 있는 본성과 마땅히 해야 하는 직분을 알아서 각자 힘써 노력을 다한 것은 가르치는 방법이 이러하고 가르치는 내용이 또 이러했기 때문이다. 군주가 몸소 실천하고 마음으로 터득하고 난 결과에 바탕을 두었기 때문에 본성에 본디 갖추어져 있음을 알고, 백성들이 늘 행해야 할 도덕 밖에서 찾아야 할 필요가 없기 때문에 당연히 해야 할 직분을 알고서 각자 부지런히 자기 힘을 다 쏟은 것이다.

(番易)에 대해서는, 《퇴계집(退溪集)》 권21 〈답이강이문목(答李剛而問目)〉에 "파(鄱)는 강 이름인데 음이 파(婆)이다. 글자를 생략하여 파(番)로 쓴다. 파양은 곧 파양(鄱陽)이다. 양(易)은 옛 양(陽) 자이다." 하였다.

13 물헌 웅씨(勿軒熊氏)의……대하여 : 주희는 〈대학장구서〉에서 "사람은 태어나 8세가 되면 왕공 이하부터 서인의 자제까지 모두 소학에 입학한다.〔人生八歲, 則自王公以下至於庶人之子弟, 皆入小學.〕"라고 하여 8세가 되면 소학에 입학한다고 하였다. 이에 대해 웅씨는 소주에서 《상서대전(尙書大全)》에서는 공경의 태자와 원사(元士)의 적자가 13세에 소학에 입학하고 《백호통》에서는 8세에 소학에 입학한다는 내용을 제시하며 주희가 《백호통》만으로 소학에 입학하는 시기를 판단했다고 하였다.

무불학(無不學), 무불유이(無不有以), 각(各)이라고 말한 것은 당시 사람들이 모두 그렇게 하였음을 보여 준 것이다. 면(俛)이라는 한 글자는 그 의미를 음미해 볼만하다. 면은 머리를 숙인다는 뜻이니, 온 마음을 기울여 공부하느라 사방을 돌아보지 않는다는 의미이다.

'정치가 융성해졌다〔治隆〕'와 '풍속이 아름다워졌다〔俗美〕'[14]에 대하여

한 사람의 몸과 마음부터 만방의 백성에 이르기까지 모두 잘 다스려져서 정치가 모두 더할 나위 없어지면 그것이 정치가 융성해지는 것이다. 오륜이 더할 나위 없이 잘 지켜지고 백성들이 더할 나위 없이 친해지면[15] 그것이 풍속이 아름다워지는 것이다. 정치는 풍속을 교화하는 것이고 풍속은 바로 정치를 통해 교화되는 것이니, 이런 까닭에 상하의 구별이 있다.

'소학의 성공에 바탕을 두고〔因小學之成功〕'[16]에 대하여

14 정치가……아름다워졌다 : 〈대학장구서〉 중에 "이것이 옛날 태평성세에 정치가 위에서 융성하고 풍속이 아래에서 아름다워져 후세가 따라갈 수 없는 것이다.〔此古昔盛時, 所以治隆於上, 俗美於下, 而非後世之所能及也.〕"에서 '치륭(治隆)'과 '속미(俗美)'를 가리킨다.

15 오륜이……친해지면 : 원문은 '五品百姓無不極其親順'으로, 《서경》〈순전(舜典)〉에 있는 "임금이 말하셨다. '설아! 백성들이 친목하지 않고 오륜이 순조롭게 행해지지 않는다. 그대를 사도에 임명하노니, 오교를 공경히 시행하되 관대하게 하라.'〔帝曰: 契! 百姓不親, 五品不遜. 汝作司徒, 敬敷五教, 在寬.〕"라는 내용을 발췌하여 쓴 것이다.

16 소학의……두고 : 〈대학장구서〉 중에 "이 책은 소학에서의 성공에 바탕을 두고서 대학의 명확한 요령을 드러내었으니, 밖으로는 그 큰 규모를 다하고 안으로는 상세한 절목을 다하였다.〔此篇者, 則因小學之成功, 以著大學之明法, 外有以極其規模之大, 而

《대학》에서 처음에 격물치지를 말한 것은 바로 소학에서 이룬 공부에 바탕을 두었기 때문이다. 만약 소학에서 공부를 이루지 않았으면, 《대학》에서 격물치지를 말하기 전에 반드시 또 설명이 있어야 한다.

'그 책이 비록 존재하였으나 아는 사람은 드물었다〔其書雖存而知者鮮矣〕'[17]에 대하여
맹자 이후부터 정자 이전까지는 《대학》을 아는 사람이 있지 않았으니, 이 책을 안다고 쉽게 말할 수 있었겠는가. 지금 장구로 인하여 뜻풀이가 자세한 덕분에 아는 것이 약간 쉬워지기는 했으나, 어찌 《대학》을 안다고 하겠는가. 실제로 터득해야 비로소 아는 것이다.-이상은 초년에 기록한 것이다.-

'대(大)'[18]에 대하여
천하의 학(學)을 통틀어서 여기보다 큰 곳이 없다는 뜻이다.

內有以盡其節目之詳者也.〕"에서 '인소학지성공(因小學之成功)'을 가리킨다.

17 그……드물었다 : 〈대학장구서〉 중에 "3000명의 제자들이 대개 모두 공자의 학설을 들었지만, 증자가 전한 것이 유일하게 그 핵심을 깨우쳤다. 이에 전의를 지어서 그 뜻을 밝혀내었다. 맹자가 세상을 떠나자 그가 전한 것이 사라졌으니, 그 책이 비록 존재하였으나 아는 사람은 드물었다.〔三千之徒, 蓋莫不聞其說, 而曾氏之傳, 獨得其宗. 於是作爲傳義以發其意. 及孟子沒, 而其傳泯焉, 則其書雖存, 而知者鮮矣.〕"에서 '기서수존 이지자선의(其書雖存 而知者鮮矣)'를 가리킨다.

18 대(大) : 〈대학장구서〉 중에 "《대학》이라는 책은 옛날의 대학에서 사람들을 가르치던 법이다.〔大學之書, 古之大學, 所以教人之法也.〕"에서 '대학지서(大學之書)'의 '대'를 가리킨다. 아래 표제어 중에 법(法)에 대한 풀이까지는 모두 같은 곳에 대한 설명이다.

‘학(學)’에 대하여

아직 알지 못해서 알려고 하는 것이고, 아직 잘하지 못해서 잘하려고 하는 것이다.

‘서(書)’에 대하여

성인의 경(經)이고 현자의 전(傳)이다.

‘고지(古之)’에 대하여

하(夏), 은(殷), 주(周) 삼대이다.

‘대학(大學)’에 대하여

《대학》을 배우는 곳이다.

‘교인(教人)’에 대하여

가르침과 배움은 같다. 스승 입장에서 말하면 가르침이 되고 제자 입장에서 말하면 배움이 된다.

‘법(法)’에 대하여

제도와 세부 항목이 모두 법이다.

‘개자(蓋自)’부터 ‘민(民)’까지[19]에 대하여

19 개자(蓋自)부터 민(民)까지 : 〈대학장구서〉 중에 “대개 하늘이 생민을 내려보낼 때부터〔蓋自天降生民〕”를 가리킨다.

"하늘이 하민을 내려보냈다.〔天降下民〕"라는 말은 《서경》의 말[20]이고 "하늘이 생민을 내려보냈다.〔天降生民〕"라는 말은 양자(揚子)의 말[21]이다. 만물이 태어나는 것은 모두 천지자연의 이치가 끊임없이 태어나게 하는 것이기 때문에 하늘에 속한다. 하늘의 입장에서 말하였기 때문에 내려보냈다〔降〕고 말하였다.

'즉기(則旣)'와 '막불(莫不)'[22]에 대하여

하늘이 백성을 내려보낼 때부터 이미 그들에게 모두 성을 부여해 주었다는 것은 백성을 낳자마자 곧 이들에게 성을 부여해 준 것이지, 아주 짧은 순간이라도 먼저 받거나 뒤에 받는 순서가 있는 것이 아니다.

20 하늘이……말 : 《맹자》 〈양혜왕 하(梁惠王下)〉에서 인용한 《서경》에 있는 말로, 내용은 다음과 같다. "《서경》에 이르기를 '하늘이 백성을 내려보내고서 그들의 군주를 만들어 주고 스승을 만들어 준 것은 그가 상제를 도우리라 생각하여 사방의 사람들 중에 특별히 총애한 것이다. 제후 중에 죄가 있든 죄가 없든 책임은 나에게 있으니, 천하에 어찌 감히 분수를 어기고 제멋대로 행동하는 자가 있겠는가.'라고 하였다.〔書曰: 天降下民, 作之君, 作之師, 惟曰其助上帝, 寵之四方. 有罪無罪, 惟我在, 天下曷敢有越厥志?〕"

21 하늘이……말 : 양웅(揚雄)이 지은 《법언(法言)》 권1 〈학행(學行)〉에 있는 말로, 내용은 다음과 같다. "하늘이 백성을 내주셨는데 백성들은 무지몽매한 탓에 자기들 마음과 성질대로만 하려 하여 총명함이 개발되지 않았다. 그러므로 그들에게 도리를 가르쳐 주고자 하여 〈학행〉을 저술한다.〔天降生民, 倥侗顓蒙, 恣于情性, 聰明不開, 訓諸理, 譔學行.〕"

22 즉기(則旣)와 막불(莫不) : 〈대학장구서〉 중에 "이미 백성들에게 인의예지의 성을 부여해 주지 않음이 없었다.〔則旣莫不與之以仁義禮智之性矣〕"에서 '즉기'와 '막불'을 가리킨다.

'여(與)'에 대하여

하늘이 원래 이러한 이(理)를 갖추고 있다가 만물을 낳아 줌에 이르러서 만물이 곧 이러한 이를 갖추니, 이것은 부여해 준 것과 같다.

'인의예지(仁義禮智)'에 대하여

인과 의가 짝이고 예와 지가 짝이 되어 마치 사면체를 이루고 있는 것과 같으니, 일직선으로 배열된 것이 아니다. 한 생각이라도 측은한 마음을 가지는 것이 바로 인이고, 한 일이라도 올바르게 판단하는 것이 바로 의이다. 그러나 백성들에게 인을 베풀고 만물을 아끼는 것이 하늘과 땅처럼 크고 봄볕처럼 따뜻한 것이 바로 인의 전체이고, 의를 정밀하게 연구하여 신묘한 경지에 들어가고,[23] 지푸라기 하나라도 의에 맞지 않으면 취하거나 주지 않고,[24] 천사만종(千駟萬鍾) 같은 부귀를 아랑곳 하지 않는 것이 바로 의를 다 실천한 곳이다. 인의라고 말한 만큼 크고 작은 일들이 다 포함되어 오묘한 이치가 그 속에 담겨 있다.

예와 지 역시 그러하다. 한 생각을 공경히 하는 것부터 하늘과 땅에 제사를 지내는 일과 집안과 마을과 나라까지 모두 그 순서에 맞게끔 하고, 한 가지 일에 대해 옳고 그름을 판단하는 것부터 천인(天人) 및 성명(性命)과 만물 만사까지 그 이치를 모두 밝히는 것이 바로 예와 지이다.

23 의를……들어가고 : 《주역》 〈계사전 하(繫辭傳下)〉에서 "의를 정밀하게 연구하여 신묘한 경지에 들어가는 것은 용도를 다하기 위해서이다.〔精義入神, 以致用也.〕"라고 하였다.

24 지푸라기……않고 : 맹자가 탕 임금의 재상인 이윤(伊尹)의 덕을 칭송하면서 한 말로, 《맹자》 〈만장 상(萬章上)〉 7장에 보인다.

'성(性)'에 대하여

성은 마음에 담긴 이(理)이다. 마음을 말하지 않고 성만 말한 것은, 성을 말하면 마음이 저절로 그 속에 있기 때문이다.

'연(然)'[25]에 대하여

연이란 '비록 이렇다 해도 또 다른 말이 있다.'라는 의미이니, 하늘이 백성을 내면서 비록 이 성(性)을 부여하였으나 또 기질이 같지 않은 문제가 있다는 말이다.

'기(其)'에 대하여

기란 백성을 가리켜서 한 말이다.

'부여받은 기질〔氣質之稟〕'에 대하여

기질이란 사람의 전체를 거론해서 한 말이다. 외면의 용모와 기상, 내면의 정신과 마음 씀씀이가 기질이 아닌 것이 없는데, 성에 갖추어져 있는 것을 알아서 온전히 지키지 못함은 오로지 내면을 중심으로 말한 듯하다.

'혹(或)'에 대하여

관사(寬辭)이다.

25 연(然) : 〈대학장구서〉 중에 "그러나 부여받은 기질이 간혹 같지 못하여〔然其氣質之稟, 或不能齊〕"에서 '연'을 가리킨다.

'똑같지 못하다〔不能齊〕'에 대하여

똑같다는 것은 누구와 똑같다는 것인가? 중인 이하는 국토의 크기도 비슷하고 덕의 수준도 비슷하다[26]는 것에서 말한 제(齊)는 여기서 말한 제를 이른 것이 아니다. 여기서 말한 제는 바로 모두가 하나같이 지극히 맑고 지극히 순수할 수 없는 것을 이른다.

'성에 갖춰져 있다〔性之所有〕'[27]에 대하여

하나의 이(理)는 혼연하여 원래부터 완전하니, 만물은 모두 갖추고 있어서 조금도 모자람이 없다. 지(知)는 앎이 온전한 것이고 전(全)은 체가 온전한 것이니, 시종의 지(知)와 행(行)에 체가 온전하지 않음이 없다. -이상은 말년에 기록한 것이다.-

혹자가 묻기를 "인의예지(仁義禮智)는 성(性)이고 온화함과 자애로움 같은 유형은 정(情)이다. 주자의 설[28]대로라면 온화함과 자애로움을 인(仁)이라고 말해도 되는가?"라고 하자, 말하기를 "애당초 인은 온화함과 자애로움의 도리라고 말한 만큼, 단지 온화함과 자애로움을 인이

26 국토의……비슷하다 : 《맹자》 〈공손추 하(公孫丑下)〉 2장에 보인다.

27 성(性)에 갖춰져 있다 : 〈대학장구서〉 중에 "이런 이유로 모두가 성에 갖춰져 있는 것을 알아서 온전히 지키지 못한다.〔是以不能皆有以知其性之所有而全之也.〕"에서 '성지소유(性之所有)'를 가리킨다.

28 주자의 설 : 《주자전서(朱子全書)》 권48 〈성리(性理)〉에 있는 말로, 내용은 다음과 같다. "인은 온화함과 자애로움의 도리이고, 의는 판단하고 처리하는 도리이고, 예는 공경과 절제의 도리이고, 지는 옳고 그름을 분별하는 도리이다.〔蓋仁則是箇溫和慈愛底道理, 義則是箇斷制裁割底道理, 禮則是箇恭敬撙節底道理, 智則是箇分別是非底道理.〕"

라고 한 것이 아니라 온화함과 자애로움의 도리가 바로 인이라고 이른 것이니, 이른바 사랑의 도리〔愛之理〕[29]라는 내용과 비교할 때 말은 자세하고 간략한 차이가 있으나 뜻은 같다. 성(性)은 설명하기 어려우므로 성현들이 성을 말할 때는 대부분 성이 발현하는 곳에 근거하여 성의 본체가 역시 그렇다는 것을 밝혔으니, 분명히 드러난 곳을 추론하여 미세한 곳을 알아낸 것이다. 그저 온화함과 자애로움을 인으로 여겨서 성 안에 정말로 온화함과 자애로움의 뜻이 있다고 한다면 참으로 성정(性情)과 이기(理氣) 사이를 혼동하게 될 것이다. 또 성이 아직 발현되지 않은 상태에서는 이(理)가 드러나지 않는다는 점만 알고서 아직 발현되지 않은 짧은 시간에는 이 이의 본체가 전혀 분별이 안 된다고 대번에 말한다면, 또한 성과 이를 전혀 모르게 될 것이다."라고 하였다.

애당초 인(仁)이 온화함과 자애로움의 도리이니만큼 그 도리가 비록 형상은 없더라도 원래 온화함과 자애로움의 체단(體段)을 가지고 있으니,-이른바 체단은 설명이 매우 분명하지 않다. 예를 들어 기상(氣象)과 의사(意思)에 대해서 말할 경우, 이곳이 지극히 설명하기가 어렵다. 실제로 기상과 의사가 있어도 그 기상이 형상을 가진 기상이 아니고 그 의사도 지각을 가진 의사가 아니다. 그러므로 체단이라고만 말할 수 있으니, 이곳은 가볍게 보면서도 깊이 이해해야 한다.- 바로 이가 비어 있으면서도 가득 차 있고, 무극이면서 태극이고,[30] 지극히

29 사랑의 도리 : 《논어》〈학이(學而)〉 2장 집주에서 인을 "사랑의 도리이며 마음에 있는 덕이다.〔愛之理, 心之德也.〕"라고 하였다.

30 무극이면서 태극이고 : 주돈이(周敦頤)의 〈태극도설(太極圖說)〉에 "무극이 곧 태극이다.〔無極而太極〕"라는 말과 "태극이 본래 무극이다.〔太極本無極〕"라는 말이 나온다.

고요하여 조짐이 없으면서도 만상이 빽빽하게 이미 갖춰져 있는 까닭이다.[31] 만약 이에 대해 완벽하게 파악하지 못하면 곧 불교나 도교 같은 견해를 가지게 된다. 우리 유학과 이단이 나눠지는 곳은 그 요인이 단지 여기에 있으니, 배우는 사람들은 이에 대해 깊이 생각해야 한다.

운봉 호씨(雲峯胡氏)가 주자가 인과 의를 해석한 말을 인용한 곳은 더할 나위 없이 좋으므로 더 이상 논의할 필요가 없다. 예를 해석한 말의 경우[32]는 본래 이는 평이한 예〔平鋪之禮〕를 범범하게 말한 것이니, "기본적인 예의가 300가지이고, 구체적인 예절이 3000가지"[33]라고 하는 것이나 은나라의 예니 하나라의 예니 하는 것과 같은 유형은 바로

31 지극히……까닭이다 : 《근사록》 권1 〈도체(道體)〉에 있는 말로, "지극히 고요하여 조짐이 없을 적에 만상이 빽빽하게 갖추어져 있다.〔冲漠無眹, 萬象森然已具.〕"라고 하였다.

32 운봉 호씨(雲峯胡氏)가……경우 : 〈대학장구서〉 소주에서 호씨는 "주자의 사서에서 인을 마음의 덕이며 사랑의 도리라고 풀이하였고, 의를 마음의 통제력이며 일의 마땅함이라고 풀이하였고, 예를 천리의 절문이며 인사의 의칙이라고 풀이하여 모두 체용을 겸하였는데, 유독 지는 분명한 풀이가 없다. 일찍이 주자의 뜻을 따 와 보충하여 '지는 마음의 신명이니 모든 이를 운용하고 만물을 주재하는 것이다.'라고 했다. 파양 심씨는 '지는 천리 동정의 기미를 갖추고 인사 시비의 거울을 갖추고 있다.'라고 하였다.〔朱子四書, 釋仁曰心之德、愛之理, 義曰心之制、事之宜, 禮曰天理之節文、人事之儀則, 皆兼體用, 獨智字未有明釋. 嘗欲竊取朱子之意以補之曰: 智則心之神明, 所以妙衆理而宰萬物者也. 番易沈氏云: 智者, 涵天理動靜之機, 具人事是非之鑑.〕"라고 하였다.

33 기본적인……3000가지 : 《예기(禮記)》 〈예기(禮器)〉에서 "기본적인 예의가 300가지요, 구체적인 예절이 3000가지인데, 그 정신은 하나이다.〔經禮三百, 曲禮三千, 其致一也.〕"라고 하였다. 또 《중용장구》 제27장에도 "크고 넉넉하도다. 기본적인 예의가 300가지요, 구체적인 예절이 3000가지로다.〔優優大哉! 禮儀三百, 威儀三千.〕"라고 하였다.

이것으로 말할 수 있다. 그런데 이런 방식으로 성으로서의 예를 말한다면 약간 미진한 점이 있다.

무릇 사물 사이에 널리 펴져 있는 예는 진실로 마음에 갖춰져 있어서 성(性) 밖에 있는 사물이 아니니, 비록 평이한 예의 바깥에 이른바 성으로서의 예〔性之禮〕가 따로 있는 것은 아니지만, 이른바 성으로서의 예는 실로 인, 의, 지와 동등하여 마음의 이치가 되니, 이는 바로 인심 중에 예와 부합할 수 있는 것을 가리켜서 그 이치를 예(禮)라고 명명한 것이다. 이렇게 그 명의(名義)는 성정을 중심으로 말을 세운 것이니, 이곳을 이해하고자 한다면 먼저 이 뜻을 알고 난 뒤에야 그렇게 명명한 말에 착오가 없게 된다.

그런데 지금 범범하게 말한 평이한 예를 성으로서의 예에 해당시키면 예의 바른 해석이 될 수 없는 것은 아니지만, 맹자가 가리킨 인심의 예[34]에는 딱 들어맞지 않는다. 맹자 이전에는 예를 성이라고 말한 사람은 없었으니, 예로부터 성현들이 말한 예(禮) 자는 모두 평이한 예이고 공자와 안자(顔子)가 주고받은 극기복례(克己復禮)의 예 역시 평이한 예를 말한 것이다.[35] 맹자가 예를 성이라고 말했을 때에는 바로 마음에

34 맹자가……예 : 《맹자》 〈고자 상(告子上)〉 6장에서 맹자는 "공경하는 마음은 사람이라면 모두 가지고 있다.〔恭敬之心, 人皆有之.〕", "공경하는 마음은 예이다.〔恭敬之心, 禮也.〕"라고 하였다.

35 공자와……것이다 : 극기복례는 사욕을 이기고 예를 회복한다는 말로, 《논어》 〈안연(顔淵)〉 1장에서 "안연이 인에 대해 묻자, 공자가 말하였다. '극기복례가 인을 하는 것이니, 하루라도 사욕을 이기고 예를 회복하면 천하가 인으로 돌아가게 된다. 인을 하는 것은 자기에게 달려 있으니 남에게 달려 있겠느냐.'〔顔淵問仁, 子曰: "克己復禮爲仁, 一日克己復禮, 天下歸仁焉. 爲仁由己, 而由人乎哉!"〕"라고 하였다. 주희는 집주에서 "예는 천리의 절문이다.〔禮者, 天理之節文也.〕"라고 풀이하였다.

중심을 두고서 그 이치가 예에 부합할 수 있는 곳을 말한 것뿐인데, 후세 현자들의 이야기에서는 인의예지를 말하기만 하면 그것은 바로 성으로서의 예를 의미하였다. 만약 이 예를 해석하려면 맹자가 가리킨 의미로 말을 해야지, 그저 평이한 예를 범범하게 말한 것처럼 본다면 성정(性情)의 의미에는 결국 접근하지 못한다.

지(智) 자에 대한 해석으로 말하자면 비록 호씨 자신이 "주자의 뜻을 따와서 보충하였다."라고 말하였으나, 주자가 이 글자를 지식의 지(知)로 풀이한 적은 있어도 이 글자를 성으로서의 지(智)로 풀이한 적은 없다. 이른바 마음의 신명〔心之神明〕은 바로 마음의 정신과 지각을 말했을 뿐이니, 이는 기(氣)이지 이(理)가 아니고, 정(情)이지 성(性)이 아니다. 그런데 이것으로 지(智)를 풀이하였으니, 처음부터 이미 어긋나 버렸다. 그 뒤에 인용한 파양 심씨(鄱陽沈氏)의 설명도 정밀하지 않다. '천리를 포함한다.'라고 한 말의 경우, 천리를 포함하는 주체는 마음이지 또한 성이 아니다. 무릇 이 단락에서 지(智)를 풀이한 것이 윗글에서 예를 풀이한 것에 비교하면 잘못한 바가 더욱 크다.

그렇다면 예와 지는 이미 주자의 분명한 풀이가 없는데 운봉이 또 이렇게 잘못 풀이하였으니, 결국 어떻게 풀이해야 하는가? '예는 마음의 절목이고 이를 드러내는 것이며 지는 마음의 분별이고 이의 곧음이다.'라고 해야 할 듯하다. 그렇지만 앞부분에 있는 주자의 말[36]을 깊이

36 앞부분에……말 : 〈대학장구서〉 소주에 주희의 말이 있는데 내용은 다음과 같다. "하늘이 백성을 내면서 각각 성을 부여해 주었는데, 성은 사물에 발현되지 않으면 그저 나에게 있는 하나의 도리일 뿐이다. 인은 온화함과 자애로움의 도리이고 의는 판단하고 처리하는 도리이고 예는 공경과 절제의 도리이고 지는 옳고 그름을 분별하는 도리이다. 무릇 이 네 가지는 모두 인심에 갖추어져 있으니, 바로 이것이 성의 본체이다.〔天之生

완미하고 실제로 검증해 보면, 인의예지의 체용(體用)과 명의(名義)를 아마도 스스로 체득할 수 있을 것이니, 또한 따로 뜻풀이를 할 필요는 없다.

혹자가 묻기를 "기(氣)와 질(質)이 지(知)와 행(行)으로 나눠지는 것이 정말로 불변의 진리이고 또한 주자의 본뜻인가? 지금 《대학혹문(大學或問)》을 고찰해 보니 '사람만이 태어나면서 바르고 통한 기를 얻는다.'[37]라고 하였다. 그렇다면 정(正)은 행(行)의 요인이고 통(通)은 지(知)의 요인이니, 이는 지와 행을 모두 기로써 말한 것이다. 또 《대학혹문》에서 '부여받은 자질이 맑은 사람은 지혜롭고 탁한 사람은 어리석으며 좋은 사람은 현명하고 나쁜 사람은 못났다.'[38]라고 하였는데, 이는 지와 행을 모두 질로써 말한 것이다. 애초에 진씨(陳氏)의 설명[39]처럼 기가 지에 속하고 질이 행에 속한 적이 없는 것이다. 만약 기가 지만을

民, 各與以性, 性非有物, 只是一箇道理之在我者耳. 仁則是箇溫和慈愛底道理, 義則是箇斷制裁割底道理, 禮則是箇恭敬撙節底道理, 智則是箇分別是非底道理. 凡此四者, 具於人心, 乃是性之本體.〕"

37 사람만이……얻는다 : 《대학혹문》 경 1장에 보인다.

38 부여받은……못났다 : 《대학혹문》 경 1장에 보인다.

39 진씨(陳氏)의 설명 : 진씨는 〈대학장구서〉 소주에서 기(氣)를 지(知)에 질(質)을 행(行)에 연관 지어서 설명하였는데, 그 내용은 다음과 같다. "기는 청탁이 있으니 깨끗한 사람은 능히 알지만 탁한 사람은 알지 못하기 때문에 모두가 알지는 못한다. 질은 수박이 있으니 순수한 사람은 능히 보전하지만 잡박한 사람은 보전하지 못하므로 모두가 보전하지는 못한다. 성에 담겨 있는 것을 아는 것은 지에 속하고 성에 담겨 있는 것을 보전하는 것은 행에 속한다.〔惟氣有淸濁, 淸者能知而濁者不能知, 故不能皆知. 質有粹駁, 粹者能全而駁者不能全, 故不能皆全. 知性之所有, 屬知, 全性之所有, 屬行.〕"

관장하고 질이 행만을 관장하는 것이 불변의 진리라면 주자가 이것에 대해 어찌 분별하여 말하지 않았겠는가. 그렇다면 기와 질은 정말 지와 행으로 나누면 안 되는 것이다. 다만 주자가 편정(偏正)과 통색(通塞)을 논할 때는 기로써 말하였고 청탁(淸濁)과 미악(美惡)을 논할 때는 질로써 말하였으니, 이것은 정말로 구별이 있어야 하는가?"라고 하자, 말하기를 "주자는 진실로 '기는 처음에 받는 것이고 질은 모양을 이룬 것이다.'[40]라고 하였다. 이를 통해 유추하면 기를 먼저 말하고 질을 뒤에 말하였으니, 그 말의 순서에 분별함이 없었다고 생각해서는 안 된다. 무릇 음양오행의 기질이 번갈아 운행하여 사람과 사물의 형체와 정신이 거기에 힘입어 생긴다. 기는 음양오행의 기이고 질은 음양오행의 질이다. 그러므로 사람이 이런 형체를 가지고 있으면 사지와 오장, 피와 살, 근육과 뼈가 형체에 갖추어지니 이것이 바로 음양오행의 질이다. 그리고 사람이 이런 정신을 가지고 있으면 음양과 인의예지의 체용과 성정이 갖추어지니 이것이 바로 음양오행의 기이다. 사람이 이 성을 알고 보전하는 것은 모두 음양오행의 정신이 하는 것이니 모두 기이다."라고 하였다.-이상은 중년에 기록한 것이다.-

'명덕(明德)'에 대하여

이는 바로 본심에 있는 선정(善情)으로, 지금 어리석은 남녀라도 모두 가지고 있지만 타고난 기질에 얽매이거나 물욕에 가려지기 때문에 발현되는 경우가 매우 드물어서 전혀 없는 듯할 뿐이다. 혈기(血氣)와 사정(私情), 명리(名利)와 속심(俗心)은 모두 물욕이다. 보통 사람은

40 기는……것이다 : 《주자어류》 권14 〈대학〉에 보인다.

생각이 대체로 다 여기에 있으니, 먼저 혹독하게 반성하여 철저히 버려야 한다. 생각이 비록 여기에 있지 않아도 식견이 어둡거나 밝고, 지기가 강하거나 약하고, 도량이 넓거나 좁고, 본질이 순수하거나 난잡한 것은 사람이 각자 일정하게 타고난 몫이 있어서이니 이것이 바로 타고난 기질이다. 이는 이치를 분명히 살펴서 사욕을 이기도록 해야 하니, 여기가 제일 중요하게 점검해야 할 곳이다.

'정(定)', '정(靜)', '안(安)', '여(慮)'[41]에 대하여

이것은 우리나라의 선학들이 대부분 의성(意誠), 심정(心正), 신수(身修)에 나누어 배치하였다. 그런데 '여'에서부터 그 이전까지의 과정은 모두 지(知)의 효험이니, 지금 만약 의성, 심정, 신수에 나누어 배치하면 그것이 지의 효험이 되는 것을 볼 수 없는 데다가 '여' 자는 더욱 귀속될 곳이 없어진다. 장구의 의성에서부터 딱 잘라서 이곳이 '머물러야 할 곳을 얻는〔得其所止〕' 순서임을 분명히 말하였으니,[42] 아무리 오랜 세대가 흘러도 바꾸지 못한다.

다만 생각건대 학문의 방도는 한 길뿐이므로 강령과 조목이 다르면

41 정(定)……여(慮) : 《대학장구》 경(經) 1장 2절의 "머물러야 할 곳을 안 뒤에 뜻에 정해진 방향이 있고, 뜻에 정해진 방향이 있은 뒤에 마음이 능히 고요해지고, 마음이 고요해진 뒤에 능히 어느 상황에서도 편안해지고, 편안해진 뒤에 능히 일 처리가 정밀해지고, 일 처리가 정밀해진 뒤에 능히 머물러야 할 곳을 얻게 된다.〔知止而后有定, 定而后能靜, 靜而后能安, 安而后能慮, 慮而后能得.〕"에서 '정(定)', '정(靜)', '안', '여'를 가리킨다.

42 의성에서부터……말하였으니 : 《대학장구》 경 1장 2절의 집주에서 "물격과 지지는 머물러야 할 곳을 아는 것이고, 의성 이후는 모두 머물러야 할 곳을 얻는 순서이다.〔物格知至, 知所止矣, 意誠以下, 則皆得其所止之序也.〕"라고 하였다.

안 된다. 그런데 지지(知止)와 능득(能得) 사이에서 지의 효험과 절차를 말한 것이 이렇게 상세하고, 조목을 논하는 곳에서는 격물치지 이후에 의성이 곧 머물러야 할 곳을 얻게 되는 이유는 무엇인가? 가만히 생각해 보건대 학문의 방도는 지(知)와 행(行)뿐이다. 그런데 알 수 있게 되면 자연스레 실천할 수 있게 되는 것이 하나의 뜻이고, 비록 알게 되었더라도 반드시 실천에 힘쓰는 것이 또 하나의 뜻이다.

강령에서는 지지가 우선임을 위주로 말하였으므로 지의 효험을 상세하게 드러내서, 지지의 과정에 이르면 자연히 정(定), 정(靜), 안, 여의 과정에 이르러 곧 능득에 이를 수 있다고 여겼으니, 이는 이른바 '제대로 알게 되면 자연스레 제대로 실천하게 된다.'라는 뜻이다. 조목에서는 각 절차마다 해야 하는 공부를 낱낱이 말하였으므로 격물치지 이후에 반드시 성의에 힘써야 하는 것이다. 성의는 행(行)이지 지(知)가 아니므로 의성이 자연스럽게 '머물러야 할 곳을 얻는' 순서가 되는 것이 당연하니, 이는 이른바 '비록 알게 되었더라도 반드시 실천에 힘쓴다.'라는 뜻이다. 이 두 가지 뜻은 참으로 밀접한 관계가 되어서 어긋나지 않으니, 강령과 조목이 비록 각각 중점을 가지고 있으나 애초부터 차이는 없는 것이다. 게다가 강령에서 비록 지지에 이르면 곧 능득에 이를 수 있다는 뜻을 위주로 말하기는 했으나, 굳이 네 과정의 절차를 상세하게 드러낸 만큼, 비록 이곳이 지의 효험이라 하더라도 의성, 심정, 신수의 공부 과정과 의미가 암묵적으로 관련이 있다. 다만 강령에서는 지지에만 비중을 두었고 조목에서는 각 절차마다 해야 하는 공부를 낱낱이 말하였기 때문에 같은 가운데에도 다른 점이 있을 뿐이다.

정(定), 정(靜), 안은 모두 지지에 힘입어 자연스럽게 그렇게 되는 것이고, 의성, 심정, 신수는 바로 각 절차마다 하는 공부에 도달한 뒤에 각각 저마다 효험이 그런 것이다. 게다가 여 자는 정(定), 정(靜), 안 뒤에 있는 만큼 바로 지의 효험이요 일 처리에 있어서 득력하는 곳이다. 이것으로써 정(定), 정(靜), 안, 여 네 가지가 모두 지의 효험을 위주로 한 것임을 잘 알 수 있다. 이는 각 절차마다 해야 하는 공부와 다른 것이다.

조목에서는 비록 각 절차마다 하는 공부를 낱낱이 말하였으나, 격물과 치지 두 절이 자연히 하나의 장이 되어서 여러 장 앞에 우뚝하게 단독으로 놓여 있고 서로 간섭하지 않는 만큼, 또한 지지 한 절이 아래의 절과 서로 호응하여서 지와 행이 그 사이에 나누어져 있음을 알 수 있다.-다음 장의 성의는 비록 다른 장과 간섭하지 않지만, 조목에서는 또 행(行)의 가운데로 나아가 성의가 더욱 긴요하다는 의미를 표출하여 여러 절구가 모두 성의에서 근거한 것을 보여 주었으니,[43] 여기의 지(知)와 행(行)이 크게 나누어진 뜻과는 또한 조금 다르다.- 이렇게 되면 격물과 치지가 지지에 속해야 하고 의성 뒤로는 곧 능득에 속해야 하는 것이 저절로 분명해진다.

43 성의는……주었으니 : 《대학장구》 전 6장 소주에 있는 말로, 내용은 다음과 같다. "전의 여러 장은 여덟 가지 일을 풀이하면서 각 장마다 모두 두 가지 일을 연관 지어서 말하였는데, 유달리 6장만큼은 성의를 단독으로 거론하였다. 대개 지지와 의성은 본디 서로 맞물리지만, 치지는 지에 속하고 성의는 행에 속한다. 지와 행은 결국 두 가지 일이므로 마땅히 제각기 힘을 들여야 하지, 알고 나면 곧 자연스럽게 실천할 수 있다고 해서는 안 된다. 성의장에서 치지와 연관 지어서 설명하지 않은 이유는 이 때문이다. 정심과 성의는 모두 행에 속하기는 하지만, 성의는 정심의 요령일 뿐만 아니라 수신부터 평천하까지 모두 성의를 요령으로 삼는다.〔傳之諸章, 釋八事, 每章皆連兩事而言, 獨此章單擧誠意. 蓋知至意誠, 固是相因, 然致知屬知, 誠意屬行. 知行畢竟是二事, 當各自用力, 不可謂知了便自然能行. 所以誠意章不連致知說者爲此. 正心誠意, 雖皆屬行, 然誠意不特爲正心之要, 自修身至平天下, 皆以此爲要.〕"

지지가 먼저라는 뜻을 밝히고자 한다면 비록 알고 난 뒤에 절차마다 해야 하는 공부가 있다는 것을 알았다 하더라도, 중점은 지지에 있기 때문에 절차마다 공부해야 하는 곳에서 공부에 대해 말하지 않고 모두 지의 효험으로 말한 것이다. 절차마다 해야 하는 공부의 뜻을 밝히고자 한다면, 비록 지지의 효험이 아래의 여러 절에 관통한다는 것을 알았다 하더라도, 중점은 절차마다 해야 하는 공부에 있기 때문에 지지의 효험이 저절로 드러나는 곳에서 효험을 말하지 않고 곧 행의 공부로 말한 것일 뿐이다. 그렇다면 강령과 조목이 비록 각각 중점을 가지고 있어도 그 뜻은 상통하지 않음이 없는 것이다.

다만 여 자가 지지의 효험이 되는 것은 분명하다. 만약 조목을 가지고 살펴본다면 이 글자가 귀속될 곳을 알 수 없지만, 대강 지와 행의 경계로 말하면 지지 한 절 안에 있어야 한다. 만약 강령과 조목이 상통하는 뜻으로 추론하면 여 자는 바로 찰(察)의 뜻이다.

대개 찰 자는 비록 지(知)에 속하는 듯해도 격물치지 때의 공부가 아니라, 바로 격물치지를 하고 나서 격물치지했을 때에 알게 된 것을 가지고 사물에 나아가 다시 더 검증하는 공부이다. 그런데 그 뜻이 바로 여 자의 의미를 가진 것과 같아서 성의, 정심, 수신 세 장의 장구에서 모두 이 찰 자를 썼고,[44] 평천하장(平天下章)에 이르러서도 이 찰

44 대개……썼고 : 《대학장구》 전 6장 1절의 주석에서 "성실함과 불성실함은 대개 다른 사람은 알지 못하고 자신만이 아는 것이다. 그러므로 반드시 혼자 있을 때에 근신하여 그 기미를 살피는 것이다.〔其實與不實, 蓋有他人所不及知, 而己獨知之者. 故必謹之於此, 以審其幾.〕"라고 하여 '심(審)'을 썼고, 전 7장 1절의 주석에서 "대개 이 네 가지는 모두 마음의 용이고 사람이라면 없을 수 없는 것이다. 그러나 하나라도 가지고 있는데 살피지 못한다면 욕이 움직이고 정이 이겨서 그 용이 행하는 바가 간혹 올바른

자를 버릴 수 없었다. 그러니 여 자를 둘 때 또한 마땅히 이렇게 해서 지지의 뒤와 자수(自修)의 첫머리에 두어야 하지만 그 뜻은 아래의 여러 구절을 포함하고 있는 것이다. 대개 격물치지 공부는 성의 이후부터 평천하의 도리까지 궁구하여 극치에 이르지 않음이 없지만, 성의에 이르러서 다시 궁구한 이치로 성찰하여 정성을 다하고, 정심에 이르러서 다시 궁구한 이치로 성찰하여 바르게 하고, 치국과 평천하에 이르러서도 그렇지 않음이 없으니, 이것이 바로 여 자의 공부이다.

다만 강령은 단지 효험으로 말하였기 때문에 지에 속해야만 하나, 조목은 공부로 바꾸어 보았으니 자수의 첫머리에 있어야 하는 것이다. 성의장(誠意章)은 행(行)의 방면에 있는 공부인 만큼 원래 아래의 여러 절과 이어진 문장이 되어야 하는데, 유독 격물치지장(格物致知章)처럼 별개의 장이 된 것은 성찰의 뜻을 여러 절에 통용할 수 있기 때문이 아니겠는가. 과연 이렇다면 여 자가 찰 자의 뜻을 가져야 하는 것이 더욱 명백해진다. 그렇게 글자를 둔 뜻을 또한 알 수 있다. -이 단락은 말년에 기록한 것이다.-

격물치지하여 모든 것을 꿰뚫는 수준에 이르러야만 바로 천리를 아는 것이다. 천리를 모를 때에는 이것을 기억해도 또 저것을 잊어버리고

상태를 잃지 않을 수 없다.〔蓋是四者, 皆心之用, 而人所不能無者. 然一有之而不能察, 則欲動情勝, 而其用之所行或不能不失其正矣.〕"라고 하여 '찰'을 썼고, 전 8장 1절의 주석에서 "다섯 가지는 사람에게 있어서 본래 가지고 있는 당연한 법칙이다. 그러나 보통 사람의 감정은 오직 자기 감정이 향하는 대로만 따르고 더 살펴보지 않으니, 그리되면 반드시 편향된 감정에 빠져서 몸이 수양되지 않을 것이다.〔五者在人本有當然之則. 然常人之情, 惟其所向而不加察焉, 則必陷於一偏而身不脩矣.〕"라고 하여 '찰'을 썼다.

하나를 얻으면 둘을 잃어버린다. 천리를 알고 난 뒤에는 사리(事理)가 곧 모두 정립된다. 사람이 학문함에 있어서는 반드시 이런 경지에 도달해야만 자기에 대한 확신이 서고 스스로 즐거움을 찾을 수 있게 된다. 이런 경지에 도달하지 않으면 결국 암중모색(暗中摸索)일 뿐이다.

'집희경지(緝熙敬止)'[45]에 대하여

이 말이 이미 지지(知止)와 능득(能得)의 실마리를 드러낸 듯하다.

'절차탁마(切磋琢磨)'[46]에 대하여

학문하는 일이 여기에 갖춰져 있다. 절탁(切琢)은 물건을 다듬어서 모양을 완성하는 작업이니 이는 바로 초학자들의 일이다. 큰 틀을 가지고 말하면, 무릇 인간의 도리와 사물의 이치 및 자신을 다스리는 것과 남을 다스리는 것의 대경(大經)과 대법(大法)에 대해 모두 그 대강을 알고 책임을 맡아서 실천해야만 모양을 완성했다고 말할 수 있다. 여기에 나아가 공을 더 들여서 더욱 모양의 정밀함을 이루는 작업이 바로 이른바 차마(磋磨)이다. 한 가지 일로 말해도 정조(精粗)와 선후(先後)의 순서 역시 이렇지 않은 경우가 없다. 초학자들은 모름지기 대강

45 집희경지(緝熙敬止) : 《대학장구》 전 3장 1절의 "엄숙하신 문왕이시여. 아! 끊임없이 덕을 밝히셔서 공경한 마음으로 머물러야 할 곳을 편안하게 여기셨다.〔穆穆文王, 於緝熙敬止.〕"에서 '집희경지'를 가리킨다.

46 절차탁마(切磋琢磨) : 《대학장구》 전 3장 2절의 "저 기수(淇水) 물굽이를 바라보니 푸른 대나무가 아름답고 무성하구나. 우아한 군자여, 칼로 자르고서 줄과 대패로 문지른 것 같으며, 망치로 쪼고서 숫돌로 갈아 낸 것 같도다.〔瞻彼淇澳, 菉竹猗猗. 有斐君子, 如切如磋, 如琢如磨.〕"에서 '절차탁마'를 가리킨다.

의 독자적인 계획을 먼저 세워서 체단(體段)이 대략 갖추어진 뒤에야 정밀함을 쌓아 신묘한 경지로 들어가는 수준에 올라갈 수 있다.

은밀한 곳에 있어도 광장에 있는 듯이 하고[47] 뒤에 있어 보이지 않아도 앞에 서서 보이는 듯이 하여, 늘 자신의 몸과 마음이 마치 엄청난 인파가 주목하는 곳에 있는 것처럼 여겨서 털끝만큼이라도 대충하거나 소홀함이 없는 것이 바로 자기 뜻을 성실히 하려는 것이다. 이렇게 한 뒤에야 아마도 떳떳하게 될 수 있을 것이다.

한두 가지 생각도 뜻이 아닌 것이 없으니, 성실히 하고 또 성실히 해야 선(善)이 순수해진다. 주자가 "끊임없이 생각하여 감히 조금도 끊어지지 않게 해야 한다."[48]라고 하였으니, 이 말이 성의(誠意)를 끝까지 궁구하는 방법이다.

성실함이 지극함과 지극하지 않음은 곧 마음과 눈에서 증험해야 한다. 성실하면 마음과 눈이 하나가 되지만 성실하지 않으면 눈으로 보아도

47 은밀한……하고 : 《대학연의(大學衍義)》 권29 〈성의정심지요(誠意正心之要)〉에 나오는 말로, 내용은 다음과 같다. "오직 은밀한 곳에 있으면서도 광장에 있는 듯이 하고, 홀로 있으면서도 여러 사람과 같이 있는 것처럼 하여, 자신을 반성할 때에 꺼리거나 부끄러워할 것이 없는 것, 이것이 군자가 사람들보다 크게 뛰어난 것으로 사람들이 미치지 못하는 것이다.〔惟夫處幽如顯, 視獨如衆, 反之於己, 無所疚惡焉, 此君子之所以大過人而人之所不能及也.〕"

48 끊임없이……한다 : 《대학혹문》 전 6장에 있는 말이다. 여기서 주희는 진심이 발현되어 아주 짧은 시간이라도 그 생각이 계속 이어져서 조금도 끊이지 않아야 마음이 항상 바르게 되고 몸이 수양된다고 하였다.

보이지 않는다. 마음과 입, 마음과 일 역시 그렇다.

뜻에 성실하지 못함이 있는 것은 자기가 일부러 이렇게 한 것이고, 마음에 바르지 못함이 있는 것은 역량이 감당하지 못하는 것이다. 그래서 사죄(私罪)와 공죄(公罪)의 차이가 있다.-이상은 경오년(1690, 숙종16)에 기록한 것이다.-

'마음에 성내는 바가 있으면〔心有所忿懥〕'에 대하여

무슨 일이 있거나 없을 때를 막론하고 치우치거나 얽매이는 경우가 생기면 전부 '병통을 가지고 있다.'라고 할 수 있다. 다만 이것이 응접할 때의 일이기는 하더라도 치우치거나 얽매이는 병통은 도리어 마음 씀씀이〔心術〕에 있다. 그런데 마치 범범하게 일정한 정도를 지나친 것〔過分〕과 일정 시간을 지나친 것〔過時〕을 똑같이 '병통을 가지고 있다.'라고 말한 듯하니, 정말로 이해가 가지 않는다. 유(有) 자를 상세하게 음미해 보면 바로 마음속에 그런 병통을 가지고 있다는 뜻이니, 아마도 과(過)의 의미를 말하는 것은 아닌 듯하다.

'그 바름을 얻지 못한다〔不得其正〕'에 대하여

마음에 치우치거나 얽매이는 것이 있게 되는 병통〔有所之病〕은 비록 무슨 일이 있으나 없으나 공통적으로 있지만, 그런 병통을 얻는 곳은 다만 마음 씀씀이의 병통이다. 마음 씀씀이가 치우치거나 얽매이는 것과 응접할 때 도리에 어긋나는 것이 비록 모두 마음이 그 바름을 얻지 못했다고 말할 수 있지마는, 위에서는 마음 씀씀이가 치우치거나 얽매였다고 말하고서 중간에 즉(則) 한 글자를 두었고, 그 아래에서 또 마음 씀씀이가 그 바름을 얻지 못했다고만 말하고 말았으니, 곧 중복 해석한 글이 되어서 조리가 없는 것 같다. 차라리 응접할 때 도리에 어긋나는 일이라고 가리켜서 말하는 것이 명백하고 뚜렷하다.

'기쁨과 분노, 근심과 두려움〔喜怒憂懼〕'에 대하여

만약 기쁠 때 기뻐하다가 기쁨이 지나치거든 자제하고 화낼 때 화를 내다가 화가 지나치거든 자제한다면, 어찌 그런 병통이 있다고 할 수 있겠는가. 반드시 알맞게 조절하지 못한 뒤에야 그런 병통이 있다고 할 수 있다. 이른바 알맞게 조절하지 못한다는 것은 예를 들어 조금만 기뻐해야 할 상황인데 더 많이 기뻐하고 조금만 화를 낼 상황인데도 더 많이 화를 내는 것이 일정한 정도를 지나친 것〔過分〕이고, 그만 기뻐해야 하는데 여전히 기뻐하기를 멈추지 않고 화를 누그러뜨릴 만한데 여전히 화를 누그러뜨리지 않는 것이 일정 시간을 지나친 것〔過時〕이다. 일정 시간을 지나친 것은 진실로 그런 병통이 있는 것이고, 일정한 정도를 지나친 것도 그런 병통이 있다고 할 수 있다.-일정 시간을 지나친 것에 대해서는 바로 그런 병통이 있다고 말하였으나, 일정한 정도를 지나친 것에 대해서는 그런 병통이 있다고 말하지 않았다. 이른바 정심(正心)은 한쪽만 말한 것이다.-

혹자가 묻기를 "'응대할 때 혹 실수가 없을 수 없는 것'은 일정한 정도를 지나친 것이고 '또 함께 가지 않을 수 없는 것'[49]은 일정한 시간을 지나

49 응대할……것 : '응대할 때 혹 실수가 없을 수 없는 것'과 '또 함께 가지 않을 수 없는 것'은 《대학혹문》 전 7장에 있는 말로, 내용은 다음과 같다. "다만 사물이 왔을

친 것이다. 이는 모두 동(動)의 병통이고 마음이 그 바름을 얻지 못하는 이유이다. 이렇다면 이른바 마음에 기뻐하거나 분노하거나 근심하거나 두려워하는 바가 있으면 그 바름을 얻지 못한다는 것은, 마음에 만약 이렇게 있어서는 안 될 기쁨과 분노가 있으면 곧 마음이 그 바름을 얻지 못해서, 이로부터 응접할 때 한 번도 그 바름을 얻지 못함을 말한 것이다. 그렇다고 한다면 주자의 말 중에서는 체(體)가 허령(虛靈)하지 않아서 용(用)이 그 바름을 얻지 못하는 병폐를 말한 것이 많은데, 그 말뜻을 상세히 살펴보면, 기뻐하거나 화를 내는 것은 체가 허령하지 않은 것으로 여기고, 용이 그 바름을 얻지 못하는 것이라고 여긴 듯하다. '그 바름을 얻지 못한다.'라는 그 말이 어찌 정밀하고 적절해서 지킬 만한 것이 아니겠는가."라고 하자, 말하기를 "마음에 만약 네 가지 병통이 없으면 마음의 체가 허령하여 마음의 용이 저절로 바르게 될 것이다. 지금 이미 네 가지 병통이 있는 만큼 마음의 체가 진실로 허령하지 않아서 마음의 작용으로 인한 행동 역시 반드시 그 바름을 얻지 못할 것이니, 이는 사리로 볼 때 당연한 것이다. 다만 주자의 생각이 정말로 정도가 지나친 기쁨과 분노는 '마음에 그런 생각을 가진 병통〔有所〕' 안에 포함되지 않고, 화를 내는 것은 단지 일은 지나갔는데 마음속에 남아 있는 것만을 가리키는 것인지는 모르겠다. 또 정말로 그 바름을 얻지 못하는 것은 단지 일에 응할 때 그 바름을 얻지 못한 것이라 여기

때에 제대로 살피지 못함이 있으면 응함에 있어 혹 잘못이 없을 수 없다. 또 사물과 함께 가지 않을 수 없다면 기쁨, 분노, 근심, 두려움이 반드시 마음속에서 동하게 되어, 이 마음의 작용이 비로소 바름을 얻지 못함이 있게 된다.〔惟其事物之來, 有所不察, 應之旣或不能無失. 且又不能不與俱往, 則其喜怒憂懼, 必有動乎中者, 而此心之用, 始有不得其正者耳.〕"

고, 당장 정도가 지나치거나 시간이 경과한 기쁨과 분노에 대해서는 마음이 그 바름을 얻지 못한 것이라 여기지 않는 것인지는 모르겠다. 대개 마음에 치우치거나 얽매이게 되는 병통은 일정한 시간이 경과한 것이 대부분의 원인이나 마음이 그 바름을 얻지 못한 문제는 일에 응하는 곳에서 더욱 심하니, 주자가 체와 용을 나누어 주장한 말이 또한 그 깊은 뜻을 해치지는 않는다."라고 하였다.

'간혹 그 바름을 잃지 않을 수는 없다〔或不能不失其正〕'에 대하여 이와 같이 완곡하게 말한 것은 무슨 뜻인가? 이는 윗글의 '하나라도 있는데〔一有之〕'[50]라고 한 곳에 상대하여 말한 것이다. 대개 '간혹 그 바름을 잃지 않을 수는 없다.'라는 것을 욕(慾)이 동하여 정(情)이 이긴 이후의 일로만 여긴다면, 그저 욕이 동하여 정이 이긴 때만 말해도 곧 이미 마음이 그 바름을 얻지 못한 것이다. 그런데 어찌하여 '간혹 잃지 않을 수는 없다.'라고까지 말했는가. 이를 통해 유추하면 윗글의 '하나라도 있는데'라고 한 곳에 상대하여 말한 것은 욕이 동하여 정이 이겼다는 의미를 포함해서 말한 듯하다.

휘암 정씨(徽庵程氏)가 '정심(正心) 공부는 동(動)에 힘을 쓰는 것'이라고 말한 것은 옳으나, '성의(誠意), 정심(正心), 수신(修身)을 하고

50 하나라도 있는데 :《대학장구》 전 7장 집주의 "대개 이 네 경우는 모두 마음의 작용으로 사람에게 없을 수가 없는 것이다. 그렇지만 하나라도 있는데 살피지 못한다. 〔蓋是四者, 皆心之用, 而人所不能無者. 然一有之, 而不能察.〕"의 '일유지(一有之)'를 가리킨다.

나서야 성을 회복한 밝음〔誠復之明〕이 있다.'[51]라고 말한 것은 전혀 옳지 않다. 동에서 그 병통을 다스리더라도 만약에 병통이 제거되면 동과 정(靜)이 모두 편안해질 것이다. 어찌 이 마음의 체가 아직 확립되지 않았는데 마음이 바르게 될 수가 있겠는가.

평천하장(平天下章)에 대하여

이 장은 이전 여러 장의 유형 및 체례와 맞지 않다. 대개 8장에서는 제가(齊家)가 자기 몸을 수양하는 데 달려 있다고 말하였으므로 8장 전체는 수신을 위주로 하였고 9장에서는 치국(治國)이 자기 집을 다스리는 데 달려 있다고 말하였으므로 또 제가를 위주로 하였으니 이것이 체례이다. 그런데 평천하로 말하자면 이른바 '자기 나라를 다스리는 데 달려 있다.'라고 한 것은 그 실마리를 통하여 더욱 미루어 나간 것에 불과할 뿐이다. 그러므로 그 아래에서 설명한 바는 미루어 나가는 방도에 대해서만 말하였고, 더 이상 '이것을 일러 평천하가 자기 나라를 다스리는 데 달려 있다고 하는 것이다.〔此謂平天下在治其國〕'라고 말하지 않았다.

대개 이 10장은 마지막 장이므로, 앞에서 상세하게 설명하지 않은 것을 뒤에서 상세하게 설명할 수 있는 다른 장과 비교하면 안 된다. 게다가 사리로 유추하면 천하와 나라는 거리와 규모의 차이가 있을

51 휘암 정씨(徽庵程氏)가……있다 : 《대학혹문》 소주에 있는 정씨의 말을 요약하면 다음과 같다. 첫째, 성인은 사람들을 가르칠 때 대부분 동(動)에서 노력하게 하니, 격물, 지지, 성의, 정심, 수신이 모두 사람들이 동에서 노력하게 하는 것이다. 둘째, 성의, 정심하고 수신이 되어야 비로소 성을 회복한 밝음이 있다.

뿐이고 별다른 뜻은 없으니, 이는 몸과 집, 집과 나라가 타인(他人)과 자아(自我), 친분(親分)과 소원(疎遠)이라는 다른 점이 있어서 그 선후의 순서가 조금이라도 엉켜서는 안 되는 경우와 다르다. 만약 평천하장에서 또 천하를 태평하게 하려거든 반드시 먼저 나라를 잘 다스려야 한다는 뜻을 강조하여 말하고 말았다면 천하를 태평하게 하는 방도를 더 이상 볼 수 있는 곳이 없을 뿐 아니라 그렇게 한 말이 또한 근소(近小)한 것을 우선하는 말에 불과하게 될 뿐이니, 어찌 앞의 장과 겹쳐서 무의미해지지 않겠는가.

게다가 다른 장의 경우, 앞에서 그 마음을 바로잡지 않으면 몸을 수양할 수 없는 실상에 대해서 말한 것은 마음과 몸이 연관된 곳을 가지고 말한 것이고, 뒤에서 그 몸을 수양하지 않으면 집을 다스릴 수 없는 실상에 대해서 말한 것은 몸과 집이 연관된 곳을 가지고 말한 것이다. 이 10장의 경우는 앞 장의 효제자(孝悌慈)[52]를 가지고 말한 것에 불과하여 뒤에는 더 이상 서로 연결 지을 만한 곳이 없으니, 그 글의 흐름이 이렇게 되어야만 한다.-이상은 초년에 기록한 것이다.-

혈구(絜矩) 중에 재물을 관리하고 사람을 쓰는 것[53]이 치국과 평천하의

52 앞 장의 효제자(孝悌慈) : 《대학장구》 전 9장의 "효는 군주를 섬기는 덕목이고, 제는 어른을 섬기는 덕목이고, 자는 민중을 부릴 수 있는 덕목이다.〔孝者, 所以事君也, 弟者, 所以事長也, 慈者, 所以使衆也.〕"라는 내용을 말한다.

53 재물을……것 : 《대학장구》 전 10장 중에서 6절의 '군자는 우선 자신의 덕을 삼간다.〔君子先愼乎德〕'부터 13절 '도망 나온 사람은 보배로 삼을 것이 없고〔亡人無以爲寶〕'까지는 재물을 관리하는 도리를 말하였고, 14절 '진서에 말하기를〔秦誓曰〕'부터 18절 '군자에게는 큰 도가 있으니〔君子有大道〕'까지는 사람 쓰는 도리를 말하였다.

제일 중요한 방도이니 역대 왕조의 흥망이 모두 여기에서 비롯되었다. 사대부가 조정에서 논의할 때 이것을 제일 중요한 뜻으로 삼아야 한다. 굳이 조정에서 논의하지 않고, 그저 집이나 마을에 있을 때에도 재물을 탐내지 않고 선을 좋아하며 어진 이를 친근히 대하고 아첨하는 이를 멀리하는 것을 처신하는 대법(大法)으로 삼아야 한다.

《중용》
中庸

서문(序文) 중에 인심(人心)과 도심(道心)에 관한 설명은 이미 대략 알고 있다. 단지 인심은 인욕(人欲)이라고 말하지 않았는데, 이는 주자(朱子)가 새로운 뜻을 밝혀낸 곳이니, 배우는 사람들의 공부에 있어서는 지극히 중요한 곳이다. 대개 위(危)[54] 자를 통해 인심이 아직 인욕으로 흐르지 않았음을 알아서 배우는 사람들로 하여금 여기에 나아가 분별하여 굳게 지키도록 하였으니, 그 뜻이 매우 정밀하다. 다만 고금의 성현들이 공부에 대해서 한 이야기는 모두 천리와 인욕이 나누어지는 경계에 나아가 변별하여 굳게 지키도록 한 것뿐이고, 인심에 대해서는 다시 한마디도 제기한 적이 없었으니, 이는 또 왜 그런 것인가. 맹자가 제 선왕(齊宣王)이 여색을 좋아하고 재물을 좋아한다고 한 말에 대한 대답[55]이 유독 가깝지만, 이는 바로 우연한 하나의 방편이지 주요 의미를 통틀어서 논한 것은 아니다. 게다가 《서경》 본문으로 미루어 보건대 유정유일(惟精惟一)이 천리와 인욕이 나누어지는 경계에 적용된다면 분명하고 확실하지만, 인심이 나누어지는 경계에 적용된

54 위(危) : 《중용장구》 〈중용장구서〉 중에 "인심이 오직 위태로우니〔人心惟危〕"의 '위'를 말한다.

55 맹자가……대답 : 《맹자》 〈양혜왕 하(梁惠王下)〉 5장에, 맹자가 양 혜왕과 왕도정치에 대해 토론할 때 양 혜왕이 "과인에게 단점이 있으니, 과인은 재물을 좋아하고 여색을 좋아합니다."라고 하자, 맹자가 "왕께서 재물을 좋아하고 여색을 좋아하시면 백성들과 함께 누리소서."라고 하였다.

다면 또한 다소 힘만 들이는 셈이다. 생각해 보건대 요순의 의론이 이렇게까지 정밀하지는 않았을 것이다. 게다가 인심을 단지 신체의 지각〔軀殼知覺〕으로만 본다면 도리어 사물에 대해서는 단지 털끝처럼 자잘한 공부만을 다투게 되므로 반대로 맞지 않는 곳이 있는 듯하니, 정자(程子)가 도심을 천리로 인심을 인욕으로 뜻풀이한 것[56]이 자연히 간단명료하며 지당하지 않은가. 다시 생각해 보아야 한다.

‘도심(道心)’과 ‘인심(人心)’[57]에 대하여

먼저 도(道) 자와 인(人) 자를 이해해야 한다. 도는 천지간에 원래부터 존재하고 있는 이(理)로, 고금에 걸쳐 있고 물아(物我)를 꿰뚫으며 대중지정(大中至正)한 것이니, 도심은 도에 바탕을 두고서 도와 하나가 되는 것이다. 인은 개인의 피와 살로 이루어진 기(氣)로, 굶주림과 배부름, 추움과 따뜻함은 사람마다 각각 독자적으로 가지고 있어서 다른 사람과 관련이 있지 않으니, 인심은 기에서 생겨나 각각 그 사사로움을 독자적으로 가지고 있는 것이다. 도심과 인심의 큰 틀을 알고자 한다면 공사(公私)와 대소(大小) 사이에서 바로 그것이 나누어지는 경계를 검증할 수 있을 것이다.

인심과 인욕은 단지 동일한 것인데 정도의 차이가 있을 뿐이다. 인심은 비록 형체와 기질에서 생겨나지만 도리에 어긋나지 않는 것이고,

56 정자(程子)가……것 : 《이정유서(二程遺書)》 권11 〈사훈(師訓)〉에 있는 말로, 내용은 다음과 같다. “인심은 위태로우니 인욕이고, 도심은 은미하니 천리이다.〔人心惟危, 人欲也; 道心惟微, 天理也.〕”

57 도심(道心)과 인심(人心) : 《중용장구》 〈중용장구서〉 중에 “인심은 오직 위태롭고 도심은 오직 은미하다.〔人心惟危, 道心惟微.〕”의 인심과 도심을 말한다.

인욕은 인심을 통해 점점 왕성해져서 이미 도리에 어긋난 것이다. 인심과 인욕을 구분하려면 단지 도에서 어긋났는지 아닌지를 살펴보면 된다.-이상은 말년에 기록한 것이다.-

'중용(中庸)'에 대하여

이는 지나침〔過〕과 미치지 못함〔不及〕에 대조하여 말한 것이니, 이단(異端)과 유속(流俗)이 바로 여기에 해당한다.

《중용혹문》 제8판에서 유씨(游氏)와 양씨(楊氏) 두 학자의 말 중에 이른바 "사사로움을 용납하지 않는다.", "따르기만 할 뿐이다."[58]라는 말은 정자의 "내가 보태거나 줄일 것이 없다."[59]라고 한 뜻을 바탕으로 한 듯하다. 그런데 두 학자의 말에 병통이 있는 까닭은 정자는 이 뜻을 도를 수양하는 교(敎)까지 설명했기 때문에 병통이 없고 공이 있는데, 두 학자는 이 뜻을 성(性)을 따르는 도(道)로 설명했기 때문에 병통이 있고 공이 없는 것이다.[60]

58 사사로움을……뿐이다 : 《중용혹문》 권상 전 1장에 있는 말로, 내용은 다음과 같다. "유씨가 이른 바 '사사로움을 용납하지 않으면 도가 내게 있게 된다.'라는 말과 양씨가 이른 바 '따르기만 할 뿐이다.'라는 말은 또한 모두 여씨와 같은 병통이 있는 것 같다.〔游氏所謂'無容私焉則道在我', 楊氏所謂'率之而已'者, 似亦皆有呂氏之病也.〕"

59 내가……없다 : 《근사록(近思錄)》 권1 〈도체(道體)〉에 있는 말로, 내용은 다음과 같다. "이러한 이가 천명이고, 순리대로 따르는 것이 도이고, 도를 따라 닦아서 각각 그 분수를 얻는 것이 교이다. 천명부터 교까지는 내가 보태거나 줄일 것이 없으니, 이것이 순 임금이 천하를 소유하고도 관여하지 않은 이유이다.〔此理, 天命也, 順而循之則道也, 循此而修之, 各得其分則教也. 自天命以至於教, 我無加損焉, 此舜有天下而不與焉者也.〕"

'기쁨, 분노, 슬픔, 즐거움〔喜怒哀樂〕'[61]에 대하여

이 네 가지 감정은 인심이 작용한 것으로, 자기 수양을 이것으로 하고 타인을 다스림도 이것으로 한다. 천리를 준수하여 절도에 맞으면 선(善)이 되고 인욕에 굴종하여 절도에 맞지 않으면 악(惡)이 되는데, 천리와 인욕의 경계는 어떻게 분별하는가? 크고 공평한 것이 천리이고 작고 사사로운 것이 인욕이니, 단지 공(公) 한 글자에 의미가 다 담겨 있다. 그러므로 성인의 문하에서 학문을 가르칠 때 인(仁)을 추구하는 것을 위주로 하고 애(愛)를 공적으로 승화시킨 것을 인이라고 한 것이다.

'지인용(智仁勇)'[62]에 대하여

이 세 가지 달덕(達德)에 천하의 선(善)이 다 들어 있다. 그런데 일부러 이러한 달덕을 좋은 것이라고 인지하여 외부에서 가져와 취하는 것이 아니라, 이 마음이 원래부터 이 달덕을 가지고 있으니, 굳게 지키기만 하면 보존되고, 확충하면 대인(大人)이 되고, 대인이면서 흔적 없이

60 두 학자는……것이다 : 유씨(游氏)와 양씨(楊氏)의 의견은 각각 《유치산집(游廌山集)》 권1 〈중용의(中庸義)〉와 《중용혹문》에 보인다. 먼저 《유치산집》에서 유씨는 "성의 원래 그러한 면을 따라서 사사로움을 용납하지 않으면 도가 내게 있게 된다.〔因其性之固然而無容私焉, 則道在我矣.〕"라고 하였고, 《중용혹문》에서 양씨는 "성은 늘 온전하므로 더하거나 덜 수 없고 수양해야 할 필요도 없으니, 따르기만 할 뿐이다.〔性無不善, 則不可加損也, 無俟乎修焉, 率之而已.〕"라고 하였다.

61 기쁨……즐거움 : 《중용장구》 제1장의 "기쁨, 분노, 슬픔, 즐거움이 아직 발현되지 않은 상태를 중이라고 한다.〔喜怒哀樂之未發, 謂之中.〕"에서 '희로애락(喜怒哀樂)'을 말한다.

62 지인용(智仁勇) : 《중용장구》 제20장의 "지, 인, 용 세 가지는 천하의 달덕이다.〔知仁勇三者, 天下之達德也〕"에서 '지인용'을 말한다.

변화하면 성인(聖人)이 되는 것이다.

명(明)은 '터득하지 못하면 그만두지 않는 과정'[63]에서 생기고 성(誠)은 '어두운 방에서도 자신을 속이지 않는 것'[64]에서 시작되니, 명과 성 두 관건이 지극히 긴요하다. 마음과 몸, 집과 국가, 천하는 상황에 따라 비추어 보고서 확충한 것에 불과할 뿐이니, 어찌 지극히 간명하고 지극히 가깝지 않은가.

사람이 자신이 지니고 있는 선(善)을 깨달을 수만 있다면 내면의 성정과 외면의 사물을 깨닫지 못함이 없을 것이다. 생각이 감발할 때에 이르러서는, 내면으로는 성정에서 돌이켜보아 그것이 인(仁)인지 의(義)인지 예(禮)인지 지(智)인지, 아니면 물욕의 사사로움에 얽매였는지 기질의 편견인지를 살펴보고서 하나하나 분별하여 인의예지를 확충하고 물욕과 기질을 끊어 버려야 한다. 그리고 외면으로는 사물에서 검증하여 그것이 자연스러운 중도(中道)인지 지나친 것인지 미치지 못하는 것인지를 살펴보고서 안팎으로 고찰하고 검증하여 각각 거기에 맞는 분수를 다해야 한다. 이것이 이른바 "참되게 되려고 노력한다."[65]

63 터득하지……과정 : 《중용장구》 제20장에 있는 말이다.

64 어두운……것 : 낙빈왕(駱賓王)의 〈형화부(螢火賦)〉에 "암실에 들어가서도 속이지 않는다.〔入暗室而不欺〕"라고 하였고, 《심경부주(心經附註)》에서 "학문은 어두운 방에서 속이지 않는 것으로부터 시작된다.〔學始於不欺暗室〕"라고 하였다.

65 참되게 되려고 노력한다 : 원문은 '誠之'로, 《중용장구》 제20장 18절에서 "참되게 되려고 노력한다는 것은 선을 선택하여 굳게 잡는다는 것이다.〔誠之者, 擇善而固執之者也.〕"라고 하였는데, 그 주석에서 "참되게 되려고 노력한다는 것은 참되고 거짓이

라는 것이다. -의(意)는 생각일 뿐이니, 실제 행위로 넘어가지 않는 것이기는 하지만 실제 행위는 생각에 바탕을 두는 만큼 여기에서도 그것이 중도에 맞는지 지나친 것인지 미치지 못하는 것인지를 살필 수 있다.-

'그 광대함을 끝까지 추구하면서 그 세밀함을 끝까지 추구한다〔極其大而盡其小〕'[66]에 대하여

이는 평소에 하나라도 빠뜨려서는 안 되는 일이다. 그러나 반드시 광대함을 끝까지 추구해야 세밀함을 끝까지 추구할 수 있다. 이치를 궁구하고 힘써 실천하는 것이 모두 그렇지 않은 경우가 없으니, 한 생각이 각성하고 큰 강령이 모두 행해진 뒤에야 천만 가지가 모두 그 안에 있게 되어서 앎이 정밀해지고 행실이 갖춰질 수 있을 것이다. "덕을 닦고 도를 이루는 큰 단서"[67]라는 주자의 말뜻이 대개 이와 같으니, 이런 까닭에 반드시 인(仁)을 한 뒤에 의(義)를 할 수 있는 것이다.

《대학》의 명(明)은 행(行)을 포함하여 한 말이고, 《중용》의 성(誠)은 지(知)를 포함하여 한 말이다. 행에 지극하지 않음이 있으면 명이 아니니, 중용을 택하여 한 달도 지키지 못한다면 도를 분명히 알지 못할

없지는 않지만 그렇게 되고자 한다는 것을 말한다.〔誠之者, 未能眞實無妄, 而欲其眞實無妄之謂.〕"라고 하였다.

66 그 광대함을……추구한다 : 《중용장구》 제27장 주희 집주 중에 "덕성을 존숭한다는 것은 마음을 보존하여 도체의 광대함을 끝까지 추구하는 것이고, 학문에 종사한다는 것은 앎을 이루어서 도체의 세밀함을 끝까지 추구하는 것이다.〔尊德性, 所以存心而極乎道體之大也, 道問學, 所以致知而盡乎道體之細也.〕"라고 말한 곳에서 추출한 것이다.

67 덕을……단서 : 《중용장구》 제27장 집주에 보인다.

것이다. 지에 미진한 점이 있으면 성이 아니니, 선을 분명히 알지 못하면 자신을 참되게 하지 못할 것이다.

인막불음식(人莫不飮食) 한 절은 마땅히 제5장 아래에 있어야 할 듯하니, 한 구가 한 장이 되는 것이 의심스러운 점은 이미 계곡(谿谷)의 주장[68]과 같다. 그리고 제4장은 본래 이미 중용의 도가 드러나지 않고 행해지지 못하는 폐단을 나누어서 말했으니,[69] 그 아래에 중용의 도가 드러나지 않는 것을 비유하는 말만 두어서는 안 된다.[70] 게다가 5장에서 만약 "행해지지 않겠구나."라고 말했을 뿐이라면, 집주에서 이른바 "드러나지 않기 때문에 행해지지 못한다."라는 말은 바로 말속에 숨은 뜻을 안 것이다. 지금 인막불음식 구절을 자왈도기불행의부(子曰

68 계곡(谿谷)의 주장 : 장유(張維)의 《계곡만필(谿谷漫筆)》 권1 〈《중용장구》 가운데 세 가지 의심스러운 것〔中庸章句中有疑者三〕〉에 이 내용이 보인다. 여기서 장유는 제5장 도기불행의부(道其不行矣夫) 구절이 한 장이 되는 것은 문장의 체제에 어긋나는 일이라고 하였다. 계곡은 장유의 호이다.

69 제4장은……말했으니 : 《중용장구》 제4장에서 "도가 행해지지 못하는 이유를 내가 아니, 지혜로운 자는 지나치고 어리석은 자는 미치지 못하기 때문이다. 도가 밝아지지 못하는 이유를 내가 아니, 어진 자는 지나치고 불초한 자는 미치지 못하기 때문이다.〔道之不行也, 我知之矣, 知者過之, 愚者不及也. 道之不明也, 我知之矣, 賢者過之, 不肖者不及也.〕"라고 하여 중용의 도가 행해지지 않는 이유와 드러나지 않는 이유에 대해 설명하였다.

70 그 아래에……된다 : 《중용장구》 제4장 2절에서 "사람은 모두 음식을 먹지만 능히 맛을 아는 경우는 드물다.〔人莫不飮食而鮮能知味〕"라고 하였는데, 이 2절이 바로 도가 드러나지 않는 것을 비유한 말이다. 이 절의 소주에 안씨(晏氏)의 설명에서도 "마지막에 '맛을 안다.'라고 말하여 도를 밝히는 것이 우선이라는 것을 보여 주었다."라고 하여 2절이 도가 드러나지 않는 것에 대해 중점을 두었다고 보았다.

道其不行矣夫) 아래에 옮겨 두면 말속에 숨은 뜻을 알려고 할 필요 없이 그 뜻이 자연스럽게 뚜렷해질 것이다. 게다가 제7장에서 중용의 도가 드러나지 않는 단서를 거론한 것[71]과 글의 구조 및 분위기가 딱 맞아떨어지니, 이는 내가 그것이 반드시 그러리라고 깊이 의심했던 까닭이다. 이 뜻을 만약 주자가 장구를 짓던 날에 질정했다면 반드시 동의를 받았을 것인데 지금은 어찌할 수가 없다.

그러나 이 구절을 옮겨 두지 않더라도, 이 구절의 해설에서 중용의 도가 드러나지 않는 것만 거론하여 말하지 않았고, 한결같이 4장 본절의 뜻을 따르더라도 단지 "이런 까닭에 지나치거나 미치지 못하는 폐단이 있다."[72]라고 말하였으며, 5장의 해석에서 또 '중용의 도가 드러나지 않기 때문에 행해지지 못한다.'라는 뜻을 드러냈으니 구절을 굳이 옮겨 두지 않아도 의리는 유독 먼저 알 수 있다. 비록 그 글이 결국은 정밀하고 순조롭지는 않은 듯해도 크게 방해되지는 않는다.

순 임금이 위대한 지혜를 가진 이유는 바로 자기 뜻대로만 하지 않았기 때문인데,[73] 집주의 맨 끝에서 다시 내게 있는 권도[74]에 비중을 두었으

71 제7장에서……것 : 《중용장구》 제7장에 "사람들은 모두 '나는 지혜롭다.'라고 말하지만 덫과 함정 가운데로 몰아넣어도 피할 줄 모르며, 사람들은 모두 '나는 지혜롭다.'라고 말하지만 중용을 택하여 한 달도 지키지 못한다.〔人皆曰予知, 驅而納諸罟擭陷穽之中. 而莫之知辟也. 人皆曰予知, 擇乎中庸, 而不能期月守也.〕"라고 한 것을 가리킨다.

72 이런……있다 : 《중용장구》 제4장 주희 집주에 있는 말로, 내용은 다음과 같다. "도는 떠날 수 없는 것인데 사람들이 스스로 살피지 않는다. 이런 까닭에 지나치거나 미치지 못하는 폐단이 있는 것이다.〔道不可離, 人自不察. 是以有過不及之弊.〕"

73 순 임금이……때문인데 : 《중용장구》 제6장 주희 집주에서 "순 임금이 위대한 지혜

니. 말이 서로 조응하지 않는 듯하다. 아마 반드시 나에게 있는 것에 비중을 둔 뒤에야 지(知)가 지나침도 미치지 못함도 없는 이유에 대해 말할 수 있기 때문에 그런 것인가.

귀신장(鬼神章) 장하주 아래 소주에 있는 파양 이씨(番陽李氏)의 설명은 이 장의 글 뜻과 대의를 전혀 살펴보지 않은 것이고, 신안 예씨(新安倪氏)가 공박한 말도 명쾌하지 않으니,[75] 사람을 꽤 답답하게 만든다.

를 가진 성인이신 이유는 자기 뜻대로만 하지 않고 남들의 의견을 취하였기 때문이다.〔舜之所以爲大知者, 以其不自用而取諸人也.〕"라고 하였다.

74 내게 있는 권도 : 《중용장구》 제6장 주희 집주에 있는 말로, 내용은 다음과 같다. "그러나 자신에게 있는 권도가 정밀하고 간절하여 어그러지지 않는 자가 아니라면 어찌 여기에 참여할 수 있겠는가.〔然非在我之權度精切不差, 何以與此?〕"

75 귀신장(鬼神章)……않으니 : 《중용장구》 제29장 장하주 소주에 신안 예씨와 파양 이씨의 설명이 있는데, 먼저 파양 이씨의 주장을 요약하면 다음과 같다. "27장 7절의 '이런 까닭에 윗자리에 처해서는 교만하지 않고 아랫사람이 되어서는 배반하지 않는다.〔是故居上不驕 爲下不倍〕'를 따와 28장에서는 '앞 장의 「아랫사람이 되어서는 배반하지 않는다.」를 이어서 말한 것이다.〔承上章爲下不倍而言〕'라고 하고 29장에서는 '앞 장의 「윗자리에 처해서는 교만하지 않는다.」를 이어서 말한 것이다.〔承上章居上不驕而言〕'라고 하였다. 그런데 28장 4절에 '비록 그러한 지위가 있어도 그러한 덕이 없다면〔雖有其位 苟無其德〕'이라는 말이 있으니, 이는 '윗자리에 처해서는 교만하지 않는다.'의 경우이고, 29장 1절에 '신분이 낮은 성인은 비록 선하지만 지위가 높지 않으니〔下焉者雖善不尊〕'라는 말이 있으니, 이는 '아랫사람이 되어서는 배반하지 않는다.'의 경우이다. 그러니 '윗자리에 처해서는 교만하지 않고 아랫사람이 되어서는 배반하지 않는다.'라는 말을 28장과 29장에 나눠서 붙일 필요가 없다." 여기에 대한 신안 예씨의 반박을 요약하면 다음과 같다. "28장 4절의 '비록 그러한 지위가 있어도 그러한 덕이 없다면 감히 예악을 만들지 못한다.〔雖有其位 苟無其德 不敢作禮樂焉〕'라는 말은 1절의 '어리석으면서 자기 맘대로 하기 좋아하고〔愚而好自用〕'와 조응하면서 반대가 되는 내용이

제28장의 첫 부분에 있는 세 구의 말은-어리석은데 자기 뜻대로 하기를 좋아하고, 천한데 제멋대로 하기를 좋아하고, 지금 세상에 태어났으면서 옛날의 도로 돌아가기를 좋아한다.- 이 장의 대의로, 아랫글에서 구절구절 호응하였는데 주자의 말 중 네 번째 단락 소주에 보이는 말[76]이 바로 본뜻이다. 첫째 단락 소주에 있는 진씨(陳氏)와 허씨(許氏) 두 학자의 말에서 굳이 '옛날의 도로 돌아가기를 좋아한다.'라는 한 구절을 위의 두 구와 합쳐서 말한 것[77]은 이해가 가지 않는다.

니, 4절은 윗사람의 경우로 한 말이다. 다만 28장 전체 내용은 4절을 제외하고 모두 아랫사람의 경우에 대해 상세히 말하였으니 '아랫사람이 되어서는 배반하지 않는다.'를 중심으로 말한 것이다. 29장 3절의 '신분이 낮은 성인은 비록 선하지만 지위가 높지 않으니 지위가 높지 않으면 믿음을 주지 못하고 믿음을 주지 못하면 백성들이 따르지 않는다.〔下焉者 雖善不尊 不尊不信 不信民弗從〕'라는 말은 같은 절의 '상고 시대의 예는 비록 좋지만 증명할 수 없으니〔上焉者 雖善無徵〕'라는 말과 대응하니, 아랫사람의 입장에서 말한 것이기는 하다. 다만 29장 전체는 3절을 제외하고 왕 역할을 하는 군자에 대해 말한 만큼 '윗자리에 처해서는 교만하지 않는다.'를 중심으로 말한 것이다."

76 주자의……말 : 《중용장구》 제28장 4절 소주에서 주희가 "지위는 있으나 덕은 없는데 예악을 만드는 것은 이른바 어리석은데 자기 뜻대로 하기 좋아하는 것이고, 덕은 있으나 지위는 없는데 예악을 만드는 것은 이른바 천한데 제멋대로 하기를 좋아하는 것이고, 주나라 시대에 살면서 하나라와 은나라의 예를 행하고자 하는 것은 이른바 지금 세상에 살면서 옛날의 도로 돌아가고자 하는 것이다."라고 하였다.

77 첫째……것 : 《중용장구》 제28장 1절의 소주에서 진씨는 "어리석은 사람은 덕이 없고 천한 사람은 지위가 없으니 마땅히 윗사람이 하는 일을 따라야 한다. 지금 세상에 살면서 옛날의 도를 회복하고자 하면 재앙이 반드시 자기 몸에 미친다. 시기가 맞지 않음을 탄식하거나 자기 뜻대로 하고 제멋대로 하는 것은 모두 명철보신하는 방도가 아니다.〔愚者無德, 賤者無位, 當聽上之所爲, 生今世而欲復古道, 災必及身. 嘆時不可爲, 自用自專, 皆非明哲保身之道也.〕"라고 하였고, 허씨는 "생호금지세 뒷부분은 위의 두 구를 통틀어 말한 것이다. 대개 어리석고 천한 사람은 예악을 만들어서는 안 되므로

다섯 번째 단락에 있는 공자의 말 중에서 하(夏)나라의 예에 관해서는 설(說)이라 말하고 상(商)나라와 주(周)나라의 예에 관해서는 학(學)이라고 말한 것[78]은 구별이 있는 듯하다. 아마 하나라의 예는 고찰이 불가능하기 때문에 배울 수가 없어서 단지 의리로 추론하여 말한 것을 설이라고 한 것인가. 《논어》에서는 모두 설이라고 말하였으니[79] 본래 구별하지 않은 듯하지만, 《논어》에서는 기(杞)나라와 송(宋)나라에 관해서 하나같이 '그곳은 증거가 부족했다.'라고 말하고 《중용》에서는 구별하였으니, 《논어》를 가지고 《중용》과 비교해서는 안 될 듯하다.

제29장의 첫 번째 단락의 뜻은 천하에 왕 노릇을 하는 방도 중에서

지금 세상에 살면 마땅히 당대의 법을 준수해야 한다. 만약에 반대로 옛날의 도를 행하고자 한다면 바로 개작하는 것이니, 반드시 윗사람에게 죄를 저지르게 된다. 그러므로 재앙이 그 몸에 미친다고 한 것이다.〔生乎今之世以下, 是通說上二句. 蓋愚賤者, 不可作禮樂, 則居今之世, 當遵守當代之法. 若欲反用古之道, 卽是改作矣, 必獲罪於上. 故曰災及其身.〕"라고 하였다.

78 다섯……것 : 《중용장구》 제28장에서 공자가 "내가 하나라의 예를 말할 수 있지만 기나라에서는 증거 자료를 찾기가 어려웠다. 내가 은나라의 예를 배웠는데 송나라가 존재하고 있다. 내가 주나라의 예를 배웠는데 지금 쓰고 있으니 나는 주나라를 따르겠다.〔吾說夏禮, 杞不足徵也. 吾學殷禮, 有宋存焉. 吾學周禮, 今用之, 吾從周.〕"라고 한 말을 가리킨다.

79 논어에서는……말하였으니 : 이곳은 창계의 착오가 있는 듯하다. 《논어》 〈팔일〉 9장에서는 "공자가 말했다. '하나라의 예는 내가 말할 수 있지만 그 후손의 나라인 기나라에서 증거 자료를 찾기가 어렵고, 은나라의 예는 내가 말할 수 있지만 그 후손의 나라인 송나라에서 증거를 찾기가 어려웠다.'〔子曰: 夏禮吾能言之, 杞不足徵也, 殷禮吾能言之, 宋不足徵也.〕"라고 하여, 하나라의 예와 은나라의 예에 대해 모두 '언(言)'이라고 하였다.

이 세 가지 일이 중요한데 그중에서 필수적으로 잘못을 줄여야 한다고 말한 듯하다. 대개 잘못을 줄이면 곧 선하게 되는데 아랫글의 오류가 없는 것〔不謬〕, 어긋나지 않는 것〔不悖〕, 의심이 없는 것〔無疑〕, 의혹되지 않는 것〔不惑〕은 모두 잘못을 줄인 효험이니,[80] 위아래의 글 흐름이 매우 정밀하고 분명하다. 다만 잘못을 줄이는 것은 비록 성현도 힘쓰는 것이지만 이 장에서 그것을 언급하는 것은 가벼운 듯하니, 장구에서 이렇게 해석하지 않은 것[81]은 아마 이러한 까닭 때문인가.

내가 계곡(谿谷) 장공(張公 장유(張維))의 《계곡만필(谿谷漫筆)》을 살펴보니 그분이 《중용장구》에 의심을 품은 곳이 세 군데이다.[82] 그중에

80 아랫글의……효험이니 : 《중용장구》 제29장의 "군자의 도는 자기 몸에 근본하여 여러 백성들에게 징험하며, 삼왕에게 상고해도 틀리지 않으며, 천지에 세워도 어그러지지 않으며, 귀신에게 질정하여도 의심이 없으며, 백세에 성인을 기다려도 의혹되지 않을 수 있다.〔君子之道, 本諸身, 徵諸庶民, 考諸三王, 而不謬, 建諸天地而不悖, 質諸鬼神而無疑, 百世以俟聖人而不惑.〕"라는 내용을 말한다.

81 장구에서……것 : 《중용장구》 제29장 집주에서는 1절의 "천하에 왕 노릇 하는 데에 세 가지 중요한 일이 있다.〔王天下, 有三重焉.〕"에서 세 가지 중요한 일을 의례(議禮), 제도(制度), 고문(考文)으로 풀이하면서 "천자만이 이 세 가지를 시행할 수 있으니, 그리되면 나라에는 정사가 달라지지 않고 집에는 풍속이 달라지지 않아서 사람들이 잘못을 줄이게 될 것이다.〔惟天子得以行之, 則國不異政, 家不殊俗, 而人得寡過矣.〕"라고 하여 '잘못이 적은 것'을 '세 가지 중요한 일'의 하나가 아니라 이것을 잘 시행한 효과로 보았다.

82 계곡(谿谷)……군데이다 : 장유는 《계곡만필》 권1 〈《중용장구》 가운데 세 가지 의심스러운 것〔中庸章句中有疑者三〕〉에서 《중용》 1장 수도지위교에서 수(修)와 교(敎)의 해석, 12장 군자지도비이은(君子之道費而隱) 중에서 비(費)와 은(隱)의 해석, 5장 도기불행의부(道其不行矣夫)를 하나의 장으로 삼은 것, 이 세 가지에 대해 의문을

한 가지 의문점은 나도 정말 의심이 나서 또 여기에 대해 말을 한다. 제1장의 수도지위교(修道之謂教)에 관해서 장공은 수(修)를 수명(修明)과 수치(修治)의 수로 여겨 장구에서 수를 품절(品節)로 풀이한 것[83]은 딱 들어맞지는 않는 것 같다며 의심하고, 교(教)를 계구(戒懼)와 근독(謹獨) 및 치중화(致中和)의 일로 여겨 장구에서 예악 형정(禮樂刑政)을 교로 풀이한 것[84]은 의미가 느슨하고 외면에 치중해 있다고 의심하였으니, 이것이 그 한 가지 의문점이다.

무릇 수명과 수치 또한 수 자의 풀이가 될 수 있다. 다만 수명은 그 어리석음을 닦아서 밝게 만드는 것을 이르고, 수치는 보통 불선(不善)을 닦아서 선하게 만들고 부정(不正)을 닦아서 바르게 만드는 유형이 모두 이런 것이다. 수명의 수를 《대학》의 자신의 덕을 밝히는 곳〔自明之處〕[85]에 쓰는 것은 되지만 여기에 쓰면 맞지 않고, 수치의 수를 수신(修身)과 수사(修辭) 같은 유형에 쓰면 합당하지만 여기에 쓰면 또한 범범해져서 딱 들어맞지 않는다.

'수도지위교'에서 이른바 도(道)는 중(中)일 뿐이고, 품절은 바로

제기하였다.

83 수를……것 : 《중용장구》 제1장 주희 집주에서 "수는 품절한다는 뜻이다.〔修, 品節之也.〕"라고 하였다.

84 예악 형정(禮樂刑政)을……것 : 《중용장구》 제1장 주희 집주에서 "성인께서 사람과 물이 마땅히 행해야 할 것을 통하여 품절하고서 천하에 법이 되게 하셨는데, 이것을 일러 교라고 하니, 예악과 형정 같은 것들이 이것이다.〔聖人因人物之所當行者而品節之, 以爲法於天下, 則謂之教, 若禮樂刑政之屬是也.〕"라고 하였다.

85 자신의……곳 : 《대학장구》 전 1장에서 "능히 덕을 밝힌다.〔克明德〕", "하늘의 밝은 명을 돌아본다.〔顧諟天之明命〕", "능히 준덕을 밝힌다.〔克明峻德〕"를 "모두 자신의 덕을 밝히는 것이다.〔皆自明也〕"라고 설명하였다.

그 중을 드러내서 사람과 만물의 지나치거나 미치지 못하는 곳을 마름질하는 것뿐이다. 그렇다고 하면 품절이라 이른 것이 여기 '수도지위교'의 해석에 어찌 딱 들어맞는 것이 되지 않겠는가. 만일 수명과 수치의 의미로 해석한다면, 재제(裁制)한다는 의미를 드러낼 수 없어서 도가 중이라는 것에 대해 도리어 확실한 뜻이 부족해지고 거기에다 또 다른 의미를 가지게 된다. 정자(程子)가 "천명부터 교(敎)까지는 내가 보태거나 줄일 것이 없다."라고 한 이 말이 정말 더할 나위 없는 말이다.

장구에서 이른바 품절은 진실로 천리의 자연을 따라 사리로 보아 높여야 하는 것은 그대로 높이고 사리로 보아 줄여야 하는 것은 그대로 줄이는 것이니, 모두 사리를 따라 품절하여 도에 대해서는 애초에 보태거나 줄일 게 없는 것이다. 지금 만약 수명과 수치라고 한다면 이는 도가 명확하지 않아 다듬어야 하는 사물이 되어서 반드시 닦고 다듬을 필요가 있게 되는 것이니, 이렇게 되면 그 병통이 또한 확실한 뜻이 부족한 정도에서만 그치지 않는다.

이른바 교(敎)는 바로 성인이 천리에 바탕을 두고서 인물을 다스리는 대경(大經)이자 대법(大法)이고, 예악 형정은 바로 교의 절목이니, 애초에 배우는 사람들의 공부라고 대번에 지목하여 말한 것이 아니다. 비록 배우는 사람들의 공부라 하더라도 그 전체적인 것을 논하자면 이가 존재하는 곳은 모두 마땅히 배워야 하는 곳이니, 급한 것을 먼저 하고 덜 급한 것을 나중에 한다고 해도 덜 급한 것을 배움의 테두리 밖에 두어서는 안 되고, 내면을 바탕으로 해서 외면에 이른다 해도 외면에 있는 것은 배울 것이 아니라고 해서는 안 된다. 예악이 조금 덜 급한 것을 혐의쩍게 여기고 형정이 외면에 있는 것을 병통으로 여겨 수도(修道)의 일이 아니라고 한다면, 배움을 말함에 또한 번잡한 것을 싫어하고 간략한 것을 좋아하는 병통이 약간 있어서 이미 치우침이 없을 수 없게 된다. 하물며 여기에서의 교(敎)는 애초에 배우는 사람들의 공부를 말한 것이 아니라 바로 성인이 가르침을 세운 일인 만큼 예악 형정 같은 개념이 모두 이런 일이니, 완급(緩急)과 내외(內外)는 더욱 논할 만한 문제가 아니다. 교는 성인의 가르침이고 배우는 사람들의 일이 아닌 것을 깊이 연구하지 않아도 알 수 있고, 그 글자의 뜻을 살펴보기만 해도 판단할 수 있다. 교가 성인의 가르침인 것을 안다면 또 왜 예악 형정으로 풀이한 것에 의심을 품겠는가. 계구(戒懼)와 근독(謹獨) 및 치중화(致中和)가 비로소 배우는 사람들의 일이고 교를 통해서 들어가는 공부이다.-여기 이후는 결락되었다.-

《논어》와 《맹자》 독서법

論孟讀法

독서는 당연히 이렇게 해야 한다. 이렇게 하지 않으면, 독서를 해도 하지 않은 것과 같다.

첫 번째 조목의 소주에 있는 경원 보씨(慶源輔氏)의 '모두 내 입에서 나오고, 모두 내 마음에서 나온다〔皆出吾口 皆出吾心〕'[86]에 대하여
두 개의 출(出) 자 앞에는 당연히 약(若) 자가 있어야 한다.

진씨(陳氏)의 설명 중 '성인의 심체를 알아야만 작용하는 곳을 안다〔識聖人之心體 方知所以用處〕'[87]에 대하여
이 말은 근거한 데가 없는 듯하니 쉽게 착수할 수 없다. 배우는 사람들은 성인의 말씀을 살피고 행적을 고찰하고서 작용하는 곳을 찾은 뒤에

86 모두 내 입에서……나온다 : 《독논어맹자법(讀論語孟子法)》 첫 번째 조목 소주에서 "지금 《논어》와 《맹자》 두 책을 공부하면서 정밀히 하지 못하는 것을 주의해야 한다. 정말로 숙독하고서 꼼꼼히 생각하여 책에 있는 말이 모두 내 입에서 나오고 책에 있는 뜻이 모두 내 마음에서 나온 것처럼 할 수 있으면 맥락과 조리가 처음부터 끝까지 환해져서, 자잘하고 애매하여 분명히 알지 못하는 곳이 없어지게 된다. 그러면 육경의 말도 진실로 유추하여 분명히 알지 못함이 없을 것이다.〔今之治二書, 所患不精爾. 果能熟讀精思, 使其言皆出於吾之口, 使其意皆出於吾之心, 脈絡條理, 始終洞然, 而無纖芥隱昧不明之處. 則六經之言, 固可以類推而無不明也.〕"라고 하였다.

87 성인(聖人)의……안다 : 《독논어맹자법》 소주에 있는 진씨의 말로 내용은 다음과 같다. "경을 이해한 뒤에야 경을 지은 뜻을 알 수 있고, 성인의 심체를 알아야 작용하는 곳을 안다.〔到經明後, 方知得作經之意, 識聖人之心體, 方知他所以用處.〕"

아마도 성인의 심체를 알 수 있을 것이다.

네 번째 조목의 주자(朱子)의 설명 중 '하루에 많아 봐야 몇 단락을 볼 수 있다〔一日多看得數段〕'[88]에 대하여

다(多) 자는 원래 기록을 다시 고찰해야 한다. 만약 원래 기록이 이럴 경우, '많이 보면 몇 단락이다.'라는 뜻이 될 듯하다. 또 "단지 자기 역량에 대해서 모르는 걸 보여 줄 뿐이다."에서 다(多)를 지(祇)로 읽은 것[89]이 혹시 여기에서 비롯된 것인가.

아홉 조목은 모두 정자의 말인데, 단지 우왈(又曰)로 일컫거나 특별히 정자(程子)라고 일컬은 이유는 무엇인가? 앞의 세 조목[90]은 숙독하고서 깊이 완미해 보면 심성을 함양하는 방도가 갖춰져 있고 독서하는

88 하루에……있다 : 《독논어맹자법》 소주에 있는 주희의 말로, 내용은 다음과 같다. "《논어》와 《맹자》는 만약 이렇게 읽고 지나간다면 그저 하루 이틀이면 충분하다. 만약 자기에게 절실한 일로 간주하여 완미하고 새겨서 본다면, 하루에 많아 봐야 몇 단락이나 한두 단락을 볼 수 있을 뿐이다.〔二書, 若便恁地讀過, 只一兩日可了. 若要將來做切己事, 玩味體察, 一日多看得數段, 或一兩段爾.〕"

89 다(多)를……것 : 《논어》 〈자장(子張)〉 24장에서 숙손무숙(叔孫武叔)이 공자를 헐뜯자 자공(子貢)이 숙손무숙을 비판하면서 "단지 자기 역량에 대해서 모르는 것을 보여 줄 뿐이다.〔多見其不知量也〕"라고 하였는데, 집주에서 "다(多)는 지(祇)와 같으니, '다만'이라는 뜻이다.〔多與祇同, 適也.〕"라고 풀이하였다.

90 앞의 세 조목 : 정이는 《독논어맹자법》 첫 번째 조목에서 《논어》와 《맹자》를 기본서로 삼아서 읽어야 하는 이유에 대해서 설명하였다. 두 번째 조목에서는 글자 뜻을 정확하게 이해하는 것부터 출발해야 한다고 말하였다. 세 번째 조목에서는 《논어》에 있는 공자와 제자 간의 문답을 마치 본인과 성인이 직접 대화하는 듯이 읽어야 한다고 설명하였다.

방법이 다 들어 있다. 그다음 두 조목[91]은 비록 숙독하여 자기에게 절실한 일로 여기는 뜻을 말하였지만, 또 일장 연설 및 문구로 이해하고 받아들이는 것을 경계한 만큼, 앞의 세 조목은 가르쳐 주는 데 중심을 두고 뒤의 두 조목은 경계하는 데 중점이 있다. 그런 까닭에 그 사이에 정자라고 특별히 일컬어서 단락을 바꾼 것이다.

혹문(或問) 한 조목은 사람들이 《논어》와 《맹자》에서 긴요한 곳을 뽑으려고 하지만 그렇게 하면 두 책의 내용을 전체적으로 꿰뚫지 못한다고 경계하였으니,[92] 비록 똑같이 경계하는 말이기는 해도 공통적으로 경계하는 것과 다른 점이 있다. 또 혹문을 통해서 답을 하였기 때문에 정자라고 특별히 일컬은 것인지는 또한 알 수 없다.

91 그다음 두 조목 : 《독논어맹자법》 네 번째 조목은 "무릇 《논어》와 《맹자》를 읽을 때는 숙독하고 완미하면서 성인의 말씀을 자신에게 절실한 일로 여겨야 하고, 그저 일장 연설로 여겨서는 안 된다. 사람들이 이 두 책을 읽고서 자기에게 절실한 일로 여기기만 하면, 죽을 때까지 효험이 많을 것이다.〔凡看語孟, 且須熟讀玩味, 須將聖人言語切己, 不可只作一場話說. 人只看得此二書切己, 終身儘多也.〕"라고 하여 《논어》와 《맹자》를 숙독하면서 자기와 밀접한 일로 여겨야 하는 이유 및 성인의 말씀을 일장 연설로 여겨서는 안 되는 이유에 대해 말하였다. 그리고 다섯 번째 조목은 "《논어》와 《맹자》를 숙독하면 곧 저절로 뜻이 충분해지니, 배우는 사람들은 모름지기 완미해야 한다. 만약 문자로만 이해하려 하면, 뜻이 곧 충분해지지 않을 것이다.〔論孟只剩讀著, 便自意足, 學者須是玩味. 若以語言解著, 意便不足.〕"라고 하여 역시 숙독해야 하는 이유에 대해서 설명하였다.

92 혹문(或問)……경계하였으니 : 《독논어맹자법》 여섯 번째 조목에 나오는 말로, 내용은 다음과 같다. "혹자가 묻기를 '일단 《논어》와 《맹자》의 긴요한 부분을 보면 어떻겠습니까?'라고 하자, 정자가 말하기를 '참으로 좋긴 한데, 절대로 전체 내용을 꿰뚫지는 못할 것이다.'라고 하였다.〔或問: 且將語孟緊要處看如何? 程子曰: 固是好. 但終是不浹洽耳.〕"

그다음 세 조목에서 어떤 곳은 공자 말과 맹자 말의 차이점을 범범하게 말하였고[93] 어떤 곳은 《논어》와 《맹자》를 잘 읽은 효과이고[94] 어떤 곳은 《논어》와 《맹자》를 잘 읽지 못한 잘못이지만,[95] 같은 절(節)이 되도 나쁠 게 없다.

〈맹자집주서설(孟子集註序說)〉에 있는 양씨(楊氏)의 설명에 대해서는 주자 문하의 사람들이 이미 그 두 마디의 병폐에 대해 지적하였다.[96]

93 공자……말하였고 : 《독논어맹자법》 일곱 번째 조목에 있는 말로, 내용은 다음과 같다. "정자가 말하였다. '공자의 말은 구구절절 자연이고, 맹자의 말은 구구절절 사실이다.'〔程子曰: 孔子言語, 句句是自然, 孟子言語, 句句是事實.〕"

94 논어와……효과이고 : 《독논어맹자법》 여덟 번째 조목에 있는 말로, 내용은 다음과 같다. "배우는 사람들이 먼저 《논어》와 《맹자》를 읽어야 하는 것은 예를 들어 자로 길이를 재고 저울로 무게를 재는 것과 비슷하다. 자와 저울로 사물의 길이와 무게를 재면 자연스럽게 길이와 무게를 알게 된다.〔學者先讀論語孟子, 如尺度權衡相似. 以此去量度事物, 自然見得長短輕重.〕"

95 논어와……잘못이지만 : 《독논어맹자법》 아홉 번째 조목에 있는 말로, 내용은 다음과 같다. "《논어》와 《맹자》를 읽어도 이치를 모른다면, 이른바 '비록 많이 읽어도 어디다가 쓰겠는가?'라는 경우에 해당한다.〔讀論語孟子, 而不知道, 所謂雖多亦奚以爲.〕"

96 양씨(楊氏)의……지적하였다 : 《맹자》 〈맹자집주서설〉에서 양씨가 "사람이 마음을 바로잡을 수 있으면 일삼을 것도 없다.〔人能正心, 則事無足爲者矣.〕"라고 하고, 또 "마음이 그 바름을 얻은 뒤에 성의 선을 알게 된다.〔心得其正然後, 知性之善.〕"라고 하였다. 먼저 앞의 구절에 대해서는 소주에서 경원 보씨가 "'사람이 마음을 바로잡을 수 있으면 일삼을 것도 없다.'라는 그 말은 또한 너무 지나친 잘못이 있다. 살펴보건대 《대학》의 정심 이후로 수신, 제가, 치국, 평천하에 또 공부가 존재하고 있다.〔人能正心, 則事無足爲者, 其語亦失之大快. 觀大學正心之後, 於修身、齊家、治國、平天下, 更有工夫在.〕"라고 비판을 하였다. 그리고 뒤의 구절에 대해서는 소주에서 주희가 "'마음이

그중에 솔성(率性)이라 말한 곳 역시 《중용》의 주석과 다르다.[97]

그 바름을 얻은 뒤에 성의 선을 안다.'라는 말에는 문제가 있는 듯하다. 대개 성이 선함을 알고 난 뒤에 그 마음을 비로잡을 수 있고, 마음이 그 바름을 얻은 뒤에 성이 선함을 진정으로 알아서 의심하지 않게 된다.〔心得其正然後知性之善, 語若有病. 蓋知性之善然後, 能正其心, 心得其正然後, 有以眞知性之爲善而不疑耳.〕"라고 비판을 하였다.

97 솔성(率性)이라……다르다 : 양씨는 〈맹자집주서설〉에서 "이른바 솔성은 천리를 따르는 것이다.〔所謂率性, 循天理是也.〕"라고 하여 솔성의 '성(性)'을 '천리'로 보았다. 《중용장구》 집주에서는 "이에 사람과 금수가 태어날 적에 각기 하늘이 부여해 준 이를 받아서 건순과 오상의 덕이 형성되니, 이것이 이른바 성이다.〔於是人物之生, 因各得其所賦之理, 以爲健順五常之德, 所謂性也.〕"라고 하여, 성을 '천리(天理)가 사람과 금수에게 부여된 것'으로 보았다.

《논어》

論語

〈학이(學而)〉 도천승장(道千乘章)

나라를 다스리는 방도가 여기에 다 있다. 모든 일에 조심하고 신중하며 도리를 다하고자 힘쓰는 것이 이른바 경(敬)이다. 무릇 한 가지 일을 처리하면서도 감히 소홀하지 않고 태만하지 않으며, 털끝만 한 사심도 두지 않고서 자기 심사를 다 쏟으며, 옛사람들의 교훈을 고찰하고 여러 사람의 의견을 참고하며, 처음을 자세히 살피면서 끝을 고려하고, 큰일을 하면서 작은 일을 갖추되, 반드시 순수하고 완전하게 하여 천하의 올바른 도리를 얻도록 하면, 무슨 일이든 이치에 어긋나지 않고 하는 것마다 망치는 일이 없을 것이다. 옛날의 성왕(聖王)들이 태평하게 다스렸던 방도는 이것뿐이었다. 후세의 소강(小康) 시대[98] 역시 모두 이를 통해서 이룩하였지만, 경을 지키기도 하고 안 지키기도 하여 한결같지 못했다는 차이가 있었다. 그러므로 처음에는 신중했다가도 끝에서는 방자해지거나, 이것을 잘해도 저것을 잘못하기도 하였으니, 이른바 근신하여 얻었다는 것도 그 마음을 다하지 못하여 그 선(善)을 지극히 하지 못한 것이다. 그러니 그 치세가 옛날 성왕들에게 미치지 못하

98 소강(小康) 시대 : 소강은 조금 편안한 세상이라는 뜻으로, 《예기(禮記)》〈예운(禮運)〉에 따르면, 요순시대를 일러 가장 태평한 시대라는 뜻에서 공도(公道)를 천하가 함께한다는 의미로 대동(大同) 시대라 하고, 우(禹), 탕(湯), 문왕(文王), 무왕(武王), 성왕(成王), 주공(周公)의 시대를 일러 대동 시대보다는 못하나 조금 다스려진 세상이라고 하여 이를 소강 시대라고 한 데서 온 말이다.

는 것은 모두 '일을 신중히 하는 것〔敬事〕'이 불완전한 잘못이다. 만약 방자하여 거리끼는 마음이 없어서 전혀 경(敬)하지 못하면 나라와 집을 망치는 것은 불 보듯 뻔하다. 이러한 이치는 매우 분명하여 고금에 똑같이 적용된다. 성인이 당시에는 단지 이렇게 평이하게 말하였으나, 추론하여 증명해 보면 부합하지 않는 데가 없으니, 이치가 정말 그렇기 때문이다.

이른바 '믿음〔信〕', '재정을 절약하는 것〔節用〕', '백성을 사랑하는 것〔愛人〕', '백성을 제때에 맞춰 부리는 것〔使民以時〕'은 비록 각각 하나의 일이지만 사실은 이 경이 그 사이를 관통하고 있다. 경해야만 믿음을 줄 수 있으니 경하지 않으면 마음가짐이 구차해지고 일에 대한 대처가 가볍고 엉성해져서 반드시 믿음을 주지 못한다. 경해야만 재정을 절약할 수 있으니 경하지 않으면 아무 거리낌 없이 행동하고 사치를 부려서 반드시 재정을 절약하지 못한다. 경해야만 백성을 사랑할 수 있으니 경하지 않으면 사심이 활활 타올라 자신 외에는 아무 상관없는 사람처럼 여기므로 반드시 백성을 사랑하지 못한다. 경해야만 백성을 제때에 부릴 수 있으니 경하지 않으면 시도 때도 없이 일을 만들 텐데 어떻게 백성을 제때에 부릴 수 있겠는가. 호씨(胡氏 호인(胡寅))가 "다섯 가지 일은 모두 경을 바탕으로 한다."[99]라고 한 말은 참으로 그 요점을 터득했다고 하겠다.

그런데 성인이 경에 대해서만 언급하지 않고 반드시 '믿음'에 대해서 말하고, 경과 '믿음'에 대해서만 언급하지 않고 반드시 재정을 절약하는 것, 백성을 사랑하는 것, 백성을 제때에 맞게 부리는 것을 언급한 이유

99 다섯……한다 : 《논어》 〈학이(學而)〉 5장 장하주에 나온다.

는, 성인은 이치에 대한 깨달음이 지극히 정밀하여 후세 사람들처럼 경솔하거나 소홀하게 단지 한 구절의 과장된 말로 얼버무리는 것과는 다르기 때문이다. 그러므로 반드시 하나하나 정밀히 말하여 이미 '일을 신중히 하는 것'에 대해서 언급하고 다시 '믿음'이 또 중요한 방도임을 보여 주기 위해 따로 언급하지 않을 수 없었고, 이미 경과 '믿음'을 언급해 놓고 다시 '재정을 절약하는 것'과 '백성을 사랑하는 것'이 특히 나라를 다스리는 일과 일상생활에 제일 중대한 일임을 보여 주려 했으므로 또 따로 언급하지 않을 수 없었고, 이미 '재정을 절약하는 것'과 '백성을 사랑하는 것'을 언급해 놓고 다시 '백성을 제때에 맞춰 부리는 것'이 특히 '백성을 사랑하는 것' 중에서 제일 긴요한 일임을 보여 주려 했으므로 또 따로 언급하지 않을 수 없었다. 이는 자연스럽게 무슨 일이 있으면 절차가 따라오기 때문에 반드시 생각한 것을 다 말하였던 것이다. 이러한 점에서 이미 경하였어도 또 '믿음'에 대해 다시 뜻을 두지 않으면 안 되고, 이미 '믿음'을 주었어도 또 '재정을 절약하는 것'에 대해 다시 신경 쓰지 않으면 안 되고, 이미 재정을 절약하였어도 또 '백성을 사랑하는 것'에 대해 정성을 다하지 않으면 안 되고, 이미 백성을 사랑하였어도 또 '백성을 제때에 맞춰 부리는 것'에 신중을 기하지 않으면 안 되는 것을 볼 수 있다.

이를 통해서 반대로 생각해 보면, 나라를 다스리는 방도를 말하려 할 때 다른 것을 언급할 겨를 없이 '일을 신중히 하는 것'을 제일 먼저 언급한 만큼, '일을 신중히 하는 것'이 제일 기초적인 바탕임을 볼 수 있고, '일을 신중히 하는 것'에 이어서 바로 '믿음'을 말한 만큼, '믿음'이 재정을 절약하는 것, 백성을 사랑하는 것, 백성을 제때에 맞춰 부리는 것의 바탕임을 볼 수 있고, '믿음'을 이어서 바로 '재정을 절약하는 것'에 대해 말한 만큼, '재정을 절약하는 것'이 백성을 사랑하는 것, 백성을 제때에 맞춰 부리는 것의 바탕임을 볼 수 있고, '재정을 절약하는 것'을 이어서 바로 '백성을 사랑하는 것'에 대해 말한 만큼, '백성을 사랑하는 것'이 '백성을 제때에 맞춰 부리는 것'의 바탕임을 볼 수 있다. 주자가 "다섯 가지는 계속 서로 간에 인과 관계를 이룬다."[100]라고 한 말은 말속의 숨은 뜻에서 찾은 것이 아니라 성인의 말씀 속에 원래 이런 뜻이 갖춰져 있고 주자는 그 속에서 추출했을 뿐이다. 이른바 "이미 이렇게 했어도 또 이렇게 하지 않으면 안 되고, 이렇게 할 수 있어야만 이렇게 할 수 있다.〔旣如此 又不可不如此 能如此 方能如此〕"[101]라는 말에 근본과 말단이 서로 꼬리를 무는 뜻이 다 들어 있다. 보통 사람의 말은 현자를 위해서 말하면 대중들이 따라가질 못하고 대중들을 위해서 말하면 현자가 거들떠보지 않는데, 이 말은 대중들이 실천 가능하고 현자가 실천 가능하며 성인도 이것을 실천한 것에 불과하니, 정자가 "위아래에 모두 통용된다."[102]라고 한 말은 성인의 말씀을 잘 관찰했다고

100 다섯……이룬다 : 《논어》 〈학이〉 5장 장하주에 있는 주희의 말로, 내용은 다음과 같다. "이 다섯 가지는 계속 서로 간에 인과 관계를 이루고 있는데, 그것은 각각 순차적으로 이루어져 있다. 따라서 독자들은 자세히 추론해야 한다.〔五者反復相因, 各有次第, 讀者宜細推之.〕"

101 이미……있다 : 위의 주100에 보이는 주희의 해석이 타당하다는 것을 증명하기 위해 집주 아래의 소주를 인용한 것이다. 소주의 해당 내용인 "이렇게 할 수 있어야 이렇게 할 수 있다는 것을 보아야 하고, 또 이렇게 할 수 있어도 이렇게 하지 않으면 안 된다는 뜻을 보아야 하니, 반복하여 미루어 보아야 곡절을 알 수 있다.〔須看能如此, 方能如此, 又看能如此, 又不可不如此之意, 反覆推之, 方見曲折.〕"라는 부분에서도 자기 논리에 맞게 글자를 변용하였다.

102 위아래에 모두 통용된다 : 《논어》 〈학이〉 5장 장하주에 있는 정이의 말로, 내용은

할 만하다.

게다가 근세의 조목(條目)과 소차(疏箚) 같은 것들은 반드시 상절(上節) 공부를 통해야만 아랫글이 폐단이 없는데, 성인의 말은 또 이렇지 않다. '일을 신중히 하여 믿음을 주는 것〔敬事而信〕'의 경우는 누군들 실천이 불가능하겠으며 어느 때인들 실행이 불가능하겠는가. '재정을 절약하고 백성을 사랑하는 것〔節用而愛人〕'과 '백성을 제때에 맞춰 부리는 것'의 경우는 사실상 앞뒤를 이어받아서 한 말이기는 하지만, 여기의 재정을 절약하는 것, 백성을 사랑하는 것, 백성을 제때에 맞춰 부리는 것은 앞뒤 순서가 어떠한가를 막론하고 이 중에 한 가지만 실행해도 모두 유익하니, 인위적인 꾸밈없이 평이하게 서술되어 있어서 그 용도에 한계가 없고 그 맛이 무궁하다. 이것이 또한 어찌 성인이 곰곰이 따져 보고 이리저리 비교하고서 한 것이겠는가. 바로 성인의 마음과 진리가 하나여서 성인의 말이 곧 진리이기 때문에 이런 것이다.

어떤 이가 "이치를 궁구하여 원래 가지고 있는 선(善)을 깨닫는 공부에 대해서 먼저 언급하지 않고 그저 '일을 신중히 하는 것'을 언급하였는데, 고작 '일을 신중히 하는 것'이 또 어찌하여 그 일을 모두 마땅하게 할 수 있는 것인가?"라고 의문을 품자, 말하기를 "근본을 미루어 말하면, 사실은 배우고 물어서 이치를 깨닫는 것을 근본으로 삼아야 한다. 그러나 '일을 신중히 하는 것'이라고만 언급해도 포함하지 않는 것이

다음과 같다. "이 말씀은 지극히 간명하다. 그러나 당시 제후들이 정말로 이 말을 잘 실천했더라면 또한 자기 나라를 다스리기에 충분했을 것이다. 성인의 말씀은 비록 지극히 평범하지만 위아래에 모두 통용된다.〔此言至淺. 然當時諸侯果能此, 亦足以治其國矣. 聖人言雖至近, 上下皆通.〕"

없다. 사람이 일을 신중히 할 수 있으면 반드시 도리를 다하고자 힘쓴다. 만약 도리가 이렇다는 것을 분명히 안다면 자신이 이해하는 것에 근거하여 전전긍긍하면서 끝까지 노력하고, 만약 분명히 알지 못하면 옛일을 자세히 살피고 널리 물으며 어떤 일에 앞서 미리 강구하는 것을 그만두어서는 안 된다. '일을 신중히 하는 것'만 언급해도 그 뜻이 또한 포함하지 않는 것이 없고 지금 곧 착수 가능하여 현실성과 먼 폐단이 없으니, 더욱 간략하면서도 의미가 다 들어 있다."라고 하였다.

제자입효출제장(弟子入孝出悌章)

대개 제자로서의 직분이 이 장에 다 들어 있다. 직분의 중요도와 순서는 자연스럽게 볼 수 있고 한쪽으로 치우치면 안 되는 뜻도 매우 적절하고 합당하니, 배우는 사람들이 일생 동안 가슴에 새겨 놓고 잊지 말아야 한다.

종합해서 말하자면 '효도와 공경〔孝悌〕', '행동이 신중하고 말에 믿음이 있는 것〔謹信〕', '타인을 널리 사랑하는 것〔汎愛〕', '어진 사람을 가까이하는 것〔親仁〕'은 중요하고 학문은 가볍다. 중요한 것을 가지고 다시 세분하여 말하면, '효도와 공경'은 인간으로서의 도리 중에서도 근본이니 중요한 덕목 중에서도 중요하고, '행동이 신중하고 말에 믿음이 있는 것'은 바로 몸가짐을 하는 기본 방도이므로 그다음이며, '타인을 널리 사랑하는 것'과 '어진 사람을 가까이하는 것'은 사람을 대하는 중요한 법이므로 또 그다음이다. 중요한 것이 진실로 급히 해야 하는 일에 속하지만, 가벼운 것도 함께 진보해야지 한쪽으로만 치우치면 안 된다. 가볍다고 하는 것도 앞에서 중요하다고 말한 것에 비교해 볼 때 약간 가볍다는 것뿐이지, 세상만사 중에서 어찌 이 몇 가지 일보다 중요한 것이 있겠는가. 앞의 여섯 가지 일을 자세히 살펴보면, 비록 원래 중요도의 순서가 있기는 하지만, 사실은 모두 평소 실천해야 할 실제 일이니 성인의 말씀은 애초부터 구별이 없다. 학문의 경우는 여력이 있으면 배우라고 말한 만큼 진실로 거리가 있으니 중요함과 가벼움을 판단해야 하는 시점에서 깊이 살펴야 할 곳이지만, 조금이라도 여력이 생기면 즉시 학문을 해야지 느슨하거나 소홀히 하면 안 된다. 배우는 사람들은 지금 당장 언제 어디서나 효도는 어떻게 해야 하며 공경은 어떻게 해야 하며 근신은 어떻게 해야 하며 범애와 친인은 어떻게 해야 하는지 항상 간절하게 자기반성을 해야 한다. 예를 들어 효를 가지고 말하자면, 아침에는 문안을 드려야 하고 저녁에는 이부자리를 보아 드려야 하며, 겨울에는 따뜻하게 지내시도록 하고 여름에는 시원하게 지내시도록 해야 하며, 의식주는 안락하고 쾌적하게 해 드리고, 시키시는 일은 힘써 실행해야 하고, 모실 때는 한껏 기뻐하시도록 해야 하고, 실수하시면 간언해야 하고, 병을 앓으시면 치료할 방도에 전력을 다해서, 무릇 부모님을 위한 일이라면 만사를 제쳐 두고 먼저 해야 한다. 나머지도 마땅히 여기에 근거하여 분명히 살펴보고서 당장 해야 할 일이 있으면 빨리 힘써 해야 한다. 만약 눈앞에 더 이상 힘쓸 데가 없으면 즉시 학업을 닦아 서적을 널리 배우고 옛일을 자세히 살펴서 자신의 학문을 발전시켜야 한다. 학문이 발전하면 위의 몇 가지 일은 저절로 더욱 돈독하게 할 수 있다. 위의 몇 가지 일에 반드시 먼저 노력을 다해 아쉬움이 없어지면 학문하는 즈음에 마음이 비로소 편하고 만족스러워져서 크게 발전하고 이치를 깨닫는 유익함이 있게 된다. 제일 중요한 것은 그때그때 익혀서 게을리하지 않는 것이다.

무릇 이 장에서 말한 내용은 지극히 중요하여 《소학》의 〈명륜(明

倫)〉과 〈경신(敬身)〉 및 《대학》의 명명덕(明明德) 공부 과정을 갖추고 있으니, 배우는 사람들이 여기에 마음을 다 기울여야 한다. 오륜 중에 군신과 부부를 언급하지 않은 이유는 바로 제자를 위해서 말하였기 때문에 성인(成人)으로서의 도리를 언급하지 않은 것인가. 그러나 효도를 하면 충성으로 확장할 수 있고 우애가 있으면 어른을 섬길 수 있고 널리 사랑하면서 어진 사람과 친하게 지내면 많은 사람을 부릴 수 있고 몸을 수양하여 근신하면 집안을 바로잡을 수 있으니 성인으로서의 도리가 이미 여기에 갖추어져 있다.

자하현현장(子夏賢賢章)

자하의 이 말을 충실히 하려면 요점은 단지 충(忠)과 신(信)에 있으니, 충과 신은 바로 내 마음을 다하는 것이다. 예를 들어 어진 이를 존경하면서 멋진 이성을 좋아하는 마음처럼 하지 못하고, 부모님을 섬기면서 자기 힘을 다하지 못하고, 군주를 섬기면서 자기 목숨을 바치지 못하고, 벗과 사귀면서 믿음을 주지 못하는 것은 모두 내 마음에 극진하지 않은 바가 있어서이니, 하는 일마다 마음을 다해야 한다. 사람이 마음을 다하지 못하는 것은 모두 사심이 끼어들기 때문인데, 또한 이는 식견이 분명하지 않으므로 사심이 끼어들 수 있는 것이다. 그러니 배우는 사람들은 항상 '내가 이미 도를 실천하기로 결심하였으므로 천하의 만물 중에는 도의(道義)처럼 바랄 만한 것이 없다. 그런데 저 현자는 내가 마음속으로 똑같이 옳다고 여기는 것을 먼저 알아서 덕업과 언행이 모두 본보기가 될 만하니, 내가 경애하고 사모하는 마음이 어찌 끝이 있을 수 있겠는가. 내가 멋진 이성을 좋아해서 그 사람을 반드시 얻으려는 마음처럼 하지 않는다면 이는 현자를 깔보는 것이다.'라고 생각하여, 이런 마음으로 스스로 힘쓴다면 어진 이를 존경하는데 정성이 있게 된다. 항상 '자식으로서 부모님을 섬길 때는 자기 힘으로 할 수 있는 일은 모두 당연히 해야 하니, 할 수 있는데 하지 않으면 자식이 아니다.'라고 생각하여, 이런 마음으로 자신을 반성하고 자신의 힘을 다한다면 부모님을 섬기는 데 정성이 있게 된다. 항상 '벼슬길에 나가 군주를 섬겨 이미 내 몸을 바쳐 나라에 보답하기로 하였다면, 평상시에는 마땅히 내 몸을 아끼지 않는 충절[103]을 다해야 하고 위기를 당했을 때는 마땅히 목숨을 내놓는 의리를 바쳐야 한다. 사사로운 마음에 휩싸이거나 이해관계를 따지는 마음이 털끝만큼이라도 들어서 나 혼자만의 처지를 위한다면 바로 이것은 불충이고 불의이니, 어떻게 하늘과 땅 사이에서 떳떳할 수 있겠는가.'라고 생각하여, 이런 마음으로 자신을 경계한다면 군주를 섬기는 데 정성이 있게 된다. 항상 '벗으로서의 도리는 옳은 일을 하도록 권하고 인덕을 쌓는 일에 각각 자신의 노력을 다해야 하는 것이다. 하는 행동을 모르는 체하고 표정만 살피고서 고작 꾸며 낸 말이나 하고 마음속에 있는 정성을 토로하지 않으면 친구에게는 무슨 도움이 있겠으며 나에게는 무슨 의리가 있겠는가. 이런 식으로 구차하게 사귀는 것이 도대체 무엇을 구하려고 해서인가.'라고 생각하여, 이런 마음으로 자신을 북돋는다면 벗과 사귀는 데 정성이 있게 된다. 이는 모두 마음을 기울여 추구해야 할 일이니, 비록 본문의 본뜻은 아니지만 배우는 사람들이 지금 당장 이러한 일로써 스스로 힘쓴다면 마음이 이로부터 극진하게 되고 정성이 이로부터 확립될 것이다.

103 내 몸을 아끼지……충절 : 《주역》 〈건괘(蹇卦) 육이(六二)〉에서 "신하가 충절을 다하는 것은 몸을 아끼지 않기 때문이다.〔王臣蹇蹇, 匪躬之故.〕"라고 하였다.

증자신종장(曾子愼終章)

이 장에서 말한 것같이 신종(愼終)과 추원(追遠)이 인간으로서의 도리 중에서 중대한 절목이기는 하지만, 이것을 시행하려면 때와 장소가 있어야 한다. 만약 효제(孝悌), 충신(忠信), 근언(謹言), 경사(敬事) 등의 일을 제대로 하고 항상 배우고 익히는 공부를 하면, 신종과 추원에 대한 도리는 저절로 이루어진다.

자금문어자공장(子禽問於子貢章)

자금이 공자께서 그 나라의 정사를 듣고자 요구해서 들은 것인지, 군주가 참여하게 해서 들은 것인지를 물었는데, 자공이 만약 공자께서 그 나라의 정사를 듣고자 했다고 대답을 했다면 성인은 일찍이 정사를 들으려 한 적이 없던 것이며, 만약 군주가 참여하게 했다고 대답을 했다면 당시의 군주가 까닭 없이 참여하게 한 것이 아니게 된다. 오직 "선생님께서는 온화하고 선량하고 공손하고 검약하고 겸양하셔서 들을 수 있게 된 것이다."라고 말하였으니, 바로 성인의 성대한 덕과 지극한 선이 자연스럽게 사람들로 하여금 존경하고 복종하게 만들어서 저절로 그 나라의 정사를 들을 수 있었다는 것을 볼 수 있다. 애초에 공자가 들으려는 뜻이 있었던 것이 아니고, 또한 당시 군주가 까닭 없이 스스로 말한 것이 아님이 자연스레 분명해지니, 자공은 말을 잘했다고 할 만하다. 그러나 성인이 사람을 응접할 때의 성대한 덕용과 신묘한 감화력을 깊이 살펴본 사람이 아니면 이런 말을 할 수가 없다. 무릇 어떤 사람에 대해서 일컬을 때는 반드시 관찰을 잘한 뒤에 말을 잘할 수 있는 것이다.

온량공검양(溫良恭儉讓)[104]

이는 바로 성인의 덕용(德容)이 완전무결하여 인위적인 노력이 필요 없는 곳이다. 배우는 사람들이 학문에 힘쓴다면 반드시 이 명제를 가지고 평소의 언행과 기상에서 그때그때 성찰하여 점점 깊고 정밀하게 노력해야 이 덕용이 자연스럽게 점점 성인에 가까워진다. 제일 중요한 것은 쉴 새 없이 그때그때 익히는 것이다. 만약 그때그때 익히는 공부가 없다면, 말세의 보통 사람들이 가지는 저속하고 천박한 기상을 끝내 변화시킬 길이 없어지니, 무엇을 통해서 이런 덕용을 가지겠는가.

이 다섯 덕목 중에서 공(恭)과 검(儉)이 더욱 바탕을 두어야 할 곳으로 몸가짐 하는데 중요하다. 몸과 마음이 엄숙하며 경건하면서 일에 대처할 때 절제가 있다면, 본심이 온화하고 돈후하고 살가워져 겸손한 덕이 비로소 자연스럽게 있게 되니, 이 또한 긴요한 뜻이므로 모르면 안 된다. 다섯 덕목을 배우는 데 힘쓰되 남이 알아주길 바라는 마음을 티끌만큼도 싹틔우지 않는 것이 또한 말속에 숨은 뜻이니, 더욱 모르면 안 된다.

104 온량공검양(溫良恭儉讓) : 《논어》 〈학이〉 집주에서는 이 다섯 덕목에 대해 온(溫)은 온화하고 돈후함〔和厚〕이고, 양(良)은 상냥하고 정직함〔易直〕이고, 공(恭)은 정중하고 공손함〔莊敬〕이고, 검(儉)은 절제(節制)이고, 양(讓)은 겸손(謙遜)이라고 뜻풀이를 하였다. 소주에서는 진덕수(眞德秀)의 풀이를 인용하여, '화(和)는 잔인하고 포악하지 않고, 후(厚)는 각박하지 않은 것'이고, '이(易)는 상냥하고 솔직한 것, 직(直)은 정직하여 음험하고 사악하지 않은 것'이고, '장(莊)은 용모에 중점을 두고 경(敬)은 마음에 중점을 둔 것이고, 내면에서 외면으로 드러나기 때문에 공(恭)이라 한다.'라고 하였다. 그리고 '절(節)은 자연스럽게 제한하는 것, 제(制)는 인위적인 노력으로 제어하는 것'이고, '겸(謙)은 자신의 장점을 자랑하지 않는 것, 손(遜)은 좋은 것을 밀어서 남에게 주는 것'이라고 하였다.

부재관지장(父在觀志章)

이 장은 전혀 다른 두 가지 뜻이 있다. 위의 두 구가 바로 한 가지 뜻이니 사람을 관찰하는 방법을 말하였고,[105] 아래의 두 구가 바로 한 가지 뜻이니 효의 도리에 대해서 말하였다.[106]

그러나 위의 구에서 부모가 살아 계실 때 자식이 곧장 자기 뜻대로 해서는 안 되는 뜻을 볼 수 있으니 이는 효의 도리가 또한 그 안에 있는 것이다. 아래의 구에서 이렇게 해야 바로 효자이고 이렇게 하지 않으면 바로 불효자라는 뜻을 볼 수 있으니 이 또한 애초에 사람을 관찰하는 법이다.

"부모가 살아 계실 때 자식의 뜻을 살펴본다."라고 하는 것은 부모 자식이 비록 지친의 관계이기는 해도 성정(性情)이 반드시 다 같지는 않기 때문이다. 만약 부모가 하는 일이나 시키는 일이 자식이 생각하기에 부당한 점이 있으면 참으로 마땅히 완곡하게 간언을 드려야 하지만, 완곡하게 간언을 드려도 들어주지 않으면 자식이 자기 뜻을 굽히고 부모를 따라야 하는 상황이 된다. 그런데 사람을 관찰하는 자가 자식의 행동만 살펴보고 자식의 뜻을 관찰하지 않으면 사람을 잘못 판단하는 수가 있다. 다만 또 하나의 뜻이 있으니, 자식이 생각하기에 부모가 하는 일이나 시키는 일이 부당하다는 것을 알면 반드시 은근하게 간언하는 도리를 다하고, 마지못한 뒤에야 일단 자기 뜻을 굽히고 부모를

105 위의……말하였고 : 《논어》〈학이〉에 "부모님이 살아 계실 적에 그 뜻을 관찰하고, 부모님이 돌아가셨을 적에 그 행동을 관찰한다.〔父在, 觀其志; 父沒, 觀其行.〕"라고 한 구절을 가리킨다.

106 아래의……말하였다 : 《논어》〈학이〉에 "3년 동안 부모님이 하셨던 일을 바꾸지 말아야 효라고 할 수 있다.〔三年無改於父之道, 可謂孝矣.〕"라고 한 구절을 가리킨다.

따르는 것이 옳다. 만약 간언을 드리지 못하고 시키는 것을 따를 줄만 안다면 또한 장차 어떻게 그 뜻을 살펴볼 수 있겠는가.

유자예지용화위귀장(有子禮之用和爲貴章)

예(禮)는 천리(天理)의 절문(節文)이니, 배우는 사람들의 일은 반드시 예를 지향점으로 삼아야 한다. 예는 자기 한 몸부터 집, 마을, 나라, 만사와 만물까지 모두 질서 정연한 경계를 가지고 있는 것이므로, 배우는 사람들이 모두 이해해서 어디서나 실천하려고 해야 하니, 내면을 곧게 하고 외면을 바르게 하며,[107] 자신을 완성하고 만물을 완성시키는 것[108]이 다 이로부터 이루어진다. 만약 예에 근거하여 중심을 잡지 않으면, 비록 선(善)을 향한 마음이 있어도 확고해질 수 있는 경우가 드물어서 그럭저럭 구차하게 지내는 사이에 하는 행동이 대부분 사심에서 비롯될 것이니, 배움은 반드시 예를 준수하는 것을 위주로 한다. 예의 번거로운 형식과 자잘한 절목은 비록 삽시간에 다 연구하기는 어렵지만, 《소학》과 《가례》에 실려 있는 내용과 같이 예의 요지와 급한 일은 반드시 수시로 사색하고 탐구하여 항상 가슴속에 두고 평소 하는 일에서 반드시 준수하도록 힘써야 한다. 그러는 중에 일의 형편에 얽매여서 곧장 실천하지 못하는 경우, 비록 즉시 실천하지 못하더라도 소홀히

107 내면을……하며 : 《주역》 〈곤괘(坤卦) 문언전〉에 있는 말로, 내용은 다음과 같다. "군자는 경으로 내면을 곧게 하고 의로써 외면을 바르게 한다.〔君子敬以直內, 義以方外.〕"

108 자신을……것 : 《중용장구》 제25장에 있는 말로, 내용은 다음과 같다. "군자는 성을 귀하게 여기니, 성은 자기를 완성시키는 것일 뿐만 아니라 그것으로 물을 완성시키는 것이다.〔君子誠之爲貴, 誠者, 非自成己而已也, 所以成物也.〕"

하여 잊어서는 안 되고 더욱 늘 생각하고 생각하여 마음속에 새겨 놓는다면 끝내는 반드시 실천할 수 있는 방도가 생기고, 비록 끝내 실천하지 못하더라도 나에게 있는 의리는 끝내 없어지지 않을 것이다. 그러니 자신과 관련이 있어서 지금 당장 착수할 만한 것은 아주 잠깐이라도 망설이고 의심해서는 안 된다.

예의 체(體)는 무릇 경(敬)을 중심으로 하니, 예의 용(用)은 비록 화(和)를 중요하게 여기더라도, 처음 배울 때는 마땅히 경을 엄밀하게 하는 데 중심을 두어야 한다. 경을 엄밀하게 하는 것이 무르익을 때는 화하지 못한 것을 근심하지 않게 된다. 만약 먼저 화에 뜻을 두면, 화라고 하는 것도 세속적인 생각과 자신만 생각하는 마음이 많이 뒤섞여 있어서 진정한 화가 아니다.

군자식무구포장(君子食無求飽章)

이 장은 배우는 사람들이 마음을 써야 할 곳과 힘을 써야 할 곳에 대한 설명이 매우 친절한데,[109] 그 요점은 특히 마음을 쓰는 곳에 있다. 만약 이런 뜻이 없다면 아랫부분의 일은 끝내 할 수 없다.

자공빈이무첨장(子貢貧而無諂章)

이는 가난하고 부유한 처지뿐만 아니라 무릇 지위와 권세가 높고 낮은

109 배우는……친절한데 : 《논어》 〈학이〉 14장 소주에서 주희는 "편안함과 배부름을 구하지 않는 것은 존심하는 곳이고, 일에 민첩하면서 말을 신중히 하는 것은 용공하는 곳이다.〔不求安飽是其存心處, 敏事謹言是其用工處.〕"라고 하여, '음식을 먹되 배부름을 구하지 않는다.'와 '일상생활에서 편안함을 구하지 않는다.'는 마음을 쓰는 것이고, '일에 민첩하면서 말을 신중히 한다.'는 노력하는 것으로 설명하였다.

이들이 교류할 때의 행동에서 모두 살펴볼 수 있다. 조금이라도 들맞추려는 마음을 먹으면 바로 이것이 아첨이고, 조금이라도 깔보는 생각을 먹으면 바로 이것이 교만이다. 보통 사람의 마음은 아첨과 교만에서 벗어날 수 있는 경우가 극히 드무니, 만약 여기에서 벗어나지 못하면 비록 순수한 행실과 뛰어난 재능이 있어도 결국은 속물이 된다.

'아첨하지 않는 것〔無諂〕'과 '교만하지 않는 것〔無驕〕'이라는 말은 절대 쉽게 보아서는 안 되니, 배우는 사람들은 마땅히 여기서부터 기반을 세워야 한다. 그러나 가난해도 즐거움을 느끼고 부유해도 예를 좋아할 수 있다면 아첨하지 않는 것과 교만하지 않는 것은 또 말할 것조차 없다. 대개 아첨하지 않는 것과 교만하지 않는 것은 빈부의 상황에서 노력을 하는 것이고, 가난해도 즐거움을 느끼고 부유해도 예를 좋아하는 것은 근본적인 곳에서 공부를 하는 것이다. 자기 마음속에 정말로 즐거워하는 대상이 있고 좋아하는 대상이 있다면 저절로 사물(事物)을 초월하여 가난해도 가난한 줄 모르고 부유해도 부유한 줄 모르니 어찌 더 이상 아첨하고 교만하게 구는 문제가 있겠는가. 이는 또 빈부의 상황에서 성찰하여 공부하는 것보다 더 낫다.

그러나 공부가 지극하지 않으면 아첨하고 교만하게 구는 병폐가 예전처럼 그대로 있다가 틈을 타 발작하니, 만약 가난해도 즐거움을 느끼고 부유해도 예를 좋아하는 공부에 막 몸담고 있다고 자부(自負)하다 더 이상 치밀하게 성찰하지 않는다면, 반대로 아첨하고 교만하게 구는 보통 사람이 되기 마련이다.

배우는 사람들이 정말로 아첨하지 않고 교만하지 않는 것으로써 항상 성찰과 단속을 하고, 근본적인 공부에도 게으름 없이 날마다 발전하여 점점 참된 즐거움을 가지면, 내면과 외면이 함께 수양되어서 덕이

완성될 수 있다.-이상은 정사년(1677, 숙종3)에 기록한 것이다.-

〈학이〉 16장 전체의 요지

기쁨과 즐거움 및 성내지 않는 것은 자신을 완성하고 남을 완성시키며 정상적인 상황에 대처하고 비정상적인 상황에 대처하는 것이니, 체용이 갖추어져 있다. 배우고 익히는 것이 그것의 기틀이다.

효제(孝悌)는 인을 실천하는 근본이다.

'그럴듯하게 꾸민 말과 보기 좋게 꾸민 표정〔巧言令色〕'은 사람을 해친다.

충(忠)과 신(信)은 덕을 증진하는 근본이고 전습(傳習)은 도를 맡는 방도이다.

나라를 다스리는 요점 중에 '일을 신중히 하여 믿음을 주는 것'이 정치를 확립하는 방도이다. 정치는 '재정을 절약하는 것'과 '백성을 사랑하는 것'을 중요하게 여기는데, 백성을 사랑한다면 반드시 때에 맞게 부려야 하니, 정치의 방도가 여기에 갖추어져 있다. 작게는 한 고을에서부터 크게는 천하까지 역시 그렇지 않은 경우가 없으니, 정치의 요점을 말한 것 중에 〈학이〉 5장만큼 갖추어진 곳이 없다.

제자의 직분 중에 '효도와 공경'이 근본이고 '행동을 신중하게 하고 말에 믿음이 있는 것'이 요점이다. '타인을 널리 사랑하는 것'과 '어진 사람을 가까이하는 것'은 사람을 대하는 법칙이고, 여력이 있을 때 학문하는 것은 배움을 증진시키는 방도이다. 학문의 요점을 말한 것 중에 또한 〈학이〉 6장만큼 갖추어진 곳이 없다.

부모님에 대한 효도와 군주에 대한 충성은 행실의 근본이고, 어진 이를 존경하고 벗에게 믿음을 주는 것은 학문의 요점이다.

중(重)과 위(威)는 외면에 관한 것이고 충(忠)과 신(信)은 내면에 관한 것이다. 벗을 잘 가려서 사귀면 남에게서 취하는 것이 정밀해지고, 잘못을 고치면 자기를 바로잡는 데 용감해진다.

온(溫)과 양(良)은 음악의 조화이고 공(恭)과 검(儉)은 예의의 절목이고 양(讓)은 성덕(盛德)을 자처하지 않는 일이다.

'상례를 신중하게 치르는 것[愼終]'과 '먼 조상의 제사를 정성스럽게 지내는 것[追遠]'은 덕이 돈후해지는 방도이다.

3년 동안 부모님이 한 일을 고치지 않는 것은 효심이다.

엄중하면서도 박절하지 않고 조화로우면서도 절도 있는 것이 예의 전체이고 정도이다.[110]

언행과 교제는 처음을 신중하게 하고 끝을 염려해야 한다.

편안함과 배부름을 구하지 않고 일에 민첩하고 말을 신중하게 하며 학식과 덕행을 지닌 사람에게 가서 시비를 바로잡는 일에 학문의 본말이 갖추어져 있다.

아첨하지 않는 것과 교만하지 않는 것, 가난해도 즐거워하는 것과 부유해도 예를 좋아하는 것에서 덕의 수준이 드러난다.

남들이 자신을 알아주지 않는 것을 근심하지 않는 것이 자신을 위한 학문이고, 내가 남들을 모를까 근심하는 것이 격물의 요점이다.

〈위정(爲政)〉 공호이단장(攻乎異端章)

이단은 굳이 전문적으로 다루지 않아도 이미 폐해가 되기에 충분한데, 굳이 범씨(范氏)의 주장을 따와서 공(攻)을 전문적으로 다루는 것이라

110 엄중하면서도……정도이다 : 《논어》〈학이〉 12장 장하주에서 주희가 한 말이다.

고 풀이한 이유[111]는 무엇인가?

공 자는 원래 전문적으로 다룬다는 뜻을 가지고 있다. 지금 글자 뜻에 근거하여 성인의 말씀에 담긴 본래 취지를 궁구해 보면, 대개 전문적으로 다루는 것은 분명히 폐해가 있다. 만약 넓게 섭렵하고만 만다면 그 폐해의 유무와 깊이를 오히려 단정하기 어렵다. 성인의 말씀은 그중에 무거운 곳을 근거하여 필연적인 폐해를 말한 것이기 때문에 전문적으로 다루는 것을 경계하였으니, 이치가 그런 것 같다. 그러나 배우는 사람들이 만약 이를 통해 또 이단을 대략이라도 아는 것이 폐해가 없다고 여겨서 그렇게 하려 한다면 또한 잘못된 것이다. 이는 말만 가지고서 해석하고 성인의 말씀에 담긴 본래 취지를 모르는 것이다. 그러므로 소주에 있는 주자의 설명에서 또 그 점을 경계하였으니,[112] 이 말 역시 성인의 말씀 속에 숨은 뜻이다.

'이에 폐해가 생긴다.〔斯害也〕'라는 것은 무엇에 해가 된다는 것인가? 마음에 해가 되고 일에 해가 되고 정사에 해가 되어서 결국에는 자신도 해치고 남도 해치며 나라도 해치고 천하도 해치고 정도(正道)

111 공(攻)을……이유 : 《논어》 〈위정〉 16장 집주에서 범씨가 "공은 전문적으로 다룬다는 뜻이다. 그러므로 나무, 돌, 쇠, 옥을 다루는 기술자를 공이라 한다.〔攻, 專治也. 故治木石金玉之工曰攻.〕"라고 하였다.

112 소주에……경계하였으니 : 《논어》 〈위정〉 16장 소주에 있는 말로, 내용은 다음과 같다. "묻기를 '집주에서 공은 전문적으로 다루는 것이라고 하였습니다. 만약 학문을 한다면 당연히 전문적으로 다루어야 하지만 이단의 경우는 전문적으로 다루어서는 안 되겠지요.'라고 하자, 말하기를 '전문적으로 다루어서는 안 된다고만 말한 것이 아니라, 대략이라도 알아서는 안 된다. 만약 자신의 학문이 정립되어 있으면 이단의 병통을 알 수 있다.'라고 하였다.〔問: 集註云攻, 專治之也. 若爲學, 便當專治之, 異端則不可專治也. 曰: 不惟說不可專治, 便略去理會他也不得. 若是自家學有定止, 去看他病痛却得.〕"

까지 해쳐서 어디서나 해가 된다는 것이다.

범씨가 이미 "공은 전문적으로 다룬다는 뜻이다."라고 하였으니 뜻이 이미 분명한데, 또 나무, 돌, 쇠, 옥을 다루는 기술자를 인용하여 말한 이유는 무엇인가?

공(攻)은 원래 공격(攻擊)이라는 뜻의 공(攻)이다. 지금은 치(治)의 의미로 말을 하려고 하였기 때문에 그 말이 상세하지 않을 수 없어서 굳이 옛날 책을 인용하여 근거로 삼은 것이다.[113]

'나무, 돌, 쇠, 옥을 다루는 기술자를 공이라 한다.'라고 말한 것은 마치 공(工) 자를 공(攻) 자에 해당시킨 것 같은데 어떠한가?

글의 흐름을 대충 보면 정말로 이렇지만, 사실은 치(治) 자를 공(攻) 자에 해당시킨 것이니, '기술자가 나무, 돌, 쇠, 옥을 다루는 일을 공(攻)이라고 한다.'라고 말한 것과 같다.

〈팔일(八佾)〉 제3장

사람이 정말 덕이 없다면 예(禮)를 행하고 악(樂)을 쓸 수가 없다. 비록 어쩌다가 억지로 한다고 해도 그저 형식적일 뿐 예악의 실상에 대해서는 끝내 또한 어떻게 하지 못한다. 유씨(游氏)와 이씨(李氏)의 말은 뒷부분의 뜻만 설명한 것이다.[114]

113 굳이……것이다 : 《논어》 〈위정〉 16장 소주에 있는 말로, 내용은 다음과 같다. "《주례》 〈고공기〉에 나무를 다루는 기술자와 쇠를 다루는 기술자에 대해 설명한 내용이 있다.〔周禮考工記有攻木之工、攻金之工.〕"

114 유씨(游氏)와……것이다 : 《논어》 〈팔일(八佾)〉 3장 집주에서 유씨가 "사람이면서 어질지 않으면 사람의 마음이 없는 것이니, 예악을 어떻게 활용하겠는가. 비록 활용

제4장

범씨(范氏)가 제사(祭祀)와 상사(喪事)에 대하여 말한 것은 일반적인 이론이고 예(禮)와 상(喪)에 대해 말한 것은 본문을 글자 뜻대로 해석한 것이다.[115] 양씨가 말한 "음식에서 시작되었다."[116]라는 것은 음식에 중심을 두었음을 말한 것이다.

제5장

윤씨(尹氏)의 말[117] 중에서 '그 도리를 다한다.〔盡其道〕'라는 말이 너무

하고자 해도 예악이 쓰이지 않는다는 것이라고 말씀하신 것이다.〔人而不仁, 則人心亡矣, 其如禮樂何哉. 言雖欲用之, 而禮樂不爲之用也.〕"라고 한 말과 이씨가 "예악은 올바른 사람이 있어야 시행되니, 올바른 사람이 아니면 비록 예물을 교환하고 음악을 연주한다 해도 장차 예악을 어떻게 활용하겠는가.〔禮樂待人而後行, 苟非其人, 則雖玉帛交錯, 鍾鼓鏗鏘, 亦將如之何哉?〕"라고 한 말을 가리킨다.

115 범씨(范氏)가……것이다 : 범씨는 《논어》 〈팔일〉 장하주에서 제사와 상사에 대해 설명하면서 제사는 공경이 우선이고 상사는 슬픔이 우선이라고 하였다. 그리고 예(禮)와 상(喪)에 대해서는 공자가 임방(林放)에게 "예는 사치스럽기보다 차라리 검소해야 하고, 상은 형식적으로 잘 치르기보다 차라리 슬퍼해야 한다."라고 한 말을 통해서 예는 사치스럽고 잘 갖추어지기보다는 차라리 검소하여 잘 갖추어지지 않은 것이 나으며, 상은 형식적이고 꾸며지기보다는 차라리 슬퍼하여 잘 꾸며지지 않은 것이 낫다고 하였다.

116 음식에서 시작되었다 : 《논어》 〈팔일〉 장하주에서 양씨가 "예는 음식에서 시작되었다. 그래서 웅덩이를 그릇으로 삼고 손으로 움켜서 마시다가 보궤, 변두, 뇌작 같은 장식품을 만든 것은 꾸미기 위함이었으니, 그렇다면 그 근본은 검소한 것이다.〔禮始諸飮食. 故汙尊而抔飮, 爲之簠簋籩豆罍爵之飾, 所以文之也. 則其本儉而已.〕"라고 하였는데, 음식 먹는 것을 보완하고자 보궤와 변두 같은 도구를 만든 것에서 예가 시작되었다는 것을 말한다.

117 윤씨(尹氏)의 말 : 《논어》 〈팔일〉 5장 장하주에 있는 말로, 내용은 다음과 같다.

무겁다. 오랑캐에게 군주가 있어도 어찌 군주로서의 도리를 다하겠는가. 비록 그 이름은 있어도 그 실상이 없으면 또한 없는 것일 뿐이다. 또 이 5장의 뜻은 비록 윗사람과 아랫사람을 함께 책망한 것이지만 아랫사람을 책망하는 뜻이 더 깊다.

제6장

염유(冉有)가 계씨(季氏)에게 고해 주는 것이 불가능함을 안 것은 공자의 지(智)이고, 염유가 계씨를 바로잡아 주지 못함을 따지지 않은 것은 공자의 인(仁)이니,[118] 인(仁)과 지(知)가 함께 행해짐이 대부분 이와 같다.

제7장

본문의 '반드시 활쏘기에서는 경쟁한다.〔必也射乎〕'를 《집주》에서 "오직 활쏘기에서만 경쟁한다."라고 해석한 것은 매우 타당하다. 다만 '기쟁야(其爭也)'라는 말이 중복되니, 앞의 '쟁야(爭也)'는 연문인 듯하다.[119]

"공자께서 시대의 혼란에 상심하여 탄식한 것이다. 없다고 한 것도 실제로 없는 것이 아니라, 있기는 하지만 그 도리를 다하지 못하는 것일 뿐이다.〔孔子傷時之亂而歎之也. 無, 非實無也, 雖有之, 不能盡其道爾.〕"

118 염유(冉有)가……인(仁)이니 : 《논어》 〈팔일〉 6장 장하주에서 범씨가 "염유는 계씨를 따랐으니, 염유가 계씨에게 고하지 못하리라는 것을 공자께서 어찌 몰랐겠는가. 그러나 성인은 사람을 가볍게 끊지 않아 자신의 마음을 다하니, 염유가 계씨를 바로잡지 못하고 계씨는 간언이 불가능한 사람임을 어찌 알았겠는가.〔冉有從季氏, 夫子豈不知其不可告也? 然而聖人不輕絶人, 盡己之心, 安知冉有之不能救, 季氏之不可諫也?〕"라고 한 말을 창계가 공자의 지(智)와 인(仁)에 각각 대응하여 보았다.

119 다만……듯하다 : 《논어》 〈팔일〉 7장 집주 중에 "군자는 공손하여 남들과 경쟁하

제8장

'그림 그리기〔繪事〕' 역시 일이다. 사람이 자질이 좋아도 모름지기 힘써 수양하고 다스리는 공부를 해야 한다. 타고난 자질이 원래 좋은 사람도 일찍이 스스로 자신을 수양하는 공부를 안 한 적이 없으니, 스스로 자신을 수양할 수 있는 것은 바로 타고난 자질이 좋아서이다. 혹시라도 타고난 자질이 좋지 않다면 더욱 수양하고 다스리는 공부를 하지 않아서는 안 된다. 만약 반드시 타고난 자질이 원래 좋은 사람이어야 예를 배울 만하다고 여긴다면 잘못된 것이다.

제9장

증거가 없어도 그 예(禮)에 대해 말하는 것이 가능하다면 증거가 없어도 문제가 되지는 않는다. 소주에서 비록 이미 분석하였지만[120] 아무래도 이해가 가지 않는다. 혹시 언(言)이라는 말은 그 의미에 대해 말한 것을 뜻하는 것인가. 대개 '하나라와 은나라의 예(禮)가 만약 남아 있었다면 내가 하나라와 은나라의 예의(禮義)가 왜 그러한지를 말하는 것

지 않고 오직 활쏘기에서만 경쟁한다. 그러나 그 경쟁은 온화하고 겸손함이 이러하니, 그 경쟁은 군자다운 것이어서 소인들의 경쟁과 같지 않다.〔君子恭遜, 不與人爭, 惟於射而後有爭. 然其爭也, 雍容揖遜乃如此, 則其爭也君子, 而非若小人之爭矣.〕"라는 말에서 창계가 '연기쟁야(然其爭也)'의 '쟁야(爭也)'가 연문인 것 같다고 한 것이다.

120 소주에서……분석하였지만 : 《논어》 〈팔일〉 9장 소주에서 "하나라와 은나라의 예는 공자가 사실 강론한 적이 있었다. 다만 기나라와 송나라가 쇠미한 탓에 고찰하여 자신의 말을 증명할 방법이 없었던 것이다. 만약 때를 만나 창작하였다면, 의미로써 참작하여 만들 수 있는 것은 정말로 반드시 처리할 수 있었을 것이다.〔夏殷之禮, 夫子固嘗講之. 但杞宋衰微, 無所考以證吾言矣. 若得時有作, 當以義起者, 固必有以處之.〕"라고 한 말을 가리킨다.

이 가능하였을 것이다. 다만 증거로 삼을 만한 것이 없기 때문에 말할 수 없다.'라고 말한 것 같다. 이렇게 보는 것이 어떠할지 모르겠다.

〈공야장(公冶長)〉 영무자장(甯武子章)

살펴보건대 지(智)와 우(愚)는 상대적인 개념이니, 지(知)가 지혜의 뜻이라면 우는 우매[愚迷]의 뜻이고, 지(知)가 지교(知巧)의 뜻이라면 우는 우직(愚直)의 뜻이다. 지금 이 장의 글 흐름을 자세히 살펴보면, 애당초 '나라의 정치가 혼란하면 우하였다.[邦無道則愚]'라는 구절을 '마음과 힘을 다하여 곤란하고 위험한 상황을 피하지 않았다.[盡心竭力不避艱險]'는 의미로 여겼다. 그렇다면 이른바 '나라의 정치가 깨끗하면 지하였다.[邦有道則知]'라는 구절은 바로 지교의 뜻이고, 집주에서 "무슨 일을 했는지 볼만한 것이 없다.[無事可見]"라고 일컬은 것은 바로 지(知)와 교(巧)를 써서 흐리멍덩하여 입 다물고 있는 모습을 설명한 것이다. 무릇 가급(可及), 불가급(不可及)이라 말한 것은 모두 영무자가 잘 처신한 곳을 가지고서 그것의 깊이와 난이도를 분별하여 말하였을 뿐이다. 만약 정치가 깨끗한 세상에 살면서 지교 있는 선비가 된다면 또 어찌 미치고 미치지 못함을 말할 것조차 있겠는가.

또 그 아래에 있는 정자의 설명에서 '자신을 숨겨 드러내지 않아서 환난을 피할 수 있었다.[能沈晦而免患]'라는 말로 우(愚)라는 글자의 뜻을 해석하고 이어서 비간(比干) 같은 인물들은 "어리석어서는 안 된다.[不當愚]"라고 말하였다. 그러면 정자가 말한 우 자는 '자신을 숨겨 드러내지 않고 어리석은 척한다.[沈晦自愚]'라는 뜻으로 말한 것이니 집주와 원래 같지 않은데, 소주에 있는 여러 말은 모두 정자의 말을 따라서 같은 의견을 내세웠으니,[121] 이 또한 이해가 가지 않는다. 예를 들어 집주에 이른 바 "마음과 힘을 다하여 곤란하고 위험한 상황을 피하지 않는다."라는 말은 바로 비간 같은 인물들의 일인데 정자는 무슨 까닭에 비간은 어리석어서는 안 된다고 하였는가.

대개 이 장의 말뜻을 대략적으로 살펴보면 '나라의 정치가 깨끗하면 지혜로웠다.'라는 것은 '정치가 깨끗하면 자신을 드러낸다.'라고 말한 것과 같고, '나라의 정치가 혼란하면 우직했다.'라는 것은 '정치가 혼란하면 자신을 숨긴다.'[122]라고 말한 것과 같다. 이렇게 보는 것이 매우 간단명료하니, 정자가 "영무자는 자신을 숨기고 드러내지 않았다."라고 한 말은 여기에서 비롯된 듯하다. 그런데 집주에서는 영무자가 행한 일을 참고하여 영무자는 정치가 혼란한 상황에서 자신을 숨겨 드러내지 않고 어리석은 척을 한 적이 없고 허다하게 이리저리 부지런히 힘쓴 일이 있었음을 보여 주었다. 그런 까닭에 곤란하고 어려운 상황을 피하지 않아 지교 있는 선비들의 행동과는 다르게 하였다는 말로 우(愚)라는 글자의 의미를 해석하였으니, 이 해석이 영무자의 본심을 딱 맞게

121 소주에……내세웠으니 : 《논어》 〈공야장〉 20장 소주 중에서 운봉 호씨는 영무자는 위(衛)나라의 공족이고 비간은 은 주왕의 숙부이므로 모두 나라와 생사를 함께해야 하지만, 위 성공(衛成公)의 환난은 외부에 있었으므로 피하고자 한다면 자신을 드러내지 않아야만 했고, 주왕(紂王)의 악행은 자기와 관련이 있었으므로 간언하지 않고서 회피하여 자신을 드러내지 않는 것은 또한 해서는 안 될 일이었으니, 정이가 "또한 어리석지 말아야 할 경우가 있다."라고 한 말이 때에 맞게 행동한다는 뜻을 가장 잘 드러내었다고 하여 정이의 의견에 동조하였다.

122 정치가……숨긴다 : 《논어》 〈태백(泰伯)〉 13장에 있는 말로, 내용은 다음과 같다. "위태로운 나라에는 들어가지 않고 어지러운 나라에는 살지 않는다. 천하가 잘 다스려지면 자신을 드러내고 잘 다스려지지 않으면 숨는다.〔危邦不入, 亂邦不居. 天下有道則見, 無道則隱.〕"

설명했다고 할 만하다. 다만 '정치가 깨끗하면 지혜로웠다.'라는 '지'의 의미는 추론할 수 없다. 앞에서 말한 대로 만약 글의 흐름과 말뜻이 부드럽고 분명한 점만을 취한다면 지(知)를 '명성을 떨쳐 자신을 드러낸다.〔發舒自見〕'라는 뜻으로 여기고, 우(愚)를 '자신의 재능을 감추고 아무것도 하지 않는다.〔韜晦無爲〕'라는 뜻으로 여기는 것이 맞을 듯하다. 그런데 일의 자취를 참고하면 또 서로 맞지 않는 곳이 있으니 어떻게 보아야 옳은지 모르겠다.

소주에 있는 주자의 말은 비간과 영무자가 똑같이 가지고 있는 특징으로 말한 것이다.[123] 이렇다면 정자의 말은 틀린 것인가?

"영무자가 무슨 일을 했는지 볼만한 것이 없다."라는 말은 영무자의 지(知)의 부분을 말한 것인가, 영무자를 따라갈 만한〔可及〕 부분을 말한 것인가? 영무자의 지를 따라갈 만하다고 말한 듯한데, 이렇다면 기지가급(其知可及)이라 한 말은 매우 의미가 없어진다. 기지가급은 영무자의 지혜가 좁다는 것을 말하는 것이 아닌 듯하다.

〈옹야(雍也)〉 제1장

경(敬)과 간(簡)은 나누어서 설명한 것이 한 가지 뜻이고 연결하여

123 소주에……것이다 : 《논어》〈공야장〉 20장 소주에 있는 주희의 말로, 내용은 다음과 같다. "영무자는 9대를 이어 온 공족이므로 나라와 좋은 일과 슬픈 일을 함께해야 하니, 아무 관련 없는 일반 사람과는 입장이 다르다.〔武子九世公族, 與國同休戚, 却與尋常無干涉底人不同.〕"

설명한 것이 한 가지 뜻이다. 경을 하고 나서 또 간해야 하는 것이 나누어서 설명한 것이고, 경하면 자연스럽게 간하게 되는 것이 연결 지어 설명한 것이다. 사리로 말하자면 나누어서 설명한 것이 치밀하고 자세하며, 공부로 말하자면 연결 지어 설명한 것이 근거가 있다. 정자는 연결 지어 설명하는 것을 위주로 하였고[124] 주자는 나누어서 설명하는 것을 위주로 하였다. 그러나 주자의 설명은 연결 지어 설명한 뜻을 포함하고 있다.[125]

대체적으로 〈옹야〉 1장은 간을 위주로 말하였다. 공자가 중궁(仲弓)이 군주의 자질이 있다고 인정한 것은 본래 중궁이 마음이 너그럽고 넓으며 위엄이 있고 중후하기 때문이었다. 중궁이 자상백자(子桑伯子)는 어떠한지 질문한 것은 또한 자상백자가 간하기 때문인데 공자가 자상백자의 간도 괜찮다고 하였으므로 중궁이 이어서 "간은 또한 두 가지가 있으니, 자신은 경(敬)에 있으면서 남에게 간한 것은 참으로 좋지만, 자신이 간에 있으면서 남에게 간을 행하면 안 되지 않겠습니까." 라고 말한 것이다. 이렇다면 간은 〈옹야〉 1장의 요지이다. 만약 연결 지어서 설명하기만 하면 도리어 경을 완성한 효험뿐이니, 나누어 설명

124 정자는……하였고 : 《논어》 〈옹야(雍也)〉 1장 장하주에서 정이는 "거경하면 마음속에 외물이 없으므로 행동이 자연스레 간략하게 된다.〔居敬則心中無物, 故所行自簡.〕"라고 하여 경(敬)을 하면 다른 행동이 자연스레 간(簡)하게 된다고 보았다.

125 주자의……있다 : 《논어》 〈옹야〉 1장 소주에 있는 말이다. 주희의 말을 요약하면 다음과 같다. 정이는 그저 경 속에 간이 있다는 뜻을 말하고, 자기 몸가짐은 경하면서 행동은 간하지 않은 경우는 오히려 말하지 않았다. 공자가 거경(居敬), 행간(行簡)이라고 하였으니 두 가지를 반드시 두루 다 해야 한다. 그러나 정이의 설명도 원래 나쁘지는 않다. 정말로 거경할 수 있다면 이치가 밝아지고 마음이 안정되어서 자연스럽게 간하게 된다.

하면서 연결하여 설명한 뜻을 포함하여 말하는 것이 지당할 듯하다.

요직(要直)[126]은 간을 아주 잘 표현한 말이다. 마음속에 외물이 없는 것이 직(直)하게 되는 까닭이고 이치가 분명해지면 요(要)하게 된다. 주자가 "경하면 마음이 안정되고 이치가 분명해진다."[127]라고 하였으니, 본래 이것이 간을 다하는 것이다. 간이라는 글자를 체득하는 것은 서(恕)와 의(義)라는 글자에 비해 더욱 종잡기 어려우니, 모름지기 식견이 높아진 뒤에야 간은 어떤 정해진 틀 안에서 구해서는 안 된다는 것을 알 수 있다. 그러나 늘 유념하여 스스로 체득하면 생각이 또한 저절로 분명해질 것이다.

제2장

"화풀이를 하지 않고 같은 잘못을 반복하지 않았다."라는 말은 안자(顔子)의 조예를 설명한 것이니, 자신의 사욕을 극복한 효험이다. 사씨(謝氏)가 "안자가 좋아한 것은 바로 극기복례의 학문이다."[128]라고 하였으

126 요직(要直) : 《논어》 〈옹야〉 1장 장하주에 있는 말로, 내용은 다음과 같다. "정자가 말했다. '자상백자의 간이 비록 취할 만하지만, 지극히 선하지는 않으므로 부자가 괜찮다고 말씀하신 것이다. 중궁이 이어서 안으로 경을 위주로 하고 간하면 요직하게 된다고 말하였다.'〔程子曰: 子桑伯子之簡, 雖可取, 而未盡善, 故夫子云可也. 仲弓因言內主於敬而簡則爲要直.〕"

127 경하면……분명해진다 : 《주자어류》 권120 〈주자(朱子)〉에 있는 말로, 내용은 다음과 같다. "정 선생께서는 사람들을 가르칠 때 경을 바탕으로 하였으니, 그런 뒤에 마음이 안정되고 이치가 분명해지기 때문이다.〔程先生教人, 以敬爲本, 然後心定理明.〕"

128 안자가……학문이다 : 《논맹정의(論孟正義)》 〈논어정의(論語正義)〉 권3에 있는 말이다.

니, 이 말이 간략하면서 의미가 있다.

"화풀이를 하지 않고 같은 잘못을 반복하지 않았다."라는 말은 그 끝을 요약하여 한 말이고, "화를 내는 이유는 상대의 행위 때문이고 원인이 자기에게 있지 않았다.〔怒在物 不在己〕"[129]라는 말과 "조금이라도 잘못하면 곧 알 수 있었다.〔才差失 便能知〕"[130]라는 말은 그 근본을 탐구하여 한 말이다.

정자의 호학론(好學論)[131]에서 먼저 성(性)을 말하고 다음으로 정(情)을 말하고 다음으로 정이 요동쳐서 그 성을 깎아 버린다고 말하고 다음으로 그 정을 단속하여 그 성을 기른다고 말하였으니, 이른바 "오직 성과 정을 기르는 데 힘썼다.〔惟務養性情〕"[132]라는 말이 이런 경우이다. 여기서는 성과 정의 경계만 가지고 말하였고 성명(性命)과 혈기(血氣)가 유래한 것에 대해서는 분별하지 않았으니, 배우는 사람들이 참고하여 검증하는 것이 좋다.

129 화를……않았다 : 《논어》 〈옹야〉 2장 장하주에 보인다.

130 조금이라도……있었다 : 《논어》 〈옹야〉 2장 장하주에 보인다.

131 호학론(好學論) : 정이의 〈안자가 좋아한 것이 무슨 학문이었는가에 대한 논문〔顔子所好何學論〕〉을 가리키는데, 정이가 19세에 태학(太學)에서 공부할 때 호원(胡瑗)이 '안자가 좋아하였던 것은 무슨 학문인가?'라고 출제한 시험 문제에 대해 쓴 답안이다. 《二程子抄釋 卷9》

132 오직……힘썼다 : 《이정유서(二程遺書)》 권18 〈유원승수편(劉元承手編)〉에 보인다.

제3장

염자청속일장(冉子請粟一章)은 바로 어디에나 딱 들어맞는 곳이다. 소주(小註)에서 주자가 "바로 여기가 일이관지한 곳이다."[133]라고 하였으니, 어디에나 딱 들어맞는 것이 바로 일이관지하는 뜻인 듯하다. 이 3장에서 장자(張子)가 "성인의 재물 씀씀이를 볼만하다.〔可見聖人之用財〕"[134]라고 한 말이 간략하면서 의미가 다 들어 있다. 비록 그 밖에 미루어서 밝힌 뜻이 있지만, 이 말이 바로 본뜻이다.

제5장

'일월지언(日月至焉)'에 대하여

만약 날에 한 번 인의 경지에 이르거나 달에 한 번 인의 경지에 이른다고 한다면, 문리가 순할 듯하다. 다만 한 달이나 두 달이나 석 달에 한 번 이르더라도 모두 달에 이른다고 말할 수 있다. 이렇다면 '삼월불위(三月不違)'라는 말과 혼동하게 되니, 지금 설명을 따라야 한다.

'내외빈주(內外賓主)'[135]에 대하여

133 바로……곳이다 : 《논어》〈옹야〉 3장 소주에 있는 주희의 설명에 있는 말로, 내용은 다음과 같다. "염자가 16섬의 곡식을 공서적(公西赤)의 어머니에게 주었을 때 성인은 또한 염자를 심하게 책망하지 않았고, 원사가 녹봉을 사양하자 또 '네 이웃의 여러 사람에게 주려무나.'라고 하였다. 성인이 주신 곳을 살펴보면 더 관대하게 주셨으니, 이 두 가지 일에서 성인의 재물 씀씀이를 볼 수 있다. 비록 이는 작은 곳이지만 합당하지 않음이 없으니, 바로 여기가 일이관지한 곳이다.〔冉子與之粟五秉, 聖人亦不大段責他, 而原思辭祿, 又謂與爾隣里鄕黨者. 看來聖人與處却寬, 於斯二者, 可見聖人之用財. 雖是小處也, 莫不恰好, 便是一以貫之處.〕"

134 성인의……만하다 : 《논어》〈옹야〉 3장 장하주에 보인다.

삼월불위(三月不違)는 마음이 인(仁)의 안에 있으니 항상 거주하여 주인〔主〕의 입장이고, 일월지언은 마음이 인의 밖에 있으니 비록 이른다고 해도 손님의 입장이라고 말해야 한다. 《사서혹문》에서는 인이 안에 있고 밖에 있는 경우로 풀이하였는데,[136] 인이 어찌 밖에 있는 것이란 말인가. 면재 황씨(勉齋黃氏)와 북계 진씨(北溪陳氏)가 "밖에 있으면 손님이 된다."[137]라고 한 말은 괜찮다. 다만 손님〔賓〕이라는 글자 뜻에 대한 설명이 분명하지 않다. 손님은 '비록 밖에서 안으로 오더라도 손님'이라는 뜻이니, 만약 밖에 있으면 손님이라고만 말한다면 기껏해야 외물을 따라 밖으로 달려가는 뜻이 된다.

제6장

135 내외빈주(內外賓主) : 《논어》 〈옹야〉 5장 장하주에서 장재(張載)가 "학문을 시작하는 요점은 '삼월불위'와 '일월지언' 중에서 무엇이 안이고 밖인지와 무엇이 손님이고 주인인지의 차이를 알아야 하는 것이다.〔始學之要, 當知三月不違與日月至焉內外賓主之辨.〕"라고 한 말 중에 '내외빈주'를 가리킨다.

136 인이……풀이하였는데 : 《논어혹문》 권6 〈옹야〉에 있는 말로, 내용은 다음과 같다. "장자가 '내외빈주'라고 말한 것은 대개 '불위는 인이 안에 있어서 내가 주인의 입장이 되고 일월지는 인이 밖에 있어서 내가 손님의 입장이 된다.'라는 뜻이라고 말한 것이다. 〔張子內外賓主之云, 蓋曰: 不違者, 仁在內而我爲主也, 日月至者, 仁在外而我爲客也.〕"

137 밖에……된다 : 《논어》 〈옹야〉 3장 소주에서 면재 황씨는 "일월지언은 마음이 손님이 되어서 인의 밖에 있는 것이니, 몸이 손님이 되어서 집 밖에 있는 것과 같다.〔日月至焉, 則心爲賓, 在仁之外, 如身爲賓, 在宅之外也.〕"라고 하였고, 북계 진씨는 "장자가 내외 빈주를 구별한 것은 공자의 지라는 한 마디에서 비롯하였다. 내외 빈주의 구별을 알면, 항상 천리 안에 있어 주인이 되고 밖으로 인욕을 좇아가 손님이 되지 않는다. 〔張子內外賓主之辨, 蓋起於夫子至之一辭. 知內外賓主之辨, 常在天理內而爲主, 不逐人欲於外而爲賓.〕"라고 하였다.

정자가 "사람은 각자 장점을 가지고 있다.〔人各有所長〕"[138]라고 한 말은 모든 사람이 세 사람과 장점이 같다는 것을 말한 것이 아니고, "장점을 취하면 쓸 만하다.〔取長可用〕"[139]라고 한 말도 모든 사람이 세 사람처럼 정치에 종사할 만하다고 말한 것이 아니다. 이 말은 본문의 뜻 외에 하나의 뜻을 부연 설명한 것이니, 각기 장점을 따르면 장점이 크건 작건 버릴 사람은 없다는 말이다. 비록 하인 같은 천한 자들이라도 마찬가지이다.

사리에 통달하면 참으로 정치에 종사할 만하지만, 결단력이 있고 재능이 많은 것도 정치에 종사할 만한가. 중유(仲由)와 염구(冉求) 또한 사리에 전혀 통달하지 못한 사람들은 아니고 그들의 장점이 이러하니, 어찌 정치에 종사하는 것이 불가능하겠는가. 그런데 사리에 통달한 것이 아무래도 결단력이 있고 재능이 많은 것보다 낫기 때문에 쌍봉 요씨(雙峯饒氏)가 세 사람의 장단점을 논하면서 자공(子貢)이 제일 낫다고 한 것이다.[140]

138 사람은……있다 : 《논어》 〈옹야〉 6장 장하주에 보인다.

139 장점을……만하다 : 《논어》 〈옹야〉 6장 장하주에 보인다.

140 쌍봉 요씨(雙峯饒氏)가……것이다 : 쌍봉 요씨는 《논어》 〈옹야〉 소주에서 염구, 자로, 자공에 대해서 평가를 하였는데, 먼저 염구에 대해서는 계씨가 태산에 여(旅) 제사를 지낼 때 바로잡지 못한 일과 전유(顓臾)를 치려 할 때 막지 못한 일을 들어서 결단력이 없다고 하였고, 자로에 대해서는 자로가 공자의 정명(正名)은 현실성이 없다고 하였던 일을 들어서 사리에 통달하지 못했다고 하였다. 자공에 대해서는 자공이 사리에 통달하였기에 절대로 계씨를 위해서 세금을 마구 긁어모으고 위(衛)나라 공자 첩(輒)을 위해서 순절하는 일을 하지 않을 것이라고 긍정적으로 평가하였다.

제7장

증자(曾子)와 민자건(閔子騫)이 벼슬하지 않은 일은 영원히 전해질 모범이다. 벼슬하는 데 있어서 적당한 시기를 헤아리지 않거나 자기 능력을 헤아리지 않는 자는 모두 벼슬해서는 안 되는데 벼슬하는 경우이니, 그렇게 하면서 공자 문하 제자의 사례를 가지고 자신의 핑곗거리로 삼아서는 안 된다.

제8장과 제9장

염백우(冉伯牛)의 병과 안자(顔子)의 가난에서 염백우의 병은 그가 자초한 일이 아니었기에 그저 천명을 편안하게 받아들일 수 있었고, 안자는 가난이 비록 이 지경까지 이르렀지만 또한 그 즐거움을 바꾸지 않았던 것이 당연했다.

제10장과 제11장

좋아하는데 스스로 한계를 그어 버리면 좋아한다 해도 진정으로 좋아하는 것이 아니고, 학자인데 사리를 추구하면 학자라고 해도 진정한 학자가 아니다.

제12장

길을 가는데 지름길로 가지 않는 사람이 지금 세상에 있는가? 읍재(邑宰)를 만나러 오지 않는 것으로 말하자면 세상에 정말로 그렇게 하는 사람이 있기는 하다. 그러나 만나러 오지 않는 것이 좋아할 만한 것이 된다는 것을 능히 아는 사람에 대해서는 또한 들어 본 적이 없다. 그렇다면 선비로서 자신의 지조를 지킬 수 있는 것은 그래도 할 수 있지만,

읍재로서 자신의 지조를 지키는 사람을 능히 좋아하는 것은 더욱 어렵다. 읍재뿐만 아니라 무릇 윗자리에 있는 사람들이 모두 깨우치고 반성해야 할 곳이다.

제13장

사씨(謝氏)가 긍(矜)이라는 글자 하나를 제거할 수 있었는데,[141] 그가 이 장에서 한 말이 매우 통렬하고 적절해서 맛이 있다.[142] 이 병통을 제거할 수 있으면 명예와 이익을 추구하는 마음이 다 사라질 것이다.

제14장

망해 가는 시대에는 아첨하기 좋아하고 겉치레를 좋아하기 때문에 세상을 살아가는 무리들이 교언영색(巧言令色)하지 않는 경우가 드물다. 세교(世敎)가 시들면 백성들이 흥기하여 실천하지 않는다는 것이 정말 그렇구나.

141 사씨(謝氏)가……있었는데 : 이천(伊川) 정이(程頤)가 사자(謝子)에게 무슨 공부를 하였는지 묻자, 사자가 "단지 긍이라는 글자를 버렸습니다."라고 대답한 일을 가리킨다. 《近思錄 卷5 克己》 사자는 사양좌(謝良佐)를 가리킨다.

142 그가……있다 : 《논어》 〈옹야〉 13장 장하주에서 사씨가 "사람이 남의 위에 서려고 하지 않는 마음을 잡을 수 있다면 인욕은 날이 갈수록 사라지고 천리는 날이 갈수록 분명해져서 자기를 자랑하고 남에게 과시할 수 있는 것들은 모두 말할 것조차 없어지게 될 것이다. 그러나 배움을 모르는 사람들은 남의 위에 서려고 하는 마음이 잊히는 때가 없다. 맹지반 같은 사람이 본보기가 될 만하다.〔人能操無欲上人之心, 則人欲日消, 天理日明, 而凡可以矜己誇人者, 皆無足道矣. 然不知學者, 欲上人之心無時而忘也. 若孟之反, 可以爲法矣.〕"라고 하였다.

제15장

밖을 나갈 때는 문을 통해서 나갈 수밖에 없으니, 그렇다면 행동에 있어서 도(道)를 경유할 수밖에 없다고 말할 만하다. 그런데 이렇게 말하면 안 되는 이유는 밖을 나갈 때는 참으로 문을 통해 나가지 않는 경우는 없지만, 행동에 있어서는 의리(義理)를 어기고 벗어나서 도를 통하지 않는 경우가 많아서이다. 기발이승(氣發理乘)의 논리가 이 내용에서는 변별이 되지 않을 듯하다.

제16장

집주의 "남는 것을 덜고 부족한 것을 보충한다."라는 말은 원래 문(文)과 질(質)을 함께 말한 것인데, 신안 진씨(新安陳氏)는 "문은 덜거나 더할 수 있지만, 질은 덜거나 더하는 것이 없다."[143]라고 하였다. 그렇다면 배우는 사람들의 공부는 오직 문에 초점을 맞춰서 덜거나 더하고 마는 것인가. 덜거나 더하는 것은 반드시 문과 질을 함께 말해야만 한다. 게다가 진씨는 "넘치는 겉치레를 줄이고 부족한 촌스러움을 보완한다."라고 한 만큼, 문은 또 덜어 내는 것은 되지만 더해서는 안 되니,

143 문은……없다 : 《논어》〈옹야〉 16장 소주에 있는 진씨의 말로, 내용은 다음과 같다. "먼저 질을 지닌 뒤에 문이 있으니, 문은 그 질을 꾸미는 도구와 같다. 문이 적당해야만 질과 어울리니, 문이 따라 주지 못하면 촌스러워지고 문이 너무 지나치면 겉치레가 된다. 그러므로 문은 덜거나 더할 수 있지만, 질은 덜거나 더하는 것이 없다. 배우는 사람들이 넘치는 겉치레를 덜고 부족한 촌스러움을 보완하여 문과 질이 어울리게 한다면 문채와 바탕이 고루 갖춰진 기상을 가지게 될 것이다.〔先有質而後有文, 文所以文其質也. 文得其中, 方與質稱, 文不及則爲野, 文太過則爲史. 故文可損益而質無損益. 學者損史之有餘, 補野之不足, 使文質相稱, 則有彬彬之氣象矣.〕"

그의 주장이 또 한쪽으로 치우쳤다.

제17장

생(生)은 출생과 생존이라는 구분이 있고 망(罔)은 대략적인 의미와 세밀한 의미의 구분이 있으니, 모두 자세히 완미해야 한다. -정성스럽고 참된 사람은 대부분 오래 산다.- 망은 정직하지 않다는 뜻으로 '이치 있는 말로 속일 수 있고 터무니없는 말로 속일 수 있다.〔可欺可罔〕'의 망과 같으니, 주자가 망에 대해 대략적인 의미와 세밀한 의미를 설명한 말[144]을 살펴보면 뜻을 알 수 있다. 쌍봉 요씨가 망은 소멸시켜서 없애 버리는 것이라고 주장한 말[145]은 그렇지 않은 듯하다. 본래 대략적인 의미와 세밀한 의미가 있는데, 경문의 본뜻은 대략적인 의미를 가리킨 듯하다. 그런데 그 뜻을 정점까지 추론해 보면 세밀한 의미도 그 안에 담겨 있다.

제18장

안자가 즐거워한 것과의 차이점은 주자가 변별한 말[146]이 더할 나위

144 주자가……말 : 《논어》〈옹야〉 17장 소주에 있는 말로, 내용은 다음과 같다. "망(罔)은 대략적인 뜻으로 말하면 사슴을 말이라고 한 경우가 정직하지 않은 것이다. 세밀한 뜻으로 말하면 하나의 생각도 진실하지 않아서 악을 미워함이 악취를 싫어하는 것과 같지 않으며 선을 좋아하는 마음이 멋진 이성을 좋아하는 마음과 같지 않은 것이 정직하지 않은 것이다.〔其粗至於以鹿爲馬, 也是不直. 其細推至一念之不實, 惡惡不如惡惡臭, 好善不如好好色, 也是不直.〕"

145 쌍봉 요씨가……말 : 《논어》〈옹야〉 17장 소주에 있는 말로, 내용은 다음과 같다. "망은 없앤다는 뜻이니, 이 바른 도리를 소멸시킨다는 것을 말한다.〔罔, 無也, 謂滅盡此直道.〕"

없이 정밀하고 오묘하니, 정이천의 "도를 즐긴다고 말했다면 곧 안자가 아니다."[147]라는 말과 은연중에 부합한다.

제19장

중인 이상과 중인 이하[148]라는 말은 자질과 공부를 포함하여 말한 것이

146 주자가 변별한 말 : 《논어》 〈옹야〉 18장 소주에 있는 말로, 내용은 다음과 같다. "묻기를 '불여낙지자의 낙은 안자의 즐거움과 의미 차이가 있습니까?'라고 하자, 말하기를 '그 대강을 비교하면 또한 큰 차이는 없다. 다만 불여낙지자의 지는 대상〔物〕을 가리켜서 말한 것이다. 이는 이 도를 터득하고서 즐거워하는 것이니, 이 두 가지를 즐거워한다의 낙, 이치를 따르는 것을 즐거워한다의 낙과 같다. 안자의 즐거움은 또한 비교적 의미가 깊으니, 이는 터득한 것을 편안히 여기고 난 뒤에 만물과 하나가 되어 마음이 편안해져서 이해 가지 않는 것이 없어진 것이고, 완미하고 즐길 만한 대상이 있는 게 아니었다.'라고 하였다.〔問: 不如樂之者, 此樂字, 與顏子之樂意思差異否? 曰: 較其大概, 亦不爭多. 但此樂之者之字, 是指物而言. 是有得乎此道, 從而樂之也, 猶樂斯二者之樂, 樂循理之樂. 如顏子之樂, 又較深, 是安其所得, 後與萬物爲一, 泰然無所窒礙, 非有物可玩而樂之也.〕"

147 도를……아니다 : 《송명신언행록(宋名臣言行錄)》 〈정이이천선생정공(程頤伊川先生正公)〉 중 선우신(鮮于侁)과 이천 정이의 대화에 나오는 말로, 내용은 다음과 같다. "옛날 선우신이 안자가 허름한 집에 살면서도 자신의 즐거움을 바꾸지 않았는데 즐거워한 것이 무엇인지 모르겠다고 물었다. 그랬더니 이천 선생이 '보통 안자의 즐거움에 대해서 말하는 사람들은 뭐라 하던가?'라고 되물었다. 선우신이 말하기를 '그저 즐거워한 것이 도라고 말하였습니다.'라고 하자, 이천 선생이 말하기를 '만약 즐거워할 만한 도가 있었다면, 바로 안자가 아니다.'라고 하였다.〔昔鮮于侁曾問顏子在陋巷不改其樂, 不知所樂者何事. 伊川却問曰: 尋常道顏子所樂者何? 侁曰: 不過是說所樂者道. 伊川曰: 若有道可樂, 便不是顏子.〕"

148 중인……이하 : 《논어》 〈옹야〉 19장에서 공자가 "중인 이상에게는 높은 단계를 말해 줄 수 있으나, 중인 이하에게는 높은 단계를 말해 줄 수 없다.〔中人以上可以語上也, 中人以下不可以語上也.〕"라고 한 구절을 말한다.

다. 주자의 주석에서 "그 수준을 따른다."[149]라고만 말한 것은 본문의 뜻을 안 것이다. 남헌 장씨(南軒張氏)의 설명에서 "중인 이하의 자질"[150]이라고만 말한 것은 자질만을 말한 것이니, 한계를 그어 놓아서 포함하는 범위가 좁은 듯하다.

제21장

인(仁)과 지(智)의 이치는 정말로 마음에서 터득하면, 자연스럽게 산과 물의 이치와 융합하여 환히 빛이 나므로 기쁨과 즐거움이 무궁하게 된다. 이는 노력으로 되는 곳이 아니라 단지 자연스럽게 체득해야 한다.

지혜로운 사람은 물을 좋아하고 어진 사람은 산을 좋아하는 것과 지혜로운 사람은 동(動)하고 어진 사람은 정(靜)하며 지혜로운 사람은 즐거워하며 어진 사람은 장수한다는 말은 그저 하나씩 하나씩 말한 것이지, 요산(樂山)과 요수(樂水)를 동정낙수(動靜樂壽)의 전제로 삼아서 풀이한 것은 아니다. 구결(口訣)의 뜻은 자세히는 모르겠다.[151]

149 그 수준을 따른다 : 《논어》〈옹야〉 19장 집주에 있는 말로, 내용은 다음과 같다. "남을 가르치는 사람이 가르침을 받는 사람들의 수준에 따라 가르치면 그 말이 쉽게 전달되어서 단계를 뛰어넘는 폐단이 없을 것이다.〔敎人者當隨其高下而告語之, 則其言易入, 而無躐等之弊也.〕"

150 중인 이하의 자질 : 《논어》〈옹야〉 19장 장하주에 있는 장경부(張敬夫)의 말로, 내용은 다음과 같다. "대개 중인 이하의 자질은 갑자기 너무 높은 단계를 말해 주면 받아들이지 못할 뿐 아니라 장차 제멋대로 단계를 뛰어넘어서 자신에게 절실하지 못한 폐단이 생기니, 또한 어리석은 사람이 되고 말 뿐이다.〔蓋中人以下之質, 驟而語之太高, 非惟不能以入, 且將妄意躐等而有不切於身之弊, 亦終於下而已矣.〕"

제22장

제(齊)나라 또한 단지 도를 향해 가기로 마음먹고서 크게 노력하면 되는데, 어째서 꼭 먼저 변화하여 노(魯)나라 수준에 이른 뒤에야 도를 향해 갈 수 있는가. 그 마음은 비록 도를 향해 가는 것을 목표로 삼아야 마땅하지만, 노력함에 있어서는 먼저 자신들에게 긴급한 폐단을 바꾼 뒤에야 도에 차차 나아갈 수 있어서이다. 이는 바로 학문할 때는 반드시 먼저 기질의 치우친 쪽을 다스려야만 성현의 높고 원대한 경지에 점점 나아갈 수 있는 것과 같다.

제23장

고(觚)라는 술잔이 이미 모나지 않았는데, 구결에서는 범씨와 정자의 말을 따라 즉(則) 자의 의미로 풀이하였다.[152] 비록 이렇게 풀이하였어도 '고라는 술잔이 이미 그 역할을 하지 못하면 고가 되지 못한다.'라는 뜻으로 봐야 한다.

제24장

151 구결(口訣)의……모르겠다 : 《논어》 〈옹야〉 21장은 구결이 '子曰知者는 樂水하고 仁者는 樂山이니 知者는 動하고 仁者는 靜하며 知者는 樂하고 仁者는 壽니라'로 되어 있다. 구결에서는 요산(樂山)과 요수(樂水)를 동정낙수(動靜樂壽)의 전제 조건으로 보았지만, 창계는 이 글이 동등하게 나열되어야 할 문구라고 본 것이다.

152 구결에서는……풀이하였다 : 《논어》 〈옹야〉 23장에서 "觚不觚면 觚哉觚哉아"로 구결을 달았는데, 창계는 '觚不觚면'이라는 구결이 정이의 "고(觚)이면서 그 형태를 잃어버리면 고가 아니다.〔觚而失其形制則非觚也〕"라는 말과 범씨의 "사람이면서 어질지 않으면 사람이 아니다.〔人而不仁則非人〕"라는 말을 따른 것이라고 보았다.

우물에 사람이 있다는 것은 정말로 사람이 있다는 것이 아니라, 어떤 사람이 거짓말하는 상황을 가정한 것이다. 집주의 신재정상(身在井上) 이하의 내용[153]은 또 정말 우물에 빠진 사람이 있는 것 같아서 옛날에 매번 의심했는데, 지금 생각해 보니 또한 어떤 사람이 거짓말하는 상황을 가지고 말한 것일 뿐이었다. 거짓말하는 사람이 다른 사람으로 하여금 단지 우물로 가서 구하게는 할 수 있어도 우물에 들어가게 하지 못하는 것은 그 이치가 이와 같기 때문이다. 만약 우물에 사람이 없는 것을 보았다면, 우물에 빠지게 할 수 있고 빠지게 할 수 없는 것과 터무니없는 말로 속일 수 있고 속일 수 없는 것은 더 이상 말할 필요도 없다. 또 반드시 우물에 사람이 없는 것을 보고 난 뒤에야 우물에 따라 들어가지 않는다고 한다면 설령 사람이 우물에 있다 하더라도 따라 들어가겠는가. 집주는 의심할 것이 없다.

제25장

박문약례(博文約禮)[154]에 배우는 사람들의 일이 갖추어져 있다. 그런데 단지 "또한 도(道)에서 어긋나지 않을 수 있다."라고 말한 이유는 대개

153 신재정상(身在井上) 이하의 내용 : 《논어》 〈옹야〉 24장 집주의 "내가 우물가에 있으면 우물에 빠진 사람을 구할 수 있다. 그러나 우물에 따라 들어가면 더 이상 구할 수 없다.〔蓋身在井上, 乃可以救井中之人. 若從之於井, 則不復能救之矣.〕"라고 말한 곳을 가리킨다.

154 박문약례(博文約禮) : 《논어》 〈옹야〉 25장에서 공자가 "군자가 글을 널리 배우고 예로써 요약한다면 또한 도에 어긋나지 않을 것이다.〔君子博學於文, 約之以禮, 亦可以弗畔矣夫.〕"라고 한 데서 온 말로, 글을 통하여 지식을 넓히고 예를 통해서 행동을 검속하는 것을 말한다.

군자는 반드시 학덕을 지닌 사람에게 가서 질정하는 것을 중요시하는데, 비록 이렇게 못한다고 해도 학문을 널리 배우고서 예로써 간추린다면 또한 도에서 어긋나지 않을 수 있어서이니, 역(亦) 자는 대충 보아서는 안 된다. 굳이 군자(君子)라고 말한 이유는 또한 먼저 바탕이 있고 나서야 가능해서인가.

제27장

민선(民鮮)에서 구두가 끊어지면 말이 너무 간략해져서 의미가 불완전하다. 혹은 선구(鮮久)에서 구두를 끊기도 하는데, 그것이 불가한지는 모르겠다. 《중용》에 있는 능(能) 자[155]도 마찬가지다.

제28장

입(立)과 달(達)은 내면과 외면, 대략적인 면과 세밀한 면을 아울러서 설명한 것이다.[156] 예를 들어 내가 안온하게 지내길 바라면 남이 안온하게 지내도록 해 주고 내가 모든 일이 잘되고 건강해지길 바라면 남이 모든 일이 잘되고 건강하도록 해 주는 것이 외면이고 대략적인 면이다. 내 마음이 똑바로 세워지길 바라면 남의 마음이 똑바로 서게 해 주고 내 마음이 사리에 통달하길 바라면 남의 마음이 사리에 통달하도록

155 능(能) 자 : 《논어》 〈옹야〉에는 "백성들이 이 덕을 지닌 것이 드문 지 오래되었다.〔民鮮久矣〕"라고 되어 있는데, 《중용장구》 제3장에는 '능(能)'을 덧붙여서 "백성 중에 이 덕에 능한 이가 드문 지 오래되었다.〔民鮮能久矣〕"라고 하였다.

156 입(立)과……것이다 : 《논어》 〈옹야〉 28장 소주 및 《주자어류》 권33 〈논어〉에 관련 내용이 보이는데, 소주에서는 입과 달을 내면과 외면을 아울러서 말한 것으로 보았고, 《주자어류》에서는 대략적인 면과 세부적인 면을 아울러서 말한 것으로 보았다.

해 주는 것이 내면이고 세부적인 면이다. 능근취비(能近取譬)는 정자는 윗글을 연결하여 말하였고[157] 여씨(呂氏) 또한 "나에게서 취한다."라고 평범하게 일컫고 "가까워서 인으로 들어갈 수 있다."[158]라는 것을 그렇게 한 효과로 여겨서 모두 인(仁)과 서(恕)를 분별하여 말하지 않았는데, 집주에서 비로소 나누어서 말하였으니[159] 정밀하다 할 만하다.

그런데 인(仁)과 서(恕)는 단지 자연스러움과 부자연스러움, 힘을 들이는 것과 힘을 들이지 않는 차이일 뿐 사실은 한 가지 일이다. 그러므로 비록 나누어서 말하였지만 실제로는 아닌 게 아니라 과연 윗글을 이어서 말한 것이다.

157 능근취비(能近取譬)는……말하였고 : 《논어》〈옹야〉 28장 장하주에서 정호는 "널리 베풀어 민중을 구제하는 것은 바로 성인의 공용이다. 인은 말로 표현하기가 지극히 어려우므로 그저 '자기가 서고자 하면 남을 서게 하고 자기가 통달하려 하면 남을 통달하게 해 주며, 가까운 데서 취하여 비유할 수 있으면 인을 행하는 방법이라 할 수 있다.'라고 말하였다.〔博施濟衆乃聖人之功用. 仁至難言, 故止曰己欲立而立人, 己欲達而達人, 能近取譬, 可謂仁之方也已.〕"라고 하였다.

158 가까워서……있다 : 《논어》〈옹야〉 28장 장하주에서 여씨(呂氏)가 "자공이 인에 뜻을 두었으나 그저 높고 원대한 것만 일삼고 인을 실천하는 방법에 대해서는 알지 못했다. 그래서 공자가 자기에게서 취하는 것을 가르쳐 주신 것이니, 가까워서 인에 들어갈 수 있기를 바란 것이다. 이것이 바로 인을 실천하는 방법이니 널리 베풀어 민중을 구제하는 것도 이를 통해서 나아가는 것이다.〔子貢有志於仁, 徒事高遠, 未知其方. 孔子教以於己取之, 庶近而可入. 是乃爲仁之方, 雖博施濟衆, 亦由此進.〕"라고 하였다.

159 집주에서……말하였으니 : 《논어》〈옹야〉 28장 집주에 있는 말로, 내용은 다음과 같다. "가깝게는 자기 자신에게서 취하여 자기가 원하는 것을 타인에 비유해서 타인의 원하는 것도 나와 같다는 것을 안 뒤에 자기가 원하는 것을 미루어 타인에게 파급시켜 주면, 서의 일이고 인을 하는 방법이다.〔近取諸身, 以己所欲, 譬之他人, 知其所欲, 亦猶是也. 然後推其所欲, 以及於人, 則恕之事而仁之術也.〕"

"이를 미루어서 자기 수양을 하여 백성을 편안하게 해 주길 추구한다."[160]라는 말은 하나의 문구가 되어야 하니, '이를 미루어서 자기 수양을 하여 백성을 편안하게 해 주는 데 최선을 다할 방도를 추구한다.'라는 말이다. 《논어》에서 "요 임금과 순 임금도 그런 점을 어렵게 여기셨다."라고 한 내용은 이 28장 및 수기이안장(修己以安章)[161]에 있다.

〈술이(述而)〉 제1장

신이호고(信而好古)는 여러 해석이 소략하다. 소주에 있는 주자의 설명에서는 "이미 옛것을 믿고 또 옛것을 좋아한다."라고 하고, 다시 상세한 설명을 하였으니,[162] 진실로 주자의 말로써 이해해야 한다. 다만 신이호고를 '이미 옛것을 믿고 또 옛것을 좋아한다.'라고 하는 것은 글의 흐름으로 볼 때 그렇지 않은 듯하고 그 아래에서 설명한 것도

160 이를……추구한다 : 《논어》 〈옹야〉 28장 장하주에서 정이가 "이를 통해서 자신을 수양하여 백성을 편안하게 해 주길 추구하는 것이 어려운 것임을 알 수 있다. 만약 내 다스림이 이미 충분하다고 여긴다면 바로 성인이 아닌 것이다.〔推此以求修己以安百姓, 則爲病可知. 苟以吾治已足, 則便不是聖人.〕"라고 하였다.

161 수기이안장(修己以安章) : 《논어》 〈헌문(憲問)〉 45장으로, 자로가 공자에게 군자에 대해서 묻자 공자가 "자신을 수양하여 백성을 편안하게 하는 것이니, 자신을 수양하여 백성을 편안하게 하는 것은 요순께서도 어렵게 여기셨느니라.〔修己以安百姓, 修己以安百姓, 堯舜其猶病諸.〕"라고 대답한 내용이 있다.

162 소주에……하였으니 : 《논어》 〈술이(述而)〉 1장 소주에서 주희는 "지금 사람들은 대부분 믿기는 하는데 좋아하지는 않거나, 좋아는 하는데 믿지는 않는다. 예를 들어 좋아하는 사람은 그가 또 이렇게 말했다고 말하고, 믿는 사람은 비록 이치가 이렇다는 것을 알지만 결국 독실하게 좋아하는 뜻은 부족하다.〔今人多信而不好, 或好而不信. 如好之者, 他也且恁地說, 信之者, 雖知有箇理恁地, 畢竟是有欠箇篤好底意思.〕"라고 하였다.

그다지 이해가 가지 않는다.

신안 진씨(新安陳氏)는 신(信)을 '도를 믿는 것'[163]이라고 하였는데, 글의 흐름이 약간 부드럽다. 다만 또 '도를 믿는 것'과 '옛것을 좋아하는 것'을 하나의 뜻으로 설명하였으니, 도리어 주자가 "이미 옛것을 믿고 또 옛것을 좋아한다."라고 나누어서 말한 뜻이 아니다.

지금 이 말을 음미해 보면 신은 단지 독실하게 믿는다는 뜻이고, 믿는 대상을 논해 보면 바로 도이니, 이미 스스로 도를 믿고 또 옛것을 좋아한다는 뜻인 듯하다. 스스로 믿는 사람은 옛것을 살피는 일에 그다지 뜻을 두지 않기도 하는데, 이 1장은 이미 스스로 도를 믿고 또 옛것을 좋아하는 경우이다.

제2장

이 장(章)의 세 마디 말[164] 중에서 묵(默)과 지(識)라는 글자를 특히 완미하고서 마음에 새겨야 한다. 앞의 설명은 '말하지 않고 마음에 담아 둔다.'라는 뜻이고 뒤의 설명은 '말하지 않고 마음으로 이해한다.'라는 뜻이다.[165] '마음에 담아 둔다.'라고 하면 '마음으로 이해한다.'라는

163 도를 믿는 것 : 《논어》 〈술이〉 1장 소주에 있는 말로, 내용은 다음과 같다. "보통 사람이 옛것을 좋아할 줄 모르고 배움을 좋아하지 못하는 이유는 모두 도에 대한 믿음이 독실하지 않기 때문이다.〔常人之所以不知好古不能好學, 皆信道不篤故爾.〕"

164 세 마디 말 : 《논어》 〈술이〉 2장의 '말없이 기억한다.〔默而識之〕', '배우되 싫증 내지 않는다.〔學而不厭〕', '남을 가르침에 게을리하지 않는다.〔誨人不倦〕'를 말한다.

165 앞의……뜻이다 : 《논어》 〈술이〉 2장 집주에서 "지는 기억한다는 뜻이니, 묵지는 말하지 않고 마음에 담아 둔다는 뜻이다. 일설에 식은 안다는 뜻이니, 말하지 않고 마음으로 이해한다는 뜻이다.〔識, 記也, 默識, 謂不言而存諸心也. 一說, 識, 知也, 不言

뜻이 그 안에 들어 있다. '마음으로 이해한다.'라고 하면 '마음에 담아 둔다.'라는 뜻은 말하지 않은 것이다. 기(記)는 알고서 기억하는 것이나, 식(識)은 기억하고 있는지 못하는지를 알 수는 없다. 이를 통해 말한다면 뒤의 설명은 뜻이 모호할 뿐 아니라 참으로 또한 맛이 부족하다.

남헌 장씨(南軒張氏)의 설명에서-대체로 뒤의 설명을 위주로 하였다.- 묵(默)을 "말과 생각으로 미칠 수 있는 것이 아니다."[166]라고 하였는데, 묵은 참으로 말하는 것이 아니지만, 생각을 아울러서 말한 것은 너무 심하지 않은가. 이른바 "자신이 보지도 듣지도 못하는 가운데에서도 엄연하게 보이는 것이다."라는 말은 진실로 이러한 이치가 있다. 묵식(默識)이라고 말한 것은 과연 이런 뜻을 가리킨 것인지 모르겠다.

제3장

윤씨(尹氏)가 설명한 네 마디 말[167]은 경계하는 듯하기도 하고 찬양하는 듯하기도 해서 말이 조리가 없는 것 같지만 큰 뜻은 본디 좋으니

而心解也.〕"라고 하였는데, 묵지(默識)는 앞의 설명에 해당하고 묵식(默識)은 뒤의 설명에 해당한다.

166 말과……아니다 : 《논어》〈술이〉 제2장 소주에 있는 말로, 내용은 다음과 같다. "묵식은 말과 생각으로 미칠 수 있는 것이 아니다. 대개 자신이 보지도 듣지도 못하는 데에서도 엄연하게 보이는 것이다.〔默識, 非言意所可及. 蓋森然於不睹不聞之中者也.〕"

167 윤씨(尹氏)가……말 : 《논어》〈술이〉 3장 집주에서 윤씨가 "덕은 반드시 수양한 뒤에 이루어지고, 학문은 반드시 강론한 뒤에 밝아지며, 선을 보면 능히 바뀌고, 잘못을 고침에 거리낌이 없는 것, 이 네 가지는 일신의 요점이다.〔德必修而後成, 學必講而後明, 見善能徙, 改過不吝, 此四者日新之要也.〕"라고 하였다.

문제가 될 거리는 아니다. 그런데 "정말로 이 네 가지를 실천할 수 없으면"[168]이라고 말한 곳은 말의 흐름이 끊어져서 도리어 성인도 잘하지 못한 때가 있는 것처럼 느껴지게 했으니, '성인도 오히려 잘하지 못할까 걱정하셨다.'라고 말하는 것이 차라리 나을 듯하다.

덕을 수양하는 것은 행(行)에 속하고 배운 것을 익히는 것은 지(知)에 속한다. 의를 실천하는 것과 불선(不善)을 고치는 것은 또 덕을 수양하는 일 중에서 가장 긴요한 일로 말한 것일 뿐이다. 이렇게만 이해하고서 공부에 두루 착수하는 것이 옳다. 신안 진씨의 설명[169]은 도리어 너무 세밀하여 참된 맛이 적다.

제4장

정자의 설명에서 성인이 지니신 중화(中和)의 기운을 빠짐없이 밝혀서 말하였으니,[170] 이는 본문의 본뜻을 풀이한 것이다. 소주에 있는 주자

168 정말로……없으면 : 《논어》 〈술이〉 3장 집주의 "정말로 이 네 가지를 실천할 수 없으면 성인도 걱정하셨는데, 하물며 배우는 사람은 말해 뭐하겠는가.〔苟未能之, 聖人猶憂, 況學者乎!〕"라는 구절을 가리킨다.

169 신안 진씨의 설명 : 《논어》 〈술이〉 3장 소주에서 진씨는 수덕(修德)을 제일 기본으로, 강학(講學)을 실제 공부로 보고, 사의(徙義)와 개불선(改不善)을 수덕의 조목과 강학의 효험으로 세분화하였다.

170 정자의……말하였으니 : 《논어》 〈술이〉 4장 장하주에 있는 정이의 말로, 내용은 다음과 같다. "이는 제자들이 성인을 잘 형용한 곳인데, 신신이라는 글자로는 설명이 미진하기 때문에 다시 요요라는 글자를 붙였다. 요즘 사람들은 한가롭게 지낼 때 게으르거나 방종하지 않으면 반드시 너무 엄격하다. 엄격하게 지낼 때 이 네 글자를 놓을 수 없고, 게으르거나 방종하게 지낼 때도 이 네 글자를 놓을 수 없다. 성인만이 자연스레

의 설명은 오직 수렴(收斂)과 정숙(整肅)을 위주로 하였으니,[171] 이는 배우는 사람들이 공부에 힘써야 할 곳을 가지고 말한 것이다. 그러므로 정자의 설명과 같지 않은 것뿐이다.

〈자한(子罕)〉 제2장

당인(黨人)의 말은 성인을 타이르고 지적하는 듯한 점이 있다. 그런데 성인은 평범한 말도 반드시 살피고 다른 사람의 장점을 취하여 자신의 장점으로 만드는 것을 즐거워하기 때문에 당인의 말을 계기로 생각을 바꿀 것처럼 하셨으니, 이는 천지와 하해 같은 도량이다. 이 때문에 한 가지 기예를 전문적으로 가지고자 하되, 그중에서 또 제일 하찮은 기예를 가지고자 하였으니, 이는 겸손함이 지극한 것이다. 집주에서 "남이 자신을 추켜세우는 말을 듣고서 겸사로써 받아들였다.〔聞人譽己

중화의 기상을 가지고 있다.〔此弟子善形容聖人處也. 爲申申字說不盡, 故更著夭夭字. 今人燕居之時, 不怠惰放肆, 必太嚴厲. 嚴厲時, 著此四字不得, 怠惰放肆時, 亦著此四字不得. 惟聖人便自有中和之氣.〕"

171 소주에……하였으니 : 《논어》 〈술이〉 4장 주희의 소주에 있는 말로, 내용은 다음과 같다. "묻기를 '신신요요는 성인께서 천리의 자연스러움에서 터득하신 것입니다. 배우는 사람의 경우 마음을 단단히 묶으려고 하면 엄격한 곳으로 빠지고, 마음을 편안하고 안정되게 하려 하면 방종한 곳으로 빠집니다. 이치와 의리로 그 기운을 수양해서 수양을 오래 하면 자연스럽게 이런 경지에 이르는 것입니까?'라고 하자, 말하기를 '또한 조금 엄숙하게 해야 옳다. 그렇지 않으면 손댈 곳이 없어진다.'라고 하였다. 또 말하기를 '단지 심신을 다잡을 수 있으면 자연스레 화락하게 되니, 따로 별개의 화락함이 있는 것이 아니다. 정숙하면 자연스레 화락하게 된다.'라고 하였다.〔問: 申申夭夭, 聖人得於天之自然. 若學者有心要收束, 則入於嚴厲, 有心要舒泰, 則入於放肆. 惟理義以養其氣, 養之久則自然到此否? 曰: 亦須稍嚴肅則可. 不然則無下手處. 又曰: 但得身心收斂則自然和樂, 不是別有一箇和樂. 纔整肅則自和樂.〕"

承之以謙〕"[172]라고 하니, 대략적인 뜻은 참으로 그렇다. 그러나 그 안의 곡절에 함축된 내용에는 이와 같은 점이 있으니, 읽는 사람들이 또 세밀하게 알아야 한다. 집주 및 윤씨의 말 양쪽에 있는 '연즉(然則)'[173]이라는 글자는 문장의 연결이 엉성한 듯한데, 자세히는 모르겠다.

제6장

태재(太宰)가 이미 '재능이 많은 것'을 성(聖)의 경지라고 여겼는데, 부자(夫子)께서는 어찌하여 "태재가 나를 아는구나."라고 말하셨는가? 부자는 진실로 재능이 많으시고, 태재는 부자가 재능이 많다는 것을 알았기 때문에 부자께서 "태재가 나를 아는구나."라고 말했을 뿐이다. 그러나 재능이 많은 것을 성이라고 해서는 안 됨을 태재가 몰랐으므로 단지 "태재가 나를 안다."라고 말하였고 '성을 안다.'라고 말하지는 않은 것이다. 그 아래에서 그걸 계기로 "내가 재능이 많은 것은 단지 어려서 비천했기 때문이다. 그런데 군자의 도는 원래 재능이 많을 필요가 없다."라고 말한 만큼, 재능이 많은 것을 성이라고 해서는 안 됨이 참으로 명백하다. 자공(子貢)이 "거의 성인이시고 또 재능이 많으시다.〔將聖

172 남이……받아들였다 : 《논어》 〈자한(子罕)〉 2장 집주에 보인다.

173 연즉(然則) : 《논어》 〈자한〉 2장 주희 집주에서는 "내가 무슨 일에 전문적으로 종사하여 명성을 이루기를 바라는가? 그렇다면 나는 마부의 일에 전문적으로 종사하겠다.〔欲使我何所執以成名乎? 然則吾將執御矣.〕"라고 하고, 장하주에서는 "내가 무슨 일에 전문적으로 종사하여 명성을 얻기를 바라는가? 그렇다면 나는 마부의 일에 전문적으로 종사하겠다.〔欲使我何所執而得爲名乎? 然則吾將執御矣.〕"라고 하여 '연즉' 두 글자를 추가해서 공자가 "나는 무슨 일에 전문적으로 종사할까? 마부의 일에 전문적으로 종사할까? 활쏘기에 전문적으로 종사할까? 나는 마부의 일에 종사하겠다.〔吾何執? 執御乎, 執射乎? 吾執御矣.〕"라고 말한 뜻을 풀이하였다.

又多能〕"[174]라고 한 대답은 하나의 문구로 보아야 할 듯하니, 언해는 의심스럽다.

제7장

성인은 진실로 '겸사로 하는 말씀〔謙言〕'을 하실 때가 있다. 그런데 겸사로 하신 말씀 속으로 다가가 보면 또한 자세히 완미할 점이 있으니, 그냥 겸사로 하신 말씀이 아니다. 이제 "내가 아는 것이 있느냐? 아는 것이 없느니라.〔吾有知乎 無知也〕"라는 말을 모두 겸사로 하신 말씀으로 본다면 너무 실상과 가깝지 않아서 여운이 없는 듯하다.

내가 생각건대 성인이 사물을 접하지 않았을 때는 하나의 이치가 혼연할 뿐, 안다고 말할 만한 것이 없기 때문에 스스로 말을 이렇게 한 것이다. 다른 사람의 질문에 대답할 때에는 비록 지극히 어리석은 사람일지라도 늘 그 사람이 질문한 것에 대해 사리(事理)의 양쪽 실마리를 따져 보고 빠짐없이 다 말해 주었다. 이는 어디에나 딱 들어맞는 일이며, 또한 사물을 접하지 않았을 때 비록 어떤 사물과 관련된 지식에만 중심을 두지 않더라도 그 이치는 애당초 완전하게 갖추고 있다는 것을 볼 수 있다. 대개 사람들은 성인이 대답을 끊임없이 해 주고 뭐든지 모르는 것이 없는 것을 보고서는 성인이 평소에 미리 수많은 지식을 쌓아 놓고서 대비한다고 생각했지만, 사실은 도리어 이렇게 간단명료하다는 것을 몰랐다. 그러므로 부자가 그 점을 깨우쳐 준 것이다.-일찍이 주자의 글에서 이러한 의론을 보았는데, 주자는 옳다고 생각하지 않았다. 지금 자세하게 기억을 못해서 더 이상 고찰할 수는 없으므로 우선 내 생각을 기록하고서 기다린다.-

174 거의……많으시다 : 《논어》〈자한〉 6장에서 자공이 한 말이다.

'기양단(其兩端)'의 '기(其)' 자는 질문한 내용의 사리를 가리켜서 말한 것이니 대충 보아서는 안 된다.

성인이 사람과 사물을 접하지 않았을 때 비록 하나의 지식에만 중심을 두지 않지마는, 또한 모르는 것이 없는 것도 존재한다. 이제 공자가 하나의 지식에만 중심을 두지 않는 것으로써 '아는 것이 없다.'라고 하니, 이 또한 겸사로 하신 말씀이다.

형이상(形而上)을 말하고 형이하(形而下)를 버려두는 것[175]은 진실로 성인의 말이 아니니, 형이하를 말하고 형이상을 버려두는 것이 또 어찌 성인의 말이겠는가. 이러한 유형은 상호 관찰해야 한다. 게다가 형이하를 말하고 형이상을 버려두는 것은 바로 평범한 사람들의 말이니, 양쪽 실마리를 다 따져 본다는 말과 헷갈릴 여지조차 없다. 그러므로 윤씨는 형이상을 말하고 형이하를 버려두는 것만 말한 것이다.

〈위령공(衛靈公)〉 제1장

'고궁(固窮)'은 《집주》에서는 "진실로 곤궁할 때가 있다.〔固有窮時〕"라고 하였고, 정자는 "그 곤궁한 상황을 굳게 지킨다.〔固守其窮〕"라고 하였는데, 양쪽 설명이 모두 통한다. 그런데 앞의 설명이 자로(子路)가 "또한 곤궁함이 있습니까?〔亦有窮乎〕"라고 질문한 뜻과 맞아떨어지니, 앞의 설명을 본뜻으로 삼아야 한다. 다만 소인이 곤궁하면 제멋대로 행동하는 것 역시 곤궁한 이후의 일이니만큼 이는 소인 또한 곤궁한

175 형이상(形而上)을……것 : 《논어》 〈자한〉 7장 장하주에 있는 말로, 내용은 다음과 같다. "형이상을 말하고 형이하를 버려두며 이를 말하고 사물을 버려두면 어찌 성인의 말씀이겠는가.〔語上而遺下, 語理而遺物, 則豈聖人之言哉?〕"

때가 있는 것이다. 만약 군자는 진실로 곤궁한 때가 있다고만 말하고 군자는 곤궁함을 끝까지 인내한다는 뜻을 말하지 않으면, 도리어 소인이 곤궁할 때와 차별성을 두지 못하고 아랫글의 곤궁하면 제멋대로 행동한다는 뜻 또한 대응하는 곳이 없지 않겠는가.

내 생각에는 '고(固)' 자는 비록 앞의 설명을 따라야 하지만, '궁(窮)' 자는 그 곤궁한 상황을 순순히 받아들여서 끝까지 인내한다는 뜻을 함께 가지고 있는 듯하니, 깊이 완미해 보면 그런 점이 있는 듯하다. 이렇게 되어야만 아랫글의 곤궁하면 제멋대로 행동한다는 뜻과 맞아떨어지니, 대개 제멋대로 행동하면 곤궁한 상황에 편안하지 못하고, 또한 곤궁한 상황에 오래 머물지 못하기 때문이다.

제2장

증자(曾子)는 일마다 실천하면서 참되게 쌓고 오랫동안 노력하였으며, 자공(子貢)은 많이 배우고 잘 알아서 공부가 지극하여 장차 터득하게 된 뒤에 부자가 비로소 자신은 일이관지(一以貫之)하였다고 알려 주었으니, 증자나 자공의 경지에 이르지 못하면 일이관지의 뜻을 들을 수가 없기 때문이다. 만약 들어서 알 수 있었다면 성인이 어찌 유독 제자들에게 인색하게 굴었겠는가.

육상산(陸象山)이 학자들과 말을 나눌 때 늘 자공의 학문에 대해서 비판하였고,[176] 왕양명(王陽明)이 백록동규(百鹿洞規)에 대해 논할 때

176 육상산(陸象山)이……비판하였고 : 《상산집(象山集)》 권1 〈증택지에게 주다[與曾宅之]〉와 권12 〈주원회에게 주다[與朱元晦]〉에서 육구연(陸九淵)은 자공처럼 사리에 통달한 사람이 또 공자를 만나 스승으로 모셨는데도 오히려 '많이 배워서 아신 것입니

도 증자는 일마다 정밀하게 살피는 데 그쳤다고 비판하였으니,[177] 이는 모두 부자의 말을 고찰하지 않고 단지 두 사람의 공부가 깊어진 뒤의 뜻만 밝힌 것이다.

이렇게 본다면 오늘날 배우는 사람들이 마땅히 힘써야 할 곳을 알 수 있으니, 반드시 먼저 일마다 실천하고 널리 배우고 많이 알게 된 뒤에야 일이관지의 은미한 뜻을 들을 수 있다. 다만 지금 책을 읽으면서 이러한 곳에 이른다면, 갑자기 미칠 수 있는 것이 아니므로 강론과 연구를 할 수가 없다고 핑계를 댈 것인가, 아니면 마땅히 자신의 수준에 따라 마음을 다하여 추구해야 하겠는가?

내 생각에는 깊은 뜻을 알아서 분명하게 깨닫는 것은 반드시 공부가 깊어진 뒤에 가능하다. 수준에 따라 강론과 연구를 하는 일에 있어서는 무릇 배우는 사람들이 또한 힘쓰지 않아서는 안 된다. 비록 그렇게 변화한 효험이 반드시 공부가 깊은 사람들처럼 매우 뛰어나기는 어려워도, 일마다 실천하고 널리 배우는 중에 이러한 도리가 있음을 대략이나마 알게 되면 또한 도움이 되는 점이 없지는 않을 것이니, 각각 사람들이 가진 견해의 수준이 어느 정도인지에 달려 있을 뿐이다.

까?'라는 견해를 면하지 못하였으니, 공자가 물어보지 않았다면 자공은 정말 마음이 느긋해져서 의심하지 않았을 것이고, 군자는 먼저 실천한다는 가르침과 나는 말을 하지 않으려 한다는 가르침에서 자공을 깨우쳐 준 것이 여러 번 있었는데 자공은 끝내 깨닫지 못했다고 비판하였다. 상산은 육구연의 호이다.

177 증자는……비판하였으니 : 《왕문성전서(王文成全書)》 권1 〈어록(語錄)〉에서 왕수인은 일(一)은 나무의 뿌리와 같으니 체(體)이며 관(貫)은 나무의 가지나 잎과 같으니 용(用)이므로 체용이 한 뿌리인데, 증자는 용(用)과 관련해서는 일마다 정밀하게 힘써 실천했으나 체가 하나인 줄은 몰라서 공자가 일이관지라는 말을 해 준 것이라고 증자의 학문에 대해 비판하였다. 양명은 왕수인의 호이다.

예를 들어 극기복례와 경서(敬恕)[178]는 안자(顔子)와 중궁(仲弓)만이 들을 수 있었는데, 후세의 배우는 사람들이 또한 각자 노력을 다한다면 이 사람들과 무엇이 다르겠는가? 그런데 일이관지는 증자와 자공 두 사람처럼 대현(大賢)이자 가장 지혜로운 사람들의 수준에서도 진실로 이러한 공부 과정과 절차가 있었다. 성인의 수준에서는 애초부터 곧 이미 이러하니, 비록 이제 일마다 실천하고 널리 배우고 많이 안다고 해도 일이관지의 묘리는 대개 이미 그 안에서 분명히 이해하고 있는 것이다. 만약 두 사람 같은 경지에 도달하지 못한 사람은 또 공부 과정이 도달하기 전에는 수준에 따라 강론과 연구를 하지 않을 수가 없으니, 이것이 또한 별도의 뜻이다.

제3장

'덕을 안다.〔知德〕'[179]의 덕(德)은 일반적으로 남들에게 있는 덕을 가리키는 듯하다. 그런데 자기가 가지고 있지 않으면 남들에게 있다는 것을 알지 못하기 때문에 덕을 아는 사람이 드문 것이니, 덕을 아는 요지는 부지런히 자신의 덕을 증진시키는 데 달려 있다. 지금 주석의 뜻을

178 경서(敬恕) : 《논어》 〈안연(顔淵)〉 2장에서 "중궁이 인에 대해서 묻자, 공자가 말하기를 '문을 나갈 때는 중요한 손님을 뵙는 것처럼 하고, 백성을 부릴 때는 큰 제사를 모시는 것처럼 하고, 자기가 원하지 않는 것을 다른 사람에게 하지 않으면, 나라에 있을 때 원망을 받지 않고, 집에 있을 때 원망을 받지 않느니라.'라고 하였다.〔仲弓問仁, 子曰出門如見大賓, 使民如承大祭, 己所不欲, 勿施於人, 在邦無怨, 在家無怨.〕"라고 하였는데, 주희의 집주에서는 출문(出門)과 사민(使民)을 경(敬)으로 풀이하고 불욕(不欲)과 물시(勿施)를 서(恕)로 풀이하였다.

179 덕을 안다 : 《논어》 〈위령공〉 3장에서 공자가 자로에게 "덕을 아는 사람이 드물다.〔知德者鮮矣.〕"라고 하였다.

살펴보니 모두 자신에게 있는 덕으로써 말하였는데, 진실로 자기가 덕을 가지고 있다면 어찌 남들이 가진 덕을 모르는 것에 대해 근심하겠는가. 만약 자기가 덕을 가지고 있지 않다면 또 무엇을 통해 남들이 가진 덕을 알겠는가. 대주(大註)는 그래도 자신에게 있는 덕과 남에게 있는 덕을 통틀어서 말하였다고 보아도 되는데[180] 결국은 또한 중점이 자신의 덕에 있다. 소주는 분명히 자신에게 있는 덕을 위주로 설명하였는데,[181] 이 점은 이해가 안 되니 다시 상세하게 살펴보아야 한다.

제1장부터 여기 3장까지가 반드시 같은 때에 한 말인지 어떻게 알 수 있는가? 대개 이 장은 애당초 자로가 화난 기색을 보인 것 때문에 발언한 듯한데, 2장 및 여기 3장은 모두 자로의 이름을 불러서 알려 주었고, 자로와 자공이 또 모두 진(陳)과 채(蔡) 땅에서 공자를 모셨으므로 같은 때에 한 말인지 알 수 있는 것이다. 환난을 겪는 때에도 제자들을 깨우쳐 주는 것을 귀찮아하지 않았으니, 이렇게 보는 것이 또 의미가 있다.

제4장

"아무 일을 하지 않아도 잘 다스려졌다.〔無爲而治〕"[182]라는 말은 마땅히

180 대주(大註)는……되는데 : 《논어》 〈위령공〉 3장 집주에 있는 말로, 내용은 다음과 같다. "덕은 자신이 터득한 의리를 말하니, 자기가 가지고 있지 않으면 그 의미의 실상을 알지 못한다.〔德謂義理之得於己者, 非己有之, 不能知其意味之實也.〕"

181 소주는……설명하였는데 : 《논어》 〈위령공〉 3장 소주에 있는 경원 보씨(慶源輔氏)의 주장이 이러하다. 보씨는 "성문의 학문은 그저 알기만 하는 것을 숭상하지 않았으니, 요점은 실제로 자신에게 있게 하는 데 있었다.〔聖門之學, 不以徒知爲尙, 要在實有諸己.〕"라고 하여 자신에게 있는 덕을 중심으로 이해하였다.

제2편의 위정이덕장(爲政以德章)과 참조해서 보아야 한다.[183]

제5장

독경(篤敬)은 독(篤)이고 경(敬)이니, 독공(篤恭)의 말뜻과 다르다. 남헌 장씨(南軒張氏)는 "경(敬)에 정성을 쏟는다."[184]라고 하였는데 본뜻이 아닌 듯하다.

충(忠)과 신(信)은 쌍봉 요씨가 입으로는 이렇게 말했는데 마음속은 이렇지 않은 것이 불충(不忠)이고, 입으로는 이렇게 말했는데 어떤 일에서 그 말을 검증해 보면 이렇지 않은 것이 불신(不信)이라 하고, 이어서 "충은 먼저 해야 할 일이고 신은 뒤에 해야 할 일이다."[185]라고 하였으니, 이는 진실로 별도의 뜻이다. 그러나 충과 신은 또한 한가지

182 아무……다스려졌다 : 《논어》 〈위령공〉 4장에 보인다.

183 제2편의……한다 : 이렇게 말한 것은 《논어》 〈위정(爲政)〉 1장의 집주에서 "덕으로 정치를 하면 아무 일을 하지 않아도 천하가 귀의하니 그 형상이 이와 같다.〔爲政以德, 則無爲而天下歸之, 其象如此.〕"라고 하고, 또 장하주에서 "덕으로 정치를 한 뒤에 아무 일도 하지 않을 수 있다.〔爲政以德, 然後無爲.〕"라고 한 말이 〈위령공〉 4장과 연관성이 있기 때문이다.

184 경(敬)에 정성을 쏟는다 : 《논어》 〈위령공〉 5장의 소주에 나온다.

185 충은……일이다 : 《논어》 〈위령공〉 5장 소주에 있는 말로, 내용은 다음과 같다. "충과 신은 모두 진실하다는 뜻이다. 충은 마음에서 우러나오는 것이고 신은 일에서 나타난다. 예를 들어 입으로는 이렇게 말했는데 마음은 이렇지 않으면 불충이고, 입으로는 이렇게 말했는데 일에서 검증해 봤더니 도리어 이렇지 않으면 불신이다. 충은 먼저 해야 할 일이고 신은 뒤에 해야 할 일이다. 그러나 앞의 일이 진실해도 뒤의 일이 거짓이면 안 된다.〔忠信都訓實. 忠是出於心者, 信是見於事者. 如口裏如此說, 心下不如此, 是不忠也. 口裏如此說, 驗之於事, 却不如此, 是不信也. 忠是前一截事, 信是後一截事. 若前一截實, 後一截虛, 便不可.〕"

일이니, 내면으로는 자신의 내부에서 움직여 스스로 최선을 다하는 것이 충이며, 외면으로는 사물을 따라 이치에 어긋나지 않는 것이 신이다. 겉과 속이 일치하고 마음과 입이 맞아떨어지는 것이 자신이 최선을 다하는 것이고, 옳은 것은 옳다 하고 아닌 것은 아니라고 하는 것이 사물의 이치를 따르는 것이다. 이는 짧은 시간에 곧 검증할 수 있으니 어떤 일에서 검증할 필요는 없다. 사재(査滓)는 사욕이 다 제거되지 않은 찌꺼기이다.[186] 이 마음이 천지와 일체화하지 못하는 순간 곧 사재가 그 안에 생기게 되니, 마땅히 깊이 생각하여 사재를 이겨 없애야 한다.

제6장

거백옥(蘧伯玉)이 손문자(孫文子)와 영혜자(甯惠子)의 모의에 대해 대답하지 않고 위(衛)나라를 떠난 것[187]은 옳다. 다만 위나라 군주가 도망쳐 달아나자 위나라 사람들이 새 군주를 세우고 손문자와 영혜자가 재상이 되었는데, 거백옥이 갑자기 위나라로 돌아온 이유는 무엇인가? 혹시 위나라 군주가 도망쳐 달아난 일이 찬탈하고 시해하는 경우와 차이가 있었기 때문에 거백옥의 일이 허물이 되지 않는 것인가?

186 사재(査滓)는……찌꺼기이다 : 《논어》 〈위령공〉 5장의 소주에 나온다.

187 거백옥(蘧伯玉)이……것 : 거백옥은 위(衛)나라의 어진 대부로, 이름은 원(瑗)이다. 《춘추좌씨전》 양공 14년에 따르면 이 일의 줄거리는 다음과 같다. 위 헌공(衛獻公)이 손문자, 영혜자와 연회를 하자 약속했기에 두 사람이 모두 조복(朝服)을 입고 조정에 나아가 기다렸지만, 헌공은 약속을 지키지 않은 데다 그 둘에게 화를 낸 일이 있었다. 그 후에 손문자와 영혜자가 거백옥에게 찾아가서 사직의 일을 어떻게 해야 할지 묻자 거백옥은 대답하지 않고 관문을 통해 국경을 빠져나갔다.

비록 그렇다고 해도 결국 미진한 점이 있는 듯하다.

제8장

정자의 "실리는 마음에서 터득하면 자연스럽게 분명해진다. 실리는 옳고 그른 것을 진정으로 아는 것이다.〔實理得之於心自別 實理者 實見得是 實見得非也〕"[188]라는 말에서, 앞에서 말한 실리는 본디 이(理)의 실체를 가리켜서 말한 것이고 뒤에서 말한 실리는 곧 이러한 이를 실제로 아는 것을 가리켜서 말한 것이다. 뒤에서 말한 실리 앞에 마땅히 득(得) 자가 있어야 글의 의미가 완전해지지만, 지금은 그저 유연하게 보는 것이 좋다. 신안 진씨(新安陳氏)는 "실리를 마음에서 터득할 수 있어야만 정확한 식견을 가진다.〔能得實理於心 方能有實見〕"[189]라고 하였으니, 이는 또 '정확한 식견을 가져야만 실리를 터득했다고 이를 수 있다.'라는 말을 뒤집어서 말한 것이다. 그런데 어찌 실리를 터득한 뒤에야 정확한 식견을 가질 수 있다고 이를 수 있겠는가. 이는 정자의 말 중에 뒤에서 말한 실리를 앞에서 말한 실리의 효험으로 오인하여 그런 듯하다.

제9장

정자는 '위(爲)' 자에 초점을 맞춰서 별도의 뜻을 밝혔다.[190] 옛날 사람들

188 실리(實理)는……것이다 : 《논어》 〈위령공〉 8장 장하주에 보인다.

189 실리를……가진다 : 《논어》 〈위령공〉 8장 소주에 있는 말로, 내용은 다음과 같다. "뜻있는 선비와 어진 사람이 마음에서 실리를 터득할 수 있어야만 정확한 식견을 가질 수 있고, 옳고 그름을 실제로 보아야만 살신성인하여 옳은 일을 성취하고, 살기 위해 인을 해쳐서 나쁜 일을 저지르지 않을 수 있다.〔志士仁人, 能得實理於心, 方能有實見, 實見得是與非, 方能殺身成仁以成就箇是, 而不求生害仁以成就箇非也.〕"

은 독서하면서 한 글자도 버려두고 지나가지 않았으니, 본받을 만하다.

제11장

사람이 멀리 내다보는 생각이 없으면 굳이 멀리 내다보지 않아도 근심거리가 생겨서 근심이 이미 가까운 곳에 있게 된다. 원려(遠慮)라는 말에는 잘 대비한다는 뜻이 그 안에 자연히 갖추어져 있다.

소씨(蘇氏)의 말 중에서 불가폐(不可廢) 이전의 문구[191]는 너무 이상한 듯하다. 소주에서는 시간의 원근을 덧붙이고자 했는데,[192] 또 어떤

190 정자는……밝혔다 : 《논어》 〈위령공〉 9장 집주에서 정이가 "자공은 인을 하는 것에 대해서 물었지, 인에 대해서 물은 것이 아니다. 그러므로 공자가 인을 하는 바탕을 알려 주셨을 뿐이다.〔子貢問爲仁, 非問仁也. 故孔子告之以爲仁之資而已.〕"라고 하였는데, 그 아래 소주에 있는 왕씨(汪氏)의 설명에서 "이는 위라는 글자만을 끄집어서 뜻을 밝힌 것이다. 질문한 뜻에서 중점이 이 글자에 있었기 때문에 부자가 답해 주실 때 그저 이 글자를 통해 뜻을 밝힌 것이다.〔此專挑爲字發明之. 問意重在此字, 故夫子答之, 只從此字, 發明其意也.〕"라고 하였다.

191 소씨(蘇氏)의……문구 : 《논어》 〈위령공〉 11장 집주에서 소씨가 "사람이 발을 디딜 때는 발붙인 곳을 제외하고는 모두 쓸모없는 곳이지만 버려서는 안 된다. 그러므로 생각이 천리 밖까지 있지 않으면 환난이 앉은 자리 밑에 있는 것이다.〔人之所履者, 容足之外, 皆爲無用之地, 而不可廢也. 故慮不在千里之外, 則患在几席之下矣.〕"라고 하였는데, 창계는 '용족(容足)'이라는 단어를 근거로 소주에서 시간의 개념을 덧붙이려고 하면 공간의 개념을 의미하는 '용족'과 대응할 뜻이 없다고 보았다.

192 소주에서는……했는데 : 《논어》 〈위령공〉 11장 소주에서 각헌 채씨(覺軒蔡氏)는 "만약 원근을 시간으로 말한다 해도 의미가 통할 수 있을 듯하다. 예를 들어 국가가 하나의 법도를 세우고서 만약 장구한 생각을 하지 않는다면 눈앞에 즉시 가까운 근심거리가 생길 것이다.〔若遠近以時言, 恐亦可通. 如國家立一法度, 若不爲長遠之慮, 則目前卽有近憂矣.〕"라고 하였고, 그 뒤에서 쌍봉 요씨는 "소씨는 단지 공간의 원근만을 설명하고 시간의 원근을 설명하지 않았다. 예를 들어 생각이 멀리 백년 천년 뒤까지 미치지

말이 소씨의 용족(容足)이라는 말에 알맞을지 모르겠다.

제12장

'그만두자〔已矣乎〕'라는 말은 기대가 끊겼다는 뜻이다. 집주의 '탄(歎)' 자가 그 뜻에 맞다.[193] 소주의 "스스로 두려워한 것이다."[194]라는 말은 약간 완곡하다.

제13장

'자리를 훔치다.〔竊位〕'[195]의 위(位)에는 두 가지 뜻이 있는 듯하다. 하나는 장문중(臧文仲)이 차지하고 있는 자리로 말한 것이고, 하나는 유하혜(柳下惠)가 마땅히 있어야 할 자리로 말한 것이다. 집주의 '걸맞지 않다.〔不稱〕'라는 말은 앞의 뜻이고, '훔쳐서 얻었다.〔盜得〕'라는 말은 뒤의 뜻인데,[196] 정말로 그런지는 모르겠다.

않는다면 근심거리가 가깝게는 오늘 아침이나 저녁 중에 있을 것이라고 해야 의미가 비로소 충분해진다.〔蘇氏只說得地之遠近, 欠說時之遠近. 若云慮不及千百年之遠, 則患在旦夕之近矣, 意方足.〕"라고 하여 모두 원근(遠近)에 시간의 의미를 덧붙여 설명하였다.

193 탄(歎)……맞다 : 《논어》〈위령공〉 12장 집주에서 '이의호(已矣乎)'에 대해 "끝내 만날 수 없음을 탄식한 말이다.〔歎其終不得而見之也.〕"라고 풀이하였다.

194 스스로 두려워한 것이다 : 《논어》〈위령공〉 12장 소주에 있는 말로, 내용은 다음과 같다. "본인이 끝내 덕을 좋아하는 사람을 볼 수 없을까 두려워한 것이니, 사람들을 타일러 주어 알아서 스스로 힘쓰게 한 것이다.〔自恐其終不獲見, 所以警人, 使知自勉也.〕"

195 자리를 훔치다 : 《논어》〈위령공〉 13장에서 공자가 "장문중은 자리를 훔친 사람이로구나.〔臧文仲, 其竊位者與!〕"라고 하였다.

196 집주의……뜻인데 : 《논어》〈위령공〉 13장 집주에 있는 말로, 내용은 다음과 같다. "절위는 마치 도둑질하여 몰래 차지하고 있는 것처럼 자리에 걸맞지 않아서 마음속

제25장

사궐문(史闕文)에 대한 풀이는 반고(班固)의 말[197]이 제일 이치에 가깝고, 마차승(馬借乘)에 대한 풀이는 남헌 장씨의 해석[198]이 조금 독특하다.

제26장

꾸민 말〔巧言〕과 작은 일을 참지 못하는 것〔小不忍〕은 물정(物情)과 사리(事理)를 통틀어서 논한 것이니, 그 사이에 피차간의 구분이 있는 것은 아니다. 두 개의 난(亂) 자도 마찬가지이다. 운봉 호씨(雲峯胡氏)가 "큰 계획을 어지럽힌다는 저 사람이 자신의 일을 스스로 어지럽히는 것이다.〔亂大謀 彼自亂彼之事〕"[199]라고 하였는데, 자세히는 모르겠다.

제27장

에 부끄러움이 있다는 것을 말한다.〔竊位, 言不稱其位而有愧於心, 如盜得而陰據之也.〕"

197 반고(班固)의 말 : 《한서(漢書)》 권30 〈예문지(藝文志)〉에 있는 말로, 내용은 다음과 같다. "옛날 제도에는 글을 쓸 때 반드시 같은 문자를 쓰도록 하고, 모르면 비워 두고서 식견 높은 노인들에게 자문하였다. 그런데 말세에 이르자 시비에 대한 판단이 올바르지 않아져서 사람들이 자기 생각에만 근거하였다. 그러므로 공자가 '내가 그래도 사관이 글을 빼놓은 것은 볼 수 있었지만 이제는 그런 일이 없어졌구나!'라고 하였다.〔古制, 書必同文, 不知則闕, 問諸故老. 至於衰世, 是非無正, 人用其私. 故孔子曰: 吾猶及史之闕文也, 今亡矣夫!〕"

198 남헌 장씨의 해석 : 《논어》 〈위령공〉 25장 소주에서 장씨는 "유마차인승지는 자기가 비록 말을 소유하고 있어도 말을 타지 못하면 남에게 말을 빌려주어서 타게 해 준다는 뜻이다.〔有馬借人乘之, 己雖有馬, 不能乘, 則借人乘之.〕"라고 하였다.

199 큰……것이다 : 《논어》 〈위령공〉 26장 소주에 보인다.

대중들이 미워해도 반드시 살펴보고 대중들이 좋아해도 반드시 살펴보라는 두 문구[200]는 바로 《맹자》 교목장(喬木章)[201]의 뜻을 가지고 있다. 다만 교목장은 그래도 반드시 나라 사람들이 동의한 뒤에야 현명한지 어리석은지 살펴본다는 의문점이 있는데, 이 27장은 또 깔끔하여 걸리는 곳이 없으니, 참으로 말은 간략하면서 논리가 갖춰졌다고 할만하다.

제28장

"사람이 도를 넓힐 수 있는 것이요, 도가 사람을 넓게 만드는 것이 아니다."라는 구절은 한결같이 이렇게만 말하면, 도리어 도가 사람에게 얽매여 있는 듯하다. 집주 중에 "사람 밖에 도가 없고, 도 밖에 사람이 없다."라고 하였으니, 사람과 도의 전체에 대해서 밝혀낸 뜻이 이미 명백하다. 그런데 또다시 한번 전환하여 비로소 "사람의 마음은 지각이 있으며 도의 본체는 실제 행위가 없다."라고 말하고, 또 가능과 불가능으로 나누어서 주재하는 주체는 사람임을 보여 주었다.[202] 도가 사람에

200 대중들이 미워해도……문구 : 《논어》 〈위령공〉 27장에서 공자가 "대중들이 미워해도 반드시 그 사람을 관찰하고 대중들이 좋아해도 반드시 그 사람을 관찰해야 한다.〔衆惡之, 必察焉, 衆好之, 必察焉.〕"라고 한 말을 가리킨다.

201 교목장(喬木章) : 《맹자》 〈양혜왕 하〉 7장을 말한다. 그중에서 《논어》와 관련된 내용은 다음과 같다. "좌우의 측근들이 모두 그 사람이 현명하다고 해도 아직 안 되며, 대부들이 모두 그 사람이 현명하다고 해도 아직 안 되며, 백성들이 모두 그 사람이 현명하다고 한 뒤에 관찰하고서 등용해야 한다. 좌우의 측근들이 모두 그 사람은 안 된다고 해도 들어주지 말고, 대부들이 모두 그 사람은 안 된다고 해도 들어주지 말고, 백성들이 모두 그 사람은 안 된다고 한 뒤에 관찰하여 물리쳐야 한다.〔左右皆曰賢, 未可也, 諸大夫皆曰賢, 未可也, 國人皆曰賢, 然後察之, 見賢焉, 然後用之. 左右皆曰不可, 勿聽, 諸大夫皆曰不可, 勿聽, 國人皆曰不可, 然後察之, 見不可焉, 然後去之.〕"

게 얽매여 있지는 않으나 주재하는 것은 사람에게 달려 있다는 뜻을 집주를 자세하게 완미해 보면 자연스럽게 깨달을 수 있을 것이다.

사람이 도를 넓힐 수 있다는 말은 대체적으로 사람들을 격려하여 스스로 노력하게 하는 뜻이다. 기초적인 공부의 시작부터 성인으로 완성될 때까지가 모두 사람이 도를 넓히는 일이다. 다만 생각건대 성인이 자연스럽게 도와 합치되는 때는 바로 구름이 흘러가고 비가 내리고 새가 날아가고 물고기가 뛰어오르는 일과 같아서, 비록 인간의 일이기는 하지만 하늘의 도이기도 하므로 더 이상 그 사이에서 사람과 도를 분별하기가 어렵다. 융회 관통하는 것이 도이니 여기에 대해서는 또 다르게 이해해야 한다. 소주에 있는 사여 황씨(四如黃氏)의 말[203] 중에 '받아들인다〔容受〕'라는 한 가지 뜻은 본문 중에는 이런 뜻이 없다.

202 가능과……주었다 : 《논어》 〈위령공〉 28장 집주에서 "마음은 성을 다할 수 있고 사람이 그 도를 크게 만들 수는 있어도, 성이 그 마음을 검속할 줄은 모르니 도가 그 사람을 크게 만들지는 못한다.〔心能盡性, 人能弘道也 ; 性不知檢其心, 非道弘人也.〕"라고 하여 사람이 도를 크게 만드는 것은 가능하지만, 도가 사람을 크게 만드는 것은 불가능하다고 보았다.

203 사여 황씨(四如黃氏)의 말 : 《논어》 〈위령공〉 집주에서는 "홍은 넓혀서 크게 만드는 것이다.〔弘, 廓而大之也.〕"라고 하여 확장의 의미로만 보았는데, 소주에서는 "홍에는 두 가지 뜻이 있다. 사람이 마음에서 도를 터득할 때에 비로소 고요한 상태가 되어서 어떤 이치라도 갖추어지지 않음이 없고 또한 어떤 일이라도 갖추어지지 않음이 없으니 이는 받아들인다는 뜻의 홍이다.〔弘有二義. 人之得是道於心也, 方其寂然, 而無一理之不備, 亦無一物之不該, 這是容受之弘.〕"라고 하고, 또 "받아들일 때는 사람의 마음이 그것을 잡는데, 만약 손에 한가득 쥐지 못해도 만물이 모두 나에게 갖추어져 있으니, 이것이 홍의 본체이다.〔其容受也, 人心攬之, 若不盈掬, 而萬物皆備於我, 此弘之體.〕"라고 하여 받아들인다는 의미까지 부연 설명을 하였다.

제29장

부자(夫子)는 "잘못이 있는데도 고치지 않는 것을 바로 잘못이라고 한다."라고 하였고 주염계(周濂溪)는 고치지 않으면 악행이 된다고 하였으니,[204] 왜 그리도 다른 것인가. 부자는 잘못을 고친 훌륭한 태도를 깊이 인정하여 곧 잘못이 없는 것과 똑같이 여겼다. 그러므로 잘못을 고치지 않은 뒤에야 그것을 잘못이라고 하였으니, 선(善)을 좋게 여기는 마음이 지극한 것이다. 주염계는 의도가 있고 없고의 차이점을 분별하여 잘못을 고치지 않으면 곧 악행이라 하고 더 이상 잘못이라고 하지 않았으니, 악(惡)을 미워하는 마음이 엄정한 것이다.

제30장

온종일 먹지 않고 밤새 잠자지 않는 일은 성인이 생각에 전념하면 또한 당연히 이렇게 하는 때가 있다. 다만 이런 식으로 생각에만 전념하는 것이 생각과 학문이 함께 발전하는 유익함만 못하다는 것을 필시 직접 경험하였기 때문에 또 무익하다는 말씀으로 사람들을 가르쳐 준 것이다. 대개 성인은 생각만 하고 배우지 않는 분은 아니지만, 참으로 생각

204 주염계(周濂溪)는……하였으니 : 《성리대전(性理大全)》 권2 〈통서(通書)〉에 있는 말로, 내용은 다음과 같다. "누군가가 묻기를 '어떤 사람이 이렇게 불선한 점이 있으면 대악이 아닙니까?'라고 하자, 말하기를 '누군들 잘못이 없겠으며, 그 사람이 잘못을 고치지 못하리라고 어찌 장담하겠는가. 잘못을 고치면 군자가 되지만, 고치지 않으면 악인이 된다. 악행을 저지르는 자는 하늘도 미워하시니 저 사람이 어찌 두려움이 없겠는가. 어찌 그 사람이 잘못을 고치지 못하리라고 장담하겠는가.'라고 하였다.〔有語曰: 斯人有是之不善, 非大惡也? 則曰: 孰無過, 焉知其不能改? 改則爲君子矣, 不改爲惡. 惡者, 天惡之, 彼豈無畏耶? 烏知其不能改?〕"

하는 데만 전념하는 때가 있는 만큼 이 말씀은 또한 실제 경험을 통해 나온 말이다. 만약 "특별히 이런 말을 남겨 사람들에게 교훈을 주신 것이다."[205]라고만 한다면, 도리어 실제 그런 일이 전혀 없었던 듯해지니, 그렇지는 않을 듯하다.

제31장

"도의를 탐구할 뿐 생계를 유지할 길을 찾지 않는다."라는 말과 "도의를 얻지 못할까 근심할 뿐 가난을 근심하지 않는다."[206]라는 이런 말이야말로 우리 유학의 정법안장(正法眼藏)이니, 오늘날 마음을 확고히 하여 일에 대처하는 것은 참으로 이렇게 해야 한다. 다만 내 짧은 생각으로 말하자면 끝내는 꽉 막힌 곳이 있는 듯하니, 반드시 후세 현자가 말한 "생계를 약간 도모한다.〔略營生理〕"[207]라는 것이라야 빈틈없이 극진해진다. 성인의 말씀은 원래부터 관대하고 포용적이어서 애당초 꽉 막힌 곳이 있지 않은데, 이곳에서는 유독 이렇게 딱 잘라 말하여 사람들로 하여금 실천하기 어렵다는 의문점을 갖게 한 이유는 무엇인가? 성인의 말씀은 늘 관대하고 포용적이어서 박절한 말은 없지만, 부귀와 빈천을

205 특별히……것이다 :《논어》〈위령공〉 30장 집주에서 이씨가 한 말이다.

206 도의를 탐구할……않는다 :《논어》〈위령공〉 31장에서 공자가 "군자는 도의를 탐구할 뿐 생계를 유지할 길을 찾지 않는다. 농사를 할 때 굶주림이 그 안에 있고 학문을 할 때 녹이 그 안에 있다. 군자는 도의를 얻지 못할까 근심할 뿐 가난을 근심하지 않는다.〔君子謀道, 不謀食. 耕也, 餒在其中矣; 學也, 祿在其中矣. 君子憂道, 不憂貧.〕"라고 하였다.

207 생계를 약간 도모한다 :《회암집(晦庵集)》 권39 〈허순지에게 답하다〔答許順之〕〉에 나오는 말이다.

취사선택하는 일에 있어서는 그 말씀이 칼로 딱 자른 듯 엄정하지 않은 적이 없었으니, 혹시 이런 부분은 지나친 곳을 딱 잘라야만 그 중도를 얻기 때문인가? 지금 만약 가난을 근심해 생계를 도모하는 일을 비록 완전히 팽개치더라도, 원래 살길을 구할 일이 있어서 끝내 속수무책으로 굶어 죽을 리는 없기 때문에 성인의 가르침이 이렇게 될 수밖에 없는 것인가, 아니면 생계를 전혀 도모하지 않아도 목숨이 다하기 전에는 절대 죽을 리는 없으니 군자다운 도리는 그저 생계를 전혀 도모하지 않아야 할 뿐이고, 생계를 도모하려는 즉시 모두 잘못을 저지르기 때문인가? 삼가 깊이 생각해 보니 반드시 뒤의 말처럼 보아야만 그 의미가 시원하며 명백해지고, 자신의 생각에 끝내 확고하게 믿지 못하면 헤쳐 나가지 못하는 곳이 있게 되니, 이곳은 깊이 생각해서 터득해야 한다.

농사와 학문 중에 어떤 것은 권장하고 어떤 것은 권장하지 않는다는 것은 불가능하다. 다만 농사와 학문에 초점을 맞춰서 보면, 무릇 이익을 구한다고 해서 꼭 이익을 얻는 것은 아니나 의를 위주로 한다고 해도 이익을 얻기도 하니, 이런 곳은 유형을 미루어서 이해해야 한다. 이렇게 이해하면 가난을 근심하여 생계를 도모하려는 마음이 저절로 줄어들 것이다. 그러나 또한 단지 이렇게만 해서는 안 되고, 반드시 실리에 대한 이해가 점점 확실하고 원대해져야 자연스럽게 놓아 버리게 된다.

제32장

"지혜가 충분하고 인으로 지킨다."라는 말과 "엄숙한 모습으로 백성들을 다스리고 백성들을 예에 맞게 진작시킨다."[208]라는 말은 공부의 순서이며 도덕의 본말이니, 시종과 표리가 명백하게 모두 갖춰져 있다.

자기 수양도 이렇게 하고 사람을 관찰하는 것도 이렇게 하니, 마음에 새기고서 노력해야 할 곳이다.

제33장

소지(小知)와 대수(大受)[209]에서 대(大)와 소(小)는 모두 지행(知行)과 재덕(才德)을 아울러 말한 것이다.

제34장

이 장은 또 일설이 있는 듯하니, 마치 "백성들이 인을 실천하는 일이 드문 것이 물에 빠지고 불에 타 죽는 것보다 심하다. 물과 불은 사람들이 비록 두려워하여 피하지만 오히려 빠지거나 타 죽는 사람이 있기도 하다. 인의 경우는 그것을 행하다 죽은 사람이 있는 것은 보지 못하였으니, 이는 인을 피하는 것이 물과 불을 피하는 것보다 심한 것이다."라고 한 것 같다. 인은 비록 행한다고 해도 원래 반드시 죽지 않는데

208 지혜가……진작시킨다 : 《논어》 〈위령공〉 32장에서 공자가 "지혜가 거기에 미치더라도 인으로 그것을 지켜 내지 못하면 비록 얻었더라도 반드시 잃게 될 것이다. 지혜가 거기에 미치고 인으로 그것을 지키더라도 엄숙한 태도로 임하지 않으면 백성들이 공경하지 않을 것이다. 지혜가 거기에 미치고 인으로 그것을 지켜 내며 엄숙한 태도로 임하더라도 예로 백성들을 진작시키지 않는다면 아직 진선(盡善)한 것은 아니다.〔知及之, 仁不能守之, 雖得之, 必失之. 知及之, 仁能守之, 不莊以涖之, 則民不敬. 知及之, 仁能守之, 莊以涖之, 動之不以禮, 未善也.〕"라고 하였다.

209 소지(小知)와 대수(大受) : 《논어》 〈위령공〉 33장의 "군자는 작은 일을 가지고 알 수는 없어도 큰일은 맡을 수 있고, 소인은 큰일은 맡을 수 없어도 작은 일에서는 그 능력을 알 수 있다.〔君子不可小知, 而可大受也. 小人不可大受, 而可小知也.〕"에서 '대수'와 '소지'를 말한다.

물과 불에 대비하여 말하였기 때문에 이렇게 말한 것이다. 이렇게 말하는 것이 일설의 뜻을 갖출 만한 듯한데, 어떤지는 모르겠다.

제35장

당인(當仁)이라고 말한 그 말뜻을 완미해 보면 '인에 이른다.'라고 말한 것 같다. 정자의 설명 중에서 "좋은 명성은 사양하지 않으면 안 된다."[210] 라는 뜻은 또한 여기에서 추론해 낸 것이다. 지금 '인을 자기 임무로 여긴다.'라는 말로 당인의 뜻을 풀이한 것은 본뜻이 아닌 듯한데, 어떤지는 모르겠다.

제39장

가고자 하는 길이 같지 않으면 서로 의논하지 않는 것은 할 수 없는 것일 뿐만 아니라 해서도 안 되는 것이다. 가고자 하는 길이 같지 않은데 서로 의논하면 지향하는 바에 대하여 전념할 수가 없다.

제41장

자장(子張)의 질문[211]에 담긴 큰 뜻이 정말 그렇기 때문에 부자가 그렇

210 좋은……된다 : 《논어》 〈위령공〉 35장 집주에서 정호가 한 말로, 내용은 다음과 같다. "인을 하는 것은 자기에게 달려 있으므로 사양하는 대상이 없다. 좋은 명성은 외부에 있는 것이니 사양하지 않으면 안 된다.〔爲仁在己, 無所與遜. 若善名, 在外則不可不遜.〕"

211 자장(子張)의 질문 : 맹인 악사가 공자를 보러 오자 공자가 직접 악사를 인도해 주는 모습을 보고, 자장이 공자에게 "악사와 대화를 나누는 방법입니까?〔與師言之道與〕"라고 물었다.

다고 하였는데, 자장의 말이 약간 완곡하여 적절하지 않기 때문에 부자가 거듭하여 "이것이 정말로 악사를 돕는 방도이다.〔固相師之道也〕"라고 말하였다.-이상은 말년에 기록한 것이다.-

창계집

제22권

독서차록
讀書箚錄

《맹자》

孟子

맹자가 양 혜왕(梁惠王)을 만난 것에 대하여 세 가지 의리를 강구(講究)해 볼 만한 것이 있다. 다른 나라의 임금을 국경을 넘어가서 만날 수는 없지만 그가 먼저 예를 갖추게 되면 찾아가서 만나는 것이 옛날의 예이다. 맹자가 전국 시대에 살면서 도를 행하고 당시 세상을 구하려는 마음이 간절하지 않은 것은 아니었으나 일찍이 시속을 따라 가볍게 처신한 적이 없었고, 홀로 옛날의 예법을 지켜 반드시 먼저 예를 갖추기를 기다린 뒤에 가서 답하였으니, 이것이 성현의 출처(出處)의 정도(正道)이다. 이 뜻을 미루어 보면 후세 사람들이 과거에 응시하는 것이 합당한지 아닌지를 알 수 있을 것이다.

선유(先儒)가 말하기를 "이처럼 가장 뛰어난 사람이라면 반드시 벼슬에 나아가는 것을 달가워하지 않는다."[1]라고 하였는데, 이는 정론(定論)이라고 할 수 있다. 선유가 또 말하기를 "공자가 오늘날의 세상에 있더라도 반드시 과거 시험을 볼 것이다."[2]라고 한 것은 무엇 때문인가? 이는 과거 시험이 사람에게 누가 되지 않는다는 뜻에 중점을 두고 한 말이니, 그 말은 본래 이유가 있어서 한 말이다.

1 이처럼……않는다 : "대현(大賢)이 지금 있다면 과거에 대하여 어떻게 할 것 같은가?"라는 심간(沈僩)의 질문에 대한 주희의 대답이다. 《朱子語類 卷107》

2 공자가……것이다 : 과거에 대한 제자들과의 문답에서 동백우(童伯羽)의 질문에 대한 주자의 대답이다. 《朱子語類 卷13》

또 성인은 가함도 없고 불가함도 없어서[3] 한결같이 스스로의 지조를 지키기만 하는 현자와는 작용이 더러 다르기도 하니, 어쩌면 과거에 응시할는지도 알 수가 없다. 대현(大賢) 이하로는 당연히 과거에 응시하지 않는 것을 정도로 삼으니, 명도(明道 정호(程顥))나 주자(朱子) 같은 경우는 혹은 자처함이 이미 높았거나 혹은 소년 시절 아직 대성(大成)에 미치지 못하여 우연히 한 번 응시해 보았을 뿐이니, 이것이 하나의 의리이다.

양 혜왕이 분수를 넘어 왕을 자칭했으나 맹자가 그를 만나 보았으니, 이는 공자가 주나라를 존숭하는 뜻과는 상반되는 듯하다. 이태백(李泰伯)과 사마 온공(司馬溫公)이 모두 글을 지어 이를 비난하고부터[4] 우리나라의 김괴애(金乖崖 김수온(金守溫)), 김열경(金悅卿 김시습(金時習)) 같은 이들까지도 서로 의심하기에 이르렀다.[5]

3 가함도……없어서 : 《논어》 〈미자(微子)〉 8장에서 공자가 유하혜(柳下惠)와 소련(少連), 우중(虞仲)과 이일(夷逸), 중옹(仲雍) 등에 대한 인물을 평하고 나서 "나는 이와 달라서 가(可)한 것도 없고 불가(不可)한 것도 없다."라고 한 말에서 유래한다.

4 이태백(李泰伯)과……비난하고부터 : 태백은 북송 이구(李覯)의 자이다. 그는 《상어(常語)》에서 "중니(仲尼)의 제자들 중 환공(桓公)과 문공(文公)의 일을 말한 자가 없다.", "이윤(伊尹)이 태갑(太甲)을 폐하였다.", "주공(周公)이 노(魯)나라에 봉해졌다."라는 《맹자》의 말에 대하여 의심하였다. 온공은 사마광(司馬光)의 봉호(封號)이다. 그는 《전가집(傳家集)》 권73에서 "백이는 속이 좁고 유하혜는 공손하지 못한 점이 있다."라는 등의 10가지 조항에 걸쳐 《맹자》에 대한 의문점을 피력하였다.

5 김괴애(金乖崖)……이르렀다 : 김수온이 지성균관사(知成均館事)로 있을 때 "맹자가 양나라 혜왕을 뵙다.〔孟子見梁惠王〕"라는 논제로 태학의 유생들을 시험하였는데, 그 사실을 듣고 김시습이 "양나라 혜왕은 왕을 참칭하였으니 맹자가 만나서는 안 된다."라는 논지의 말을 한 적이 있었다. 《栗谷全書 卷14 金時習傳》

그러나 이 뜻은 정자와 주자가 이미 상세히 변론하였으니, "성현은 또한 무슨 마음이었겠는가? 천명이 옮겨 갔는지 옮겨 가지 않았는지를 보셨을 뿐이다."[6]와, 이른바 "겨울에는 가죽 옷을 입고 여름에는 갈옷을 입는다."[7], "처지를 바꾼다면 모두 그러했을 것이다."[8]와 같은 말은 참으로 확론(確論)이다. 이는 성현이 시의(時宜)에 따라 대처하는 의리이니, 이러한 의리를 미루어 보면 예나 지금이나 세상에는 각각 시의에 따라 마땅히 힘써야 하는 일이 있고, 오늘날 우리나라에서 힘써야 하는 의리(義理)도 알 수가 있다.

《춘추》가 주(周)나라를 높이고 오랑캐를 배척하는 것은 참으로 만세에 통하는 의리이며, 주 부자(朱夫子)가 이른 바 "구구한 동남쪽의 일도 그 근심을 감당하지 못하고 있는데 어떻게 중원의 회복을 도모할 수 있겠습니까."[9]라고 한 것도 깊이 생각해 보지 않을 수 없다.

그러고 보면 오늘날의 의리는 문왕(文王)이 기산(岐山)을 다스리던 것을 표준으로 삼아, 덕을 닦고 인을 행하여 가정에서 나라에 이르기까

6 성현은……뿐이다 : 《맹자집주》〈양혜왕 상(梁惠王上)〉 3장의 주에 나오는 정자(程子)의 말이다.

7 겨울에는……입는다 : 《맹자집주》〈양혜왕 상〉 3장의 소주에 주희(朱熹)가 "공자가 주나라를 높이고 맹자가 주나라를 높이지 않은 것은 겨울에 가죽으로 만든 옷을 입고 여름에 갈포로 만든 옷을 입으며 주리면 먹고 목마르면 마시는 것과 같아서 시대에 맞추어 조처한 것이 다를 뿐이다."라고 하였다.

8 처지를……것이다 : 《회암집(晦庵集)》 권73 〈독우은지존맹변(讀虞隱之尊孟辨)〉에 나오는 말이다.

9 구구한……있겠습니까 : 동남쪽이란 당시 송나라는 여진족의 금나라에 쫓겨서 양자강 이남으로 물러나 지금의 항주에 수도를 두고 있었기에 이르는 말이다. 《晦庵集 卷11 戊申封事》

지 민심을 크게 얻고 오직 옛 천명〔舊命〕[10]을 새롭게 한다면, 작은 나라는 7년, 큰 나라는 5년이면 반드시 천하에 정사를 펼 수 있게 될 것이다. 만약 여기에 힘쓰지 않고 앉아서 대의(大義)만 말한다면 빈말이 될 뿐이고, 만약 이를 법으로 삼지 않고 그저 작은 편안함만 추구한다면 또한 구차할 뿐이다. 이는 모두 성현이 때에 따라 처신한 대용(大用)이 아니니, 이것이 또 하나의 의리이다.

이 밖에 또 하나의 의리는 옛사람이 언급하지는 않았지만 또한 상상하고 추측해 볼 수 있다. 맹자가 이미 도를 통하고 나서 대유(大儒)가 되었으니, 그 당시 천하를 태평하고 잘 다스려지도록 할 책임은 오직 맹자의 신상(身上)에 있었다. 생각건대 양 혜왕을 만나러 갔던 당시에 이(理)에 분명하지 않음이 없고 기(氣)가 충만하지 않음이 없으며, 수단의 큼과 심법(心法)의 엄함이 거의 요(堯), 순(舜), 삼왕(三王), 주공(周公), 공자(孔子)의 도와 부합하여 간격이 없었다.

그리고 《맹자》의 말은 함축되지 않은 것이 없고 보면, 내면에 축적된 것이 넓고 깊으며 밝고 순백함이 이미 이와 같았다. 그러므로 일에 따라 대처하는 과정에서 은미함을 드러내어 끝까지 나아간 것이 터진 강물처럼 거침없어서, 잠깐 사이에도 지극한 이치를 밝히고 털끝처럼 작은 데서부터 사람의 마음을 바로잡았다. 그 말이 시행되었다면 한 나라의 백성이 편안할 뿐만 아니라 천하의 백성이 모두 편안하며, 천하

10 옛 천명 : 《맹자》 〈등문공 상(滕文公上)〉 3장에서 《시경》의 "주나라가 비록 오래된 나라이나, 그 명은 새롭다."라는 구절을 인용하여, 등 문공이 천하를 소유하지는 못하더라도 어진 정사를 힘써 행하면 나라를 새롭게 할 수 있다고 설파하는 내용에 나오는 말이다.

의 백성이 모두 편안할 뿐만 아니라 또 만세에 태평성대를 열 수 있었을 것이니, 어찌 위대하지 않겠는가.

대개 이러한 포부가 있으면 이러한 발용(發用)이 있으니, 이는 마치 형체가 그림자를 따르는 것과 같아서 자연스러운 반응이다. 오늘날에는 이러한 포부도 없으면서 서둘러 세상에 나아가려고만 한다면, 이는 형체가 없으면서 그림자를 요구하는 것과 같으니 어찌 될 수 있겠는가. 학자가 이 의리를 안다면 반드시 감히 가볍게 발용하지 않을 것이고, 또 힘쓸 바를 알게 될 것이다. 책을 펴기만 하면 바로 이 몇 가지 의리가 있으니, 무릇 독서하는 자들은 다 반드시 이와 같이 추구해야만 착실한 수용처(受用處)가 있게 될 것이다.

혜왕(惠王)이 "또한 장차 내 나라에 이로움이 있겠습니까?"라고 물었을 때 맹자가 곧바로 대답하였으니, '훌륭한 정치를 펴고 인을 베풀어, 선왕의 도를 행한다면 군주의 나라가 이롭지 않음이 없을 것입니다.'와 같이 말했더라도 의리가 이루어지지 않는 것은 아니다. 다만 먼저 이로움을 좋아하는 마음을 바로잡지 못하고서 성급하게 선왕의 도를 행하는 데로 나아간다면, 그 폐단은 반드시 속으로는 이로움을 좋아하면서 겉으로는 선왕의 도를 본받는 척하는 지경까지 갈 것이다. 이 어찌 대인(大人)이 군주의 마음을 바로잡는 지극한 말이겠는가.

그러므로 맹자는 즉시 "어찌 굳이 이로움을 말씀하십니까. 또한 인의가 있을 뿐입니다."라고 대답하였으니, 이는 먼저 이로움을 좋아하는 사심을 질책하여 인의의 큰 실마리를 그에게 열어 준 것이다. 만약 혜왕이 이 말을 듣는 순간 느끼는 바가 있어 자신을 돌이켜 보아 스스로 구하였다면, 이로움을 좋아하는 사사로운 마음은 통렬히 끊지 않을 수 없고, 인의의 도에는 힘을 다하지 않을 수 없다는 것을 알아서 순수한 왕도의 다스림을 행할 수 있었을 것이다. 이것이 맹자가 군주의 마음을 바로잡아 준 의리이자 곧 성현이 서로 전수한 정도(正道)의 학문인 것이다.

대순(大舜)이 말한 '인심(人心)'과 '도심(道心)', '오직 정밀하고 오직 전일하다.'[11]와 공자가 말한 '사욕을 극복하여 예로 돌아간다.'[12], '어려운 일을 먼저하고 얻는 것은 뒤로 미룬다.'[13]와 《대학》에서 말한 '국가는 이로움을 이로움으로 여기지 않고 의로움을 이로움으로 여긴다.'[14]와 같은 말들이 대체로 모두 이러한 이치이다. 맹자가 평소 배운 것은 바로 위로 성현들이 서로 전해 온 바른 법이니, 어찌 당시의 군주가 행할 수 없다고 해서 배운 것을 버리고 왕이 바라는 대로 따랐겠는가.

11 인심과……전일하다 : 순 임금이 우(禹)에게 선양하면서 "인심은 위태롭고 도심은 은미하니, 정하게 하고 한결같이 해야 진실로 그 중도를 잡을 것이다."라고 하였다. 《書經 大禹謨》

12 사욕을……돌아간다 : 안연(顔淵)이 인(仁)을 묻자, 공자가 "사욕을 극복하여 예로 돌아가는 것이 바로 인이다. 하루라도 사욕을 극복하여 예로 돌아갈 수 있게 되면, 온 천하 사람들이 그 인에 귀의할 것이다."라고 대답하였다. 《論語 顔淵》

13 어려운……미룬다 : 번지(樊遲)가 지(智)에 대하여 묻자, 공자가 "인자는 어려운 일을 먼저 하고 얻는 것을 뒤에 하니, 이렇게 한다면 인이라고 말할 수 있다."라고 대답하였다. 《論語 雍也》

14 국가는……여긴다 : 윗사람이 인(仁)을 좋아하면 아랫사람이 의(義)를 좋아하게 된다는 뜻을 설명하는 부분으로 "맹헌자가 말하기를 '마승을 기르는 자는 닭과 돼지는 살피지 않고, 얼음을 쓰는 집안은 소와 양을 기르지 않고, 백승의 집안은 취렴하는 신하를 기르지 않으니, 취렴하는 신하를 기르기보다는 차라리 도둑질하는 신하를 두겠다.' 하였으니, 이것을 일러 '나라는 이를 이로움으로 여기지 않고 의를 이로움으로 여긴다.'라고 하는 것이다." 하였다. 《大學章句 傳10章》

혹자가 말하기를 "제왕(齊王)이 스스로 '재물과 여색을 좋아한다.'라고 했는데 맹자는 그 잘못을 질책하지 않고 공류(公劉)와 태왕(大王)의 일을 끌어와서 그 뜻을 열어 주고 넓혀 주었을 뿐이다. 그런데 유독 혜왕의 '내 나라에 이로움이 있겠습니까?'라는 질문에 대해서는 이렇게 질책한 것은 무엇 때문인가?" 하였다.

재물을 좋아하고 여색을 좋아한다고 말한 것은 갑자기 들어보면 천박하다고 여겨져서 참으로 나라를 이롭게 할지를 물은 것보다 심한 점이 있는 것 같다. 그러나 재물을 좋아하고 여색을 좋아하는 것은 근본을 미루어 보면 천리로 볼 때 마땅히 있는 것이라서 상등의 지혜를 가진 자라도 없을 수 없는 것이다. 다만 그 속으로 나아가 공과 사를 구별하고 사람들과 함께하여 사사로운 욕심에 국한되지 않는다면 이것이 바로 인의(仁義)인 것이다.

그러므로 맹자의 말은 이에 나아가 열어 주고 넓혀 주어서 왕이 공평하게 행하도록 면려했을 뿐이다. 만약 바로 질책을 하면, 사람들이 반드시, '반드시 이 마음을 제거한 뒤에야 왕도 정치를 행할 수 있다.'라고 여길 것이니, 이것이 어찌 이치이겠는가.

이를테면 이른바 '내 나라를 이롭게 한다는 것'은 내가 남을 대할 때 반드시 자신을 이롭게 하려는 뜻이고, '재물과 여색'으로 말한 것은 이미 공적인 것이 아니고 사사로운 것에 국한된 것이다. 그러므로 맹자가 곧장 끊어서 용납할 바가 없게 하였으니 그 뜻이 참으로 정밀하다. 또 혜왕의 마음은 내 나라에 이로운 것을 최선의 일이라고 여겨 오직 그렇게 할 수 없을까를 두려워하였고, 제왕의 말은 재물을 좋아하고 여색을 좋아하는 것을 자신의 깊은 병통으로 여겨 이러한 마음으로는 왕도 정치를 행하기에 부족할까 두려워하였다. 맹자의 대답이 누르기도 하고 인도하기도 하며, 엄하기도 하고 부드럽기도 하니 또한 적절하지 않은가? 이 또한 성현이 일에 따라 행하는 꼭 들어맞는 묘용이 아니겠는가.

혜왕이 이른 바 '내 나라를 이롭게 한다는 것'은 그 말뜻을 음미해보면 이웃 나라를 병탄하는 것을 비유하여 말했을 뿐인 듯하다. 이는 자기 나라가 다른 나라보다 더 이롭기를 바란 것이지 당장 아랫사람의 것을 취하여 자기를 이롭게 하는 데에 뜻이 있는 것이 아닌데, 맹자는 곧바로 '서로 이로움을 취하는 해로움'에 대해서 말했으니 질문한 본래의 뜻이 아니지 않은가?

다만 다른 나라보다 더 이롭게 하고 싶은 이러한 마음이 바로 자기를 이롭게 하려는 마음이다. 이미 자기를 이롭게 하려는 마음이 있고 나면 그 형세가 반드시 아랫사람에게서 취하여 자기를 이롭게 하려는 데 이르게 되고, 윗사람이 이미 아랫사람의 것을 취하여 자기를 이롭게 하고 나면 아랫사람도 윗사람의 것을 취하여 자기를 이롭게 할 것이다. 맹자가 곧바로 서로 취하는 해로움에 대하여 말한 것은 바로 극치(極致)를 드러내어 밝히자는 것이다.

이로움을 취하는 폐단을 '백성이 흩어지고 나라가 위태로워진다.'고만 말해도 되는데 굳이 '시해한다', '빼앗는다'고 말한 것은 너무 심한 것이 아닌가?

이로움을 취하는 해로움을 재물이라는 측면에서 말한다면 백성이 흩어진다는 것으로 말하는 것이 참으로 마땅하겠지만 지금 심술(心術)이라는 측면에서 말한다면 이로움을 취하려는 마음을 품고 서로 접하는 폐단은 반드시 빼앗지 않으면 만족하지 않게 되기 때문에 '시해한다', '빼앗는다'는 말을 하였던 것이다.

현자가 처음 인군(人君)을 만나서 바로 시해하고 빼앗는 일을 말하였으니 기상이 혼후(渾厚)하지 못한 것은 아닌가?

그렇지 않다. 이로움을 마음에 품는 폐단이 만약 시해하고 빼앗는 재앙에까지 이르지 않는다면 말하지 않아도 되겠지만, 가령 있다면 어찌 극언(極言)을 하지 않을 수 있겠는가. 이 역시 극치를 드러내어 밝히는 뜻이다. 성인의 말은 극치를 드러내어 밝히면서도 혼후하지 않음이 없으나, 성인에 미치지 못하면서 혼후하기에 힘쓰는 사람 치고 또한 능히 극치를 드러내어 밝혀내는 자는 드물다. 군자의 말은 마땅히 극치를 드러내어 밝히는 것을 위주로 하여야 한다.

맹자가 인의를 말하면서 인의의 본질을 말하지 않으며, 또 인의의 방법도 말하지 않고 곧바로 인의의 효험을 말한 것은 무엇 때문인가?

이로움을 좋아하는 마음을 없애려면 이로움을 추구하는 해를 분명히 말하여 막아 버리지 않을 수 없고, 인의를 마음먹게 하려면 반드시 인의의 효험을 곧바로 말하여 열어 주고 깨우쳐 주지 않을 수 없으니 그 말이 참으로 적절했다. 혜왕이 이렇게 묻고서 만약 다시 '어떤 것이 인의인가?'라고 물었다면 맹자는 반드시 사람 마음의 본체를 가리켜 말했을 것이고, 만약 '어떻게 인의를 행하는가?'라고 물었다면 반드시 확충하는 방편을 상세히 말했을 것이다. 혜왕이 다시 묻지 않은 것이 안타깝다.

대개 성현이 온축(蘊蓄)하고 있는 것이 지극히 넓지 않은 것이 아니고, 사람을 위하는 마음이 매우 간절하지 않은 것은 아니다. 그러나 깨우쳐 주는 과정에서 깊고 얕음과 자세하고 간략함을 그가 느끼는 바에 따라 조절하여, 진실로 그가 언급했는데도 다 말해 주지 않은 적이 없고, 또 그쳐야 할 곳에 그치지 않은 적도 없었다. 여기에서 성현이 말하거나 말하지 않는 절도를 볼 수 있으니 학자가 또한 스스로를 살펴볼 수 있을 것이다.

제4절의 '수레 1000대를 내는 집안'의 주에서 "공경은 채지(采地)가 사방 100리로, 수레 1000대를 낼 수 있다."라고 하였다. 그러나 《맹자집주》에서 인용한 《한서(漢書)》 〈형법지(刑法志)〉의 수레 제도를 고찰해 보면 '방백리(方百里)'의 '백(百)'은 사방 1000리가 된다. 사방 1000리에서 1000대의 수레를 낸다면 사방 100리는 마땅히 100대의 수레를 내어야 할 것이다. 이것으로 추측해 보면 십동일봉(十同一封)의 땅을 잘라 내고 보태어 모나게 만들면 사방 316리가 되어야 하고, 9960정(井)을 합하면 대략 1000대의 수레를 낼 수 있다.

지금 사방 100리를 '수레 1000대를 내는 나라'라고 하니, 이는 잘 이해할 수 없다. 그러나 천자의 공경(公卿)은 반드시 사방 316리의 땅을 봉하였으니, 천자 기내(畿內)의 땅이 그 나머지는 얼마이겠는가? 제나라와 노나라는 대국(大國)으로 봉해졌지만 오히려 '100리보다 작다.'고 하였으니, 그렇다면 기내의 채읍(采邑)이 어찌 사방 100리를 넘는 곳이 있겠는가. 이렇고 보면 '사방 100리'라고 한 것은 의심할 것이 없고 '1000대를 내는 집안'은 의심스럽다.

아마도 주나라가 쇠퇴해지면서 세습한 여러 나라로서, 이를테면 진(晉)나라의 세 가문[15]과 제(齊)나라의 전씨(田氏) 같은 부류들 중에 분수에 넘치게 사치하며 더 보태어 혹 1000대의 수레를 낼 수 있는 땅을 소유하게 된 자들이 있기까지 하였을 것이다. 그러므로 당시에

15 세 가문 : 한씨(韓氏), 위씨(魏氏), 조씨(趙氏)의 세 가문을 말한다.

칭하여 '수레 1000대를 낼 수 있는 집안'이라고 불렀으니, 맹자는 당시의 사적(事迹)에 근거해서 말했을 뿐이지 애초에 천자의 공경이 받은 식읍의 바른 제도를 말한 것이 아니었다.

주자의 주에 '1000대'라고 한 것은 본래의 문장에 근거했을 뿐이고, '100리'라고 한 것은 또 옛날의 사실에 근거하여 이와 같이 범범하게 풀이한 것이 아니겠는가. 제나라와 노나라의 봉토를 맹자가 비록 "100리보다 작다."라고 하고, 주자가 일찍이 "반드시 100리에 이르지는 않을 것이다."라고 하였으나 후국(侯國)이 수레 1000대를 낼 수 있다는 것은 의심할 것이 없다.-또 316리는 합하면 10만 정(井)이 못 된다. 대략 9만 9856정이니, 모자라는 것은 144정이다. 만약 더하여 317리에 이르면 또 489정이 남게 되므로 대략 316리로 말했을 뿐이다.-

제3절 소주(小註)의 제6조에서 주자는 "일의 마땅함이란 바로 사물의 당연한 이치를 가리키는 것이지 처리가 합당함을 말한 것이 아니다."라고 하였는데, 이는 "사물에 있는 것이 이(理)이고 사물에 대처하는 것이 의리〔義〕이다."[16]라는 말과 서로 부합하지 않는 것이 아닌가?

정자가 말한 '사물에 있는 것을 이라 하고, 사물에 대처하는 것을 의라 한다.'는 것은 이와 의라는 명목은 사물에 있는 것과 마음에 있는 것의 구별이 있는 것이라고 해석한 것이다. 그리고 여기 주석의 뜻은 바로 대주(大註)에서 말한 '일의 마땅함'이란 사물이 지니고 있는 당연한 이치를 지적한 것이지 처사가 이미 충분히 합당한 것을 지적해서 말한 것이 아님을 말한 것이다. '처사가 합당한 것'이란 곧 의로움을

16 사물에……의리이다 : 《맹자》〈고자 상(告子上)〉 7장 주에 나온다.

행한다고 할 때의 의리이고, 여기서 말하는 '일의 마땅함'이란 곧 이와 의라고 할 때의 의이다. 정자는 사물에 있는 것과 마음에 있는 것의 의미를 분별하였던 것이고, 여기서는 이를 가리켜 분별한 것이지 일을 가리킨 의미가 아니니, 또한 부합하지 않는 점이 없다.

제4절 《한서(漢書)》 〈형법지〉에 "1전(甸) 64정(井)에서 내는 세금과 부역으로는 융마(戎馬) 4필(匹), 병거(兵車) 1승(乘), 소 12두(頭), 갑사(甲士) 3명, 보졸 72명이 있다. 1정(井)은 8가구이니 512가구에서 사졸 75명을 낸다. 은(殷)나라와 주(周)나라의 제도는 7가구에 조금 못 미쳐[17] 1명의 병졸을 낸다. 또 병거 1승에 소와 말을 합하여 모두 16두가 있으니 이를 계산하면 32가구에서 또 말이나 소 1두를 낸다."라고 하였다. 살펴보건대 옛날의 병제(兵制)가 이러하였기에 백성들이 여력이 있었고 군대도 제대로 다스릴 수 있었던 것이다.

제6절 경원 보씨(慶源輔氏)[18]의 두 번째 설에서 "비록 이로움을 추구하더라도 반드시 얻지는 못한다. 그러나 사람을 해치고 사물을 해쳐 허물을 초래하고 화를 부른다. 그러므로 해로움이 항상 따른다."라고 하였다. 내가 생각건대 '반드시 얻지는 못한다.' 뒤에 '연(然)' 한 글자를 넣었는데, 본주(本註)에서 말하는 "이로움을 추구하더라도 얻지 못하고 해로움이 벌써 따른다."라는 뜻을 많이 잃은 듯하다. 만약 '이로움을

17 7가구에……미쳐 : 512가구를 75로 나누면 6.8가구가 되므로 7가구에 조금 못 미친다고 말한 것이다.

18 경원 보씨(慶源輔氏) : 송(宋)나라 보광(輔廣)을 말한다.

추구하기에 절실하더라도 사람을 해치고 사물을 해쳐 허물을 초래하고 화를 부르게 된다. 그러므로 반드시 이로움을 얻지 못하고 해로움만을 따르게 된다.'라고 말한다면 조금 나을 듯하다.

각헌 채씨(覺軒蔡氏)의 주장[19]은 사람의 생각을 매우 일깨워 주는 점이 있다. 그러나 '하필(何必)'이라고 말한 것을 주자가 〈왕 상서(汪尚書)에게 답한 편지〉[20]의 뜻으로 살펴보자면, '안 된다.〔不可〕'라고 한 것은 해로움이 있다는 말이고, '필요 없다.〔不必〕'라고 한 것은 무익하다는 말인데, 지금 '하필'이라고 말했으니 또한 엄격하지 못한 병통이 있지 않은가.

이 장에서는 이로움을 추구하는 해를 남김없이 다 말하였으니 어찌 '무익하다'고만 말한 것이겠는가. 추구하면 반드시 해로움이 있고 추구하지 않아도 저절로 오게 되니, 또한 추구할 필요가 없는 것이다. '하필'이라고 말한 것은 무익하다는 의미를 더 넘어서서 '어떻게 그렇게 할 수 있겠습니까.'라고 말한 것일 뿐만 아니라 오히려 금지하고 경계하는 뜻이 있다. 호치당(胡致堂)이, 주발(周勃)이 북군(北軍)의 잘못을 물은

19 각헌 채씨(覺軒蔡氏)의 주장 : 각헌은 채침(蔡沈)의 아들 채모(蔡模)의 호이다. 그가 "'왕께서는 인의를 말해야지 어찌 굳이 이로움에 대하여 말씀하십니까.'에 대하여, 학자가 자세히 음미해 보아야 한다. '하필'이라는 말은 《맹자》를 보면 말뜻이 엄격하여 못을 꺾고 쇠를 자르는 듯하다. '인의'라고만 말하고 다시는 '이로움'을 말하지 않았다. 동중서(董仲舒)가 '의리를 바르게 하고 이로움을 꾀하지 않으며 도를 밝히고 공을 따지지 않는다.'라고 한 뜻은 또한 전수받은 것이 있었으리라."라고 한 것을 말한다.

20 주자가……편지 : 《회암집(晦庵集)》 권30 〈답왕상서(答汪尚書)〉의 4번째 편지를 말한다.

것에 대하여 논하면서 말하기를 "묻지 않았어야 할 뿐만 아니라 물을 필요도 없었다."라고 하였으니,[21] 그 말뜻이 바로 이와 같은 유형이다.

또 이로움은 본래 의리를 해치는 점이 있지만, 또 인의에는 '이롭지 않은 적이 없는 이로움'도 있다. 만약 '어떻게 가능한가?〔何可〕'라고 한다면 사람들은 의리를 해치는 이로움을 추구해서는 안 된다는 것만을 알 뿐이나 지금 '하필'이라고 하였으니 '이롭지 않는 적이 없는 이로움'이기는 하지만 또한 먼저 뜻을 두고 추구할 필요가 없다는 것이니 그 뜻이 은미하다.

1장 아래 대주(大註)에 주자가 한 말[22]은 인의(仁義)의 근원을 미루어 밝히고 이로움을 추구하는 마음이 발생하는 원인을 가리켜 보인 것으로, 모두 이 장에서 말하지 않은 것인데도[23] 이 장에서 함께 언급한

21 호치당(胡致堂)이……하였으니 : 호치당은 송나라 호인(胡寅)을 말한다. 《사기》 권9 〈여후본기(呂后本紀)〉에 주발이 여씨(呂氏) 일당을 제거하기 위해 군중(軍中)을 다니며 "여씨를 위할 작정이면 우단(右袒)을 하고 유씨(劉氏)를 위하려면 좌단(左袒)을 하라."라고 한 내용이 있는데, 《소학》 소주에서 호인이 "만약 군사들이 응하지 않아 모두 우단을 하거나 반만 참여하였다면 그 일을 어찌해야 하는가? 유씨를 위하건 않건 간에 물어서는 안 되었을 뿐만 아니라 물을 필요도 없었다."라고 한 것을 말한다.

22 주자가 한 말 : 《맹자집주》 〈양혜왕 상(梁惠王上)〉의 주희의 주에서 "이 장에서 말한, 인의는 사람의 마음에 본래부터 있는 것에 뿌리를 두고 있으니 공평한 천리이고, 이익을 바라는 마음은 물아가 서로 비교하는 데서 생기는 것이니 사사로운 사람의 욕심이다. 천리를 따르면 이익을 구하지 않아도 저절로 이롭게 되고 욕심을 따르면 이익을 구하지만 얻지 못하며 자기를 해치는 일이 뒤따른다."라고 한 것을 말한다.

23 이……것인데도 : 《맹자》 〈양혜왕 상〉의 이 장에서는 "어질면서 그 어버이를 버리는 자는 있지 않으며, 의로우면서 그 군주를 뒤로 하는 자는 있지 않습니다.", "인의가 있을 뿐이다." 등, 인의의 실천에 대하여 말하고 있지 인의의 이치를 밝히는 내용이 없다는 말이다.

것은 무엇 때문인가?

이미 인의를 말했고 보면 처음을 탐색하고 마지막을 궁구하여 그 뜻이 저절로 갖추어졌으니 본장에서 말하지 않은 것이더라도 의미를 함축하는 데는 나쁘지 않다. 그러므로 이렇게 말하였으니 읽는 자가 의미를 살려 보아서 그 뜻을 깊이 궁구하는 것이 옳다.

사람은 이 육신이 있고 나면 곧 자신을 이롭게 하려는 마음이 있게 된다. 지금 이로움을 추구하는 마음을 물아(物我)를 서로 비교하는 데서 발생하는 것으로 여기는 것은 무엇 때문인가? 물아를 비교하지 않는다면 이로움을 추구하는 마음이 끝내 없어지겠는가?

이른바 이로움을 추구하려는 마음이란 바로 자기를 이롭게 하려는 마음이니, 반드시 저와 서로 비교해 본 뒤에 자기를 이롭게 하려는 마음이 있게 된다. 장단(長短)을 비교하고 다소(多少)를 다투는 것은 모두 저와 나를 서로 비교해 본 뒤에 이러한 마음이 있게 되는 것이니, 사람의 마음이 형체와 기질에 의해서 자연히 발생하는 것과는 또한 차이가 있다.

그러나 이른바 자기를 이롭게 하려는 마음은 또한 본래의 묘맥(苗脈)이 없이 곧바로 물아를 서로 비교해 본 뒤에 갑자기 생겨나는 것이 아니다. 다만 형체와 기질에 의해서 생겨나는 이 마음이 바로 자신의 몸을 다 주재하여 이미 사사로운 마음의 조그마한 근저(根柢)가 되는 것이다. 그러므로 물아를 서로 비교할 때를 기다렸다가 그만 자기를 이롭게 하려는 마음이 된다. 이것은 사람의 마음이 얕고 깊음을 다툴 뿐이지 두 개의 길이 아니다.

이로움을 추구하는 마음은 사사로운 사람의 욕심인데 정자는 "군자가 이롭고자 하지 않은 적이 없다."[24]라고 한 것은 무엇 때문인가?

정자의 뜻은 남과 나를 서로 비교하여 오직 자기를 이롭게 하려는 마음을 가리킨 것이 아니라, 바로 군자의 마음은 또 이로움을 추구하는 것이 좋지 않다고 여기지는 않는다는 것을 범범하게 말하였을 뿐이니, 대개 군자가 진실로 남에게 이롭게 하고자 하지만 자신에게 또 언제 이롭지 않게 하고자 한 적이 있던가. 사리가 참으로 마땅히 그러할 뿐이다. 그리고 그 아래에 곧 "어질고 의롭기만 하면 이로움을 추구하지 않아도 저절로 이롭지 않은 것이 없다."라고 하였으니, 군자의 마음가짐과 처사가 애당초 이로움을 추구하려는 뜻이 없었음을 더더욱 알 수 있다.

만약 《맹자집주》에 있는 동양 허씨(東陽許氏)의 설[25]처럼 바로 '남을 이롭게 하는 것이 자기를 이롭게 하는 것이다.'라고 하면 말에 병통이 있을 듯하다. 군자가 사람을 사랑하고 사물을 이롭게 하는 것이 어찌

24 군자가……없다 : 《이정유서(二程遺書)》 권19에 나오는 말로, 무릇 이치를 따르며 해로움이 없는 곳이 바로 '이(利)'라는 전제를 두고 이렇게 말하였으며, 이어서 맹자가 한 말은 이로움을 추구하려고만 마음먹게 되면 해롭지만, 어버이를 버리지 않고 군주를 뒤로 하지 않는 것은 인의를 이롭게 여기는 것으로 이롭지 않은 적이 없다고 하였다.

25 동양 허씨(東陽許氏)의 설 : 동양 허씨는 동양(東陽)의 팔화산(八華山)에 거주했던 허겸(許謙)을 말한다. 원(元)나라 금화인(金華人)으로, 자는 익지(益之), 호는 백운산인(白雲山人)이다. 《맹자집주》에 그가 "군자가 자기에게 이롭게 하려는 마음은 있을 수 없고 물(物)을 이롭게 하려는 마음은 없을 수 없다. 맹자가 '이익'을 말하지 않은 것은 전적으로 자기에게 이롭게 하려는 사람의 마음을 공격한 것이니, 자기를 이롭게 하려는 마음을 끊은 뒤에야 물을 이롭게 하는 일을 행할 수 있다. 그러나 물을 이롭게 하는 것은 바로 자신을 이롭게 하는 것이다. 어버이를 내버려 두고 군주를 뒤로 하지 않으면 자기도 이롭지 않음이 없다. 그러나 인의를 빌려 이익을 구해서는 안 된다."라고 한 것을 말한다.

자기를 이롭게 하려는 것이겠는가. 그 아래 문장에서 "다만 인의를 가장해서 이로움을 구해서는 안 된다."라는 말이 있기는 하지만 이 말의 실수를 보완하기에는 부족할 듯하다. 사람 마음이 지니고 있는 인의는 하늘에서 얻은 것이어서 태어날 때 더불어 갖추고 태어나서 저절로 그렇게 되는 것이지 인위적으로 한다고 해서 되는 것이 아니다.

군자가 사람을 사랑하고 사물을 이롭게 하는 일이 모두 합당한 것은 자신과 남과 사물이 본래 같은 한 몸이며 괴로움과 즐거움, 기쁨과 싫음이 터럭만큼도 다르지 않기 때문이다. 그러므로 자신이 서고자 하면 남을 세워 주고 자기가 도달하고자 하면 남을 도달하게 하여 반드시 온갖 사물과 일들이 각자 분수를 얻도록 할 뿐이다. 이와 같은 자가 애당초 어찌 자신을 이롭게 하려 하겠는가. 만물이 각자 제자리를 얻는 데 이르더라도 오히려 널리 베풀 것을 고민하여 그 마음 한편에는 오히려 만족하지 못하고, 한 사람이라도 제자리를 얻지 못하는 일이 있을까 염려할 뿐인데 언제 다행스럽게 여기는 마음을 가지겠는가. 자신 역시 만물 중 하나일 뿐이니 사물이 모두 제자리를 얻게 되면 자신도 저절로 제자리를 얻게 되는 것이다.

천하의 일이란 완전한 이로움도 완전한 해로움도 없다. 그러므로 영웅은 일을 헤아려 6분의 이익을 보면 행하고, 성현은 더더욱 이로운지 해로운지를 다시 논하지 않고 의리만을 따라 행하지만 끝내 또한 이롭지 않은 적이 없으니, 정자(程子)의 이 뜻은 또한 이로움을 추구하지 않는 하나의 뜻을 밝힐 수는 있다. 그러나 바른 해석은 아니다.

제2장

"백성과 즐거움을 함께한다."[26]라는 것은 누대나 연못, 새나 짐승들을 가지고 추구해서는 안 된다. 평소 정사를 잘 행하고 인덕을 베풀어 백성들이 각자 그 즐거움을 얻게 한 것이 본래 누대를 건설하기 위해 측량하고 시공하기 전에 있었다. 그러므로 백성들도 문왕이 즐거워하는 것을 즐거워하고 문왕은 그 즐거움을 누릴 수 있었던 것이다.

이는 뒤편의 종과 북의 음악, 정원과 동산의 즐거움, 재물과 여색에 관한 대답[27]과 대략은 비슷한 듯하지만 사실은 서로 다른 점이 있다. 뒤편에서는 종과 북, 동산, 재물과 여색을 가지고 이치를 따르기에 힘쓰면서 욕심 부리는 것을 막은 것이고, 여기서는 평소 백성을 아껴 민심을 얻는다면 위아래가 함께 즐거워하여 이 누대와 연못, 새와 짐승의 즐거움을 누릴 수 있다는 것을 말하였을 뿐이다.

소주(小註) 중 운봉(雲峯)[28]의 설에 인용한, "천하 사람들이 모두 즐거워한 뒤에 즐거워한다."[29]라는 것이 이 장의 본뜻에 가장 잘 맞다. 남헌(南軒)[30]의 천리(天理)와 인욕(人欲),[31] 운봉의 인(仁)과 불인(不

26 백성과 즐거움을 함께한다 : 《맹자》 〈양혜왕 상〉 2장에서 혜왕이 맹자에게 현자도 기러기와 사슴 따위를 즐기느냐고 묻자, 현자라야 이러한 즐거움을 누릴 수 있다며 문왕이 백성들의 힘으로 누대와 못을 만들었으나 백성들이 즐거워하였던 것은 백성들과 함께 즐겼기 때문이라고 설파한 내용을 말한다.

27 뒤편의……대답 : 《맹자》 〈양혜왕 하〉 1장에서는 종과 북, 피리 등의 음악을 백성들과 함께 누릴 것을, 2장에서는 동산의 즐거움을 백성들과 함께 누릴 것을, 5장에서는 재물과 여색의 즐거움을 백성들과 함께 누릴 것에 대하여 말하고 있다.

28 운봉(雲峯) : 호병문(胡炳文, 1250~1333)의 호이다. 자는 중호(仲虎)로, 원나라 휘주(徽州) 무원(婺源) 사람이다.

29 천하……즐거워한다 : 이 말은 원래 범중엄(范仲淹)이 〈악양루기(岳陽樓記)〉에서 한 말인데, 《맹자집주》에 운봉 호씨가 아닌 쌍봉 요씨(雙峯饒氏)가 인용한 것으로 되어 있다.

仁)[32] 같은 설은 모두 대강령(大綱領)이니, 하편 두어 곳의 대구와 같은 예로 보아야 할 듯하다. 구산(龜山)의 설[33]과 남헌의 후설(後說)[34] 신안(新安)의 설[35]은 그 뜻이 모두 이와 같다.

30 남헌(南軒) : 장식(張栻, 1133~1180)의 호이다. 자는 경부(敬夫), 시호는 선공(宣公)이다. 송대 면죽(綿竹) 사람으로, 오봉(五峯) 호굉(胡宏)에게 사사하였다. 주희, 여조겸(呂祖謙)과 벗하여 동남삼현(東南三賢)이라 불린다.

31 천리(天理)와 인욕(人欲) : 《맹자집주》에서 장식이 "왕이 말한 즐거움은 '인욕의 사사로운 것'으로 자기가 편안한 것을 즐거워하는 것이고, 맹자가 말하는 '현자라야 이러한 것을 즐길 수 있다.'라는 것은 천리의 공변된 것으로 백성과 함께 즐거워하는 것이다."라고 한 것을 말한다.

32 운봉의 인(仁)과 불인(不仁) : 이 말 역시 《맹자집주》를 보면 운봉 호씨가 아닌 쌍봉 요씨가 한 말로 되어 있는데, 그는 "혼자서 즐기는 것은 인이 아니고 함께 즐기는 것이 인이다."라고 하였다.

33 구산(龜山)의 설 : 구산은 송대(宋代)의 학자 양시(楊時, 1053~1135)의 호로, 만년에 구산에 은거하여 구산이라 불렀다. 자는 중립(中立), 시호는 문정(文靖)이다. 그의 학문은 나종언(羅從彦), 이통(李侗)을 거쳐 주희에게로 계승된다. 《구산집》 권8에서 남헌 장식이 "군자는 의로움을 이롭게 여기며 이로움을 이롭게 여기지 않는다. 백성들이 그들의 군주와 어버이를 뒷전으로 두지 않으면 나라가 다스려지는 것이니, 이로움 중에서 무엇이 이보다 크겠는가. 그러므로 '인의가 있을 뿐입니다. 어찌 굳이 이로움을 말씀하십니까?'라고 한 것이다."라고 하였다.

34 남헌의 후설(後說) : 《대학연의보(大學衍義補)》 권89에서 남헌 장식이 "백성은 하나이다. 민심을 얻으면 자식처럼 와서 군주의 즐거움을 즐거워하고 민심을 잃으면 어느 때에 망할까 하면서 군주가 망하는 것을 망하게 두니, 그 근본을 궁구해 보면 이치를 따르는 것과 사욕을 따르는 구분에서 말미암는다. 군주가 늘 감히 스스로 즐기려는 마음을 품지 않으면 인욕을 막기에 충분하고, 늘 백성과 함께 즐기려는 마음을 품으면 천리를 넓힐 수 있다."라고 한 것을 말한다.

35 신안(新安)의 설 : 신안은 원(元)나라 신안군 휴령현(休寧縣) 출신인 진력(陳櫟, 1252~1334)을 말한다. 자는 수옹(壽翁)·정우(定宇)이며 만년에 동부노인(東阜老人)으로 불렀다. 《맹자집주》에서 그가 "《맹자》는 인욕을 막고 천리를 보존하는 것을

그러나 민심을 얻는 것이 이러한 즐거움을 보전할 수 있는 길임을 안다면 반드시 이치를 따르기에 힘써서 함께 즐거워할 것을 생각하고, 민심을 잃는 것이 이러한 즐거움을 보전할 수 없는 길임을 안다면 욕심을 부려 함께 즐거워하지 않는 것을 반드시 경계할 것이니, 그 귀결은 또 언제나 다른 적이 없다. -이상은 경오년(1690, 숙종16)에 기록한 것이다.-

깊이 생각건대 맹자의 '부동심(不動心)'의 도[36]는 바로 《대학》의 '정심(正心)'의 경지이니, '동요하지 않는다.'고 말한 것은 오로지 고요함을 지키기만 하는 것이 아니라 움직이더라도 본심이 흔들리지 않는 것이니, 본심이 흔들리지 않을 수 있는 것은 밝은 지혜〔明〕가 지극하지 않음이 없고 행실〔行〕이 정성스럽지 않음이 없기 때문이다.

《대학》의 '격물치지(格物致知)'는 '명(明)'의 일이니, 바로 《맹자》의 '남의 말을 듣고 그 진의를 잘 파악하는 것〔知言〕'이고, 《대학》의 '성의(誠意)'는 '성(誠)'의 일이니, 《맹자》의 '의가 축적되는 것'이다. 일상에서 '끝까지 알아내고 뜻을 정성스럽게 하는' 공부를 깨치는 것이 바로 부동심을 이해하는 중요한 근본이다. 그러나 또한 앎이 아직 끝까지 도달하지 못함이 있고 뜻이 아직 정성스럽지 못하여, 마음이 움직이지 않을 수가 없어서 저절로 움직이게 맡겨 둔다고 해서는 안 되고 반드시 부동심을 이 몸〔當體〕이 힘쓰는 준적(準的)으로 삼아야 한다. 정자가

으뜸으로 하였으니, '어찌 굳이 이로움을 말하십니까?'라고 한 것은 인욕을 막는 것이고, '또한 인의가 있을 뿐입니다.'라고 한 것은 천리를 보존한 것이다."라고 한 것을 말한다.

36 부동심(不動心)의 도 : 《맹자》 〈공손추 상(公孫丑上)〉 2장에 나오는 말이다.

이른 바 "학자가 마음이 움직이지 않는 경지에는 아직 도달하지 못했으면 우선 모름지기 그 뜻을 잡고 있어야 한다."[37]라는 것이 바로 이 일을 두고 한 말이다. 움직일 때도 안정되고 가만히 있을 때에도 안정되며, 보내고 맞이함도 없고 안과 밖도 없어서, 확연히 매우 공평하고 일이 다가오면 순순하게 응한다면 부동심에 이르지는 못하더라도 이 말을 실천하기에 힘쓸 것이다.

또 부동심은 양(量)으로 말할 수도 있는데 맹자가 기(氣)를 더 중요하다고 여긴 것은 무엇 때문인가? 무릇 사람이 양이 부족해서 쉽사리 동요하는 것은 참으로 인식이 미치지 못해서이지만 인식이 미치는데도 일이 닥쳐왔을 때 오히려 동요하는 것은 기가 부족하기 때문이다. 도의(道義)는 무한한 사물이고 나의 기도 본래 무한하다.

도의가 이러한데도 내가 이와 같지 못한 것은 모두 기가 부족해서이다. 진실로 기가 길러져 참으로 부족함이 없다면 호연한 기의 본체가 성대하게 유행(流行)할 것인데 마음이 어떻게 동요하겠는가. 양(量) 또한 그 가운데에 있을 것이다. 이것이 맹자의 양기(養氣)의 이론이니, 우리 유학에 큰 공로가 있는 것이다. 이 뜻 또한 체득하여야 하니 잊어버려서는 안 된다.-이상은 무오년(1678, 숙종4)에 기록한 것이다.-

호연지기가 아직 생기지 않았는데 집의(集義)를 일삼으면 의(義)만 있고 기(氣)가 없다는 말인가?

한 생각이 일어나는 것과 한 마디 말 한 가지 행동이 모두 기가 발한

37 학자가……한다 : 《이정유서(二程遺書)》 권19에 나오는 말이다.

것이나 다만 호연지기라고는 말할 수 없다.

비록 한 가지 일이라도 이미 의리에 부합한다면 발한 기는 바른 것인데도 호연지기라고 말하지 않는다면 이것은 또한 무슨 기인가?

바르다 하더라도 전체가 성대하게 유행하지 않는다면 호연지기라고 말할 수 없다. 잘 수양해서 전체가 호연함에 이른 뒤라면 한 마디 말 한 가지 행동이라도 전체가 아님이 없으니, 모두 호연지기라고 말할 수 있다.

사람이 배울 것은 심(心)과 이(理)뿐이다. 이치를 궁구하고 마음을 바르게 하여 마음과 이치가 하나가 된다면 다시는 할 것이 없다. 그러나 또 기(氣)가 그 가운데 있으니, 반드시 기를 완전하게 기른 뒤에야 마음이 성대해지고 이치에 통달하게 된다. 만약 기가 충만하고 완전하지 못하면 선한 마음이 갖추어져 있더라도 그 이치의 활용이 지극할 수 없다. 기가 완전하기만 하면 이치가 미치는 곳에 기가 도달하지 않음이 없다. 인이 지극하고 의가 극진하려면 반드시 이 기를 얻어 도움을 받은 뒤라야 가능하다.

사람이 만약 인의를 배워 의가 정밀하고 인이 익숙한 경지에 도달하면 기는 저절로 생긴다. 그러나 아직 정밀하고 익숙해지기 전에 또 이 뜻을 체득할 수 있다면 실로 정밀하고 익숙하게 되는 데 하나의 도움이 될 것이다. 이를테면 사람이 강하고 꿋꿋할 수 없는 것이 진실로 곧 기가 불완전해서이지만, 이를테면 너그럽고 온유할 수 없는 것도 바로 기가 불완전해서이다.

사람은 모두 강하고 꿋꿋한 것이 바로 기라는 것은 알지만 너그럽고 온유한 것도 바로 기라는 것은 알지 못한다. 사람들은 광대함을 이루는 것〔致廣大〕이 기를 바탕으로 하는 줄은 알지만 정미함을 다하는 것〔盡精微〕도 기를 바탕으로 한다는 것은 알지 못한다.[38] 맹자가 이 기를 '호연(浩然)'이라고 이름 붙였고, 주자가 '호연'을 풀이하면서 '성대하게 유행하는 모양'이라고 하였는데, 성대하면 천지에 가득 차며 유행하면 고금을 꿰뚫어 통하니 이는 도와 한 몸이 되는 것이다.

〈공손추 하(公孫丑下)〉 제2장

'어찌 이를 두고 말한 것이겠는가〔豈爲是與〕'[39]에 대하여

맹자가 '나의 뜻은 직분을 맡아 분주한 자가 항상 행하는 예를 말하는 것이 아니다.'라고 말한 것이다. 아랫글에서 "내가 어찌 저에게 부족할 것이 있겠는가."[40]와 "어찌 한 가지를 가지고 있다고 해서 두 가지를 가진 사람에게 태만히 대할 수 있겠는가."[41]라고 한 것이 바로 맹자의

38 사람들은……못한다 : '광대함을 이루는 것'과 '정미함을 다하는 것'은 《중용장구》 제27장에서 군자가 덕에 들어가는 길을 밝힌 내용 중에 나오는 말로, "그러므로 군자는 덕성을 높이고 학문을 말미암으니, 광대함을 이루고 정미함을 다하며, 고명함을 다하고 중용을 말미암으며, 옛것을 잊지 않고 새로운 것을 알며, 후함을 돈독히 하고 예를 높이는 것이다."라고 하였다.

39 어찌……것이겠는가 : 대본에는 '豈爲是與'로 되어 있는데, 《맹자》 〈공손추 하〉에는 '爲'가 '謂'로 되어 있다.

40 내가……있겠는가 : 대본에는 '吾何歉於彼'로 되어 있는데, 《맹자》 〈공손추 하〉에는 '歉'이 '慊'으로 되어 있다.

41 어찌……있겠는가 : 대본에는 '烏得有其一以慢其二'로 되어 있는데, 《맹자》 〈공손추 하〉에는 '烏'가 '惡'으로 되어 있다. 이 구절은 《맹자》 〈공손추 하〉 2장에 나오는 "천하에 달존(達尊)이 세 가지가 있으니, 관작(官爵)이 하나요, 연치(年齒)가 하나요, 덕(德)이 하나이다. 조정에는 관작(官爵)만 한 것이 없고, 향당(鄕黨)에는 연치만 한 것이 없고, 세상을 돕고 백성을 자라게 하는 데는 덕(德)만 한 것이 없다."라는 내용을

뜻이다.

경자(景子)의 말에 "이를 두고 말한 것이 아닙니다."라고 할 때의 '이것〔此〕'은 맹자의 말을 가리켜서 한 말이고,[42] 맹자의 말에 "어찌 이를 두고 말한 것이겠는가."라고 할 때의 '이것〔是〕'은 경자의 말을 가리켜서 한 말이니,[43] 말뜻은 서로 같다.

다만 경자가 다시 물은 것은 그저 처음에 한 질문이 왕을 공경하는 뜻을 보지 못해서였다. 그러므로 "이를 두고 말한 것이 아닙니다."라고 한 것은 어세가 위아래와 연결된다. 그러나 맹자가 다시 대답한 "내가 어찌 부족할 것이 있겠는가."라는 뜻[44]은 또 처음의 답 "나만큼 왕을 공경하는 이가 없다."에서 벗어났다. 그러므로 "어찌 이를 두고 말하는 것이겠는가."라고 한 것은 어세가 아래와는 연결되지만 위와는 연결되

참조해 보아야 한다.

42 경자(景子)의……말이고 : 경자가 맹자에게 군신간에는 서로 공경하여야 하는데 왕이 맹자를 뵙기 위해 공경하는 태도는 보았지만 맹자가 왕을 공경하는 태도는 보지 못한 듯하다고 하자, 맹자가 군왕에게 인의(仁義)를 말하는 것이 신하로서 가장 큰 공경이니, 그렇다면 제나라에서 나만큼 왕을 공경하는 자가 없다고 대답하였는데, 경자가 자신이 한 말은 이를 말하는 것이 아니라고 한 것이다. 《孟子 公孫丑上》

43 맹자의……말이니 : 경자가 다시 자신이 말하는 공경이란, 왕이 부르면 조금도 지체하지 않고 달려가는 것을 말한다. 맹자가 왕을 만나러 가려고 하다가 왕명을 받고는 오늘은 몸이 불편하니 내일 만났으면 좋겠다며 왕을 만나지 않는 것이 바로 왕을 공경하지 않은 것이라고 하자, 맹자가 다시 장차 큰일을 할 왕은 공경하여 함부로 부르지 못하는 신하가 있는 법이다. 군주가 그러한 신하를 지극히 공경한 뒤에 신하가 왕에게 나아가 덕과 도를 말하는 법이라고 한 것이다. 《孟子 公孫丑上》

44 맹자가……뜻 : 《맹자》 〈공손추 상〉에서 맹자가 "내가 말하는 공경이란 인의로 대하는 것이다. 어떤 자가 부와 관작으로 나를 대하면 나는 인의로 대할 것이니, 내가 부족할 것이 없다."라고 하였다.

지 않는다.

그런데 어떤 이는 의심하기를 "어찌 이를 두고 말하는 것이겠는가."는 예(禮)의 뜻을 말한 것이고 빈사(賓師)로 삼는 도를 말한 것이 아니라고 하는데, 뜻은 통하지만 또 경자의, "이를 두고 말한 것이 아닙니다."라는 말과는 어세가 같지 않다. 다만 앞의 설을 따라 풀이해야 하니 앞의 설이 바로 《맹자집주》의 뜻이다.

제3장

'해당되는 명목이 없었다.〔未有處也〕'는 붙일 만한 의리가 없었음을 말한 것이다. 이를테면 송나라에서 준 것은 길 떠나는 이의 행자(行資)로 의리를 붙일 수 있고, 설(薛)나라가 준 것은 경호병을 먹인다는 의리를 붙일 수 있지만 제(齊)나라에서 준 경우에는 붙일 만한 의리가 없었다. '처(處)' 자는 정확하게 풀이하기 어려우니, 대략 '속(屬)' 자의 뜻이다.

제6장

맹자는 제나라에서 빈사(賓師)였다. 사신으로 나가서 등(滕)나라에 조문하였는데 대우도 높지 않았다. 맹자가 명을 받아 갔다가 돌아올 때까지 말을 나누지 않은 것은 무엇 때문인가? 제왕이 중히 여겨 맹자를 보내면서 특별히 왕환(王驩)을 시켜 행차를 보좌하게 하였으니, 아마도 의리로 보아 말해서는 안 되는 것이 있어서가 아니었겠는가. '이미 누군가가 처리해 놓았다.'를 《맹자집주》에서, "유사가 처리해 놓았다."라고 하였고, 남헌(南軒)은 "왕환이 처리해 놓았다."라고 하였으니, 왕환이 처리해 놓았다고 한 것이 적절한 듯하다.

제7장

"천하를 위해서 어버이에게 검소하게 하지 않는다."라는 말뜻은 "삼공의 자리 때문에 절개를 바꾸지 않는다."라는 말과 꼭 같다. 이와 같다면 '천하가 중하다고 해서 그 어버이에게 검소하게 하지 않는다.'는 뜻이 될 뿐인데 주에서 문중자(文中子 왕통(王通))가 "천하 사람들의 재물을 허비한다."라는 말을 근거로 삼았으니, 끝내 명백하지 않다.[45]

제10장

제(齊)나라 왕이 만일 맹자가 어진 줄 알았다면 맹자의 도를 높이고 실천해야지 집을 주고 제자들을 기르게만 해서는 안 되며, 맹자의 도를 높이고 실천하기를 달가워하지 않는다면 이는 맹자가 어진 줄을 알지 못한 것인데, "나라 사람들이 존중하고 본받게 하려 한다."라고 말한 것은 또한 위선일 뿐이고 이는 맹자를 농락하려는 데 지나지 않는다.

그러므로 맹자가 다시는 그 일이 합당한지 아닌지와 자신이 떠날지 말지에 대한 의리를 말하지 않고, 곧바로 자기가 만약 부자가 되기를 바랐다면 마땅히 벌써 경의 녹봉을 받았지 무엇 때문에 이 만종(萬鍾)을 받겠느냐고 하였다. 이는 곧 제나라 왕의 마음속에 나아가 그 의도를 분석 판단한 것이니, 정밀하면서도 엄정하다.

45 주에서……않다 : 주는 《맹자》 〈공손추 하(公孫丑下)〉 7장 소주(小註)를 말한다. 이는 원래 왕통(王通)의 《중설(中說)》 권10 〈관랑편(關朗篇)〉에 실려 있는 말로, 왕응(王凝)이 집에서 검약(儉約)하였던 예로, 한 벌의 베옷을 20년이나 입으며 "천하 사람들의 재물을 쓸데없이 허비하지 마라.〔無爲費天下也〕"라고 한 말을 들었는데, 주희가 어버이에게 검소하게 하지 않는다는 뜻을 풀이하면서 이 말을 예로 든 것이 적절하지 않다는 말이다.

만약 제나라 왕이 참으로 이렇게 되기를 바랐다면 이미 현자를 존중하는 뜻을 잃은 것이다. 왜 그런가? 하늘이 준 지위를 함께하여 하늘이 준 직분을 다스리지 않은 것은 스스로는 믿고 따르지 않은 것이다. 그러면서 유독 나라 사람에게는 모범을 보이게 하였으니 이는 과연 무슨 의도인가? 저 현자로서 그 도가 군주와 맞지 않는데도 편안히 녹봉을 받고 학도를 기르면서 기꺼이 나라 사람의 모범이 되려는 자가 어디에 있겠는가.

정자(程子)가 말하기를 "제나라 왕이 맹자를 대우한 것이 옳지 않은 것은 아니며 맹자도 나라의 모범이 되고 싶지 않았던 것은 아니다."라고 말하였는데, 이 말은 그 뜻이 정밀하지 못한 점이 있는 듯하다. 대개 맹자가 맨 먼저 "시자(時子)가 어찌 불가(不可)하다는 것을 알겠는가."라고 한 말은 이미 이 뜻을 '불가'라는 두 글자 속에 포함하고 있으니, 정자가 자세히 살피지 못한 듯하다. 《맹자집주》에서 이른 바 "의리상 다시 머무를 수 없었다."라고 한 것이 잘 본 것이다.

《맹자집주》에 또 이르기를 "불가라는 뜻은 드러내 놓고 말하기 어려운 점이 있다."라고 하였는데, 내 생각에 맹자가 제나라 왕의 심리를 분석 판단하여 시자의 의혹을 깨우치는 데 급하였기 때문에 불가라는 뜻을 자세히 밝힐 겨를이 없었을 뿐이고, 말하기 어려운 점이 있어서는 아닌 듯하다. 제나라 왕의 뜻이 맹자를 옭아매려는 데서 나왔으니 맹자가 받았다면 이는 부유하고자 한 것이고, 의리상 맞지 않는데도 머무는 것은 부유하고 싶은 것이 된다.

제14장[46]

'오늘날의 세상에서 나를 버려두고 그 누가 하겠는가〔當今之世 舍我其

誰]'에 대하여

대개 하늘이 태평하고 잘 다스려지도록 하고 싶지 않기 때문에 맹자를 내버려 두어 당시 세상에서 불우하게 하였던 것이니, 맹자가 불우했다면 이를 통해 하늘의 뜻을 알 수가 있다. 하늘의 뜻이 이미 그렇다면 맹자가 또한 어찌 기쁘지 않았겠는가. 세상의 도가 다스려지거나 어지러워지는 것은 하늘이 하는 것이다. 성현이 세상을 구원하고 도를 행하는 데 급급하더라도 만나는 상황에 따라 천명을 즐거워하지 않은 적이 없다. 이는 단정 짓는 말이다. 만약 하늘의 뜻을 알 수 없고 그 도구가 또 나에게 있으므로 거의 한번 실행될 수 있기를 반드시 기대한 뒤에야 바야흐로 기뻐하게 된다면, 만약 하늘의 뜻을 알 수 있고 '내가 그만이구나.'[47] 하는 때에 이르게 되어서는 결국 반드시 기뻐하지 않을 것이니 어찌 이른바 '천명을 즐거워하는 자'이겠는가.

〈진심(盡心)〉 제1장

언해(諺解)의 존양(存養) 한 구절이 진심과 대가 되지 않고 요수(殀壽)와 대가 되는 것은 타당하지 않다. 상중하 세 구절[48]은 구슬을 꿴 것 같으니 모두 함부로 잘라서 보면 안 된다.

46 제14장 : 《창계집》에는 14장으로 되어 있으나, 내용으로 보아 13장이 되어야 한다.

47 내가 그만이구나 : 절망하는 말이다. 《논어》 〈자한(子罕)〉에 공자가 "봉황도 이르지 않고, 〈팔괘도(八卦圖)〉를 등에 진 용마(龍馬)도 하수(河水)에서 나오지 않으니, 나의 도(道)도 이제 그만인가 보다."라고 한 말이 있다.

48 상중하 세 구절 : 《맹자》 〈진심 상(盡心上)〉의 1장을 3절로 나누면 '진심'을 말하는 부분이 1절이 되고, '존양'을 말하는 부분이 2절이 되며, '요수'를 말하는 부분이 3절이 된다.

제3장

'구하는 데는 도가 있다.'의 도는 곧 길을 말하는 것이지 도의(道義)를 말하는 것이 아니다. 이를테면 옛날의 재주와 덕, 오늘날의 형세가 바로 부귀를 취하는 '도'이며 부귀를 추구하는 '지름길'이다. 만약 옛날에 살면서 재주와 덕이 없거나 오늘날에 살면서 형세가 없는 자는 부귀를 구할 길이 없다. 부귀를 얻는 데 비록 지름길이 있더라도 반드시 누구나 다 얻을 수는 없으니, 오직 천명에 달려 있을 뿐이다.

대개 '명(命)'이라는 한 글자는 바로 귀천과 빈부를 판단하는 공안(公案)이고, 부귀를 추구하는 데 도가 있다는 것은 바로 중간에 또 나름대로 다시 곡절(曲折)이 있다. 오늘날 사람은 부귀와 빈천이 자기 신상에 이해(利害)가 절실한 것을 보고 그만 나 자신에게 달려 있다고 여기고, 성현의 덕업이 숭고한 것을 보고는 이는 평범한 사람으로서 미치지 못할 바라고 여겨, 자신과는 천만리 멀리 있는 것처럼 여길 뿐만이 아니니 이는 매우 미혹된 것이다.

부귀와 빈천이 내 몸에 아무리 절실하다 해도 실로 내 마음대로 취하기 어렵다면 이는 내 능력 밖에 있는 것이고 본래 내게 속한 것이 아니며, 인의예지(仁義禮智)가 물욕에 가려 본래 없던 것 같으나 생각을 한번 뉘우치게 되면 모두가 인의예지가 모두 나에게 있고 죽을 때까지 재주를 다하면 얻지 못할 것이 없으니, 이는 나에게 달려 있는 것이지 본래 내 몸 밖에 있는 것이 아니라는 것을 전혀 생각지 못한 것이다.

제5장

'밝게 알고 살핀다.〔著察〕'[49]의 '저(著)'는 현저(顯著)이고, '찰(察)'은 찰식(察識)이다. 그러나 '찰' 자에도 '저'의 뜻이 있으니, 예를 들자면

"상하에 이치가 밝게 드러난다."[50]와 같은 것이다. 지금 살피건대 이 장의 '찰' 자는 찰식의 '찰'임을 의심할 것이 없으며 '저' 자는 '찰' 자에 비해 조금 힘이 없다. 그러나 도(道)로부터 말하면 '저'가 되고 나〔我〕로부터 말하면 '찰'이 되니, 두 가지 뜻이 있는 것이 아니다. 무릇 도를 알지 못하는 자는 어질다 해도 모두 이를 벗어나지 못한다.[51]

제7장

'교묘한 계략을 쓰면서 부끄러워하는 바가 없다〔爲機變之巧 無所用恥〕'에 대하여

권모술수를 쓰는 사람은 남을 기만할 때 온갖 수단을 쓰면서도 마음이 기뻐하며 전혀 아무렇지도 않는 것이다. 대개 처음에는 일을 이루고 이로움을 추구하는 데 급급하여 예의를 돌아보지 않다가 마음에 익숙하게 되면 편안하게 여기면서 부끄러운 줄도 전혀 모르니, 이는 본심을 잃었기 때문이다. 고금(古今)을 막론하고 임기응변을 즐겨 쓰는 사람치고, 그 기상을 생각해 보고 행적을 더듬어 보면 그렇지 않은 자가 없다. -이상은 중년(中年)에 기록한 것이다.-

49 밝게 알고 살핀다 : 《맹자》 〈진심 상(盡心上)〉 5장의 "행하면서도 밝게 알지 못하며, 익히면서도 살피지 못한다. 그러므로 종신토록 행하면서도 그 도를 모르는 자가 많은 것이다."라고 한 말 속의 '저(著)' 자와 '찰(察)' 자를 논한 것이다.

50 상하에……드러난다 : 《중용장구》 제12장의 "《시경》에 이르기를 '솔개는 날아 하늘에 이르는데, 물고기는 연못에서 뛰논다.' 하였으니, 상하에 이치가 밝게 드러남을 말한 것이다."에 나오는 말이다.

51 이를 벗어나지 못한다 : '행하면서도 제대로 알지 못하며, 익히면서도 제대로 살피지 못하는〔行之而不著焉 習矣而不察焉〕' 상태를 벗어나지 못한다는 말이다. 《孟子 盡心上》

붙임 장지가[52] 附章旨歌 경오년(1690, 숙종16)에 지었다.

인의만 말할 것이지 어찌 이로움을 말하랴 但言仁義利何言
뒤에 즐거워하고 먼저 근심하면 즐거움 보존할 수 있네[53]
後樂先憂樂可存
똑같이 도망치면서 백 보 도망한 자 비웃지 말라[54] 等是曳兵休笑百
왕도를 행할 수 있어야 존중받느니라 能行王道始爲尊

칼날과 몽둥이로 거듭 하는 말을 보아라[55] 請看梃刃層層說
오직 중요한 것은 부모 마음 드러내는 것이라[56] 只要提撕父母心
형벌과 세금 줄이는 것이 단단한 갑옷보다 낫고[57] 省刑薄斂勝堅甲

52 장지가(章旨歌) : 장지(章旨)는 경전을 주석하는 일종의 형식으로, 장 끝마다 대략의 뜻을 개괄하고 그 사이에 운문으로 글을 지은 것을 말한다.

53 뒤에……있네 : 범중엄(范仲淹)이 〈악양루기(岳陽樓記)〉에서 "천하 사람들이 근심하기 전에 미리 근심하고, 천하의 사람들이 모두 즐거워한 뒤에 즐거워하겠다."라고 한 내용이다.

54 똑같이……말라 : 《맹자》〈양혜왕 상〉 3장에서 양 혜왕이 정사에 힘쓰는데도 이웃 나라보다 백성이 불어나지 않는 이유를 묻자 맹자가, 이웃 나라와 혜왕의 정사(政事)를 비교해 보면 전쟁터에서 무기를 끌고 도망가면서 50보를 도망간 뒤에 멈춘 사람이 100보를 도망간 사람을 비웃는 것과 같다고 비유한 내용이다.

55 칼날과……보아라 : 《맹자》〈양혜왕 상〉 4장에서, 사람을 죽일 때 몽둥이를 사용하든 칼날을 사용하든 차이가 없듯이, 임금의 푸줏간에는 살진 고기가 있고 백성들이 굶주려 죽는데도 곡식 창고를 열 줄 모르는 것은 짐승을 몰아서 사람을 잡아먹게 한 것과 같은 경우라고 설파한 내용이다.

56 부모……것이라 : 《맹자》〈양혜왕 상〉 4장의 '왕이란 백성의 부모가 되어 정사를 행하는 사람'이라는 말에서 나왔다.

살인을 즐기지 않는 것이 가뭄 뒤 단비 되리라[58]　不嗜殺人爲旱霖

왕도란 다름 아니라 백성 보호하는 것　王道無他只保民
백성 보전하는 도, 소를 보았을 때 드러났도다[59]　保民心著見牛辰
이 마음으로 왕도를 행하는 것이 어렵지 않다고　擧斯加彼非難事
어진 정치 분명하게 다시 한 번 말하였네　仁政分明又一陳

위는 〈양혜왕 상〉이다.

음악 듣고 동산 만들며 전쟁을 좋아하고[60]　鼓樂爲園撫劍風

57 형벌과……낫고 : 《맹자》 〈양혜왕 상〉 5장에 나오는 말이다.

58 살인을……되리라 : 《맹자》 〈양혜왕 상〉 6장에서 양 양왕(梁襄王)이 "어느 나라가 천하를 통일하겠는가?"라고 묻자, 맹자가 사람 죽이기를 좋아하지 않는 자가 통일할 수 있으며, 가뭄에 마른 벼 싹이 비가 오면 단번에 패듯 백성들이 양왕에게 귀의할 것이라고 말한 내용에서 가져왔다.

59 백성……드러났도다 : 《맹자》 〈양혜왕 상〉 7장에서 제 선왕(齊宣王)이 벌벌 떨며 사지(死地)로 나아가는 소를 보고 차마 볼 수 없다며 흔종(釁鍾)의 의식에 소 대신 양을 쓰도록 한 것을 말한다.

60 음악……좋아하고 : 《맹자》 〈양혜왕 하〉 1장에서 선왕(先王)의 음악이나 세 선왕 당시의 속악을 좋아하는 마음은 모두 왕도를 행할 수 있는 바탕임을 설파한 내용과, 2장에서 제 선왕이 문왕(文王)의 동산은 사방 70리(里)이고 자신의 동산은 40리인데 문왕 때의 백성들은 왕의 동산이 작다고 여기고 자신의 동산을 백성들이 크다고 여기는 이유를 묻자, 맹자가 백성들과 함께 하느냐 안 하느냐에 달린 것이라고 설파하는 내용, 그리고 3장에서 제 선왕이 이웃 나라와 교제하는 도를 묻자, 맹자가 인(仁)과 지(智) 그리고 천리(天理)에 따르라고 하니 선왕이 자신은 용(勇)을 좋아하는 병통이 있다고 회피하였는데, 맹자는 다시 칼을 어루만지고 상대방을 노려보는 필부의 용맹을 좋아하지 말고 의리(義理)에서 나오는 용맹을 좋아하라고 설파하는 내용이다.

구경하고 유람하며 재물 여색 좋아함[61]을 다 꾸짖지 말라 觀游貨色摠休攻
이치와 욕심이 털끝 차이에서 갈라지니 只應理欲分毫髮
그제야 생각과 행동에 차이가 있음을 믿겠네 方信情行有異同

자책을 어찌 꺼리며 질문을 왜 부끄러워하나[62] 責何爲憚問何羞
널리 찾고 또 스스로 구해야 하리 博訪尤宜更自求
잔적에 관한 말씀 엄하니[63] 군주는 경계하라 辭嚴殘賊君宜戒
물건도 공인(工人)에게 맡기는데 나라라고 다르랴[64] 物付能工國不侔

61 구경하고……좋아함 : 《맹자》〈양혜왕 하〉 4장에서 제 경공(齊景公)이 재상인 안영(晏嬰)에게 "전부산(轉附山)과 조무산(朝儛山)을 구경하고 바닷가를 따라 남쪽으로 가서 낭야(琅邪)를 유람하고 싶다." 하자, 안영이 유람을 통해서 백성을 이롭게 하라고 권하는 말과, 5장에서 맹자가 제 선왕에게 왕정(王政)을 행하라고 권하자, 선왕이 자신은 '재물과 여색을 좋아하는 병통이 있어 행하기 어렵다.'고 하니, 맹자가 '재물과 여색을 좋아하는 마음을 미루어 백성들에게 베푸는 것이 바로 왕정'이라고 설파한 내용이다.

62 자책을……부끄러워하나 : 《맹자》〈양혜왕 하〉 6장에서 사경(四境)이 다스려지지 않으면 어떻게 하겠느냐는 맹자의 질문에 제 선왕이 좌우를 돌아보며 다른 말을 한 내용이다.

63 잔적(殘賊)에……엄하니 : 《맹자》〈양혜왕 하〉 8장에서 신하가 군주를 시해해도 되느냐는 제 선왕의 질문에 맹자가 인(仁)을 해치는 자를 적(賊)이라 이르고, 의(義)를 해치는 자를 잔(殘)이라 이르고, 잔적한 사람을 일부(一夫)라 이르는데, 일부인 주(紂)를 베었다는 말은 들었고, 군주를 시해하였다는 말은 듣지 못하였다는 말로 답한 내용이다.

64 물건도……다르랴 : 《맹자》〈양혜왕 하〉 9장에서 큰 집을 지을 때 장인(匠人)에게 맡기고, 옥을 가다듬을 때 옥공(玉工)에게 맡기듯 나라를 다스리는 것은 어진 자에게 맡겨야 한다는 내용이다.

사람 밖에 하늘이 없으니 함부로 말하지 말라	人外無天莫謾云
백성을 안정시키는 데 문무를 알맞게 해야 하니	順民稱武亦稱文
갈 땅부터 정벌 시작한 것을 법으로 삼으라[65]	一征自葛當爲法
천 리를 가지고 두려워한다는 말 들은 적 없네[66]	千里畏人曾未聞

위는 〈양혜왕 하〉이다.

어진 정사 하라는 말 추나라 군주에게 하였고[67]	行仁一語對鄒侯
의를 지키는 세 가지 법 등나라와 도모했네[68]	守義三章滕國謀
성현의 출처는 모두 천명에 따르나니	聖賢出處皆天命
하찮은 장씨를 어찌 탓하랴[69]	臧氏區區焉用尤

65 갈(葛)……삼으라 : 《맹자》〈양혜왕 하〉 11장에서 《서경》〈상서(商書) 중훼지고(仲虺之誥)〉를 인용하여 상나라 탕왕(湯王)이 첫 번째 정벌을 갈나라로부터 시작하자 다른 나라의 백성들이 "어찌 우리는 뒤에 정벌하는가."라고 하며 빨리 와서 정벌해 주기를 바랐다는 내용이다.

66 천……없네 : 《맹자》〈양혜왕 하〉 11장에서 제(齊)나라가 연(燕)나라를 정벌하여 취하자 제후들이 연나라를 구원하려는데 제 선왕이 염려하니, 맹자가 70리(里)로 천하에 정사를 다스린 자로는 탕왕이 있는데 천 리를 가지고 남을 두려워했다는 자는 듣지 못하였다며 연나라 사람을 죽이거나 중요한 기물을 수탈하지 말고 새 군주를 세워 주고 떠나면 전쟁을 막을 수 있을 것이라고 한 내용이다.

67 어진……하였고 : 《맹자》〈양혜왕 하〉 12장에서 추(鄒)나라가 노(魯)나라와 싸울 때 죽음으로 막아 내지 않는 백성들을 어떻게 다스릴지 묻자 인정(仁政)을 행하면 백성들이 그 윗사람을 위해 죽을 것이라고 한 내용이다.

68 의(義)를……도모했네 : 《맹자》〈양혜왕 하〉 13장에서 제나라와 초(楚)나라 사이에 끼여 있는 소국(小國)인 등나라 문공(文公)이 어느 나라를 섬겨야 할지를 묻자 맹자가 국가를 소유한 자는 마땅히 의를 지켜 백성을 사랑해야 하고, 요행을 바라 구차히 면하려고 해서는 안 된다고 말한 내용이다.

왕도가 손 뒤집듯 쉬운데[70] 패도를 어찌 행하랴　王猶反手伯寧爲
기를 기르고 말을 아는 것[71]이 나의 스승이네　養氣知言是我師
마음에 진실로 기뻐하며 따라야 덕이 되나니[72]　心誠悅服方爲德
어질고 능한 이 존경하고 등용함은 제때에 해야 하리[73]　尊使賢能要及時

사농공상의 백성을 모두 기쁘게 하고[74]　士商旅農氓皆悅

69 성현(聖賢)의……닷하랴 : 《맹자》 〈양혜왕 하〉 16장에서 노 평공(魯平公)이 맹자를 만나려고 하였는데 폐인(嬖人)인 장창(臧倉)이라는 자가, 맹자가 예법에 어긋나게 아버지 초상보다 어머니 초상을 후하게 치렀다며 만나지 말라고 권하여 만나지 않았다. 악정자(樂正子)가 이 사실을 맹자에게 고하자, 맹자가 출처(出處)는 천명(天命)에 달려 있지 장창이 좌지우지할 수 있는 것이 아니라고 한 내용이다.

70 왕도가……쉬운데 : 《맹자》 〈공손추 상(公孫丑上)〉 1장에서 공손추가 맹자에게 제(齊)나라에서 중요한 벼슬을 맡게 되면 관중(管仲)과 안영(晏嬰)의 공적을 다시 기대할 수 있겠느냐고 묻자, 맹자가 전국(戰國) 시대의 학정에 시달린 백성에게 인정(仁政)을 베풀게 되면 제나라를 가지고 왕 노릇 하기는 손을 뒤집는 것처럼 쉽다고 대답한 내용이다.

71 기(氣)를……것 : 《맹자》 〈공손추 상〉 2장에서 공손추가 맹자에게 선생님의 장점이 무엇이냐고 묻자, "나는 말을 알며, 나는 나의 호연지기(浩然之氣)를 잘 기른다."라고 대답한 내용이다.

72 마음에……되나니 : 《맹자》 〈공손추 상〉 3장에서 힘으로 남을 복종시키는 자는 상대방이 진심으로 복종하는 것이 아니라 힘이 부족해서이고, 덕(德)으로 남을 복종시키는 자는 상대방이 마음속으로 기뻐하여 진실로 복종한다고 말한 내용이다.

73 어질고……하리 : 《맹자》 〈공손추 상〉 4장에서 현자(賢者)가 지위에 있으며, 재능이 있는 자가 직책에 있어서 국가가 한가하면 이러한 때를 놓치지 않고 정사와 형벌을 밝히면, 강대국이라도 그러한 나라를 두려워할 것이라고 말한 내용이다.

74 사농공상의……하고 : 《맹자》 〈공손추 상〉 5장에서 맹자가 현자와 재능 있는 자를

인의예지의 네 가지 실마리로 채워야 하리[75] 仁義禮智充四端
먼저 생계 수단 잘 가려야 함께 선하게 되나니[76] 先須擇術仍同善
백이와 유하혜도 치우쳤거니 어디에 자리 잡으랴[77] 夷惠猶偏豈所安

위는 〈공손추 상〉이다.

쓰면 천하의 선비가 그 조정에 벼슬하려 하고, 시장과 관문에서 세금을 거두지 않고 농민들에게 공전(公田) 외에 세금을 거두지 않으며, 가게에 세금으로 내는 베를 없애면 천하의 백성들이 모두 그의 시장에서 장사하고, 그 나라를 여행하며 농사를 짓고 백성이 되려고 할 것이라고 설파한 내용이다.

75 인의예지의……하리 : 《맹자》 〈공손추 상〉 6장에서 사람이 인의예지라는 성품의 사단(四端), 즉 측은(惻隱), 수오(羞惡), 사양(辭讓), 시비(是非)를 가지고 있는 것은 사지(四肢)를 가지고 있는 것과 같은데, 자신에게 있는 사단을 넓혀서 채울 줄 알게 되면 사해(四海)를 보호할 수 있고, 채우지 못한다면 부모도 섬길 수 없을 것이라고 설파한 내용이다.

76 먼저……되나니 : 《맹자》 〈공손추 상〉 7장에서 사람이라면 누구나 사단을 가지고 있지만 관을 짜는 목수가 사람이 죽는 것을 바라고, 활을 만드는 사람이 사람을 상하지 못할까 걱정하듯, 어질지 못해서 지혜롭지 못하다. 그리하여 예와 의가 없어지면 남에게 부림을 받게 된다고 설파한 내용이다.

77 백이(伯夷)와……잡으랴 : 《맹자》 〈공손추 상〉 9장에서 맹자가 백이와 유하혜(柳下惠)를 평하여, 백이는 악한 사람의 조정에 서며 악한 사람과 더불어 말하는 것을 마치 조복(朝服)과 조관(朝冠)을 입고 진흙과 숯 구덩이에 앉은 듯이 여겼고, 유하혜는 벼슬길에 나아가면 도리를 다하였으며 벼슬길에서 누락되어도 원망하지 않으며 곤란한 처지를 당하여도 근심하지 않았으나, 백이는 속이 좁고 유하혜는 공손하지 않다고 말하였다.

《소학》
小學

편목 篇目

'명륜제이(明倫第二)'에 대하여
이 '명(明)' 자[78]는 수명(修明)의 뜻이니, 〈입교(立教)〉, 〈경신(敬身)〉과 말뜻이 같다.

'명부자지친(明父子之親)' 이하 '명음식지절(明飮食之節)'까지[79]에 대하여
이 '명' 자는 '발명(發明)'의 뜻이다. '수명'은 일을 가리켜 말한 것이니, 무릇 어버이에게 효도하고 군주에게 충성하는 일은 모두 인륜을 닦아 밝힌 것임을 말하고, '발명'은 《소학》을 따라서 말하자면, 이 편에 실려 있는 것은 이 일을 발명한 것임을 말한다. 어떤 사람은 한 글자를 달리 쓰는 것이 의심스럽다고 하였으나 그것은 아니다. '명륜'의 '명'이 만약 아래의 '명' 자와 같이 '발명'의 뜻이 되면 〈입교〉와 〈경신〉 조목과는 조어(造語)가 같지 않다. 아래의 '명' 자와 '명륜(明倫)'의 '명'이 다 같이

78 이 명(明) 자 : 편목에서 '명입교(明立教)', '명경신(明敬身)'이라고 할 때의 '명' 자를 말한다.

79 명부자지친(明父子之親) 이하 명음식지절(明飮食之節)까지 : 앞은 《소학》〈명륜(明倫)〉의 첫 세목이고, 뒤는 〈경신(敬身)〉의 마지막 세목이다.

'수명'의 뜻이라면, '경신' 아래에 무엇 때문에 또 '명' 자를 나열했겠는가? 이로써 그것이 두 가지의 뜻이 있음을 알 수 있다.

'부부의 분별을 밝힘〔明夫婦之別〕'에 대하여

'별(別)' 자의 뜻을 어떤 사람은 '남편은 정해진 아내가 있고 아내는 정해진 남편이 있어서 각자 분별이 있어 서로 문란하게 하지 않는다는 뜻'이라 하고, 어떤 사람은 '부부 사이에 예의와 공경으로 서로 대하여 서로 함부로 하지 않는다는 뜻'이라고 한다. 내 생각에는 본래 이름을 붙인 뜻은 앞의 주장이 주가 되는 듯하지만, 뒤의 주장을 반드시 포함한 뒤에야 그 뜻이 미진함이 없을 듯하다. 이 책에 실려 있는 내용을 살펴보건대 진실로 관계가 먼 사람과 가까이 지내고 남녀의 분별을 엄격히 하는 뜻[80]에 참으로 삼가고 조심하여, 서로 친한 부부간일지라도 내외의 분별은 또한 분명하지 않은 적이 없으니 바로 이것이 하나의 증거이다.

'벗과의 교제를 밝힘〔明朋友之交〕'에 대하여

친근하고〔親〕, 의롭고〔義〕, 구별하고〔別〕, 차례가 있고〔序〕, 믿음이 있음〔信〕은 오륜의 정해진 명칭이다. 마땅히 취하고 버릴 것이 없겠으나 여기에서 '신(信)'이라고 말하지 않고 '교(交)'라고 말한 것은 무엇

80 관계가……뜻 : 《예기》 〈교특생(郊特牲)〉의 공영달(孔穎達) 소에 "다른 성씨를 취하는 것은 서로 관계가 먼 사람과 가깝게 지내는 도와 분별의 의리를 무겁게 하는 바이니, 서로 무례하게 대하는 일이 없게 하기 위해서이다. 그러므로 같은 성씨를 취하지 않는다."라는 말이 있다.

때문인가? 어쩌면 '신' 자가 이 편에서 하는 말의 뜻을 다 포함하기에 부족해서 그런 것이 아니겠는가. 어떤 사람이 "아내에게 장가들 때 음악을 연주하지 않고, 혼례에 축하하지 않는 것[81]이 부부지별(夫婦之別)과 무슨 상관이 있겠는가? 이 '별(別)' 자는 또한 뜻을 다 포함하지 못하는 점이 있는데도 '부부의 분별을 밝힘'에서 고치지 않은 것은 유독 무엇 때문인가?"라고 하니, 이 말이 과연 그럴듯하다.

그러나 다만 둘 다 미진한 점이 있다 하더라도 경중(輕重)과 다소(多少)의 분별은 있다. 또 부부지도(夫婦之道)에는 '별' 자를 빼고 다시 말할 만한 것이 없는 만큼 이 편에서 '신'이라는 글자를 두고 '교'라고 말한 것과 비교해 보면 뜻이 비교적 완만한 듯하고, 또 포함하는 바가 넓은 것이 역시 다른 점이 있으니 저기에 근거해서 이것을 의심할 필요는 없을 듯하다.[82]

81 아내에게……것 : 《소학》 〈명륜(明倫)〉의 '명부부지별(明夫婦之別)'에 나오는 "며느리를 들인 집에서는 사흘 동안 음악을 연주하지 않는 것은 어버이의 뒤를 잇게 되었음을 생각하기 때문이다.〔取婦之家, 三日不擧, 樂思嗣親也.〕"와 "혼례에 하례하지 않는 것은 사람의 차서(次序)를 잇는 것이기 때문이다.〔昏禮不賀, 人之序也.〕"라는 내용을 말하는데, 그 주에 "아내에게 장가듦으로써 부모를 대신하게 되었기에 감개하여 슬퍼할 만한 점이 있다. 그러므로 음악을 연주하지 않는다.〔取妻以代父母, 有可感傷者, 故不擧樂.〕", "'서'는 대신한다는 것이다. 아들 입장에서는 아버지를 대신하는 것이고, 며느리 입장에서는 시어머니를 대신하게 되었으므로 하례하지 않는 것이다.〔序猶代也. 在子則代父, 在婦則代姑, 故不賀.〕"라는 설명이 있다.

82 저기에……듯하다 : '저기'는 '부부지별'의 '별' 자를 '이것'은 '붕우지교'의 '교' 자를 가리킨다.

총론 總論

그 설이 많지만 대의는 요약하여 말할 수 있다. 정자(程子)의 말은 대개 이 《소학》의 법은 일찍 가르치는 것을 귀하게 여기니, 일찍 가르치면 사사로운 생각이 아직 싹트지 않았기 때문에 올바른 말이 먼저 들어가므로 뒤에 헐뜯는 말이 있어도 흔들리거나 미혹되지 않고, 일찍 가르치지 않으면 사사로운 생각이 이미 싹트고, 이단의 말이 또 따라서 밖에서 스며들기 때문에 자란 뒤에는 완전하게 하려고 해도 할 수 없다는 것이다.

주자(朱子)의 첫 번째 설에서 "이 한 부의 《소학》은 바로 사람을 만드는 본이다."라고 하였는데, '양자(樣子)'는 '모양(模樣)'이라는 말과 같고, '책〔本子〕'이라는 말과 같으니, 이 책이 사람에게 사물에 본〔樣本〕이 있는 것과 같다는 것이다. 사람이 《소학》을 보지 않으면 비록 귀와 눈의 형체는 완연히 사람 같더라도 실상은 사람의 본에 부합하지 않으니, 참으로 짐승과 무엇이 다르겠는가. 또한 모난 술잔에 모서리가 없다면 모난 술잔이라고 할 수 없는 것과 같다.

두 번째 설은 수신의 큰 법칙이 모두 이 책에 있다는 말이니, 대개 인륜에 밝고 몸가짐에 경건하다면 이른바 큰 법칙이라는 것이 어찌 이것에서 벗어나는 것이 있겠는가. 큰 법칙이 있고 나면 그 나머지 자질구레한 절문(節文)과 자세한 의리(義理)는 저절로 마땅히 귀속되는 곳이 있어서 모두 따라붙게 될 것이다.

서제 書題

이것은 이미 주석이 있는 만큼 서제 뒤에 다시 '제가집주(諸家集註)' 네 글자가 있거나 '집주'라는 두 글자라도 있어야 하는데 이것이 모두 빠졌으니, 자세히 알 수 없다. 뒤의 제사(題辭)도 이와 같다. 또 여러 주석가의 설이 이미 여기에 보이니, 여기에 마땅히 여러 주석가의 이름과 성을 일일이 기록하여 〈입교(立敎)〉 편 첫 부분의 예에 따라야 한다.

주석가는 모두 다섯 사람인데 《소학집설(小學集說)》은 뒤에 나왔다.[83] 이를테면 《소학집해(小學集解)》, 《소학정오(小學正誤)》, 《소학증주(小學增註)》는 모두 《소학집설》의 채집을 거친 것이고, 《소학집성(小學集成)》은 《소학집설》의 채집을 거쳤는지는 고찰할 수 없으나 《소학집설》의 범례에 하씨(何氏)라고 일컫는 것이 있으니, 건안(建安)[84]이 아닌지 어떻게 알겠는가. 이와 같다면 《소학집설》은 바로 여러 책을 고찰하고 종합해서 이루어진 것이다.

지금 《소학집설》을 이어서 만든 책[85]이 있다면 이미 《소학집설》에 수록된 것은 《소학집설》로 통칭해야 할 듯하나, 다만 이때에 표시하여 드러내는 것은 각각 본래의 책 이름으로 일컬어 구별해야 한다. 그렇게 되면 《소학집설》을 모아서 정리한 공이 묻히지 않고, 또 《소학집주》에

83 소학집설(小學集說)은 뒤에 나왔다 : 《소학집성》, 《소학집해》, 《소학정오》, 《소학증주》, 《소학집설》 중에서 맨 나중에 만들어진 것이라는 말이다.

84 건안(建安) : 건안 출신인 하사신(何士信)을 말한다. 원·명 연간의 사람으로 《소학집성》 10권, 《소학도설(小學圖說)》 1권, 《소학강령(小學綱領)》 1권을 저술하였다.

85 소학집설을……책 : 《소학집주》를 말한다.

서 수정하고 고친 부분이 간결하면서도 쉽게 드러날 것이다.

지금 《소학집설》에 이미 수록된 것들을 또 본래의 책 이름으로 일컬어 지금 새로 수집한 것과 우선 구별이 되지 않고 이따금 또 이 범례에 들어가지 못한 곳도 있어서, 내력은 같은데도 본래의 책 이름으로 일컫기도 하고 《소학집설》로 일컫기도 한 것이 있으니, 이는 더욱 정밀하지 못하다. 반드시 하나하나 교감하여 바로잡아야만 조금이라도 미진한 부분이 없게 될 것이다.

제1단의 《소학집해》와 제3단의 《소학증주》는 모두 《소학집설》에 들어가 있다.-《소학집해》 중에서 유독 '도란 당연의 이치'라고 한 말을 지금 고쳐서 '강하고 익히는 방법'이라고 하였으니, 이것이 《소학집설》과 다르다. 하지만 어느 책에서 이렇게 고쳤는지는 알 수 없다.-

'도는 강하고 익히는 방법이다〔道則講習之方〕'에 대하여

'강습의 방법〔所講習底方法〕'을 말한 것이다. 만약 '강습하는 방법〔所以講習之方〕'이라고 한다면 말이 군더더기가 될 것이다.

'막고 거절하여 감당하지 못한다〔扞格不勝〕'에 대하여

《예기》 〈학기(學記)〉의 본문에서는 "발한 뒤에 금하면 막고 거절하여 감당하지 못한다."[86]라고 하였다. 이미 금지하는 것으로 말하고 나서, 한격(扞格)을 또 서로 버티며 들어가지 않는다는 뜻으로 본다면, '불승

86 발한……못한다 : 《예기》 〈학기(學記)〉에서 《대학》을 익히는 법을 말하는 구절에 나오는 문장이다.

(不勝)'의 '승(勝)'은 다만 '감당해 낸다.〔勝克〕'의 '승'으로 보는 것이 나름대로 명백해질 듯하다. 대개 가르침의 감화가 기질과 습관을 이길 수 없다는 것이니, 지금 '가르침을 막고 거절하여 마음에 들어가기가 어려워 가르침을 감당해 낼 수 없다.'는 말로 풀이하면 아마 도리어 번잡한 듯하다.

'순희(淳熙) 정미년(1187)의 주'에 대하여

이 주는 "순희는 송(宋)나라 효종(孝宗) 연호이고 정미년은 순희 14년이다."라고 해야 한다. 지금 바로 '효종 14년이다.'라고만 한다면, 도리어 효종의 연호에 융흥(隆興)과 건도(乾道)가 없는 것처럼 된다.

제사 題辭

이 제사의 10개 절[87]에서 주설(註說)은 모두 《소학집설》에 근거하였는데 유독 제6절만 옛날 그대로가 아니다.[88] 그 사이에는 비록 《소학집설》

87 제사의 10개 절 : 제사는 주희가 《소학》을 지은 의의를 말하고 있는 내용의 글로, 《소학집설》에서 전체를, 제1절 "원형이정(元亨利貞)은 떳떳한 하늘의 법칙이고, 인의예지(仁義禮智)는 인성(人性)의 벼리이다."에서부터, 제10절 "다행히도 이 하늘로부터 받은 성품은 하늘이 끝나도록 무너지는 일이 없다. 이에 옛날 들은 것들을 모아 뒷사람들을 깨우치려 한다. 아, 아이들아, 공경히 이 책을 받아라. 나의 말은 노망한 것이 아니라, 바로 성인의 가르침이다."까지 나누어 설명하고 있다.

88 제6절만……아니다 : 《소학집설》에는 "이는 성인이 기질로 받은 물욕(物欲)의 누가 없어서 천성이 온전하여 넓고 커서 하늘과 하나가 되니 터럭만큼을 더하지 않더라도 온갖 선이 저절로 충분하여 모자람이 없음을 말한다."라고 되어 있고, 《소학집해》에는 "이는 성인이, 뭇사람들이 자포자기(自暴自棄)하는 데서 편안히 여기는 것을 불쌍히

에 근거했더라도 한두 글자를 삭제한 것이 있으면 그만 《소학집설》이라는 이름이 없고 또 혹은 그대로 남겨 둔 것도 있으니 매우 의심스럽다.

제1절에서는 "'강'은 '그물'의 '벼리'이니, 그물코를 모두 거느리는 것이다.〔綱猶網之綱 所以總攝衆目者也〕"라는 한 구절의 말만 삭제하고, 제7절에서는 한마디도 더 넣거나 뺀 것이 없으나 한두 곳의 뜻풀이가 뒤집어졌다.[89] 제8절에서는 "'사'는 '차'이다.〔斯此也〕"라는 한마디 말과 "이로부터 미루어 가서 집을 가지런히 하고 나라를 다스리고 천하를 태평하게 한다.〔由是推之 使家齊國治天下平〕"라는 말만 삭제하였다. 제9절에서는 "'핍'은 없다는 것이다.〔乏無也〕", "'이욕'은 '물욕'이라고 말하는 것과 같다.〔利欲猶言物欲〕"라는 두 구절만 삭제하였다. 삭제하고 이동시킨 것이 아주 미세하여 《소학집설》이라는 명칭을 남겨 두지 않았다. 제10절에서는 또 5행을 삭제하였으나 오히려 《소학집설》이라고 칭하고 있으니,[90] 이는 앞뒤가 서로 일치하지 않는 잘못이 있는 듯하다.

여겼기 때문에 학교를 세우고 스승을 세워 마치 나무의 뿌리를 북돋우듯 인의예지의 성품을 기르고, 나무의 가지를 번성하게 하듯 측은(惻隱), 수오(羞惡), 사양(辭讓), 시비(是非)의 실마리와 애친(愛親), 경형(敬兄), 충군(忠君), 제장(弟長)의 도로 채우게 한 것이다."라고 되어 있다.

89 한두……뒤집어졌다 : 《소학집설》에서는 "'방(方)'은 '법(法)'이다. '망(罔)'은 '없음〔無〕'이다. 손으로 추는 춤을 무(舞)라고 하고 발로 추는 춤을 도(蹈)라고 한다."라고 되어 있고, 《소학집해》에서는 위의 말 외에 "'패(悖)'는 '어그러짐〔戾〕'이다. '여력(餘力)'은 '겨를〔暇日〕'과 같다."라는 말이 더 있다.

90 제10절에서는……있으니 : 원래의 《소학집설》에는 "'극(極)'은 '끝남〔終〕'이다.…… 늙어서 혼미한 것이다. 이는 후세에 교학(敎學)이 밝혀지지 않고 있음을 말한다. 비록 윗글에서 말한 대로이지만 다행히도 사람이 태어날 때 하늘로부터 받은 떳떳한 성품은 하늘이 끝나도 무너지지 않는다. 내가 그러므로 옛날에 들었던 것들을 모아 편집하여

반드시 옛 명칭을 함께 남겨 두어야 체제가 잘 맞게 된다.

제6절 '뿌리를 북돋우어 가지에 도달하게 한다〔培根達枝〕'에 대하여 《소학집설》에서는 《소학》과 《대학》을 나누어 풀이하였고,[91] 《소학집주》의 설은 이와 같으니,[92] 어느 것이 옳은지 자세하지 않다. 내 생각에 《소학》과 《대학》으로 나누어 풀이한 설이 더 정밀하고 확실한 듯하다. 《소학집주》의 경우는 앞의 글을 전부 포괄하여 마무리하는 데 힘썼지만 뒤 구절을 고찰해 보면 제대로 배치되지 못하였으며 실제에서 증명한 것[93]도 처음 배우는 자가 익힐 간단하고 참된 학업[94]은 아닌 듯하다.

《소학》을 지었으니 훗날의 학자들이 깨닫기를 바란다. 너희 처음 배우는 아이들은 마땅히 공경히 이 책을 받아 배워라. 이는 이 늙은이의 망녕된 말이 아니라 바로 앞 시대 성인의 법이 되는 가르침이다."로 되어 있으나, 1694년(숙종20)에 간행된 《소학집설》에는 "'극'은 '끝남'이다. '극천망추(極天罔墜)'는 사람이 하늘로부터 받은 본성의 이치는 영원히 늘 존재함을 말한다. '원(爰)'은 '어(於)'이다. '예(裔)'는 옷깃의 끝이니 '내예(來裔)'는 후학을 말한다. '차차(嗟嗟)'는 감탄사이다. '아(我)'는 주자(朱子) 자신을 말한다. '모(耄)'는 늙어서 혼미한 것이다."라고만 되어 있다.

91 소학집설에서는……풀이하였고 : 《소학집설》에서 "《소학》의 가르침은 놓아 버린 마음을 거두어들이고 덕성을 길러 주는 것이 나무의 뿌리를 북돋아 주는 것과 같고, 《대학》의 가르침은 총명함을 열어 주고 덕에 나아가 학업을 닦는 것이 나무의 가지에 도달하게 하는 것과 같다."라고 한 내용을 말한다.

92 소학집주의……같으니 : 《소학집해》에서 요씨(饒氏)가 "성인이, 사람들이 포기하는 데서 편안히 여기는 것을 불쌍히 여겼다. 그러므로 학교를 세우고 스승을 세워 가르치게 하여 나무의 뿌리를 북돋아 주듯 인의예지의 본성을 기르고, 나무의 가지에 도달하게 하듯 측은, 수오, 사양, 시비의 실마리와 애친, 경형, 충군, 제장의 도를 채우게 하였다."라고 풀이하여, 《소학》의 가르침을 나무의 뿌리를 북돋아 주고 가지에 도달하게 하는 것에 비유한 것을 말한다.

93 실제에서 증명한 것 : 〈어제소학서(御製小學序)〉에 나오는 "〈입교〉, 〈명륜〉, 〈경

제8절 '덕이 높아지고 업이 넓어지다〔德崇業廣〕'에 대하여

《주자어류》에서 바로 이 단락을 설명하여 "덕은 마음에서 얻는 것이고, 업은 일에 드러나는 것이다."라고 하였으니, 아주 잘 보았다고 할 만하다. 지금 주석에서 공이 이루어진 것이 업이라고 하였으니 조금 치우친 것이 아니겠는가?

또 《소학집설》을 고찰해 보면 "내면에 쌓인 덕이 지극히 높다."의 아래에 바로 "이로부터 말미암아 미루어 가서 집을 가지런히 하고 나라를 다스리며 천하를 태평하게 한다."라는 말이 있고 나서, 비로소 "밖에서 베풀어진 사업이 지극히 넓다."라는 말로 이었다.[95] 그 의미가 수신(修身) 이상을 덕숭에 소속시키고 제가(齊家) 이하를 업광에 소속시키는 것이라면[96] 덕과 업이 각각 한때의 일이 되어서 같이 수양하고 나란히 나아갈 수 없게 될 것이다. 또 반드시 천하가 태평해진 뒤에야 업이 넓어지게 된다면 그 아래의 성현은 모두 그 사업이 넓지 않다고 할

신〉의 세 가지에 침잠하고 반복해서 몸소 체험해 본다면 〈가언〉, 〈선행〉은 앞의 세 가지를 미루어 넓혀서 실증한 것에 지나지 않는다.〔於斯三者, 沈潛反覆, 驗之于身, 則二者不過推廣而實之而已.〕"라는 말뜻을 가져왔다.

94 처음……학업 : 《소학》 〈입교(立敎)〉에 "10살이 되면……아이의 거동을 배우되 간단하고 참된 것으로 익히기를 청한다."라는 구절이 있다.

95 소학집설을……이었다 : 《소학집설》의 전체적인 내용은 "학자가 참으로 능히 《대학》에 종사하여 격물, 치지, 성의, 정심, 수신을 하여 내면에 쌓인 덕이 지극히 높아지고, 이로 말미암아 미루어 가서 제가, 치국, 평천하를 하게 되어 밖에서 베풀어진 사업이 지극히 넓게 되면 본연의 성품을 회복할 수 있게 될 것이다."이다.

96 수신(修身)……것이라면 : 수신 이상은 《대학》의 격물(格物), 치지(致知), 성의(誠意), 정심(正心)을, 제가 이하는 치국(治國), 평천하(平天下)이다.

수 있다는 말인가?

《소학집주》에서 이 한마디 말인 제가치국평천하를 삭제하고 '신수(身修)' 뒤에 곧바로 '덕숭업광'으로 함께 섞어 말했으니, 그 처리가 또한 분명하다. 그러나 '제가치국평천하'를 삭제만 하고 끝내 설명을 하지 않는다면 또 《대학》의 완전한 규모를 보지 못하여 그 폐단이 도리어 천하 국가를 도외시하는 데까지 이르게 될 것이니, 또한 어찌 덕업을 말하는 것이겠는가. 이는 또한 조금 치우침을 면치 못한다. 만약 '신수' 뒤에 바로 '제가치국평천하'로 이어서 조목이 갖추어 드러나고 '덕숭업광'을 이에 이어서 한데 뒤섞어서 말한다면, 《대학》의 완전한 규모를 볼 수 있고 또 덕과 업이 각각 한때의 일로 나뉘는 병통이 없게 될 것이다.

어떤 이가 "이와 같다면 천하가 태평한 것이 도리어 또 덕업 안에 있게 되니, 이것으로 덕업을 말하게 되면 아래에 있는 성현에 대해서는 더욱 설명하지 못할 것이 있다."라고 하는데, 이는 또한 그렇지 않다. 만약 덕과 업을 나누어 억지로 경계를 세우게 되면 참으로 설명하지 못하는 점이 있다. 지금은 이미 한데 섞어 통틀어 말하였으니 뜻이 저절로 구별된다.

성현은 그 도가 모두 천하를 태평하게 하기에 충분하여 비록 어쩌다 한때 도가 행해지지 않더라도 천하 사람이 태평하게 되는 데는 방해되지 않으니, 참으로 덕이 높지 않은 적이 없고 사업도 넓지 않은 적이 없다.-고치려면 '배우는 자가 참으로 능히 《대학》에 종사하여 사물의 이치를 궁구하고, 앎에 이르며, 뜻을 정성스럽게 하고, 마음을 바르게 하며, 몸을 수양하여 이를 미루어 집안을 가지런히 하고, 나라를 다스리며, 천하를 태평하게 하는 데 이르게 된다면 내면에 쌓인 덕이 지극히 높고, 밖에 베풀어진 사업이 지극히 넓어져서 성품의 본연

을 회복할 수 있게 된다.'라고 해야 할 것이다.-

집주 총목 集註總目

《소학》 한 책을 살펴보면 규모와 절목이 큰 것은-규모는 〈입교(立敎)〉, 〈명륜(明倫)〉 등의 종류이고, 절목은 명부자지친(明父子之親), 명심술지요(明心術之要) 등의 종류이다.- 이미 편목에 나열되어 있어서 참으로 분명하고 바르다. 지금 다시 고찰해 보건대 절목 중에 또 절목이 있는 듯하니, 대개 완급(緩急)이나 대소(大小)로 종류를 나누어 그 순서에 따라, 나름대로 조목과 차례를 이루어 사람과 책의 선후로만 차례를 삼지 않았고 보면 그 사이에 반드시 모두 생각이 있었을 것이다.

이씨(李氏)와 요씨(饒氏)의 설은 참으로 없어서는 안 된다. 그러나 견강부회(牽强附會)하고 천착(穿鑿)한 곳이 또한 적지 않으니 매우 아쉽다. 이는 대개 당초에 순서를 매기고 편집할 때 각자의 생각이 있었더라도 이미 편목에 실려 있는 큰 단락의 절목과 견줄 수 있는 것이 아니고 보면 지금 일일이 한정하여 말하기는 어렵다. 참으로 문장에 따라 융통성 있게 보아서, 통할 수 있는 것은 통하도록 하고 통하지 않는 것은 우선 남겨 두는 것이 좋다. 억지로 말을 만들려고 하면 혹 도리어 본래의 뜻을 잃어 뜻이 줄어들거나 끊어질 우려가 있게 될 것이다. 주설(註說)에 이러한 종류가 매우 많으나 지금 다 논할 겨를이 없어서 그중에 더 의심스러운 것만을 대략 아래에 기록한다.

〈입교(立敎)〉의 '스승과 제자의 가르침을 세움〔立師弟子之教〕'에 대하여

바깥 스승에게 나아가면서부터는 이미 스승과 제자 간의 가르침이니, 집안의 글방이나 고을의 학교, 사도(司徒)와 악정(樂正)[97]의 가르침이 어느 것이건 모두 스승과 제자 간의 가르침 아닌 것이 없다. 그런데 지금 〈제자직(弟子職)〉[98] 이하로부터 잘라 내어 특별히 스승과 제자의 가르침이라고 말한 것은 무엇 때문인가?

또 이 뒤에 "시에서 흥기(興起)하고 예에서 선다.〔興詩立禮〕", "예악은 잠시라도 몸에서 떠날 수 없다.", "어진 사람을 어질게 여기는 마음을 여색을 좋아하는 마음과 바꾼다."는 여러 장은 또 어디에 스승과 제자의 뜻이 있었던가? 〈제자직〉에 '선생'과 '제자'라는 일컬음이 있고, 아래 장 공자의 말에 또 이른바 '제자'라는 말이 있어서 그만 잘못 연결시켜 억지로 확정하여 이 설을 세운 것이 아니겠는가. 결과적으로 보아 옳지 않은 듯하다.

그렇다면 이 5장은 과연 어디로 귀결되어야겠는가? 이 장 이상은 이미 임신하였을 때의 태교와, 보육하는 스승의 가르침과, 학교에서의 가르침, 군주가 정사를 다스릴 때의 교화에 대하여 이미 하나하나 순서대로 열거해 놓았다. 이 뒤의 5장은 다시 옛날의 교훈 중에서 《소학》의 가르침에 절실한 것으로 부족한 뜻을 보충하였다. 만약 굳이 '이것은 어느 때의 가르침을 세운 것'이라고 하면서 윗글과 일치하기를 바란다

97 사도(司徒)와 악정(樂正) : 모두 교육을 담당한 벼슬이다. 《소학》 〈입교(立敎)〉에 요 임금이 설(契)을 사도로 삼아 백성들에게 인륜을 가르치게 했다는 말이 있고, 《예기》 〈왕제(王制)〉에 "악정이 시서예악(詩書禮樂)의 사술(四術)을 높이고 춘하추동의 사교(四教)를 세웠다."라는 말이 있다.

98 제자직(弟子職) : 《관자(管子)》 〈제자직〉에 있는 내용을 《소학》에서 인용한 것을 말한다.

면 그것이 옳은지 알 수 없다.

〈명륜(明倫)〉의 '몸을 삼가는 예절을 밝힘〔明謹身之禮〕'[99]에 대하여
몸을 삼간다는 말뜻은 '공자위증자장(孔子謂曾子章)' 뒤에 자세히 보인다. 먼저 '어버이 섬기는 예〔事親之禮〕'를 말하고 다음으로 '몸을 삼가는 도〔謹身之道〕'에 대하여 언급하였으니, 그 차례가 참으로 그러하다. 지금 이 두 장을 살펴보면 '질병'과 '제향'의 사이에 나열되어 있고,[100] 그 문장 속에 '아버지께서 돌아가시면〔父歿〕', '부모님께서 돌아가셨더라도〔父母雖歿〕'라는 말이 있어서, 그 귀결이 '아버지의 도를 고치지 않는다.〔不改父道〕', '아름다운 이름을 남길 것을 생각한다.〔思貽令名〕'라는 항목에 있고 보면 이 장은 '명사망지례(明事亡之禮)'가 되어야 할 듯하다.

'모두 어버이께 효도하는 도를 말하였다〔皆言孝親之道〕', '마지막을 경계한 것이다〔警之於末焉〕'에 대하여
이 두 구절[101]의 말뜻은 매우 포괄적이어서 본래의 뜻이 보이지 않는다.

99 몸을……밝힘 : '몸을 삼가는 예절을 밝힘'은 '부자지간의 친함에 대하여 밝힘〔明父子之親〕'을 39장으로 나누고, 다시 10개의 세목으로 나눈 중에서 7번째로, 26, 27장에 해당된다.

100 질병과……있고 : 《소학》 〈명륜〉 '부자지친(父子之親)'의 세목 중에서 '명시양질병지례(明侍養疾病之禮)'와 '명제향대의(明祭享大義)' 사이에 있다.

101 이 두 구절 : 《소학》의 〈소학집주총목〉 명륜제이(明倫第二) 명부자지친(明父子之親) 조목에서 이씨(李氏)가 "사람의 선행 중에 효보다 큰 것이 없다. 그러므로 다음 3장은 모두 어버이에게 효도하는 도에 대하여 말하였고, 선하지 못한 것으로는 불효보

그 아래 다시 결론을 맺어 "이는 모두 마지막으로 하는 효의 일이며 몸을 삼가는 훈계이다."라고 한다면 뜻이 조금 분명하게 갖추어질 것이다.

'남녀의 구별을 밝힘〔明男女之別〕'[102]에 대하여

'별(別)'은 〈명륜〉의 대의인데 이 두 장[103]에서 특별히 말하는 것은 아마 병통이 있는 듯하다.

'버리고 취하는 뜻[104]을 밝힘〔明去取之義〕'에 대하여

이 장은 '버리고 취하는 것〔去取〕'만을 말한 것이 아니니 만약 위 두 장[105]과 통하여 "다음 세 장은 내외와 부부의 도를 밝혔다.〔次三章明內外夫婦之道〕"라고 한다면 병통은 없을 듯하다. 그 뒤에 '과부의 자식'이라고 말한 것도 너무 노골적이니 만약 '마지막에는 혐의를 멀리하고

다 큰 것이 없다. 그러므로 뒤의 3장에서는 마지막을 경계한 것이다."라는 두 구절을 말한다.

102 남녀의 구별을 밝힘 : 〈소학편목(小學篇目)〉에서는 《소학》의 〈명륜〉 108장을 크게 명부자지친(明父子之親) 39장, 명군신지의(明君臣之義) 20장, 명부부지별(明夫婦之別) 9장, 명장유지서(明長幼之序) 12장, 명붕우지교(明朋友之交) 11장으로 나누고, 다시 각 항목마다 작은 조목으로 나누고 있는데 '명부부지별'은 '명혼인지례(明婚姻之禮)' 5장, '명남녀지별(明男女之別)' 2장, '명거취지의(明去取之義)' 1장, '과부지자(寡婦之子)' 1장으로 나누고 있다.

103 두 장 : 《소학》 〈명륜〉의 '명부부지별'은 모두 9장인데 그중 '명남녀지별(明男女之別)'인 6장과 7장을 말한다.

104 버리고 취하는 뜻 : '취(取)'는 장가가려고 할 때 아내 될 사람을 고르는 조건이며, '거(去)'는 장가를 간 뒤에 아내를 내칠 수 있는 조건을 말한다.

105 위 두 장 : 《소학》 〈소학집주총목〉의 '명남녀지별'에 속하는 2장이다.

분별을 두터이 하는 것으로 맺었다.'라고 한다면 또한 좋을 듯하다.

'사양하고 받는 것과 손님과 주인이 행할 예의를 밝힘〔明辭受賓主之儀〕'에 대하여

'사양하고 받음〔辭受〕'이라는 두 글자는 귀착점이 없다.[106] 혹 '주객이 굳이 사양함〔主客固辭〕'으로 하더라도 위의 한 장은 끝내 언급이 없으니[107] 의심스럽다.

〈경신(敬身)〉

이 편은 단락마다 '경(敬)'에 대하여 말하지는 않으나 경이 그 속에 절로 들어 있다. 지금 주석의 설명에서 굳이 '경'이라는 글자를 모든 장에 다 놓으려고 하다가 도리어 《소학》이 가리키는 뜻이 잘 드러나지 않게 하였고, 분배한 것이 더러 너무 억지이거나 매우 무의미하여 마침내 새장 속에 갇힌 말처럼 되게 하였으니 의심스럽다.

106 사양하고……없다 : '명붕우지교(明朋友之交)'는 모두 11장으로, 그중 '명사수빈주지의(明辭受賓主之儀)'가 4장이다. 그 내용은 대체로 빈주가 행하는 예절에 대하여 밝히고 있어서 명확하게 사양하고 받음에 대한 내용으로 분류하기에는 모호한 점이 있다는 말이다.

107 위의……없으니 : 〈소학편목(小學篇目)〉에서는 〈명륜〉의 '명붕우지교'를 11장으로 구분하고 있다. 그중 8장부터 11장까지가 '명사수빈주지의'에 속하는데, 뒤의 9, 10, 11장은 굳이 '주객이 굳이 사양함〔主客固辭〕'이라는 제목을 붙일 수는 있지만 8장은 "〈곡례〉에 '군자는 남이 나에게 호의를 다하기를 바라지 않고, 남이 나에게 마음을 다하기를 바라지 않음으로써 교제를 온전히 한다.'라고 하였다."라는 내용으로, '사양하고 받음〔辭受〕'으로 귀착시킬 만한 점이 전혀 없다는 말이다.

'스무 살이 되어 관례를 치르는 것이 실로 위의의 시작이라는 것을 밝힘〔明二十而冠 實威儀之始〕'에 대하여

이 장은 《예기》 〈관의(冠義)〉에 근본을 두고 있다. 그러나 그 문장은 관례와 관련된 뜻이 없다. 아마도 이 편에서 인용하여 실은 것도 관례와 관련된 뜻이 아니니 굳이 이렇게 주장할 것 없이 다만 그 말을 이 뒤의 몇 장과 같이 붙이는 것도 괜찮을 듯하다.

〈가언(嘉言)〉 광입교(廣立教)의 '뒤의 10장은 대체로 뜻을 세우고 몸가짐을 단속하는 일이다〔後十章 則凡立志行己之事〕'에 대하여

10장은 이미 다 같이 뜻을 세우고 몸가짐을 단속하는 일이므로 다시 구별할 것이 없는 만큼 예에 따라 세대의 선후를 순서로 삼아야 한다. 진 충숙공(陳忠肅公 진환(陳瓘))의 말[108]이 어떻게 첫머리에 있게 되었는가? 내 생각에는 첫 장부터 진 충숙공의 말까지는 모두 어린 학생들을 가르치는 말로 되어 있고, 그 뒤로 호 문정공(胡文定公 호안국(胡安國))의 말[109]까지는 자제(子弟)와 제생(諸生)을 가르치는 일을 범범하게 말한 것이며, 고령(古靈 진양(陳襄))의 풍속을 교화하는 것과 관련된 글[110]은 학교와 군주의 정사에 가까운 말이다. 그러므로 그 위치가 이와 같은 듯하다.

광명륜(廣明倫)의 '다음 9장은 부부의 분별을 넓힘〔次九章 廣夫婦之

108 진 충숙공(陳忠肅公)의 말 : 《소학》 〈가언(嘉言)〉 1~5장까지이다.

109 호 문정공(胡文定公)의 말 : 《소학》 〈가언〉 6~12장까지이다.

110 고령(古靈)의……글 : 《소학》 〈가언〉 14장이다.

別〕'[111]에 대하여

맨 뒤에 인민장(人民章)이 있다. 비록 처음에는 삼친(三親 부부(夫婦), 부자(父子), 형제(兄弟))을 낱낱이 열거하였으나 마지막에는 형제만을 말하면서도 삼친의 뜻을 다 밝혔으니 아래 3장과 함께 '광장유지서(廣長幼之序)'가 되어야 할 듯하다.

광경신(廣敬身)

이 편의 앞 24장은 대체로 모두 '광심술지요(廣心術之要)'인데 '위의(威儀)'와 '의식(衣食)'도 이따금 섞여 나온다. 그 뒤 12장은 또 '독서(讀書)'와 '위학(爲學)'과 '이단(異端)'에 대한 변론을 말하여 그 뜻을 넓혔다. 지금 주설(註說)로 고찰해 보면 '위의'와 '의식' 사이에는 들쭉날쭉하여 서로 맞지 않는 점이 많고 게다가 '호자장(胡子章)'[112]은 아래의 '안훈(顔訓)'[113] 위에 붙어 있어서 차서도 잃었고 뜻도 잘 알 수 없다.

실입교(實立敎)의 '스승과 제자의 가르침을 실증함〔實師弟子之敎〕'에 대하여

이 장은 앞의 5장을 이어받아 학교와 스승과 제자의 가르침에 대해 실증한 내용을 통틀어 말하였다. 학교 밖에는 본래 스승과 제자가 없지 않고 학교에도 또 스승과 제자가 있으니 서로 대를 맞추어 따로 말할

111 다음……넓힘 : 광명륜은 41장인데, 25～33장이 '광부부지별(廣夫婦之別)'에 해당한다.

112 호자장(胡子章) : 《소학》〈가언〉 79장이다.

113 안훈(顔訓) : 《소학》〈가언〉 80장의 안씨가훈(顔氏家訓)이다.

수는 없을 듯하다.

실경신(實敬身)의 '뒤 6장은 음식의 예절에 대하여 실증함〔後六章 實飮食之節〕'에 대하여

6장에는 의복에 대해 말한 것도 있고, 집에 거처할 때에 대하여 말한 것도 있으니 일괄하여 '음식의 예절'이라고 말할 수는 없을 듯하다.

또 퇴계(退溪 이황(李滉))의 〈소학도(小學圖)〉를 살펴보건대 한결같이 편목(篇目)에서 열거한 것을 따랐으나 〈입교(立敎)〉 뒤 분주(分註) 네 조목[114]만은 새로 보충한 것이니, 이것이 반드시 《소학》의 뜻에 맞는지는 참으로 알 수 없다.-예컨대 대소(大小), 시종(始終), 사제(師弟), 수수(授受)라는 말은 결국 적당하지 않다.- 정말 본래의 의미가 과연 이와 같다면 이는 다만 미세한 구분이 있을 뿐이고 '부자지친(父子之親)', '심술지요(心術之要)'와는 같은 예가 되지 못할 듯하다.-광명륜(廣明倫), 실명륜(實明倫)과 같은 경우는 분명 오륜의 구분이 있겠지만 '입교'는 그럴 수 없다는 것을 이를 보아 알 수 있다.- 게다가 위아래 두 글자-예컨대 '입(立)' 자와 '교(敎)' 자-는 아래 편에 열거된 것과는 예가 다르니[115] 또한 그 형세가 저절로 미루어

114 입교(立敎)……조목 : 《퇴계집》 권7 〈진성학십도차(進聖學十圖箚) 소학도(小學圖)〉에 나오는 '입태육보양지교(立胎育保養之敎)', '입소대시종지교(立小大始終之敎)', '입삼물사술지교(立三物四術之敎)', '입사제수수지교(立師弟授受之敎)'이다.

115 위아래……다르니 : 《퇴계집》 권7 〈진성학십도차 소학도〉에서 입교의 네 조목은 일률적으로 '立……敎'로 되어 있으나 명륜의 다섯 조목과 경신의 네 조목이 '명부자지친(明父子之親)', '명심술지요(明心術之要)' 등으로 '明……親', '明……要'의 형태로 각각의 내용에 따라 달리 열거되어 있는 점을 말한다.

갈 수 없는 점이 있기 때문에 이처럼 일치시키지 못한 듯하다. 대체로 네 조목을 보충하지 않으면 흠결이 있을 듯하나 지금 이미 책에 의거하여 〈소학도〉를 그렸으니 결국 보충하지 않아도 병통은 없게 될 것이다. 이 〈소학도〉가 비록 《소학》에 실려 있지 않으나 이 책을 읽는 자가 몰라서는 안 되기 때문에 의심스러운 점을 그대로 붙여 두었다.

붙임 소학독서기차의 附小學讀書記箚疑 《독서기》는 박현강(朴玄江)이 편집한 것이다.[116]

총론(總論)의 "여러 사람들의 교묘하게 속이는 말이 밖에서 스며든다.〔衆口辨言 鑠於外〕"[117]를 《독서기》에는 '말재주로 남의 말을 막는 것'[118]으로 풀이하고 있으나 옳지 않은 듯하다. 《근사록(近思錄)》의 이

116 독서기는……것이다 : 박현강은 박세채(朴世采)를 가리킨다. 《독서기》는 박세채가 주희(朱熹)의 《소학》 원문과 제가(諸家)의 주석 중에 분명치 않은 구절을 해설한 책으로, 경전(經傳)의 설, 송유(宋儒)들의 설, 우리나라 선유(先儒)들의 설에다 자신의 뜻을 가하여 해설하였다. 주석이 매우 상세하여 《소학》을 총체적으로 파악하는 데 집대성(集大成)적인 책이라고 할 수 있다. 본 번역에 참고한 자료는 4권 4책의 서울대학교 규장각한국학연구원 소장본으로, 권수(卷首)에 '숭정 무신년(1668, 현종9) 3월 정미일 박세채는 기록한다.……정사년(1677, 숙종3) 10월 박세채는 다시 쓴다.〔崇禎戊申三月丁未, 世采識.……丁巳十月, 世采再書.〕'라는 기록이 있어 1668년에 초를 잡아 1677년에 완성한 것을 알 수 있다.

117 여러……스며든다 : 《소학》 〈총론〉 첫 부분에서 정이(程頤)가 "배우는 법은 미리 가르치는 것을 우선으로 한다.……만약 미리 가르치지 않고 점점 장성하게 되면 사사로운 생각과 편벽된 호기심이 마음속에 싹트고 여러 사람의 말이 밖에서 스며들기 때문에 순수하고 완전하고자 하지만 그렇게 되지 않는다."라고 한 것을 말한다.

118 말재주로……것 : 서울대학교 규장각한국학연구원에서 소장하고 있는 필사본

조목에 대한 주석에서 "안으로는 물욕에 빠지고, 밖으로는 시속의 흐름에 사그라든다."[119]라고 하였는데, 이 말이 적합할 듯하다. 말재주로 남의 말을 막는 것은 자신의 말실수에 지나지 않으니 '중구(衆口)'를 풀이한 것은 아닌 듯하다.

'더 나아가 강구한다.〔就上面講究〕'[120]에 대해 어떤 사람은 '취하고 버림〔取舍〕'으로 설명하기도 하는데 모두 옳지 않은 듯하다. '격물치지는 마땅히 힘을 들여야 할 부분'이라고 말한다면 우복(愚伏 정경세(鄭經世))의 말이 참으로 좋다.[121] 지금 본문의 주된 뜻을 자세히 살펴보면 학문에는 대인이 배워야 할 것과 소인이 배워야 할 것이 있으나 도는 하나라는 뜻으로 말하고 있으니, '《소학》에서 배우는 일의 방면'을 가리켜 말하는 것이 더욱 자세하고 적절할 듯하다. 그런데 어떤 이의 설은 도리어 사계(沙溪 김장생(金長生))의 이 말[122]이 잘못되었다고 말하고,

《독서기》에는 이 내용이 없다.

119 안으로는……사그라든다 : 《근사록》 권11 〈교학(敎學)〉 제2조목에 나온다.

120 더 나아가 강구한다 : 이 부분은 《소학》 〈총론〉에 나오는 주희의 말 중 네 번째 단락의 "옛날의 가르침에는 《소학》이 있고 《대학》이 있었으나 그 도는 하나이다. 《소학》은 일이니, 군왕을 섬기고 부형을 섬기는 등의 일이고, 《대학》은 이 일의 이치를 분명히 밝혀, 더 나아가 어떻게 군왕을 섬기고 어버이를 섬길지 등의 일을 자세히 익히고 강구하는 것이다."를 참고하여야 한다.

121 우복(愚伏)의……좋다 : 《우복집(愚伏集)》 권14 〈김사계경서의문변론(金沙溪經書疑問辯論)〉에 "《소학》을 배울 때는 그 일을 힘써 익히고 그렇게 하는 원인을 궁구해 보지 않으니, 이른바 '날마다 행하면서도 알지 못한다.'라는 것이다. 《대학》을 배울 때가 되면 그제야 사람의 일에서 나아가 하늘의 이치를 궁구하니 이른바 '상면'이란 각각의 일의 방면을 가리킨다."라고 하였다.

우복의 "일상에서 행하고 있으면서도 그렇게 행하는 까닭을 알지 못한다."라는 말은 애당초 말이 안 될 것은 없음에도 어떤 이의 설은 또 그것을 오류라고 배척하니 이것은 무슨 의도인가?

대체로 일상생활에서 행하고 있으면서도 그렇게 하는 까닭을 알지 못하는 것은 도를 아는 군자가 아니라면 모두 이러함을 벗어나지 못하는데, 《소학》을 배우는 어린아이가 어떻게 갑자기 할 수 있는 일이겠는가. 만약 어버이를 사랑하고 어른을 공경할 줄 안다고 해서 그 이치를 안다고 말한다면 일상생활에서 실천하고 있는 저 백성들을 두고는 또 어떻게 그 이치를 모른다고 말할 수 있겠는가.

'점화(點化)'[123]는 '고쳐서 변화시킨다.'는 뜻인 듯하다. '점(點)' 자는 점철성금(點鐵成金)이라고 할 때의 점인데, 지금 '이마에 점을 찍다.〔點額〕'의 '점을 찍다.〔點〕'에서 나왔다고 말하니 뜻이 분명하지 않은 듯하다.[124]

122 사계(沙溪)의 이 말 : 《사계전서》 권11 〈경서변의(經書辨疑)〉에서 "상면이란 《소학》 방면이고 어버이를 섬기는 것에 대하여 궁구하는 것 등은 바로 《대학》의 일이다."라고 한 것을 말한다.

123 점화(點化) : 점을 찍는다는 뜻이다. 이 부분은 《소학》 〈총론〉의 주희의 말 중 여섯 번째 단락의 "옛사람이 《소학》에서 마음을 보존하고 본성을 수양하는 공부가 이미 성숙하고 기초가 깊고 두텁게 되고 나면 《대학》에 나아가서는 단지 위로 나아가 점을 찍듯이 정채를 뽑아낸다."를 참조해 보아야 한다.

124 지금……듯하다 : 서울대학교 규장각한국학연구원에서 소장하고 있는 필사본 《독서기》에는 이 내용이 없고, '點化卽點綴變化之意'라고 되어 있다.

'문장과 사업과 제도〔文爲制度〕'[125]에 대해 《소학》의 예(禮), 악(樂), 사(射), 어(御), 서(書), 수(數)의 문장〔文〕이 모두 이것이다. 오늘날 사람들이 《소학》에서 잘 모르는 것이 대체로 이 부분에 있으니, 주자(朱子)가 혹자의 물음에 답한 뜻이 처음부터 끝까지 모두 《소학》을 가리켜 말한 듯하다.[126] 이씨(李氏)의 말에 "《소학》과 《대학》에 나아가서 말한다."라고 한 것[127]은 말이 정확하지 않고 그저 뭉뚱그려 말해 놓았을 뿐이며, 《독서기》에서 "범범하게만 말하였을 뿐이고 《소학》과 《대학》에 나아가 말한 것이 아니다."라고 한 것[128] 또한 더욱더 상관이 없다. 다만 본래는 《소학》에 대하여 말했더라도 그 말이 포함하고 있는 것은 또 《소학》만을 위해 말한 것 같지는 않으니, 곧 《독서기》에서 말한 것은 그 어세와 의향 사이에 얻은 것이 없다고 말할 수는 없지만

125 문장과 사업과 제도 : 《송자대전(宋子大全)》 권121에서 '문(文)'은 문장이고 '위(爲)'는 사업이라고 하였다.

126 주자(朱子)가……듯하다 : 《소학》 〈총론〉에서 주희의 제자 만인걸(萬人傑)이 "제가 이제 《대학》을 보는데, 《소학》 중 분명히 알지 못하는 부분이 있으면 또한 이해해야 합니까?"라고 묻자, 주희가 "서로 겸해서 보는 것도 무방하다. 학자가 문장과 사업과 제도에 대하여 끝내 이해할 수 없다는 마음이 남아 있어서는 안 된다. 반드시 큰 규모를 세워 모두 이해해야 한다. 분명하게 알고 알지 못하는 것은 사람의 재주가 어떠하냐에 달려 있을 뿐이다."라고 한 내용이 실려 있다.

127 이씨(李氏)의……것 : 《소학》 〈총론〉에서 이방자(李方子)가 이미 《대학》을 배우는 자라도 《소학》을 겸하여 보충하면 수신하는 방법이 갖추어질 것이라고 한 것을 말한다.

128 독서기에서……것 : 《독서기》에 "'서로 겸하여 보는 것도 무방하다.' 이상은 바로 어떤 사람의 질문에 답한 것이고, '학자가 문장과 사업과 제도에 대해서' 이하는 널리 학자가 학문을 하고 뜻을 세우는 규모의 대강을 말하였으니 그 나머지의 뜻은 《소학》과 《대학》을 주로 한 것이 아니다."라고 한 것을 말한다.

문답의 본래 뜻에서는 앞뒤가 맞지 않은 듯하다.

설씨(薛氏)의 설[129]은 《독서기》에서 보충한 것인가? 다른 책에 이미 수록된 곳이 있어서 《독서기》가 그것을 따른 것인가? 설씨가 '《소학》 한 책은 곧 이치와 일을 말했을 뿐'이라고 한 것은 똑같이 강령을 말했지만, 여기에 이미 의심이 없을 수 없다. 대저 《소학》에 실려 있는 내용은 언행에 대한 것뿐이다. 말〔言〕은 본래 이치를 밝힌 것이고, 행실〔行〕은 본래 일에 드러난 것인데 만약 바로 말을 이치라 하고 행실을 일이라고 한다면 이름 붙여 말하는 사이에 병통이 적지 않을 것이니 그렇게 한다면 특별히 보충할 필요가 없을 듯한데 어떠한가?

서제(書題)[130]의 첫 단락에서는 《소학》을 가르치는 것이 《대학》의 근본이 되는 뜻을 말하였고,[131] 다음 단락에서는 《소학》은 반드시 어릴

129 설씨(薛氏)의 설 : 《소학》 〈총론〉에는 빠져 있으나 《독서기》에 명(明)나라 때 설선(薛瑄)의 《독서록(讀書錄)》 권9 중 "주자의 《소학》 한 책은 이치와 일을 말했을 뿐이다. 〈입교〉, 〈명륜〉, 〈경신〉은 통론으로서 그 이치를 말하였고, 〈입교〉, 〈명륜〉, 〈경신〉은 통론으로서 일로 실증하였고, 〈가언〉의 광입교, 광명륜, 광경신은 또 이치로서 말했으며 〈선행〉의 실입교, 실명륜, 실경신은 또 일로서 실증하였다. 그러나 이치는 자세하고 근본이 되며, 일은 성글고 말단이 된다. 본말과 정조를 하나로 꿰뚫어 통하도록 해 놓은 것이 《소학》이리라."라고 한 말을 보충하여 기록하고 있다.

130 서제(書題) : 《소학》을 짓게 된 이유와 목적 등을 서술한 글이다.

131 소학을……말하였고 : 소학에서 가르치는 물 뿌리고 쓸고, 사람을 응대하며 나아가고 물러나는 예절과 어버이를 사랑하고 어른을 공경하며 스승을 높이고 벗과 친하게 지내는 도리가 대학의 몸을 닦고 집안을 가지런히 하고 나라를 다스리며 천하를 태평하게 하는 근본이 된다는 것을 말한다.

때 가르쳐야 한다는 뜻을 말하였으며,[132] 다음 단락에서는 《소학》 책이 사라져 배움이 끊어진 뜻을 말하였고,[133] 그다음 단락에서는 책을 만들어 가르침을 도우려는 뜻을 말하였으니,[134] 대개 네 단락이 각자 하나의 뜻을 이루고 있다. 《독서기》에서는 첫 번째 단락에 대해 《소학》이 《대학》의 근본이 된다고만 말하였고, 둘째 단락에서 비로소 '《소학》을 가르쳤다.〔教以小學〕'라고 말하였으니,[135] 본문의 중요한 뜻은 대부분 포함하지 못하고 있다. 또 "지금 온전한 《소학》 책"이라는 한 구절[136]은 나누어 놓은 세 구절 가운데 도리어 소속된 곳이 없으니 다시 빠지거나 기록의 오류가 있는 듯하다.

제사(題辭)의 '덕이 높아지고 학업이 넓어져야〔德崇業廣〕' 주석에 나오

132 소학은……말하였으며 : 《소학》 〈소학서제(小學書題)〉에 "반드시 어린 시절에 강(講)하여 익히게 했던 것은 익히는 것이 지혜와 함께 자라고 교화가 마음과 함께 이루어져 일이 닥쳤을 때 감당하지 못하는 근심이 없게 하려고 하였다."라고 한 내용을 말한다.

133 소학……말하였고 : 《소학》 〈소학서제〉에 "지금 《소학》의 온전한 책을 볼 수 없으나 전해져 오는 기록에 뒤섞여 나오는 것이 또한 많다. 그러나 읽는 자들은 때로 옛날과 지금은 마땅하게 여기는 것이 다르다는 이유로 행하지 않는다. 이는 옛날과 지금이 다른 것 중에 참으로 애당초 행할 수 없는 것이란 없다는 것을 알지 못해서이다." 라고 한 내용을 말한다.

134 책을……말하였으니 : 《소학》 〈소학서제〉에 《소학》 책을 만들어 어린아이에게 주어 강하고 익히는 바탕이 되게 하여 풍속의 교화에 도움이 되기를 바란다고 한 내용을 말한다.

135 둘째……말하였으니 : 《소학》 〈소학서제〉에 《소학》을 가르침으로서 일이 닥쳤을 때 막히는 폐단이 없게 하려고 하였음을 말하였다고 한 내용을 말한다.

136 지금……구절 : '금기전서 수불가견(今其全書 雖不可見)'의 구절을 말한다.

는 진씨(陳氏)의 설에 대하여 《독서기》에서 《소학집주》가 산삭한 뜻[137]을 논하면서 "성인이 치국평천하를 하지 못했더라도 또한 《대학》의 도를 다할 수 있었다."라고 하였는데, '또한 할 수 있었다.〔亦有能〕' 라는 3자는 글 뜻이 정밀하지 못하니 '해롭지 않다.〔不害爲〕'라는 3자로 대신하는 것만 못하다.

〈입교(立教)〉의 "옷은 명주 저고리와 바지를 입지 않는다.〔衣不帛襦袴〕"에 대하여 《독서기》에서 주자(朱子)의 말을 인용하면서 "《예기》〈내칙(內則)〉 역시 어린아이는 좋은 것을 입히지 않는다."[138]라는 13자를 빠뜨렸으니 더 보태어 넣는 것이 옳을 듯하다.

"상 음악에 맞추어 춤을 춘다.〔舞象〕"라는 한 구절에 대해서 혹자가 물은 것[139]은 무(武)를 상(象)이라고 한 의미를 들으려고 한 것이 아닌 듯하다. 주석의 '〈작〉 음악에 맞추어 춤춘다.〔舞勺〕'를 풀이하면서 '〈작〉을 노래하면서 박자를 맞춘다.'라고 하였는데, '무상(舞象)'을 풀이하면서는 '〈무〉를 노래하면서 박자를 맞춘다.〔歌武爲節〕'라고 하지 않고 '상을 노래하면서 박자를 맞춘다.'라고 하여, 문세(文勢)가 조금

137 진씨(陳氏)의……뜻 : 《독서기》에서 "또 《소학집설》을 살펴보면 '제가치국평천하'를 '업광'에 붙였기 때문에 율곡이 삭제하였다. 그 뜻은 성인이 '치국평천하'를 할 수는 없었으나 또한 《대학》의 방법을 다 할 수 있었기 때문에 이렇게 말해서는 안 된다."라고 한 내용을 말한다.

138 예기……않는다 : 《주자어류(朱子語類)》 권105 〈소학지서(小學之書)〉에 나온다.

139 혹자가 물은 것 : 《주자어류》 권7 〈소학〉에 "《소학》에 실려 있는 음악과 관련된 한 단락을 오늘날의 사람이 사용할 수 있겠습니까?"라고 한 내용을 말한다.

다른 점이 있어서 이런 질문이 있었던 듯하다. 이와 같다면 대답이 질문한 의도에 딱 맞게 설명하지는 못한 듯하다. 아마도 이는 그 윗글 '작(勺)'에 대한 풀이에서 따로 '작은 술잔이다.〔勺卽酌〕'라는 3자가 있기 때문인 듯한데, 어떤가?

'여스승이 유순한 태도로 듣고 따를 것을 가르친다.〔姆教婉娩聽從〕'를 만약 사계(沙溪)의 설대로 풀이하면 한 단락의 문장 뜻이 시원하게 통하지 못할 듯하다.[140] 우선 옛날의 풀이 그대로가 어떠한가? 남녀 9세 전은 모두 가르치는 자의 입장에 근거해서 말을 하였는데, 10세 이후는 오히려 배우는 자의 입장에 근거해서 말을 하였으니 이 또한 살피지 않을 수 없다. 만약 주설(註說)에서 "여자의 덕과 여자의 일을 가르친다."라고 말하였다면 하나의 뜻이 되기에 해롭지 않으나 이에 근거하여 결정하기에는 부족할 듯하다.

'고는 부모상을 말한다.〔故謂父母之喪〕' 아래의 《독서기》에 인용한 《의례경전통해(儀禮經傳通解)》의 말[141]은 전혀 알 수가 없으니 대개

140 사계(沙溪)의……듯하다 : "세종 때의 사신들이 《예기》의 구두점을 정할 때 '무교'에서 구두를 끊은 것은 옳지 않다. 본조의 언해 또한 이로 인해서 잘못되어 본의를 잃게 된 것이다. '무'에서 구두를 끊고, '교' 자는 아래와 연이어서 읽는 것이 옳다."라고 한 것을 말한다. 《沙溪全書 卷11 經書辨疑 小學》

141 의례경전통해(儀禮經傳通解)의 말 : "어머니 상을 먼저 당하고 아버지 상을 뒤에 당하면 자연히 어머니는 기년상(期年喪)이 되고 아버지는 삼년상이 되어 23세에 시집간다는 것을 알 수 있다.……가령 여자의 나이가 20인데 2월이 시집갈 달로, 장차 시집가려 하는데 1월에 아버지 상을 당하면 아울러 다음 해 1월이 13달로 소상이 되고 또 다음 해 1월이 되면 대상이다. 여자가 22세라 2월에 시집가려고 하는데 또 어머니의

어머니의 심상(心喪) 기간에 시집간다는 것은 참으로 매우 의심할 만하다. 그렇다면 이는 오히려 복을 입지 않는 핑계로 삼을 수 있다.

만약 여자가 20세 1월에 아버지의 상을 당한다면 21세 1월이 소상(小祥)이고, 22세 1월이 대상(大祥)이다. 2월에 시집가려고 하는데 또 어머니 상을 당할 경우 소(疏)에서 말한 대로라면 어머니 상을 당한 것이 아버지의 상 3년 안에 있지 않은데 또 어찌 거듭 상을 치르지 못할 이유가 있겠는가. 이미 거듭 상을 당했으면 23세 2월에야 겨우 연복(練服)을 입을 수 있을 뿐이고, 또한 심상을 말하는 것이 아니다. 이러한데도 오히려 시집갈 수 있다는 것인가? 이는 매우 의심스러운데 어떨지 모르겠다. 내 생각에는 이른바 '유고(有故)'는 부모의 상이 있다는 것을 범범하게 말한 것이지 굳이 아버지와 어머니를 각각 지적한 것은 아닌 듯하다. 이른바 "23세에 시집간다."라고 한 것도 3년의 상을 대충 감안하여 한 말이다. 이와 같다면 《독서기》에서 한 말[142]은 의심할 것이 별로 없지만 《의례경전통해》의 설은 끝내 이해할 수 없다.

전악장(典樂章)에 대해 《독서기》에서 성률(聲律)을 논한 부분은 대개 모두 대충 이해하였으나 이른바 오성(五聲 궁상각치우(宮商角徵羽))이 황

상을 당하면 다음 해 1월이 13달로 대상이 되므로 여자는 23세에 시집가니, 이는 바로 아버지의 복을 벗으려고 할 때 어머니 상을 만나면 오히려 삼년상을 지낼 수 없는 것으로, 아버지의 복을 벗지 못하면 어머니의 3년 복을 입을 수 없는 한 증거가 된다."라고 한 것을 말한다.《儀禮經傳通解續 卷1》

142 독서기에서 한 말 :《독서기》에 "그 말대로 하자면 딸이 오히려 어머니에 대하여 심상을 입고 시집가니 매우 의심스럽다. 다시 자세히 살펴보아야 한다."라고 한 내용을 말한다.

종(黃鍾)에서 생긴다는 것은 그 뜻이 자세하지 않다. 만약 황종의 관(管)과 줄〔絲〕의 수[143]를 궁성(宮聲)의 수로 삼아 3으로 나누어 덜거나 더하여 위의 음과 아래의 음을 만든다면[144] 이는 바로 황종이 오성의 법을 고루 사용하는 것인데, 아마도 오성이 황종에서 생긴다고는 할 수 없을 듯하다. 대개 오성은 천지 사이에 저절로 있는 것이다. 그 높고 낮음과 맑고 탁함의 구별은 또한 소리와 기의 자연스러움에서 나오는 것이지 사람이 제작해서 만들어지는 것이 아니다. 율려(律呂)는 소리가 조화되어 장단과 강약이 모두 절주(節族)가 있도록 할 뿐이다.[145] 만약 오성이 황종에서 생긴다고 한다면 아마도 그 차례가 아닐

143 황종의……수 : 황종의 율관(律管)은 그 길이를 9촌(寸)을 기준으로 삼으며, 9를 제곱해서 얻어지는 81이 황종의 수인데, 이를 기준으로 한 관과 줄의 치수를 말한다.

144 3으로……만든다면 : 황종은 궁인데, 황종의 율관을 3으로 나누어 3분의 1을 덜어 내면 치음(徵音)이 생기고, 치음의 율관을 3으로 나누어 그 3분의 1을 더하면 상음(商音)이 생긴다. 즉 81을 3으로 나누면 27이 되는데 81에서 27을 뺀 54가 치이고, 54를 3으로 나누면 18이 되는데 54에서 18을 더한 72가 상이 된다. 72를 3으로 나누면 24가 되는데 72에서 24를 빼면 48이 우(羽)이다. 48을 다시 3으로 나누면 16이 나오는데 48에서 16을 더하면 64가 되니 이것이 각(角)이다. 이렇게 볼 때 음이 만들어지는 순서는 궁(宮), 치(徵), 상(商), 우(羽), 각(角)이지만 음의 높이대로 배열하면 궁, 상, 각, 치, 우이다. 율관의 길이가 늘어나면 음은 낮아지는데 이를 상생(上生)이라고 하며, 율관의 길이가 줄어들면 음은 높아지는데 이를 하생(下生)이라고 한다. 예컨대 치는 궁에서 하생하여 율관의 길이가 줄어들었으니 궁보다 높은 음이 되고, 상은 치에서 상생하여 율관의 길이가 늘어났으니 치보다 낮은 음이 되는데, 이러한 방법으로 낮은 음과 높은 음을 산출해 낸다면이라는 말이다.

145 율려(律呂)는……뿐이다 : 12율의 성음(聲音)을 홀수와 짝수로 나누어 홀수에 해당하는 것은 양률(陽律)로, 황종(黃鍾)·태주(太蔟)·고선(姑洗)·유빈(蕤賓)·이칙(夷則)·무역(無射)이 여기에 해당하고, 짝수에 해당하는 것을 음려(陰呂)라고 하는데, 대려(大呂)·협종(夾鍾)·중려(仲呂)·임종(林鍾)·남려(南呂)·응종(應

것이다. 이는 반드시 뜻이 있을 터이니 그 설을 듣고 싶다.

〈명륜(明倫)〉의 '현단복을 입고 슬갑을 차고〔端韠〕'에서의 '필(韠)'에 대해 《소학집주(小學集註)》에서는 그 제도에 대하여 말하지 않았고 《독서기》에서도 말하지 않았다. 지금 살펴보면 《고금운회거요(古今韻會擧要)》[146]에 아주 자세히 설명해 놓았으니 합쳐서 수록해야 할 듯한데 어떠한가? 《고금운회거요》에서 설명한 글에 "필은 무릎 가리개이니, 앞을 가리는 것이다. 가죽으로 만들며 아래의 너비가 2자, 위의 너비가 1자이며, 목 부분은 5치이고, 어깨 양 옆의 가죽 띠는 너비가 5치이다."라고 하였다. 옛날에는 땅에 자리를 깔고 앉아 제사에 임했다. 그러므로 무릎 가리개를 준비하여 젖을 것에 대비하였다.

'요를 깔려고 하면〔將衽〕'의 1절을 《독서기》에 3절로 나누었는데, 그 의도가 어찌 '요를 깔려고 하면 자리를 받들고'라는 구절을 이미 자리에 누우려고 할 때의 일로 여긴 것이 아니겠는가. '어린 자가 상을 잡고'라고 할 때의 상은 또 앉는 상〔坐床〕이니, 앉거나 눕는 도구를 일시에 함께 드리지는 않을 것이다. 그러므로 두 개의 절로 나눌 수밖에 없었고, 또 아랫글의 '안석을 든다.'고 한 것이 '자리를 거두고 대자리를 거둔다.'는 것과는 일이 같지 않은 듯하기 때문에 또 어쩔 수 없이 구별

鍾)이 이에 해당한다. 절주란 음악 속에 번갈아 나타나는 일정한 규율이 있는 강약과 장단의 현상으로, 율려가 조화되어 음악을 이루는 것을 말한다.

146 고금운회거요(古今韻會擧要) : 원나라 웅충(熊忠)이 지었다. 《예부운략(禮部韻略)》을 저본으로 하여 이를 수정, 보완한 것이다.

하여 이렇게 3절로 나누는 주장을 하게 된 것인가? 그러나 문세를 자세히 살펴보면 결국 그렇지 않은 듯하다.

대개 '앉으려고 한다.'의 뒤에 어린아이가 하는 일인지 어른이 하는 일인지를 말하지 않은 만큼 '자리를 들고 어디로 향할지 여쭙는 것'은 반드시 어른만 그렇게 하지는 않을 것이니, 다시 그 구절을 건너서 뒤에 따로 어린아이의 일을 말하지는 않을 것이다. '요를 깔려고 한다.' 뒤에 이미 '어른은 자리를 들고'라고 말하였고 보면 그 뒤에는 당연히 따로 어린아이가 할 일이 있을 것이 틀림없다. 어찌 아직 끝나지 않은 말을 끊어서 억지로 말을 만들었겠는가.

내 생각에 '임(衽)'은 눕는 자리의 이름이다. 노쇠한 사람이 아침에 일어난 뒤에 꼭 앉는 자리에 앉지는 않을 것이고, 어쩌다 다시 눕는 자리에 누우려고 한다면 그 예가 마땅히 어른은 자리를 들어 발을 둘 곳을 여쭙고, 어린이는 앉는 상을 잡아서 앉게 해야 할 것이다. 이와 같다면 1절의 문세가 처음과 끝이 일관되고, 주석의 설명을 살펴보더라도 걸리는 곳이 없는데 어떨지 모르겠다. 아랫글의 '모시는 자〔御者〕' 이하는 반드시 잠자리를 거두어 보관하는 일은 아니지만 이미 윗글과 함께 아침에 일어난 뒤의 일이고 보면 모두 절을 나누지 않아야 할 듯한데 어떨지 모르겠다.

'나이가 배로 많으면〔年長以倍〕'에 대하여 야곡(冶谷)이 〈여형(呂刑)〉의 '배이다.'를 예로 들었는데,[147] 이는 그렇지 않은 듯하다. 만약 5년, 10년

147 야곡(冶谷)이……들었는데 : 야곡은 조극선(趙克善)의 호이다. '배이다〔惟倍〕' 라는 말은 《서경》 〈여형(呂刑)〉에 "코를 베는 형벌을 주는 것이 의심스러워 사면할

뒤에 '배'라는 글이 있으면 이렇게 말할 수 있지만 지금은 첫 구절에서 곧장 '배'라고 말하였으니, 어찌 10년과 견주어 배라고 할 수 있겠는가. 지금 《소학집주》대로 대충 보아 넘기면 그 문세는 끝내 분명하지 않다.

〈경신(敬身)〉의 "거처할 때 공손히 한다.〔居處恭〕" 아래의 《독서기》에는 '행독경(行篤敬)'이라는 말이 있는데 '경을 독실하게 한다.〔敬於篤〕'는 뜻으로 말해서는 안 된다. 이와 같다면 '언충신(言忠信)'과 대구(對句)의 말이 될 수 없다. 어떻게 생각하는가?

〈가언(嘉言)〉의 주석 '도박재(賭博財)'를 《독서기》에서 "쌍륙과 바둑으로 취한 재물이다."라고 하였는데 이 구절의 뜻과 부합하지 않는 듯하다. 《고금운회거요》에서 "'도'는 쌍륙과 바둑으로 재물을 취하는 것이다."라고 한 것이 아마도 적합할 듯하다.

〈선행(善行)〉의 '수건과 버선〔巾襪〕'에 대하여 《독서기》의 두 설[148]은 모두 옳지 않은 듯하다. 대개 갓과 수건은 10세 때 착용하는 것이 아닌 만큼 저절로 예나 지금이나 똑같다. 이것이 사계(沙溪)가 건말(巾襪)을 하나의 물건으로 풀이한 이유[149]이고 《독서기》에서 '날마다 반드시

때는 그 벌금이 배이니, 그 죄를 자세하게 살펴 진실하게 하라."라고 하였다. 이 부분은 1893년 간행된 연세대학교 학술정보원 소장 활자본 〈야곡집〉에는 없다.

148 두 설 : 박세채는 건말(巾襪)을 '족건(足巾)'이라고 보는 설과 건(巾)을 '머리에 쓰는 것'으로 보는 두 가지 설을 제시하고 있다.

149 사계(沙溪)가……이유 : 《독서기》에서 김장생의 "《소학언해》에 '건이란 두건을 말하며 말이란 버선을 말한다.' 하였는데, 내 생각에 '건말'이란 하나의 물건으로 버선인

〔日必〕'의 뒤와 나누어 보려고 한 이유이다.[150] 그러나 윗글에 이미 "날마다 반드시 관을 쓰고 띠를 띠고"라는 말이 있는 만큼, '건(巾)'이 두건(頭巾)이 되는 것은 참으로 의심할 것이 없다. 아랫글에 "당시에 공이 막 10여 세가 되었다."라는 말이 있어 윗글을 총괄하여 맺은 만큼 중간에 이미 자란 뒤의 일을 섞어서 말하지는 않았을 것이니, 두 설은 모두 따르기 어려울 듯하다.

일찍이 사마광(司馬光)이 관례(冠禮)를 논한 말로 살펴보건대 당시의 풍속에 10세가 지나서도 총각(總角)을 한 자가 드물었던 만큼, 정헌공(正獻公)[151]의 집안이 비록 가법(家法)이 있다는 명성이 있었더라도 꼭 시속을 따르는 일이 없었다는 것을 어떻게 알겠는가. 형양(滎陽)[152]이 10세 때 이미 갓과 두건을 썼으니 이는 그저 사실대로 기록하였을 뿐이라고 생각한다. 어떠한가?

듯하다."라고 한 말을 인용하여 '버선'으로 보는 설을 제시하였다.

150 독서기에서……이유이다 : 창계는 박세채가 이 부분을 구분하여 설명한 대본을 보고 말한 듯하나, 현재 서울대학교 규장각한국학연구원 소장본에는 그런 내용이 없다. 《소학》〈선행〉의 내용은 "겨우 10살에 몹시 춥고 덥거나 비가 오더라도 종일 모시고 서서 앉으라고 명하지 않으면 감히 앉지 않았다. 날마다 반드시 관대를 하고 어른을 뵈었으며, 평소에 매우 덥더라도 부모님이나 어른의 곁에 있으면 건말을 벗거나 바지를 걷지 않아, 의복을 오직 삼갔다."이다.

151 정헌공(正獻公) : 1018~1089. 정헌은 여공저(呂公著)의 시호이다.

152 형양(滎陽) : 1036~1114. 여공저의 아들 여희철(呂希哲)을 말한다.

지은이 **임영(林泳)**

1649년(인조27)～1696년(숙종22). 조선 후기의 문신, 학자이다. 본관은 나주(羅州), 자는 덕함(德涵), 호는 창계(滄溪)이다. 이단상(李端相), 박세채(朴世采)의 문인이다. 1666년(현종7) 사마시에 입격하였고, 1671년 문과에 급제하였다. 호당(湖堂)에 선발되어 사가독서(賜暇讀書)하였다. 이후 이조 정랑, 홍문관 부제학, 사헌부 대사헌, 전라도 관찰사 등을 역임하고 공조 참판에까지 이르렀다. 천인성명설(天人性命說)을 깊이 연구하였고 경사(經史)에 정통하였다. 기호학파의 일원이지만 이기론(理氣論)에 있어서는 이황(李滉)과 이이(李珥)의 학설을 절충하여 독자적인 이기심성설(理氣心性說)을 전개하였다. 나주의 창계서원(滄溪書院), 함평의 수산사(水山祠)에 제향되었다.

옮긴이

권헌준(權憲俊)

1973년 김천에서 태어났다. 대구한의대학교 한문학과를 졸업하고 경북대학교 대학원에서 문학석사 학위를 취득하였으며 고려대학교에서 박사 과정을 수료하였다. 민족문화추진회 국역연수원 연수부와 상임연구부를 졸업하였다. 한국고전번역원 선임연구원으로 재직 중이다. 번역서로 《승정원일기》, 《창계집》(이상 공역) 등이 있다.

이유찬(李維澯)

1986년 부산에서 태어났다. 경상대학교 사학과를 졸업하고 성균관대학교 한문고전번역협동과정을 수료하였다. 대전 온지당에서 한학을 배웠다. 한국고전번역원 번역위원으로 《승정원일기》 번역에 참여하고 있다.

박미경(朴媄敬)

1965년 경남 밀양에서 태어났다. 경북대학교 대학원에서 소식 서전 연구로 박사 학위를 받았다. 한국국학진흥원 번역연수과정을 졸업하였고, 한국국학진흥원・한국고전번역원에서 번역하고 있다. 번역서로 《만오집》, 《초간일기》, 《유연당문집》(이상 공역) 등이 있다.

창계집 6

임영 지음 | 권헌준 이유찬 박미경 옮김

2019년 11월 30일 초판 1쇄 발행

발행인 신승운 | 발행처 한국고전번역원
등록 2008. 3. 12. 제25100-2018-000049호
주소 (03310) 서울시 은평구 진관1로 85
전화 02-350-4886 | 팩스 02-350-4899 | 홈페이지 www.itkc.or.kr

번역 권헌준(제19권~제20권 곤괘) 이유찬(제20권 총목~제21권) 박미경(제22권)
연구총괄 김성애 | 연구기획 정미경 | 자문 임정기 정선용

책임편집 이선주 | 편집진행 박정열 김지수
교정 김상순 박성희 | 조판 김지현 | 제작 김형석
디자인 씨디자인 | 인쇄 (주)대신인쇄

값 20,000원
ISBN 978-89-284-0616-6 94810
978-89-284-0338-7 (세트)
* 이 책은 2019년도 교육부 고전번역사업비로 출간한 것임.